U0148374

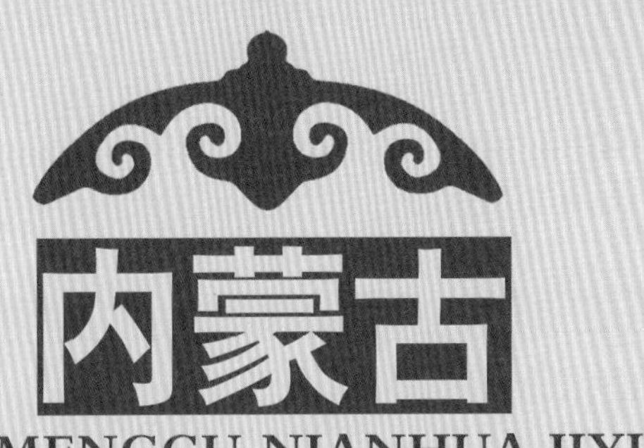

内蒙古

NEIMENGGU NIANHUA JIYI

年画记忆

曹志高　主编

内蒙古人民出版社

图书在版编目（CIP）数据

内蒙古年画记忆 / 曹志高主编. -- 呼和浩特 : 内蒙古人民出版社, 2021.12
ISBN 978-7-204-16980-1

Ⅰ. ①内… Ⅱ. ①曹… Ⅲ. ①年画—介绍—内蒙古 Ⅳ. ①J218.3

中国版本图书馆CIP数据核字（2021）第246953号

内蒙古年画记忆

NEIMENGGU NIANHUA JIYI

主　　编　曹志高
责任编辑　南　丁
责任校对　李向东
责任监印　王丽燕
版式设计　杨志武
出版发行　内蒙古人民出版社
地　　址　呼和浩特市新城区中山东路8号波士名人国际B座5楼
网　　址　http://www.impph.cn
印　　刷　内蒙古爱信达教育印务有限责任公司
开　　本　889mm×1194mm 1/16
印　　张　13
字　　数　100千
版　　次　2021年12月第1版
印　　次　2021年12月第1次印刷
印　　数　1—1600册
书　　号　ISBN 978-7-204-16980-1
定　　价　98.00元

图书营销部联系电话：（0471）3946267 3946269
如出现印装质量问题，请与我社联系。联系电话：（0471）3946120 3946124

《内蒙古年画记忆》编委会

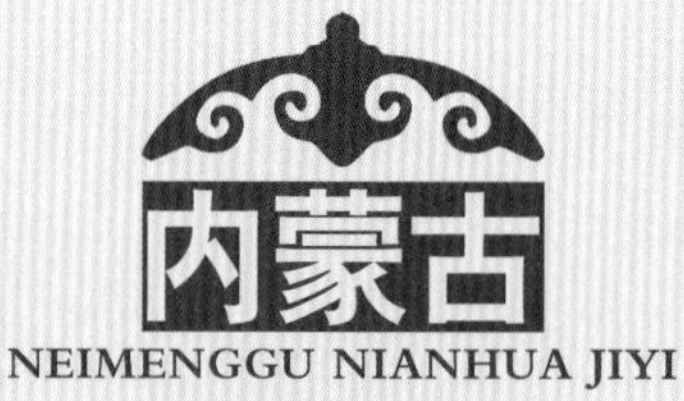
内蒙古
NEIMENGGU NIANHUA JIYI

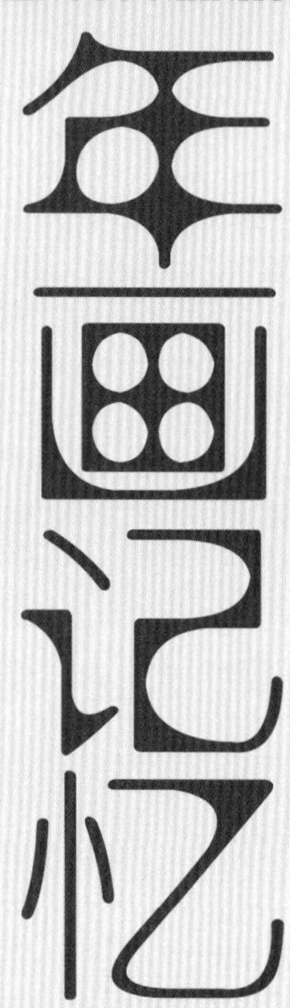
年画记忆

序

当我打开内蒙古人民出版社即将出版的《内蒙古年画记忆》样书时，面对几十年前那一幅幅生动而接地气的年画作品，仿佛又回到了当年生活、学习、工作的时代，引发多少难忘的回忆。看到那一个个熟悉的作者名字，许多是我的老师、画友和学生。他们当年的音容笑貌活灵活现地在脑海中掠过，久久无法平静。

从 1949 年到 20 世纪 90 年代，是新中国美术的年画时代，也是内蒙古美术的年画时代。在那个物质生活和文化生活相对困乏的年代，年画以老百姓喜闻乐见的艺术形式，将当时的国家政策、道德规范、社会生活、理想展望等主题，通过年画作者的画笔，创作出精彩生动的美术作品，由出版社出版印刷成年画，宣传、教育、鼓舞、团结广大人民群众，给千家万户带来了精神的寄托与艺术的享受。挂年画贴春联成为当时普通百姓家庭过年时的年俗，也是辞旧迎新的贺岁礼。

在这部《内蒙古年画记忆》中，系统地展示了内蒙古的年画史。书中编辑的各个时期的年画，让人们看到了内蒙古的年画，在不同的年代和时期，展现的不同的时代特征和社会风采。同时内蒙古的年画也随着社会的发展而发展。年画作者从新中国成立前的民间艺人到中华人民共和国建立初期的几位创作者，又到后来的几十位创作者，发展形成了强大的创作队伍。而年画的艺术形式和水平也在不断拓展和极大地提高。从初期单一的反映民间世俗生活到鼎盛时期的百花齐放，国画、油画、水彩画、宣传画等多画种齐全。内蒙古人民出版社将只能在美术馆展出的各类艺术作品，出版印刷成年画，进入了普通百姓家中。

年画与其他画种的不同就在于它的大众传播功能。其他画种靠展览，面向美术小群体（画家和爱好者），年画是通过出版社出版，面向社会千家万户大受众。他的大众性和服务性是其他画种无法相比的。年画与其他画种的不同还在于创作方式，其他画种只要作者完成了作品的绘制，这件作品就是成品。但是年画作者完成了创作也才是手稿，必须经过出版社出版印刷后，才能成为年画。画家的年画手稿像一粒种子，只有经过出版社这块园地，在美术编辑的精心扶持下开花结果，千家万户才能得到收获。因此《内蒙古年画记忆》一书既是几十年内蒙古年画历史的光荣榜，又是内蒙古人民出版社成立 70 周年的一份成绩单。

《内蒙古年画记忆》的主编曹志高先生，作为一位历史文献收藏家及研究者，将自己几十年收藏的内蒙古年画精选 200 余幅，编著出版，使我们重新见到这些早已失散的珍贵艺术作品。这种尊重历史文献，保护收藏史料艺术品的社会责任感和献身精神值得我们学习和发扬。

年画随着社会的发展，进入 21 世纪后，承载着自己的历史使命，成为“记忆”。但是，年画的全心全意为社会为时代为人民服务的精神永存！

中国美术家协会会员
内蒙古美术家协会名誉副主席　王延青

2021 年 12 月于呼和浩特

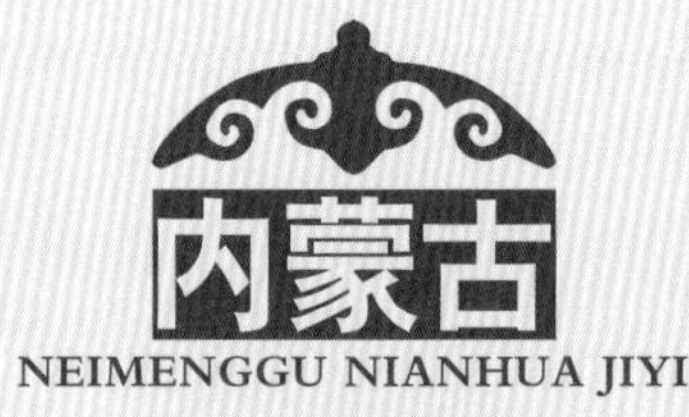
内蒙古
NEIMENGGU NIANHUA JIYI

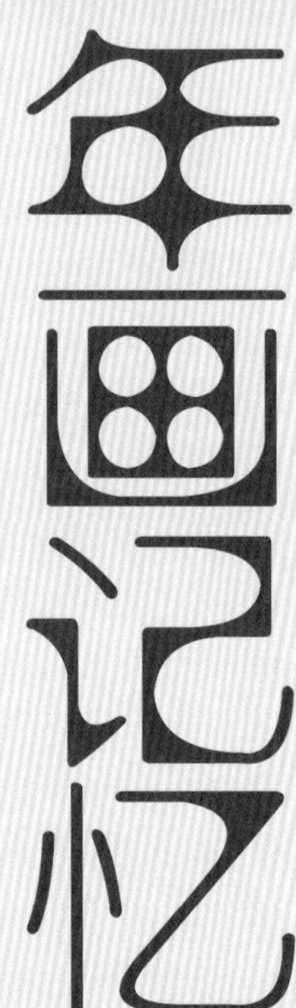
年画记忆

概述

为庆贺内蒙古人民出版社成立70周年，回顾珍贵历史记忆，展望美好未来发展。内蒙古人民出版社策划出版了重点主题出版图书——《内蒙古年画记忆》。

全书分为两部分，第一部分收集了20世纪40年代至90年代内蒙古人民出版社及内蒙古画报社出版的展现中华人民共和国成立以来，反映内蒙古自治区社会风貌，体现不同年代特色的年画精品。第二部分收集了区外兄弟出版社出版的中华人民共和国成立以来集中反映内蒙古自治区火热的生产和生活的经典年画作品。

年画是中国画的一种，起源于古代的“门神画”，大都用于新年时张贴，含有祝福新年吉祥喜庆之意。传统民间年画多用木版水印制作，主要出产地有河南朱仙镇、天津杨柳青、苏州桃花坞和山东潍坊，上海有“月份牌”年画，其他还有四川、福建、山西、河北和浙江等地的年画。

各地对年画的称谓不同，北京叫“画片”“卫画”，苏州叫“画张”，浙江叫“花纸”，福建叫“神符”，四川叫“斗方”。年画画面线条单纯、色彩鲜明、气氛热烈愉快，如春牛图、岁朝图、嘉穗图、戏婴图、合家欢、看花灯、胖娃娃等，并有以民间传说、历史故事、戏剧人物作题材的。年画承载着人民大众对未来美好的憧憬，是中华民族祈福迎新的一种民间艺术表现形式。

年画历史悠久，有不同的分类方法。按印制工艺分类，可分为木板年画、水彩年画、扑灰年画、胶印年画；按着色层次分类，可分为单色年画、黑白年画、彩色年画；按年代分类，可分为古代年画、近代年画、当代年画；按国家地区分类，可分为中国年画、西洋年画；按年度月份分类，可分为年度年画、月份年画。

年画的出产地，一向分成两大区域，北方是天津杨柳青和山东潍坊寒亭；南方是四川绵竹、苏州桃花坞和广东佛山。年画雏形出现在宋代，真正形成则在明代。河南开封朱仙镇、山东潍坊杨家埠、江苏桃花坞、天津杨柳青在历史上久负盛名，被誉为中国“年画四大家”。其中朱仙镇木版年画历史最为悠久，可谓中国木版年画的鼻祖和发祥地。

中华人民共和国成立后，年画在传统的基础上推陈出新，丰富多彩，更为人民群众所喜爱。年画不仅装饰了新年欢乐热闹的气氛，也反映了不同时期的社会发展、生产生活、地方风俗和历史风貌等具有时代烙印的内容。年画不但具有极高的艺术收藏价值，而且极具观赏价值和研究价值，江苏桃花坞年画博物馆已获得国家文化部首届文化遗产奖。

内蒙古年画在传统的基础上，题材更为广泛，内容更加丰富，具有鲜明的时代特征和地区特色，内容主要歌颂新中国，宣传团结，繁荣，奋进的内蒙古，且一般具有蒙汉双语文字，深受广大人民群众喜爱。

本书收录了从1949年至20世纪90年代的年画中精选的200余种。

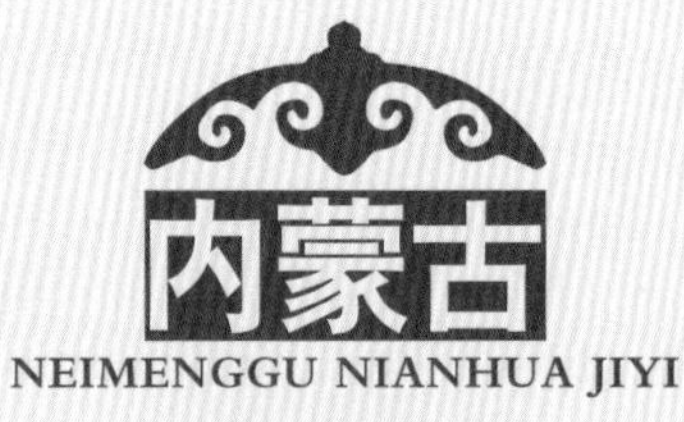

NEIMENGGU NIANHUA JIYI

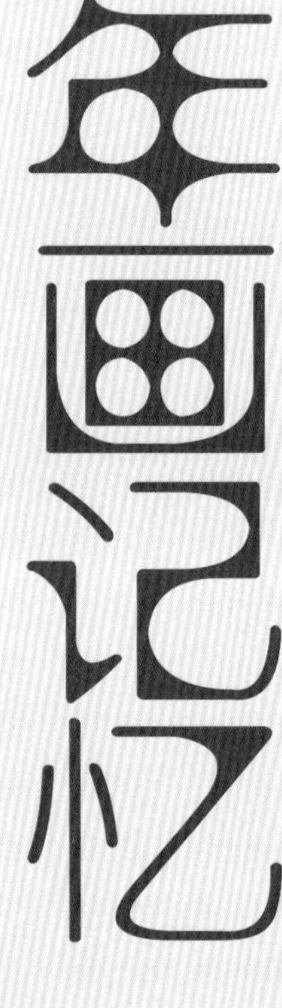

目录

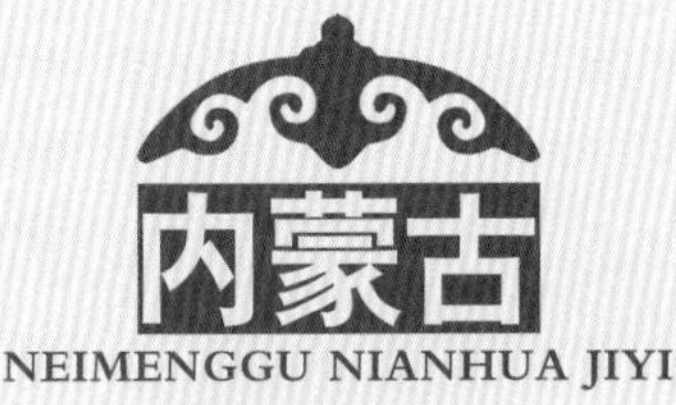
内蒙古
NEIMENGGU NIANHUA JIYI

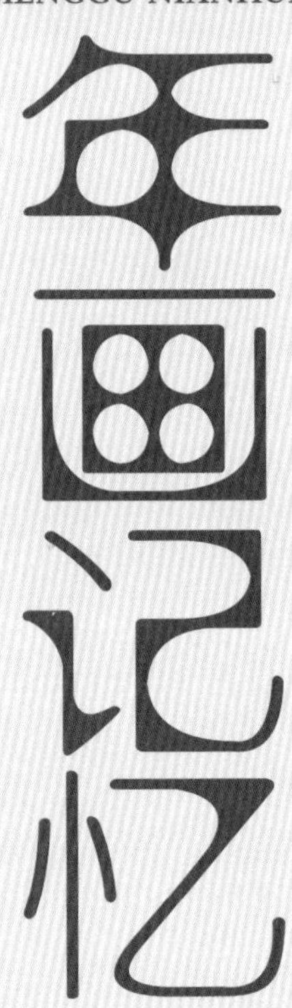
年画记忆

20世纪40年代

精选

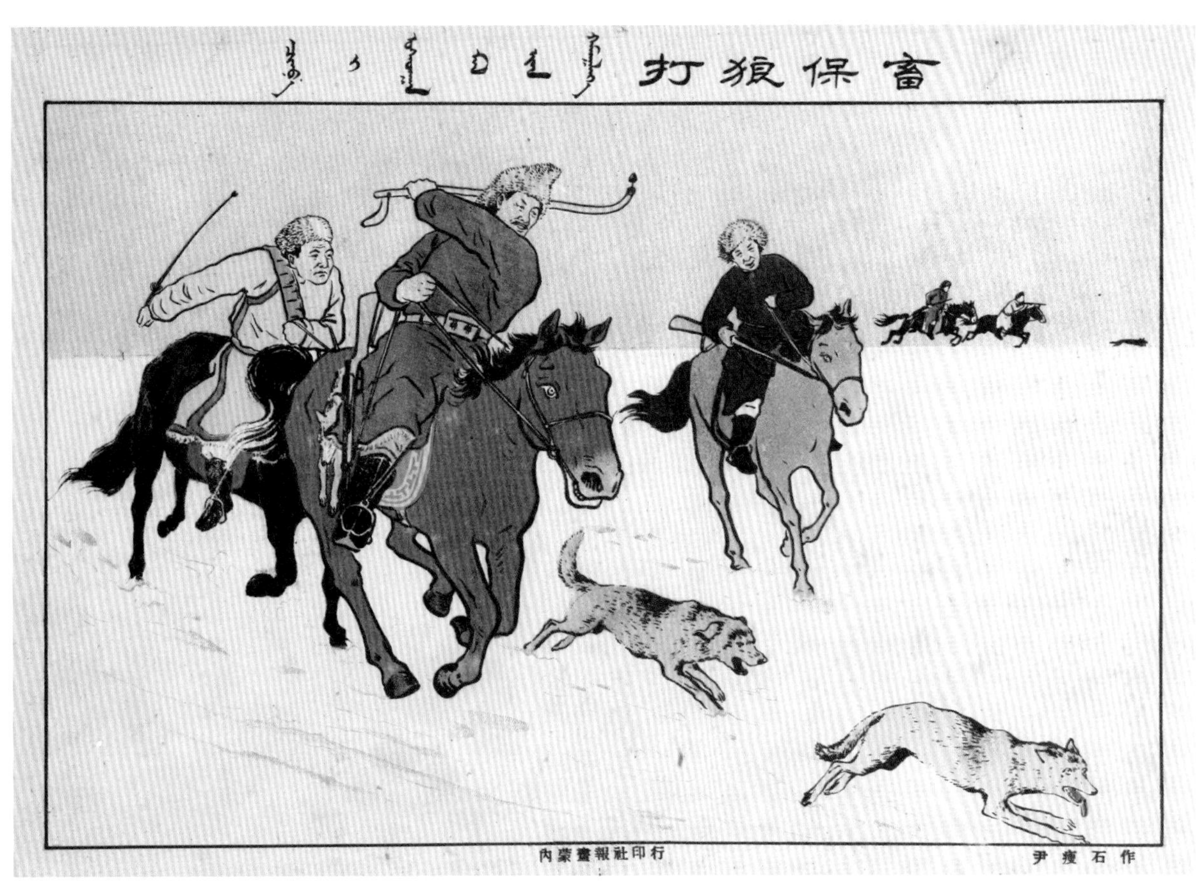

打狼保畜　　20 世纪 40 年代　内蒙古画报社出版　尹瘦石 作

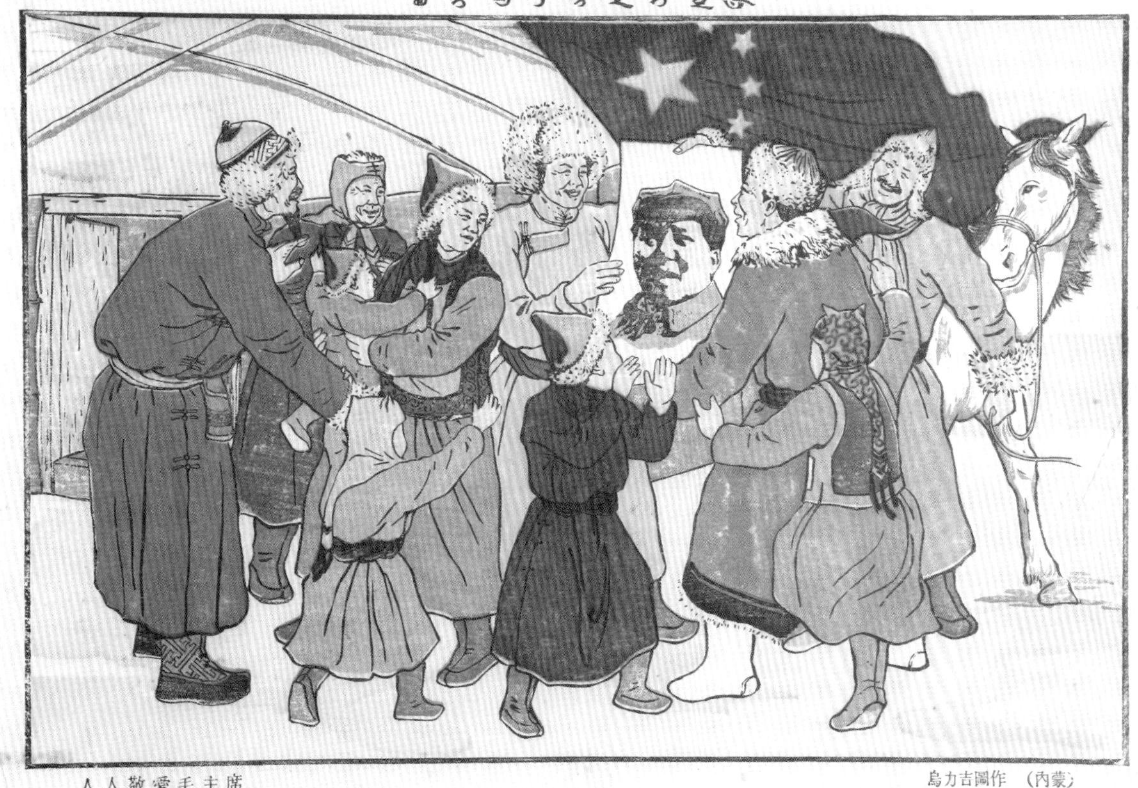

人人敬爱毛主席（木版水印）　　20 世纪 40 年代　内蒙古画报社出版　乌力吉图 作

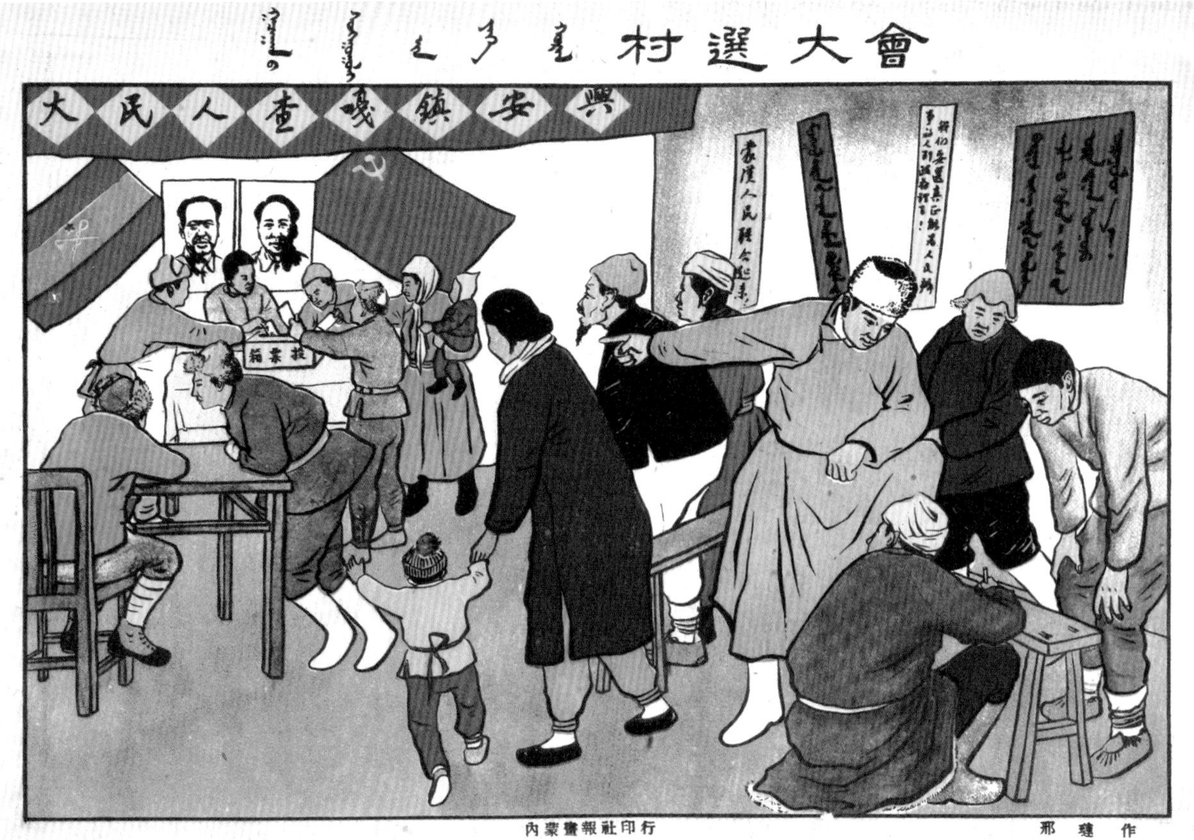

村选大会　　20世纪40年代　内蒙古画报社出版　邢琏 作

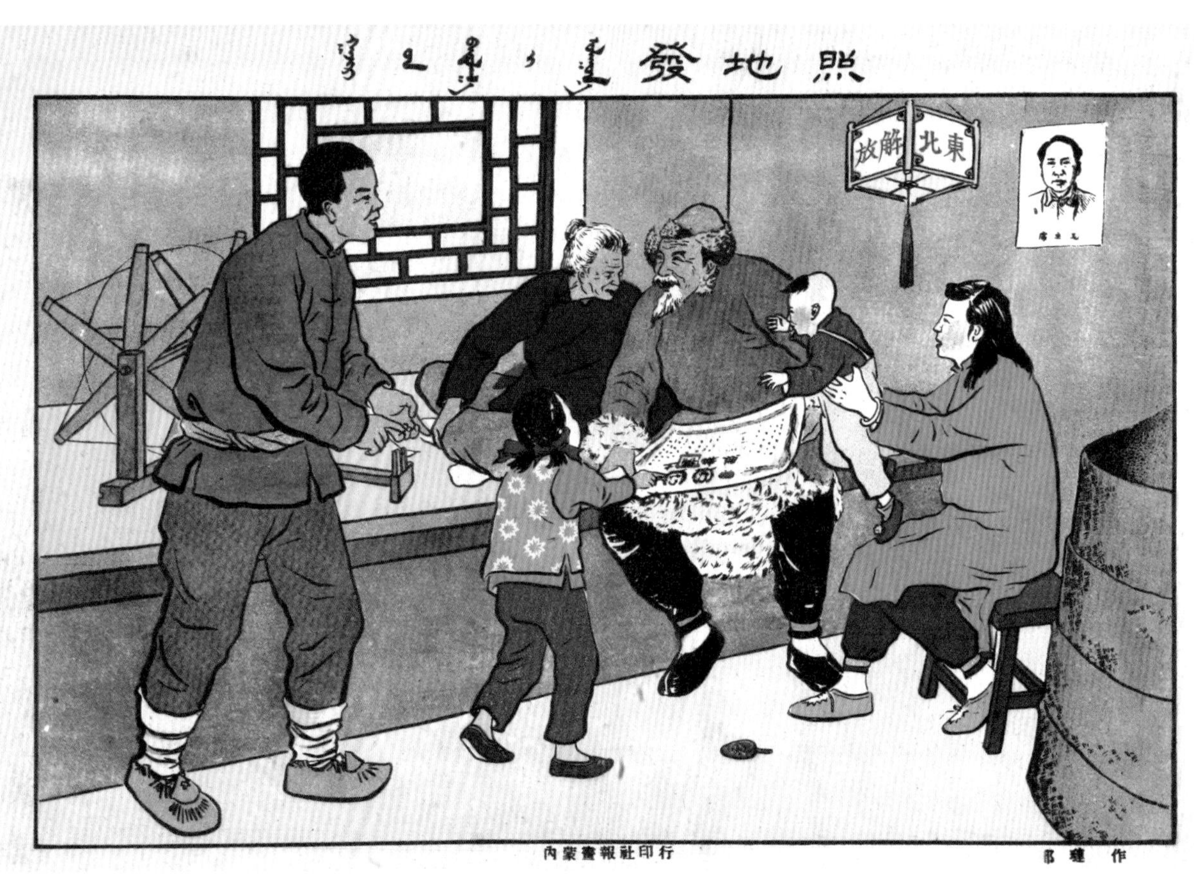

发地照　　20世纪40年代　内蒙古画报社出版　邢琏 作

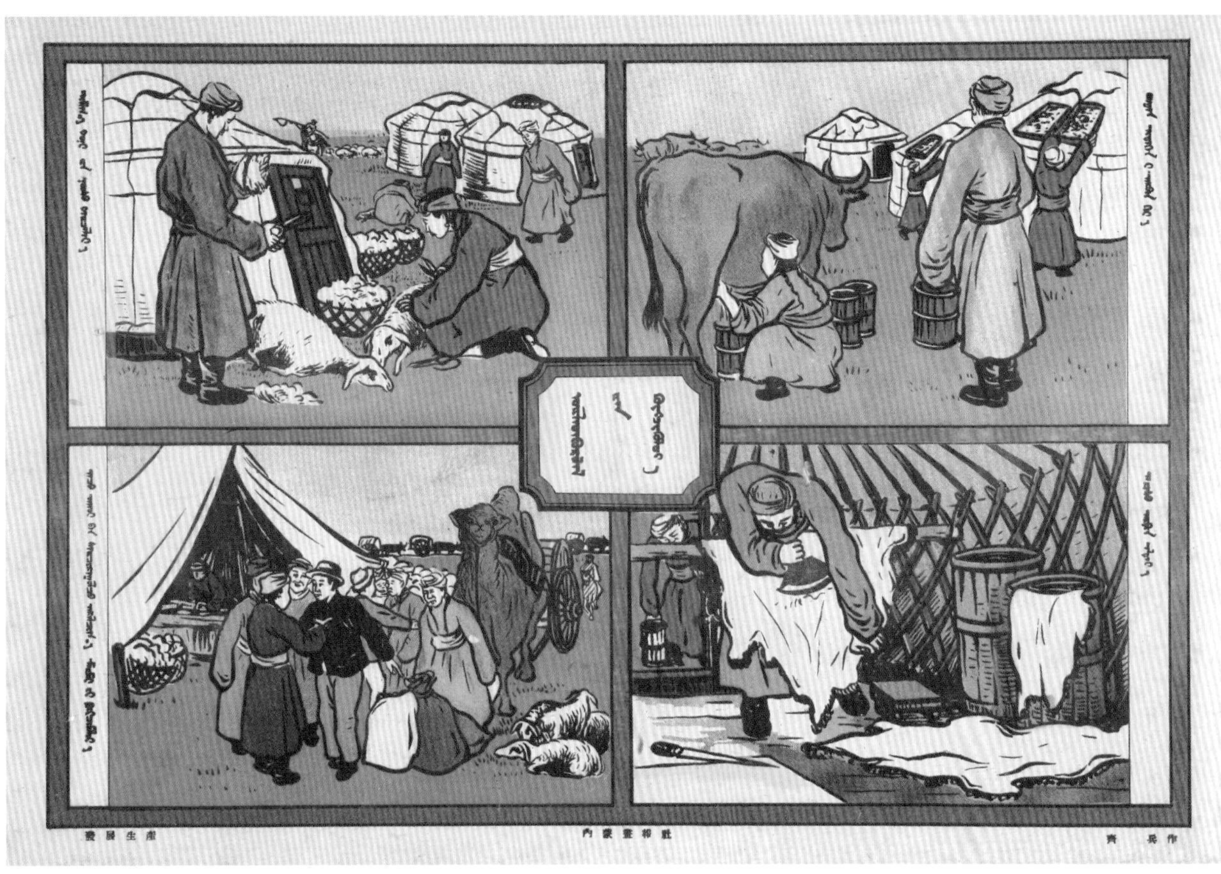

发展生产　　20 世纪 40 年代　内蒙古画报社出版　齐兵 作

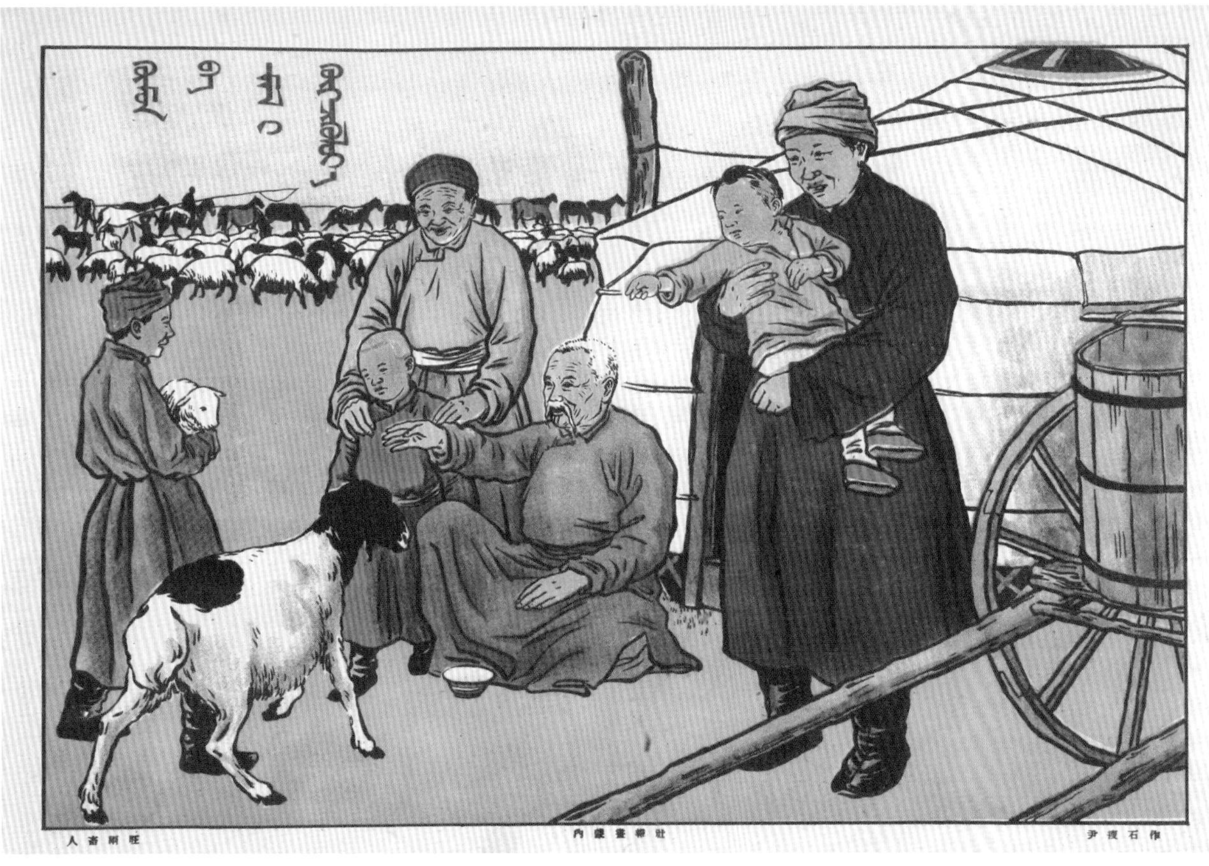

人畜两旺　　20 世纪 40 年代　内蒙古画报社出版　尹瘦石 作

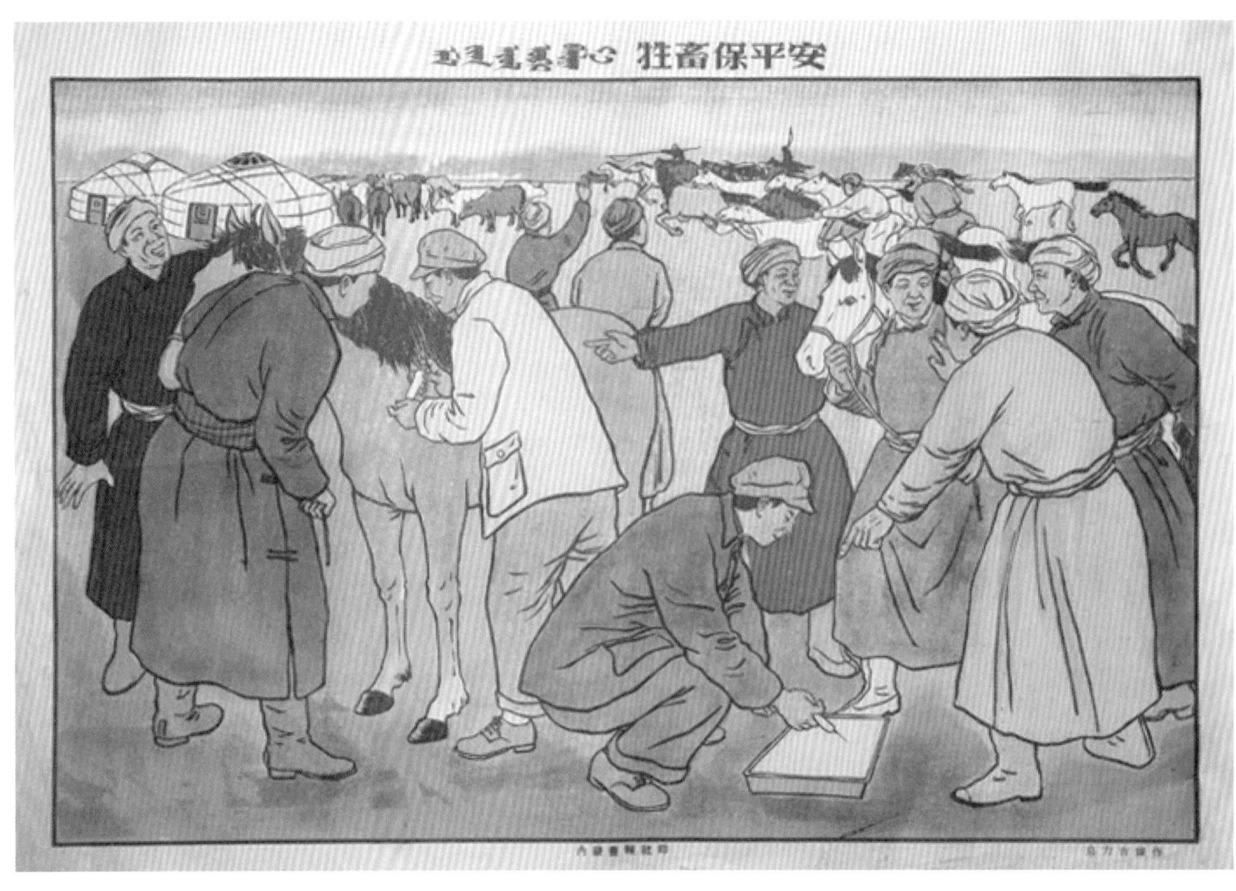

牲畜保平安　　20世纪40年代　内蒙古画报社出版　乌力吉图 作

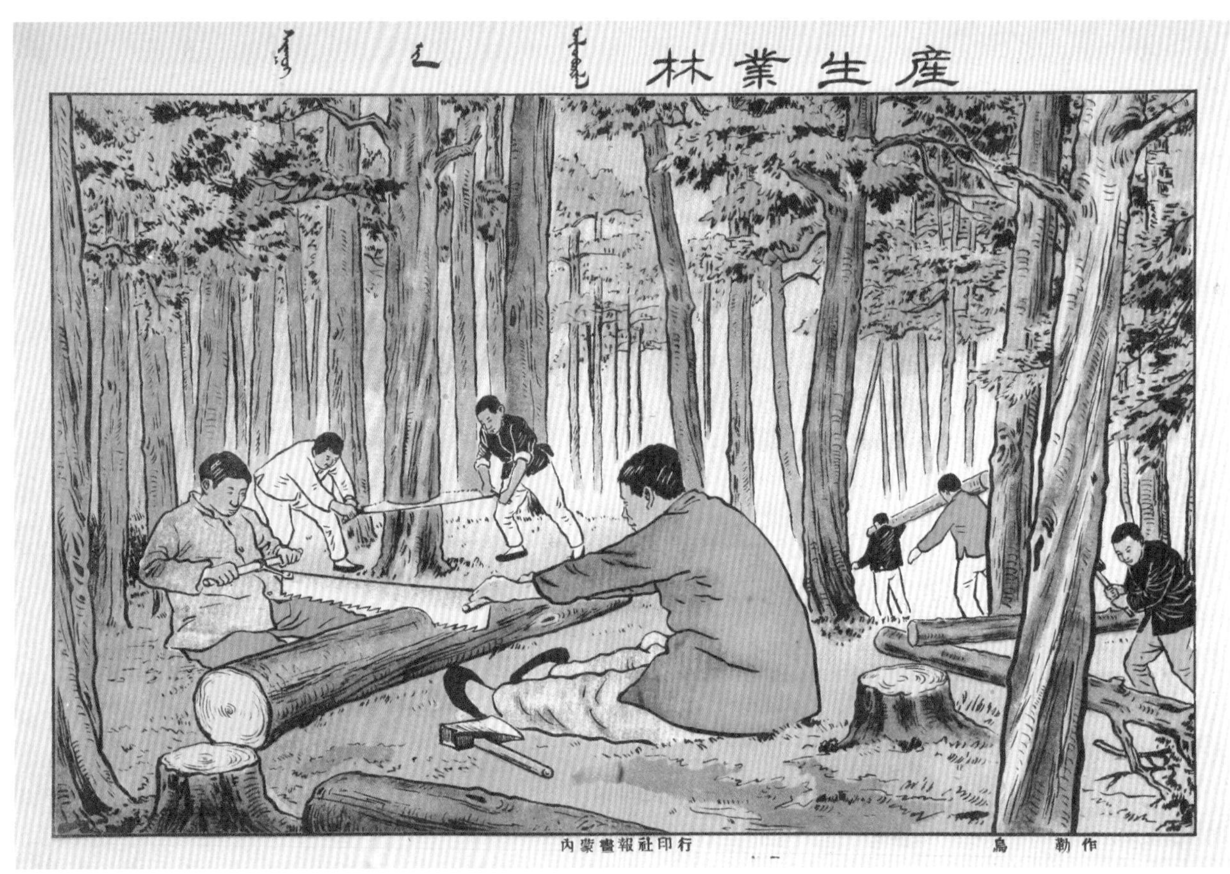

林业生产　　20世纪40年代　内蒙古画报社出版　乌勒 作

作者介绍

尹瘦石（1919年—1998年），江苏宜兴人，著名书画艺术家。他少年时代就酷爱美术，通诗律，工书法，毕业于武昌艺术专科学校。 1947年主编《内蒙古日报》副刊及《内蒙古画报》。1949年当选为中国美术家协会委员；1950年起先后任内蒙古文学艺术界联合会筹委会副主任、内蒙古自治区文教委员会委员；1956年当选为内蒙古美术家协会主席；1957年任北京中国画院副秘书长。曾任中国文学艺术界联合会副主席，全国政协委员。

乌力吉图（1928年—1998年），又名伊利特，蒙古族，辽宁朝阳人。自幼酷爱美术。1948年从部队调到内蒙古画报社任美术编辑，师从尹瘦石学习绘画，后进入中央美术学院绘画系调干班学习。1956年任内蒙古画报社主编，1960年任内蒙古美术家协会副主席，1963年兼任内蒙古摄影家协会副主席，中国美术家协会会员。

邢琏　女，满族，1929年9月出生，黑龙江双城人。擅长油画、原始艺术研究。1960年毕业于中央美术学院，在中央民族学院艺术系任教，后调入中央民族大学研究院讲授有关原始艺术的课程。历任内蒙古美术创作室创作员，中央民族学院副研究员。油画作品有《年年月月》《斗争图》等。主要著作有《中国岩画》《中国岩画发现史》《外国岩画发现史》《中国岩画札礼》等。

齐兵　曾在内蒙古文工团美术组工作。1948从内蒙古文工团调入内蒙古画报社从事美术创作，20世纪40年代年画创作者。

乌勒　曾用名乌勒吉巴图，蒙古族，1924年出生。1946年在内蒙古文工团美术组工作。曾在内蒙古画报社任美术编辑、摄影记者，内蒙古日报社任摄影记者。曾任中国摄影家协会理事；内蒙古老摄影家协会常务理事；内蒙古摄影家协会第一届、第二届副主席。是我区最早的摄影家之一。1950年创作的《建政权选好人》新年画，获文化部主办的首届全国美术展览新年画创作三等奖，并在莫斯科展出；摄影作品《后继有人》荣获1980年全国传统体育摄影展三等奖，《夏》荣获1984年自治区首届摄影艺术创作“萨日娜奖”。2009年7月获自治区授予的“内蒙古自治区文学艺术杰出贡献奖”。

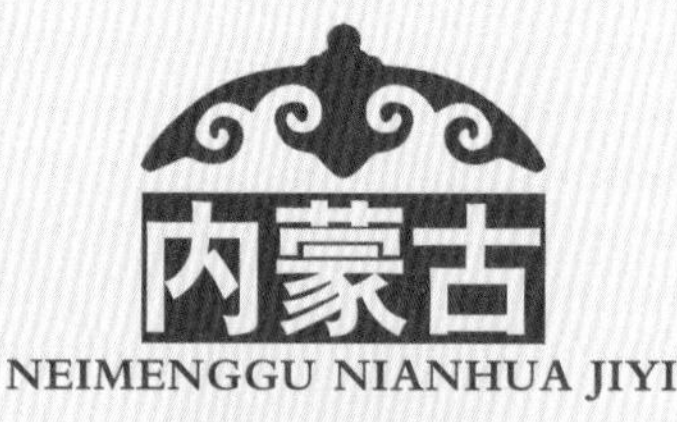
内蒙古
NEIMENGGU NIANHUA JIYI

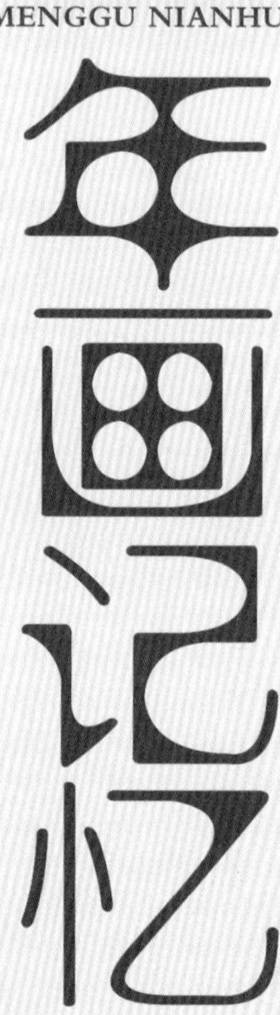
年画记忆

20世纪50年代精选

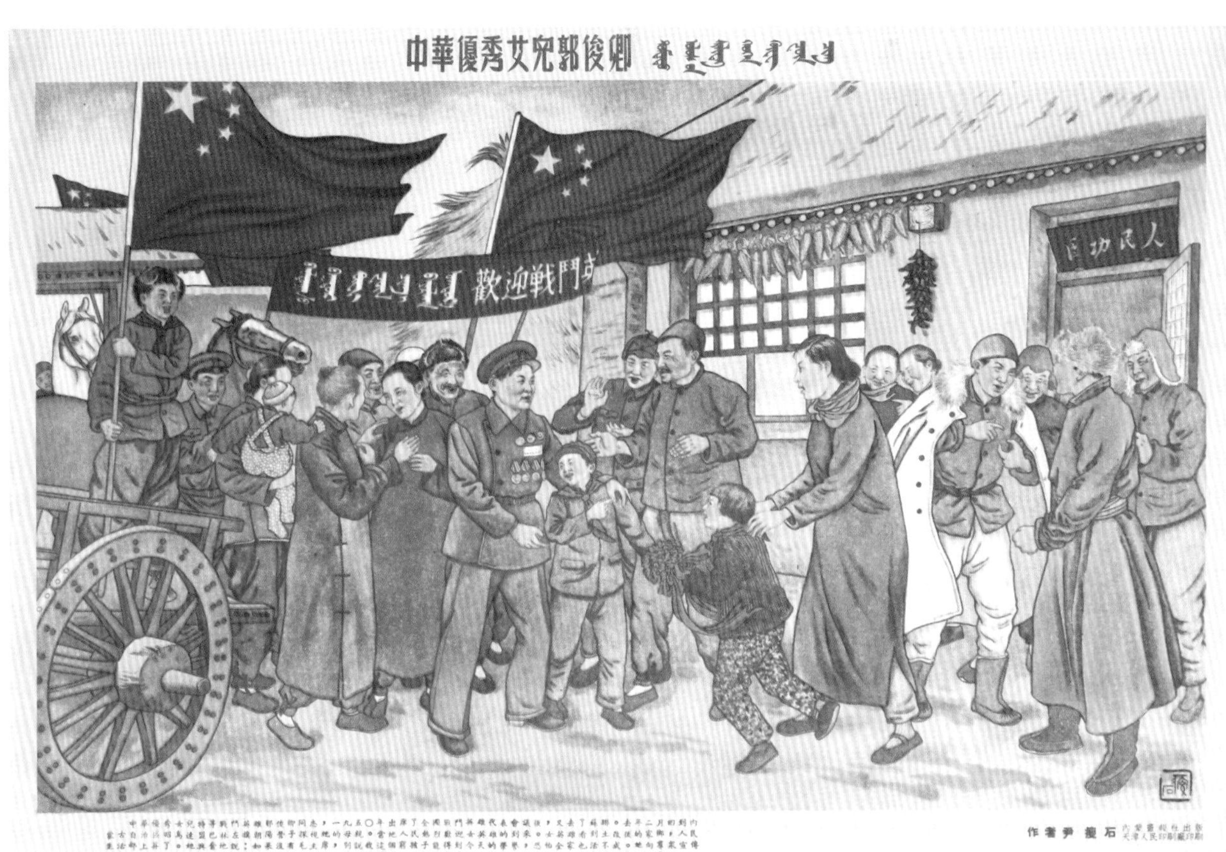

中华优秀女儿郭俊卿　　20 世纪 50 年代　内蒙古画报社出版　尹瘦石 作

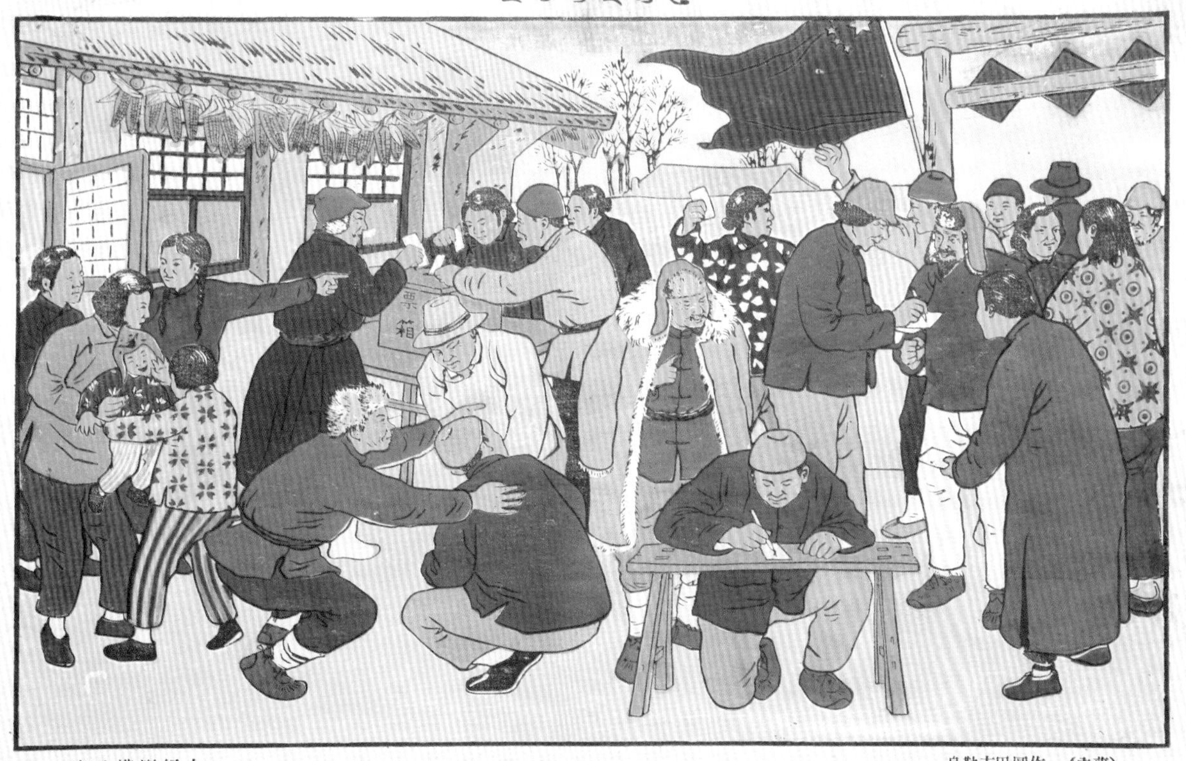

建政权选好人（木版水印）　　20 世纪 50 年代初　内蒙古画报社出版　乌勒吉巴图 作

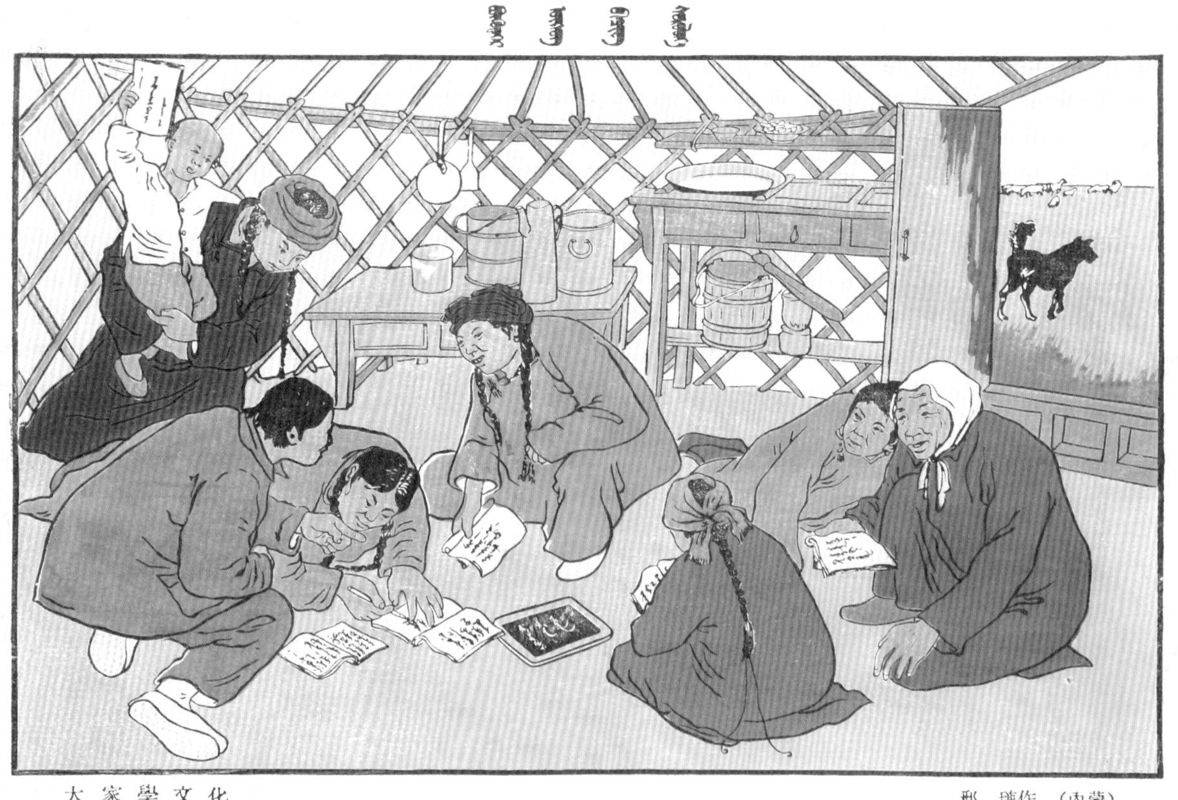

大家学文化（木版水印） 20世纪50年代初 内蒙古画报社出版 邢琏 作

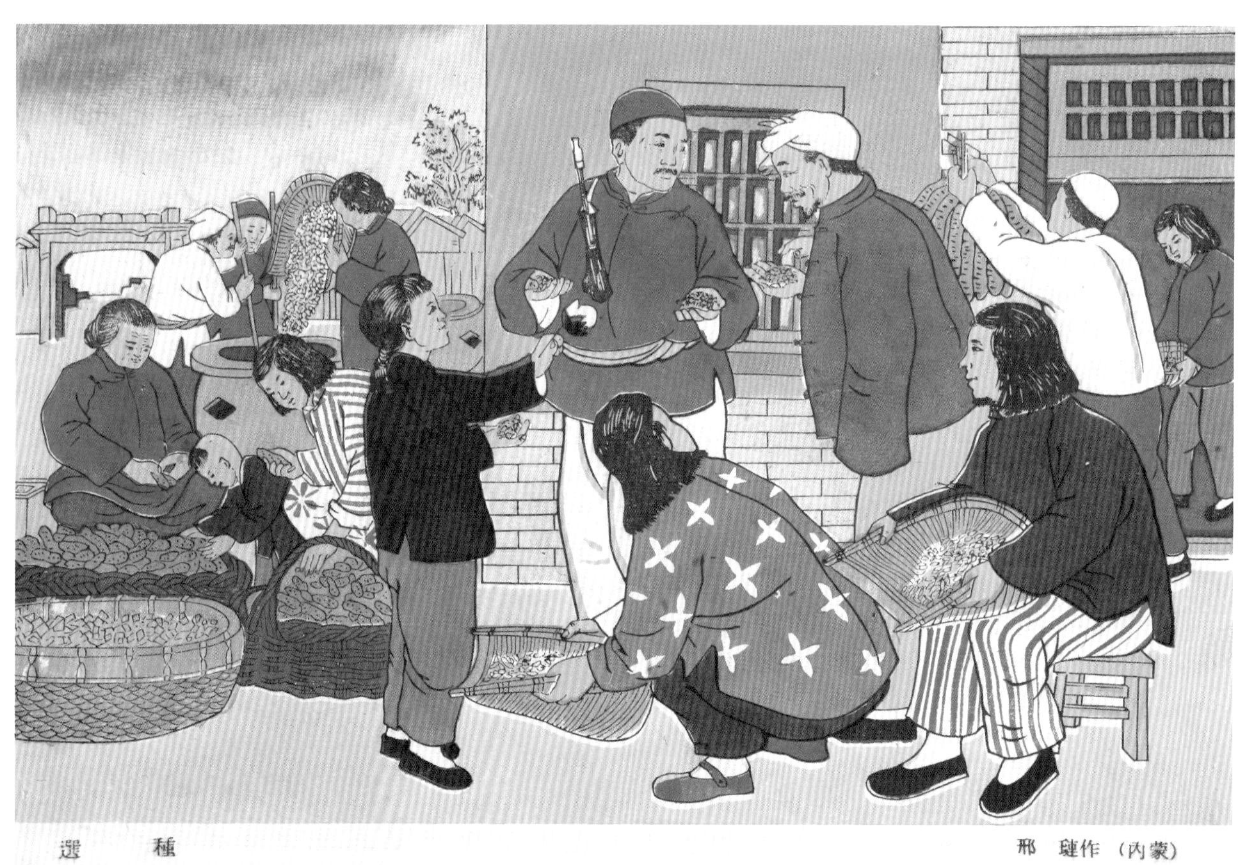

选种 20世纪50年代初 内蒙古画报社出版 邢琏 作

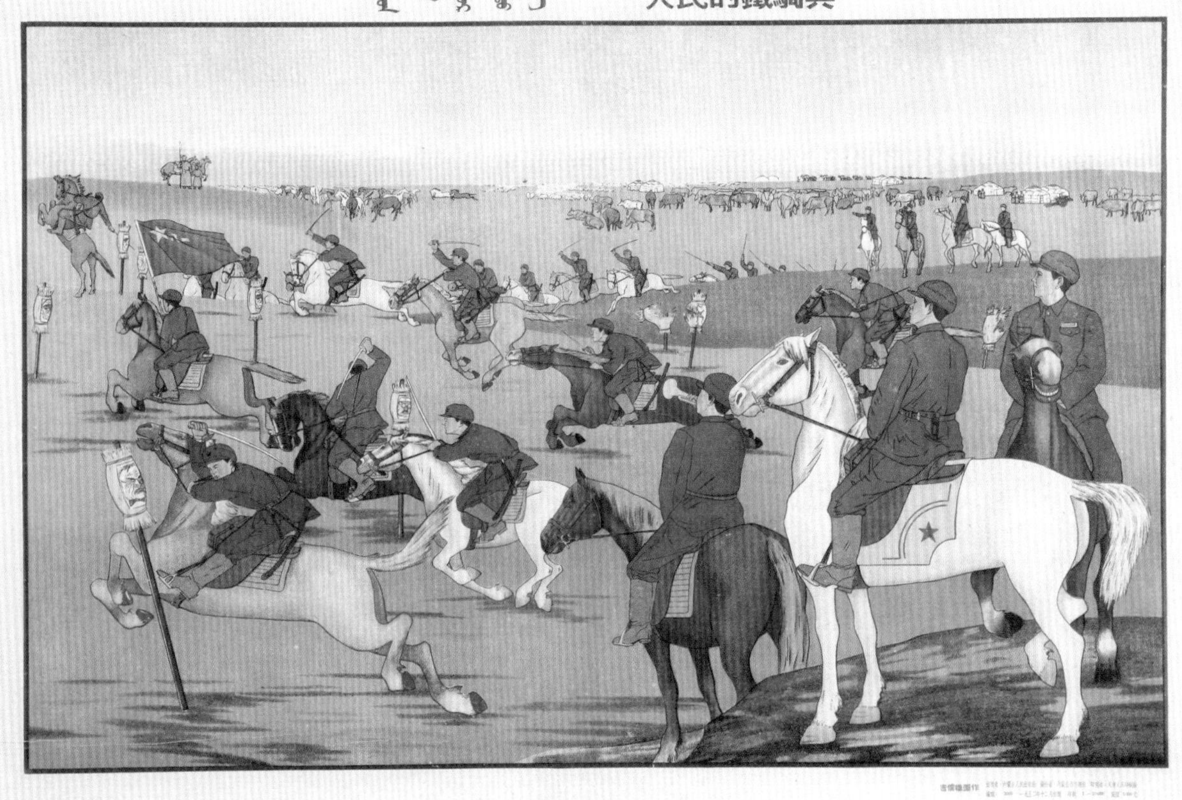

人民的铁骑兵　　20世纪50年代　内蒙古人民出版社出版　吉儒穆图 作

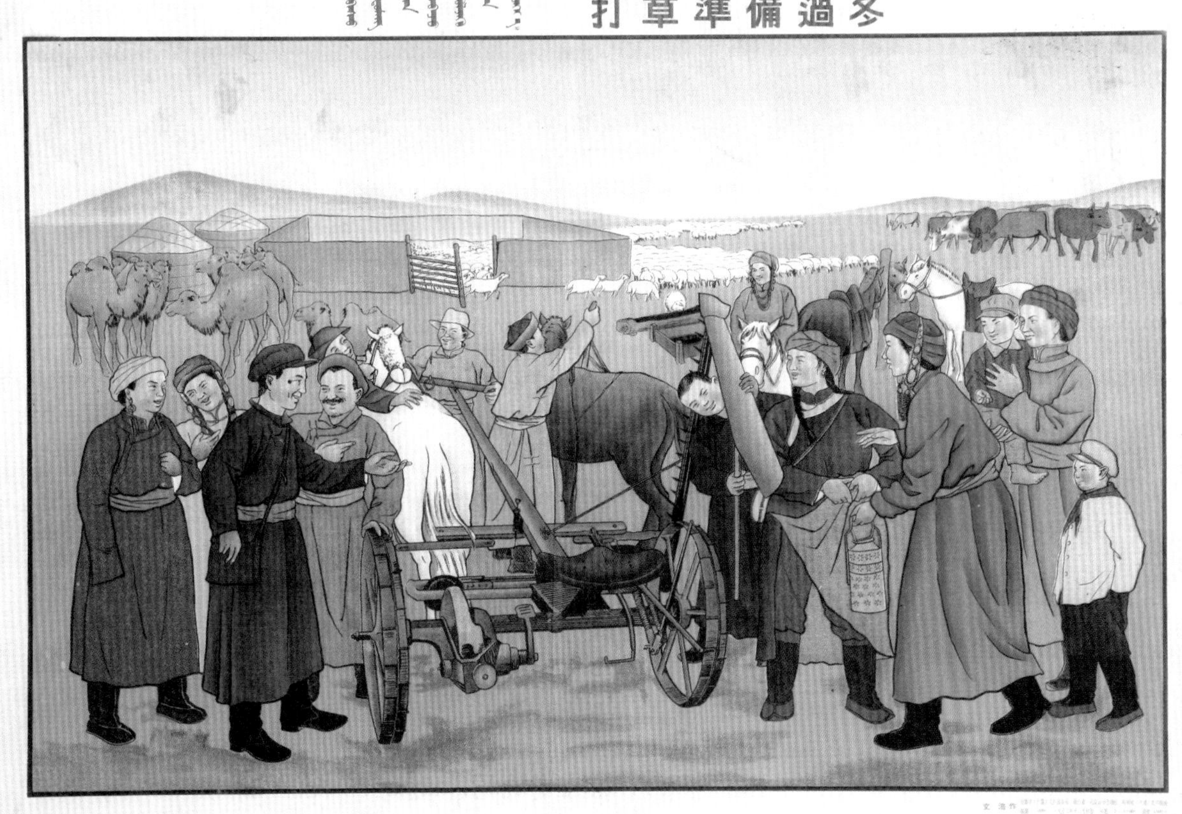

打草准备过冬　　20世纪50年代　内蒙古人民出版社出版　文浩 作

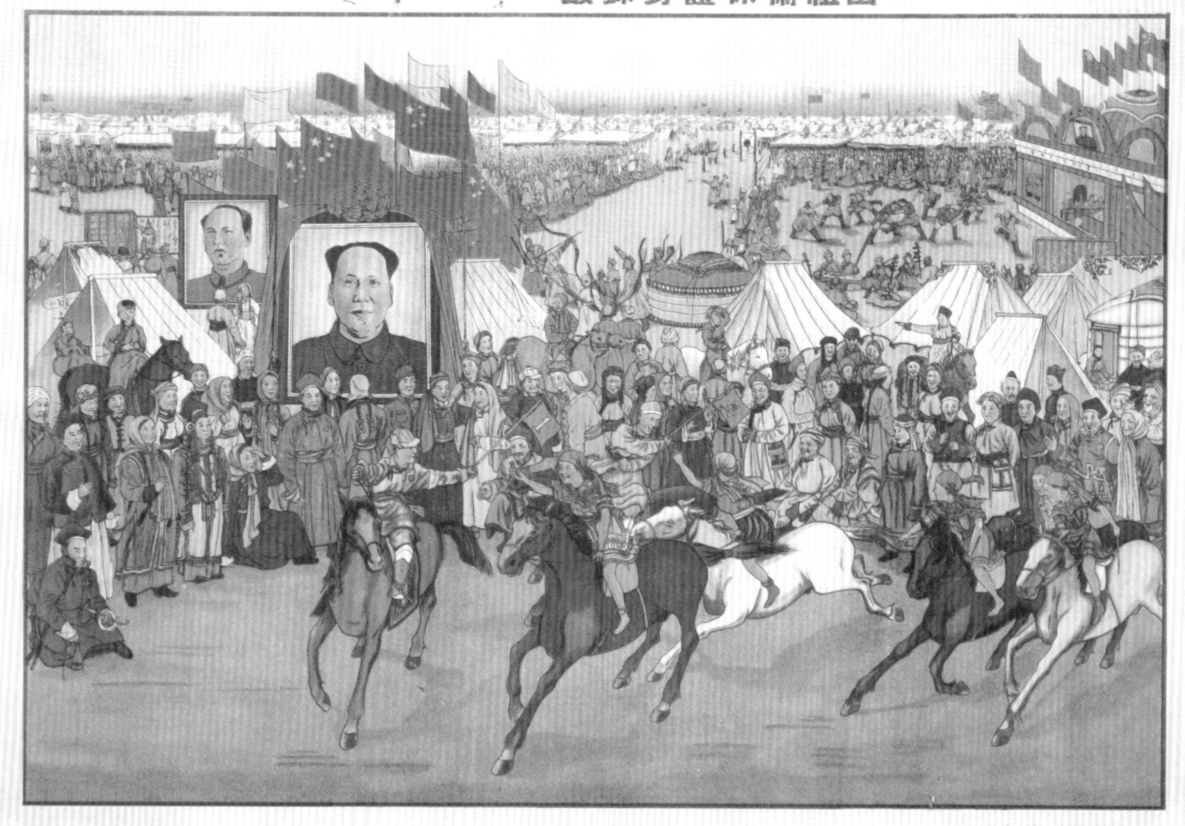

锻炼身体保卫祖国　20世纪50年代　内蒙古人民出版社出版　桑吉雅 作

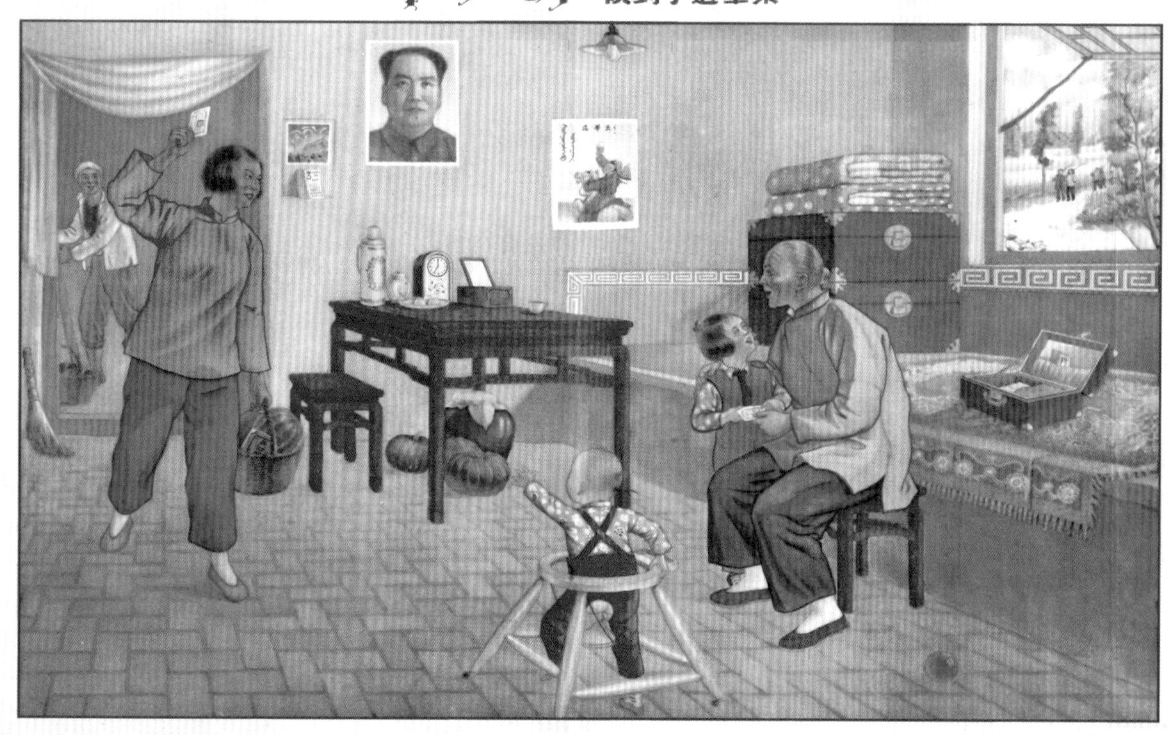

领到了选举票　20世纪50年代　内蒙古人民出版社出版　乌恩　张光璧 作

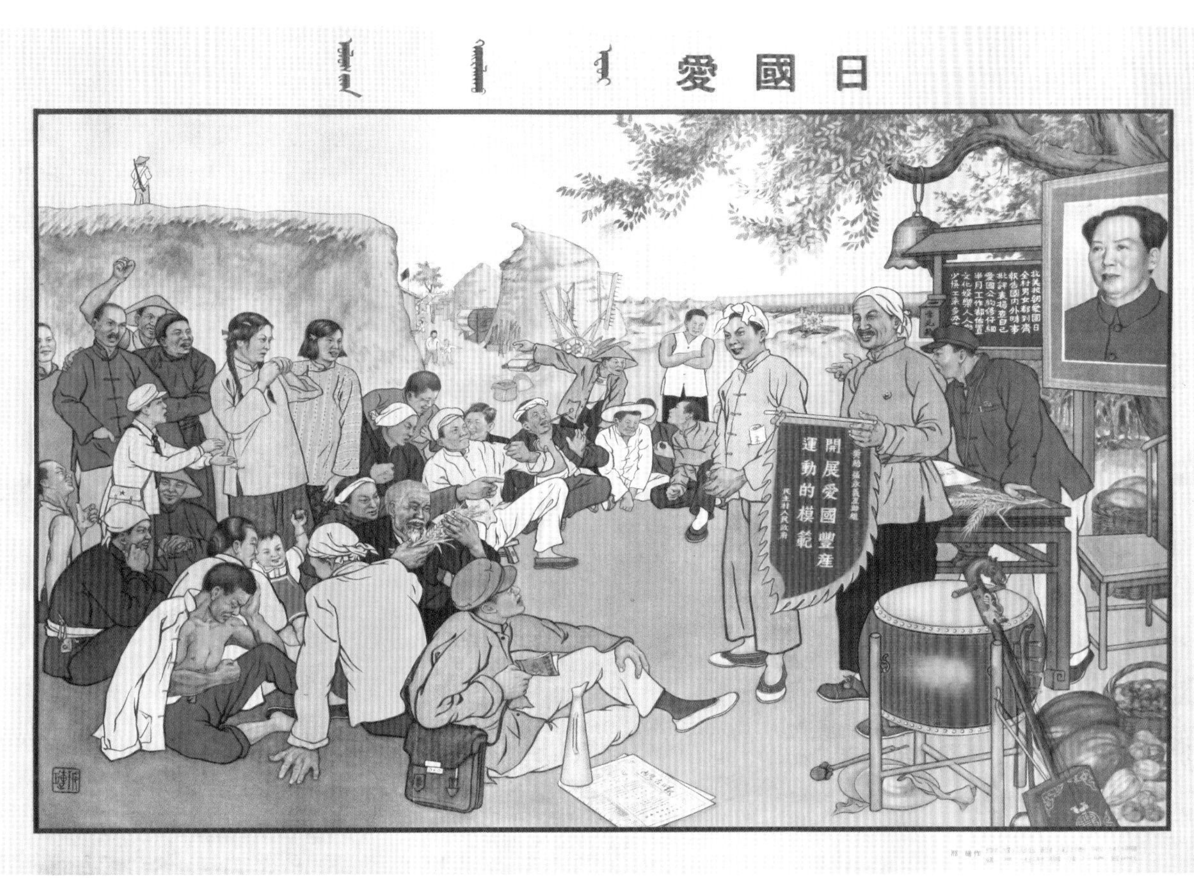

爱国日　　20 世纪 50 年代　内蒙古人民出版社出版　邢琏　作

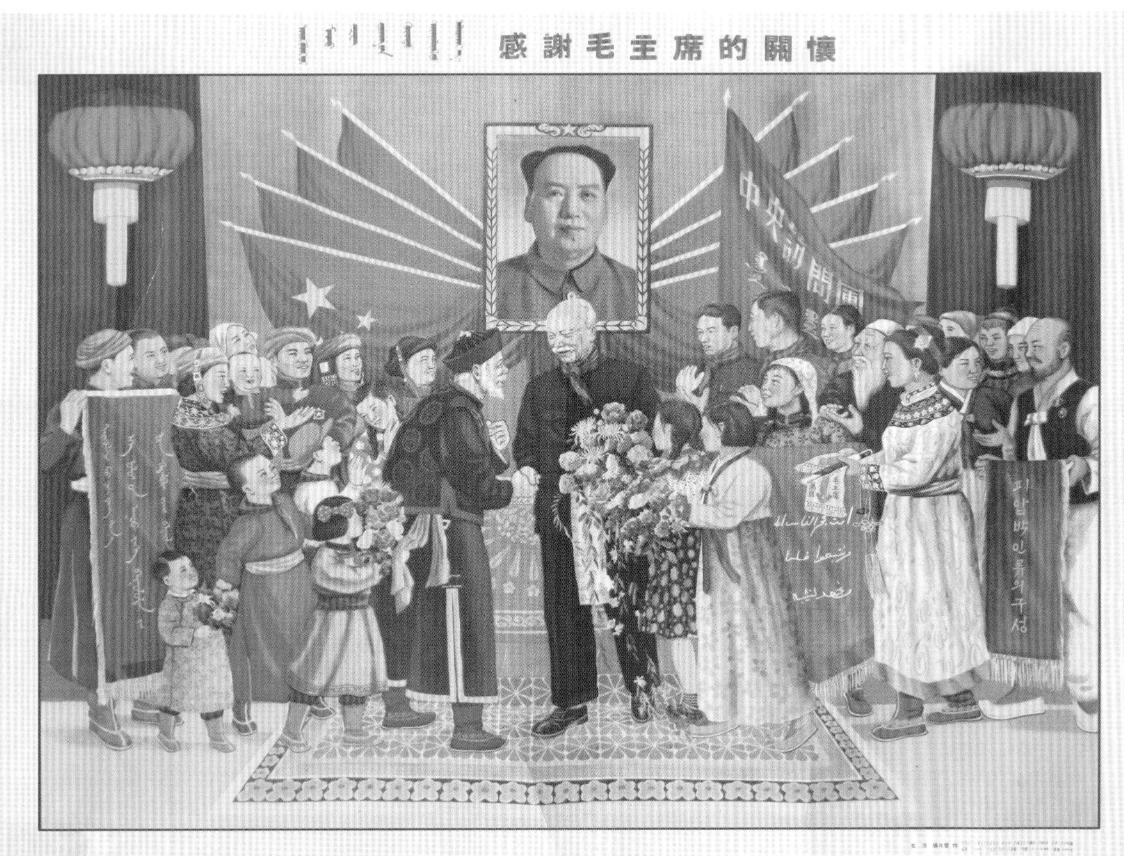

感谢毛主席的关怀　　20 世纪 50 年代初　内蒙古人民出版社出版　文浩　张光璧　作

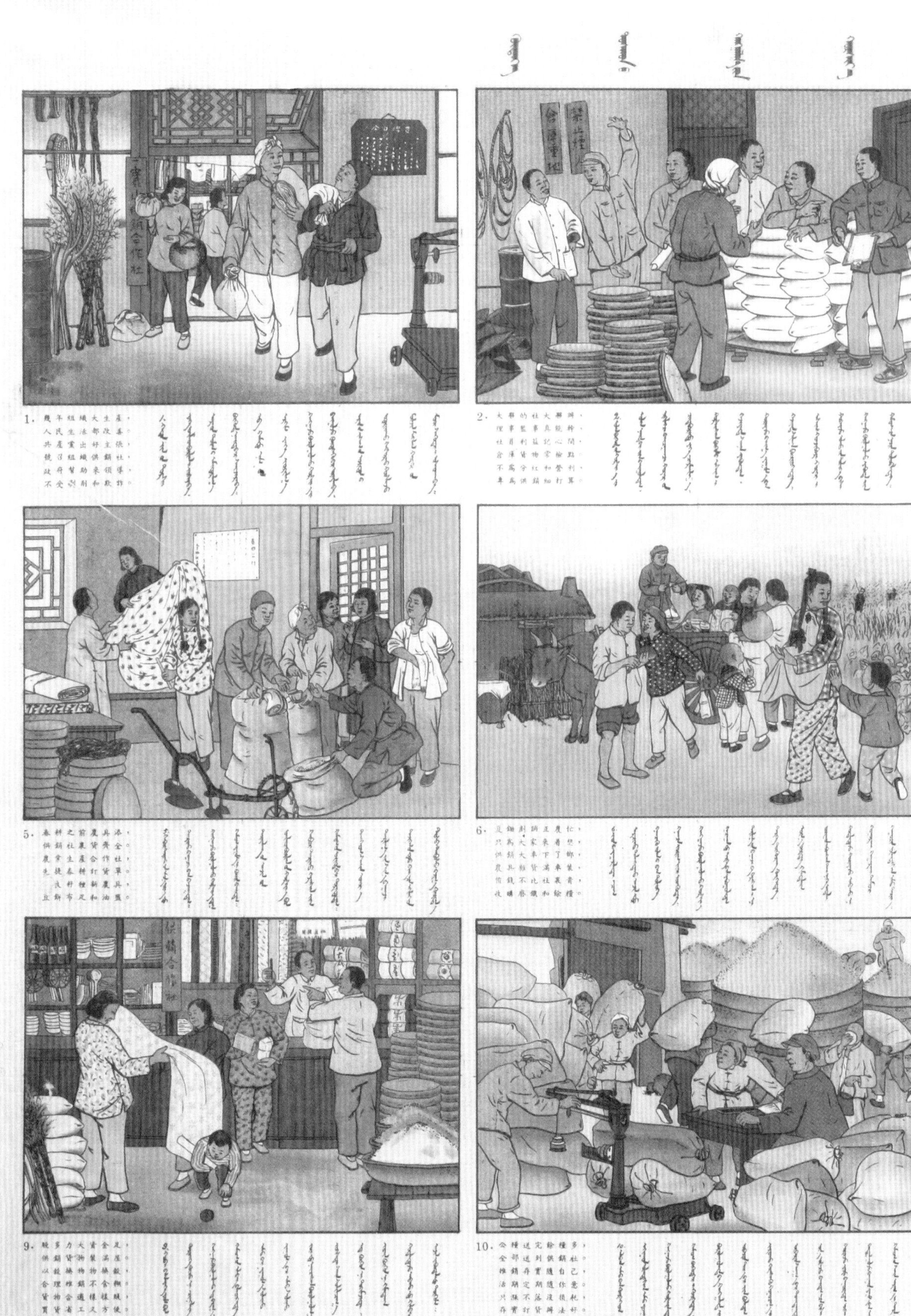

農村供銷合作社

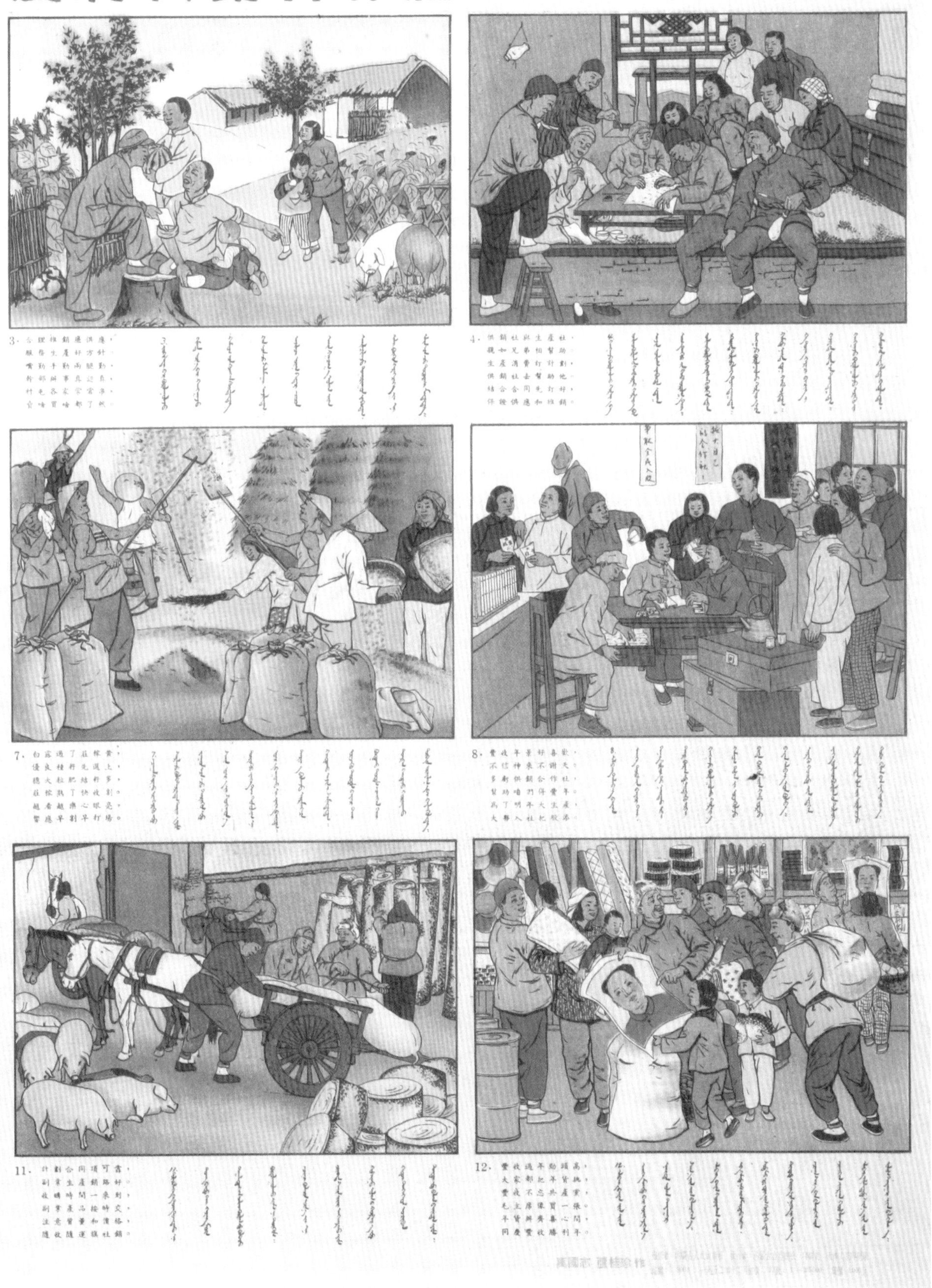

农村供销合作社　20世纪50年代　内蒙古人民出版社出版　万国志　芦桂珍 作

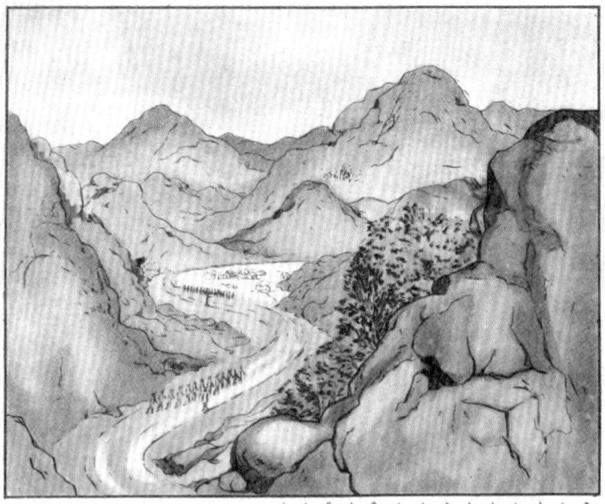

一、頂叢山在朝鮮，山下有一條公路和民房幾間，美國鬼子天天在這來集合當成休息站，陰謀詭計想攻下這座山。

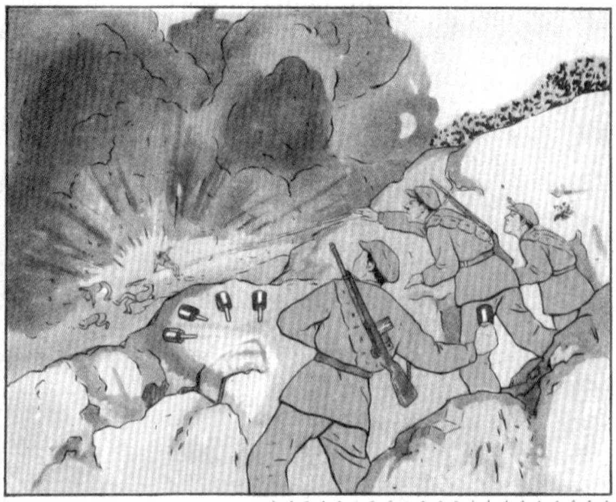

二、潘天貴，小組長，副班長三人堅守在山巔，陣地右邊班長帶一挺機槍來支援。敵人五六十大批上山；副班長說：「沉着氣，等鬼子到跟前。」一、二劉的一排手榴彈，鬼子滾下山，來個腳朝天。小潘說：「這頓早飯夠他們解饞。」

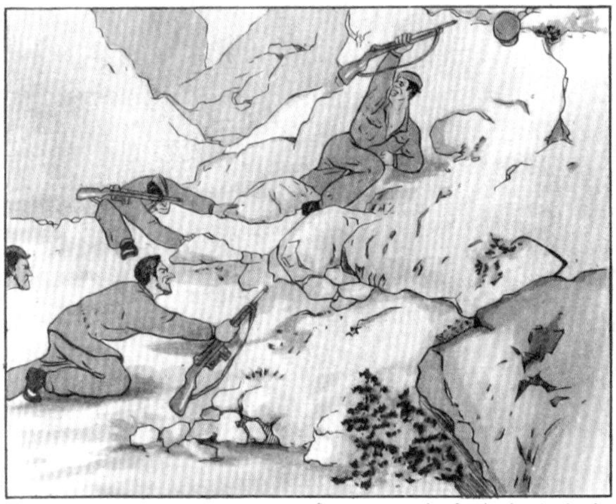

五、一會兒敵人在山前把頭探，一看我們陣地上有一頂帽子，就摸了老半天：「山頭沒人啦！哈哈！」

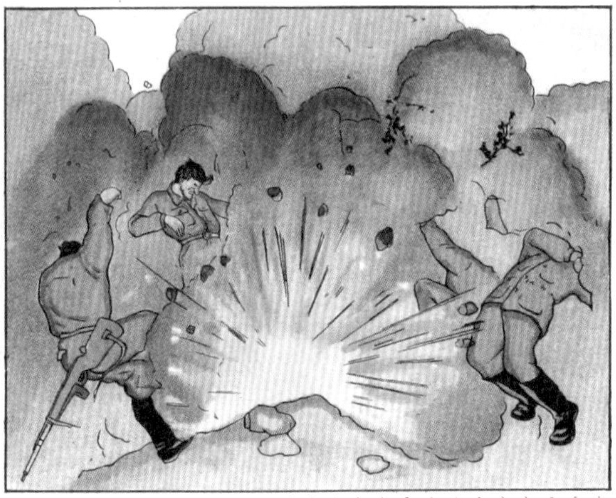

六、呼啦啦一窩蜂，就來了一大片，小組長說「拉！」小潘把大繩一拉說：「這是我軍陣地，謝絕參觀。」轟隆一聲響，鬼子炸個翻。忽然敵人扔來個手榴彈，小組長光榮犧牲在山上邊。

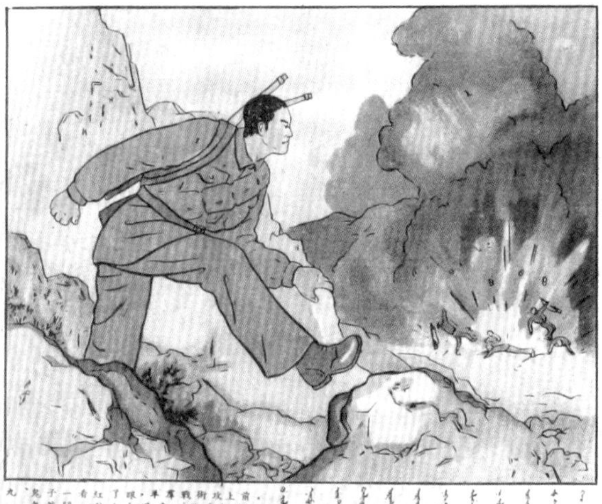

九、鬼子一看紅了眼，車輪戰術攻上前。忽然間，敵人打過來一個手榴彈，潘天貴一腳踢回在敵人堆裏，爆炸冒了黑煙。

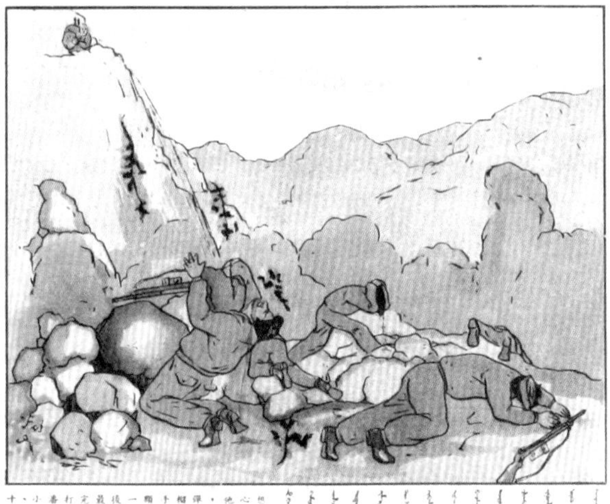

十、小潘打完最後一顆手榴彈，絕心想住憑陣地多尼喻，我一定守住這麼山，忽中生智，用大石頭住下礙，只犧伴鬼子炸破血流稀糊爛。

青年英雄潘天炎

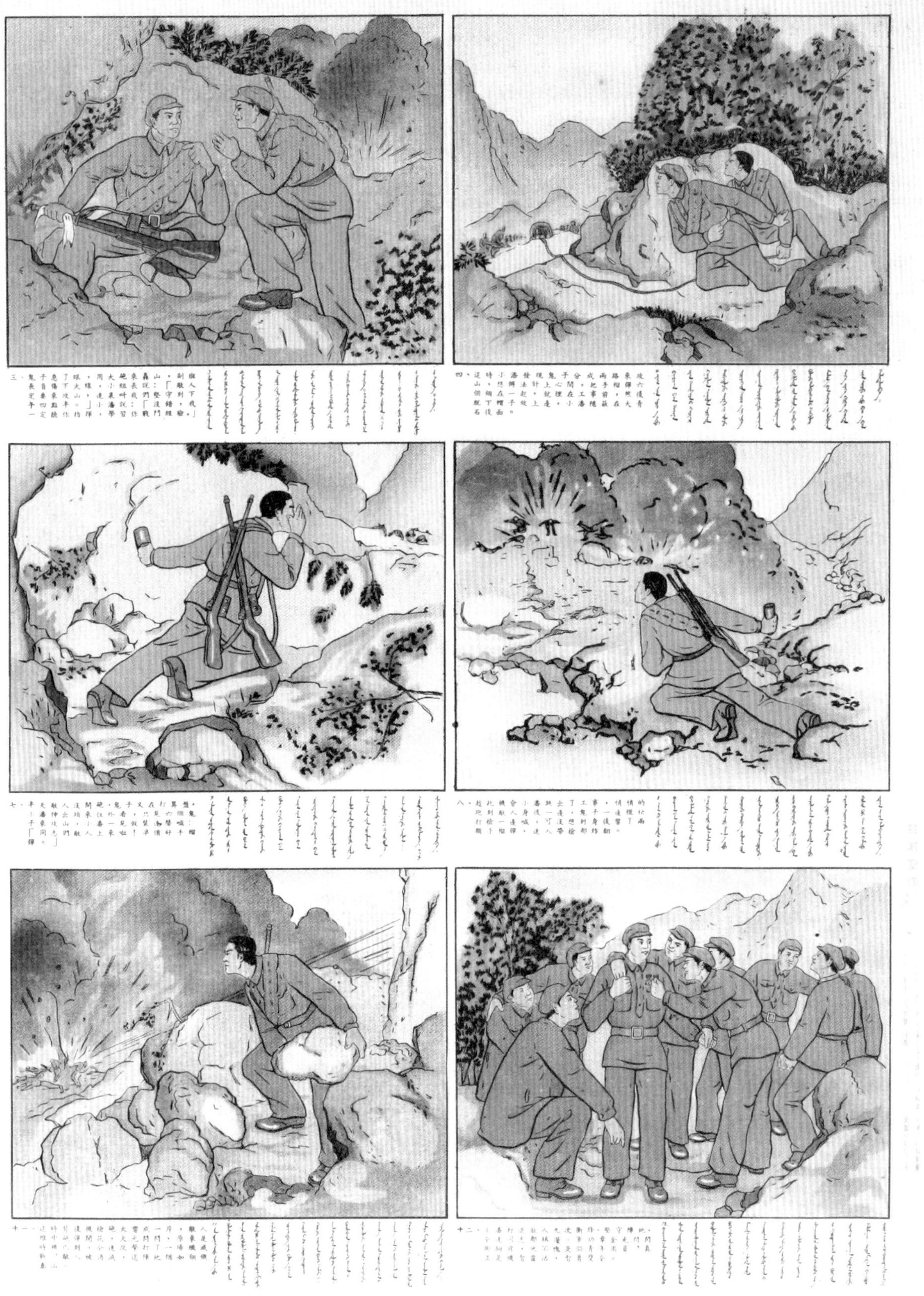

青年英雄潘天炎　　20世纪50年代　内蒙古人民出版社出版　金淑堃　作

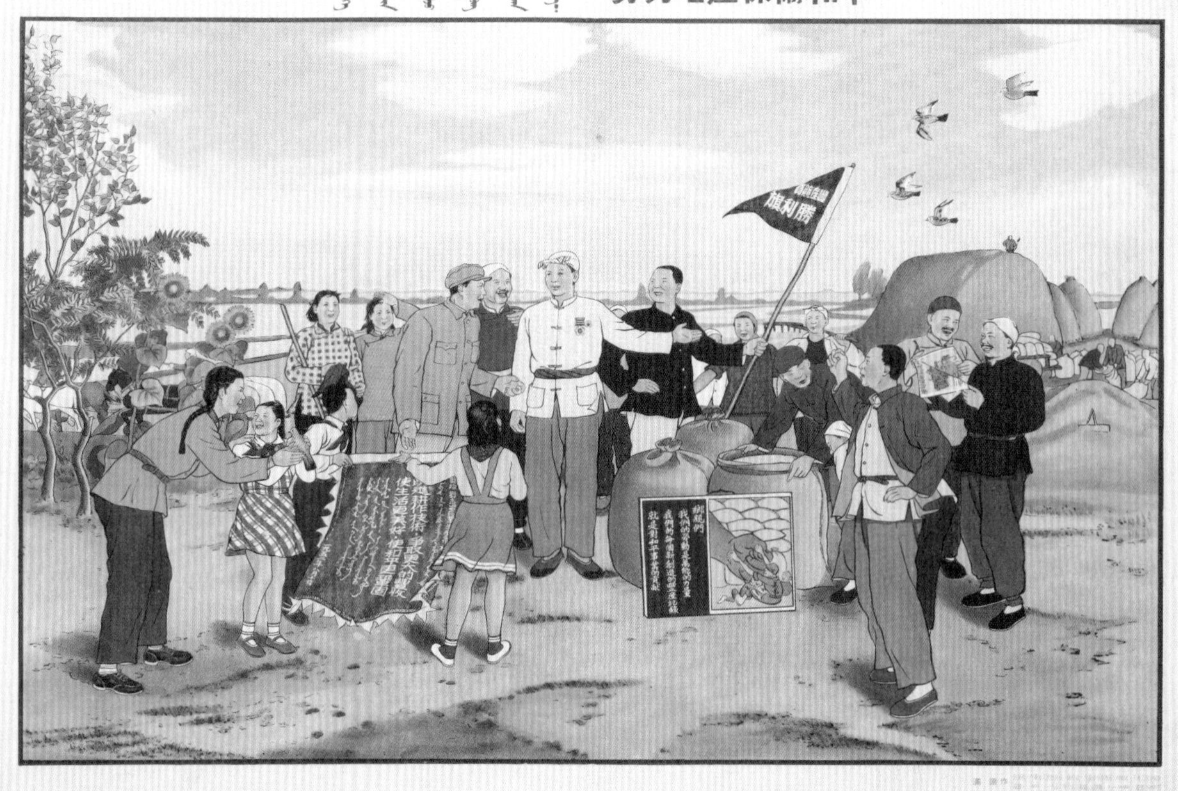

努力增产保卫和平　20世纪50年代　内蒙古人民出版社出版　满达 作

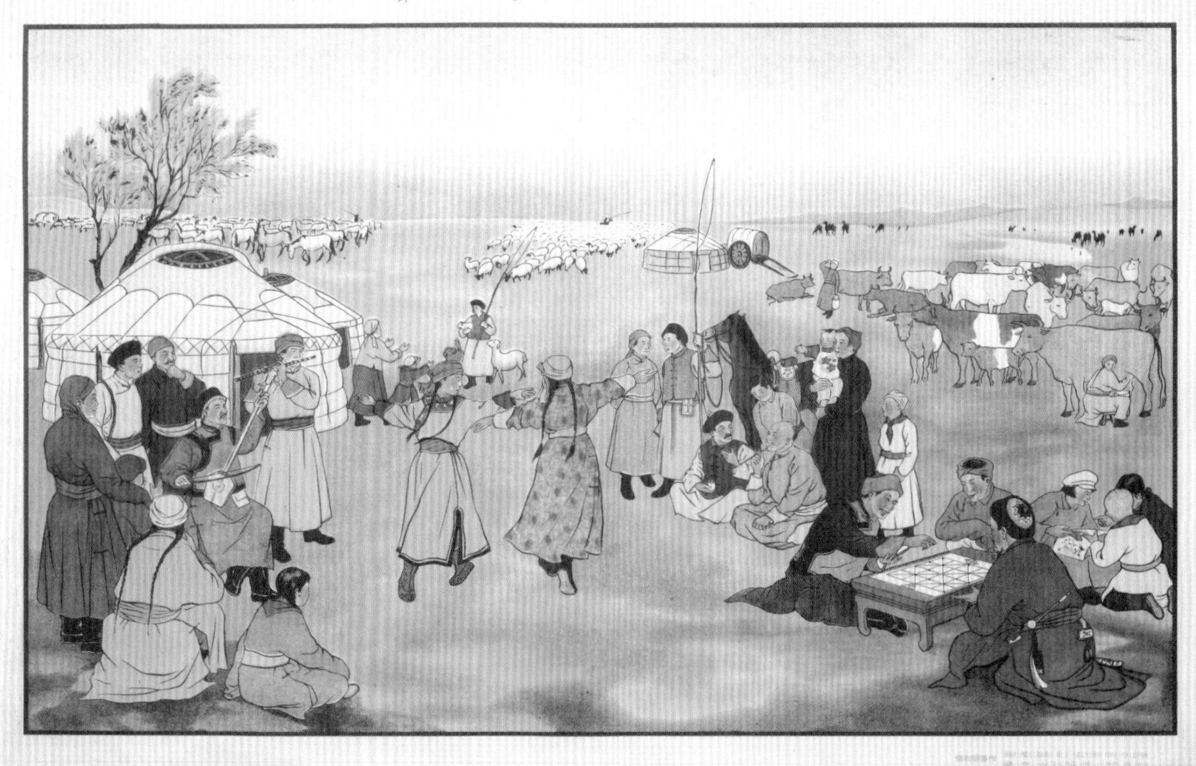

在毛主席的领导下过着幸福的生活　20世纪50年代　内蒙古人民出版社出版　布和朝鲁 作

祖國的小主人

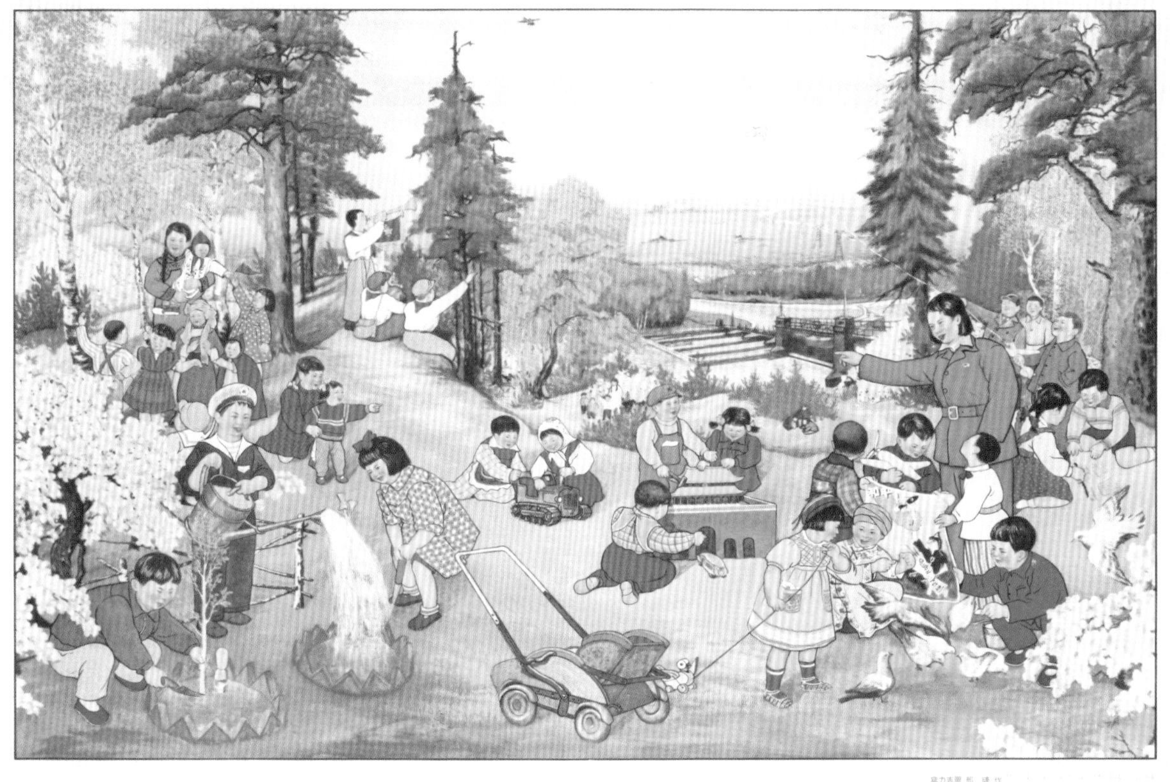

祖国的小主人　　20世纪50年代　内蒙古人民出版社出版　乌力吉图　邢琏　作

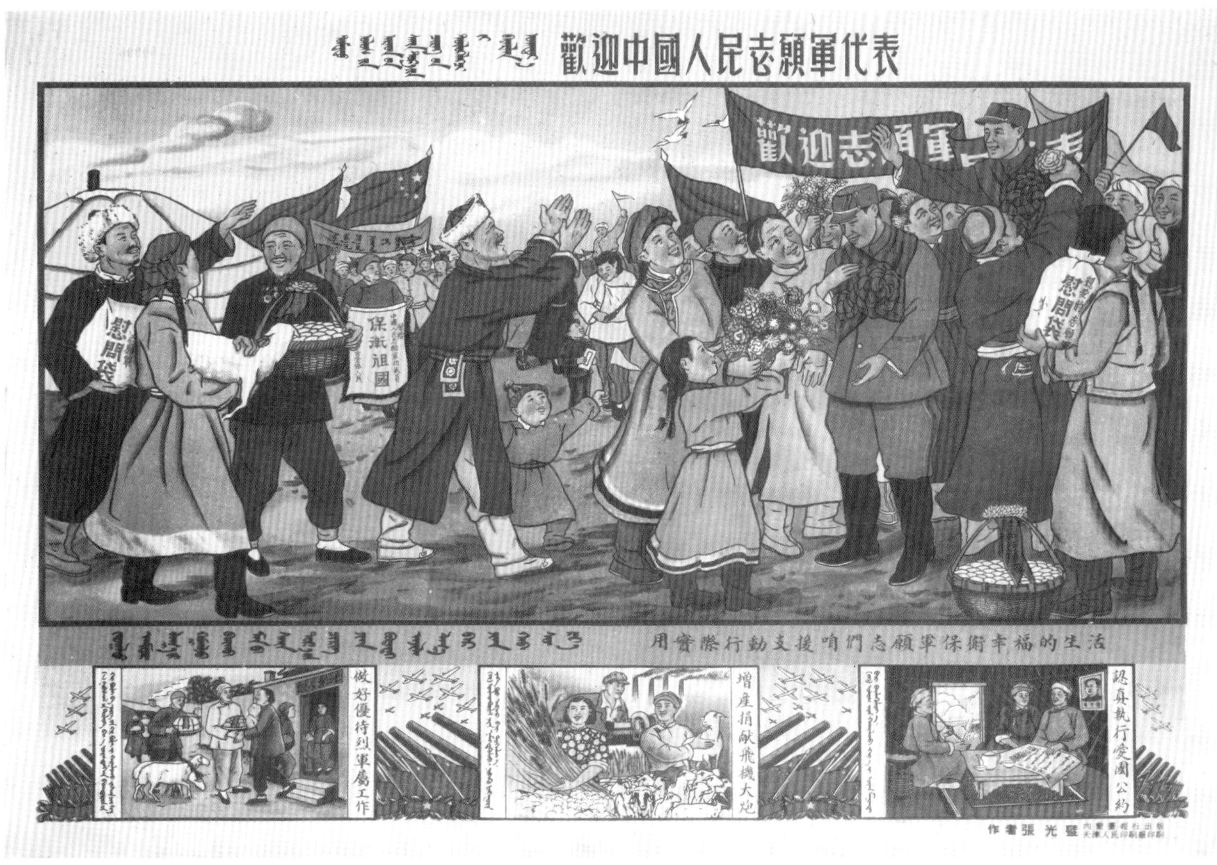

欢迎中国人民志愿军代表　　20世纪50年代初　内蒙古画报社出版　张光璧　作

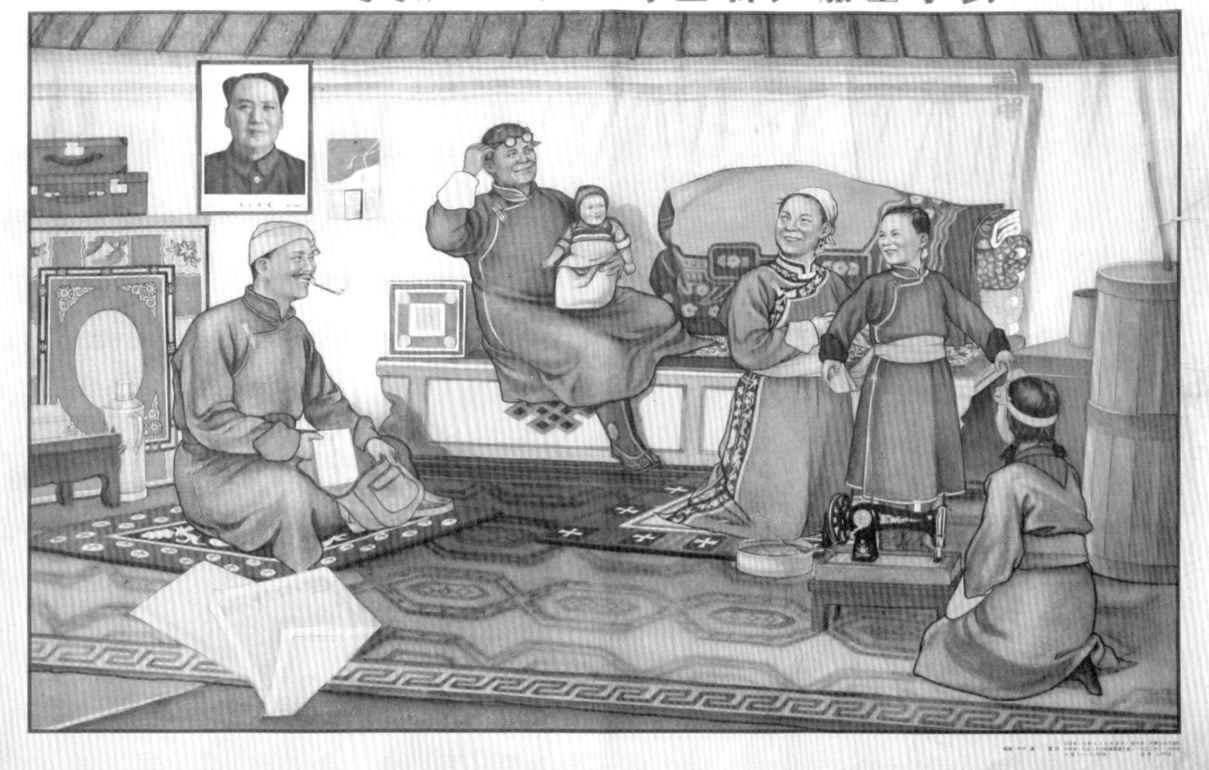

穿上新衣服上学去　　20世纪50年代　内蒙古人民出版社出版　满达 作

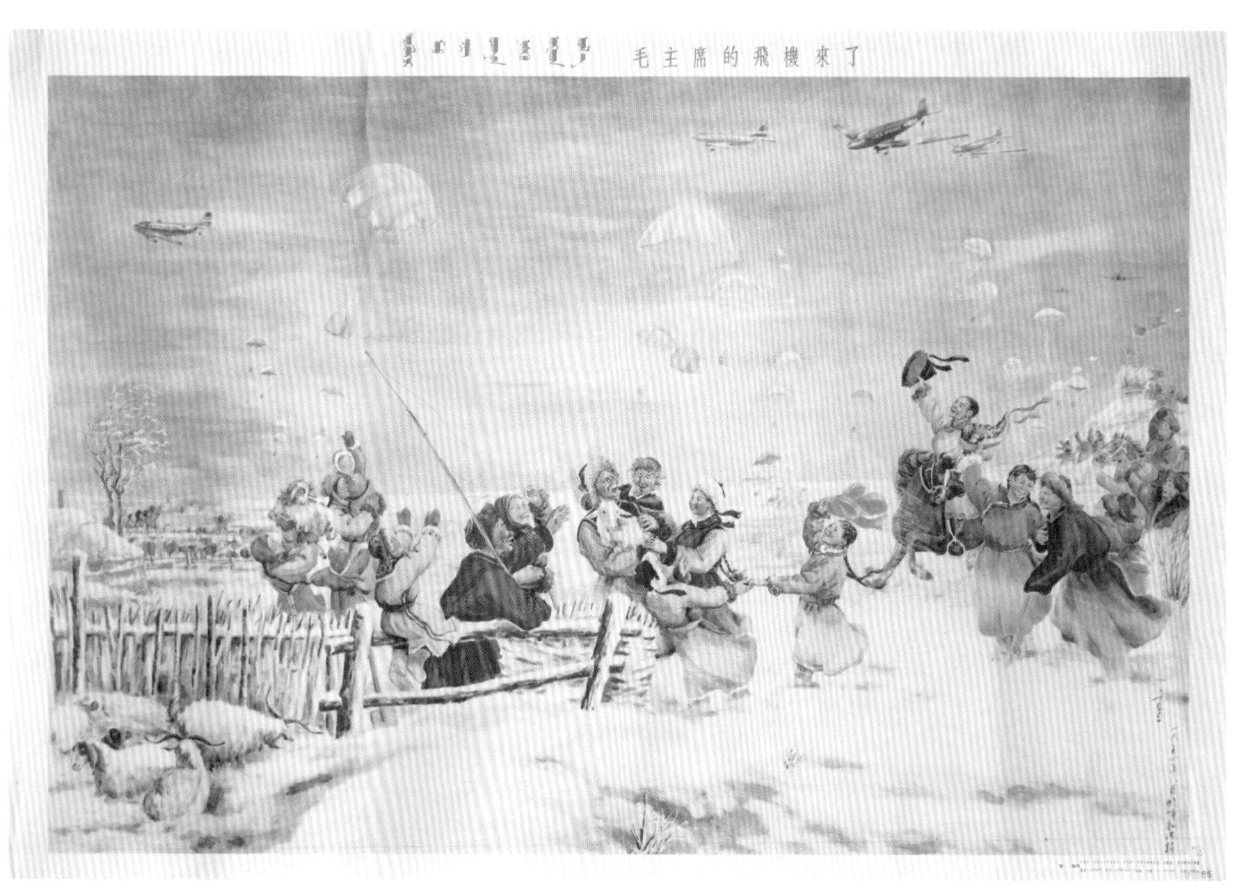

毛主席的飞机来了　　20世纪50年代初　内蒙古人民出版社出版　官布 作

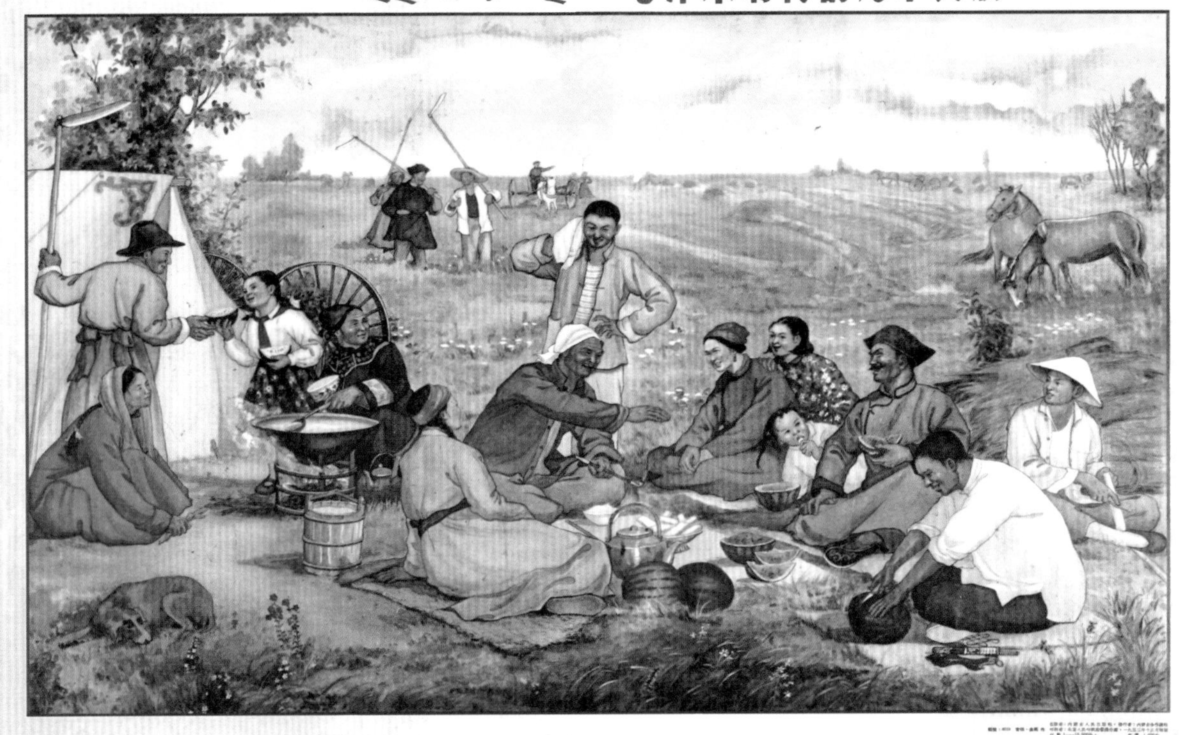

毛泽东时代的兄弟民族　　20 世纪 50 年代　内蒙古人民出版社出版　官布　金高　作

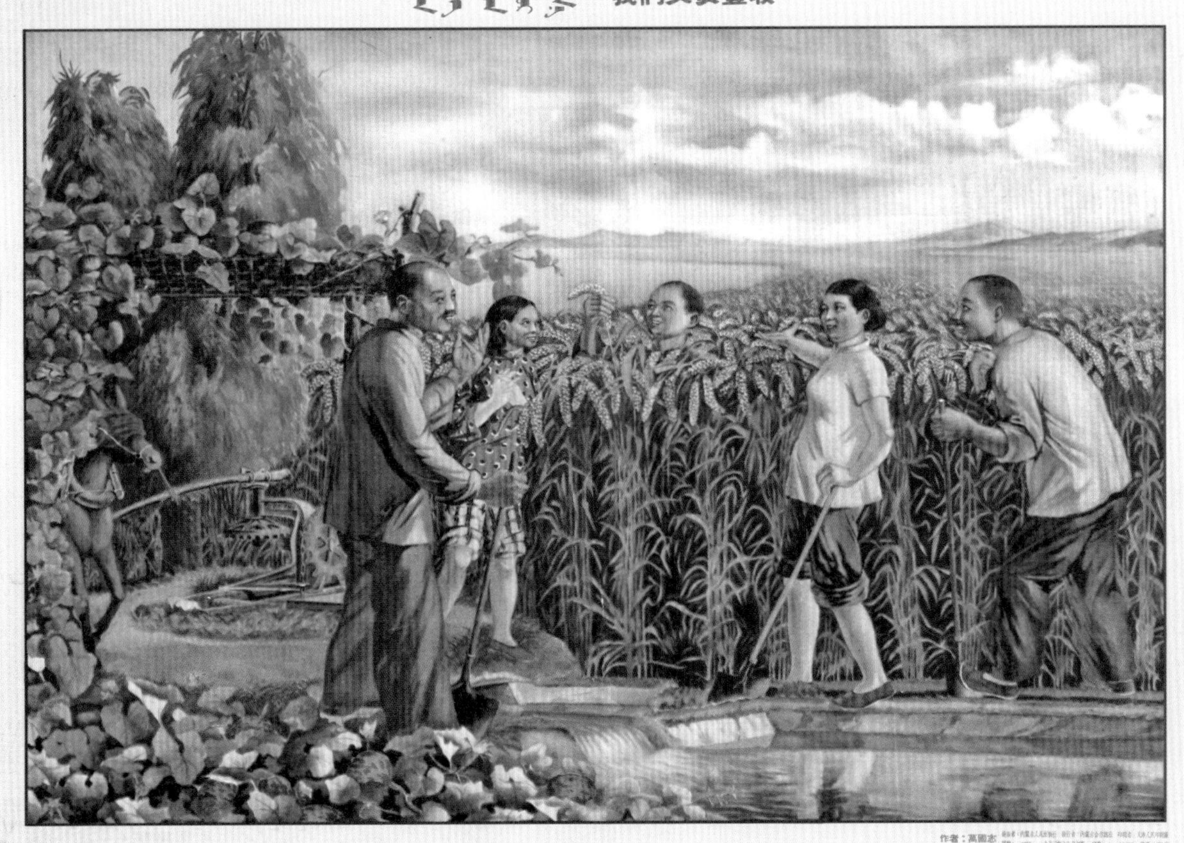

我们又要丰收　　20 世纪 50 年代　内蒙古人民出版社出版　万国志　作

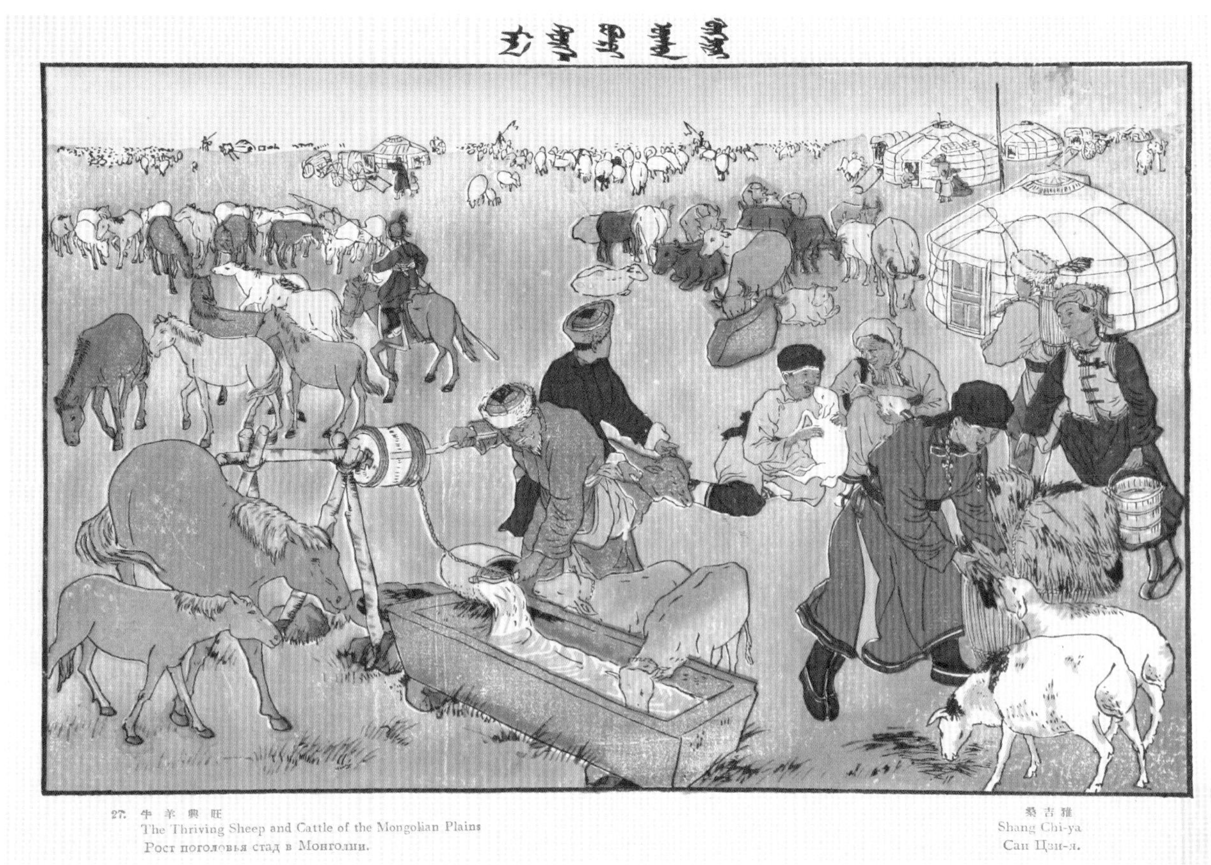

牛羊兴旺　　20 世纪 50 年代　内蒙古人民出版社出版　桑吉雅 作

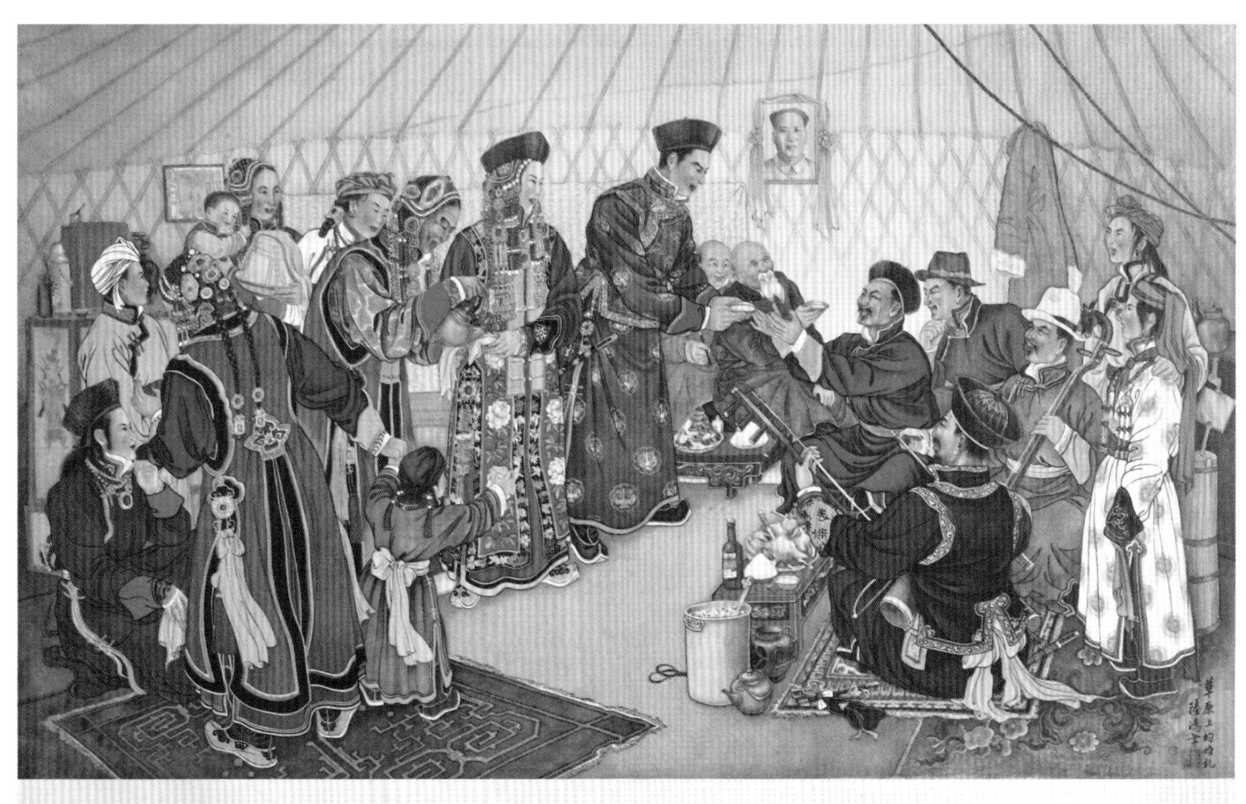

草原上的婚礼　　20 世纪 50 年代　内蒙古人民出版社出版　陆鸿年 作

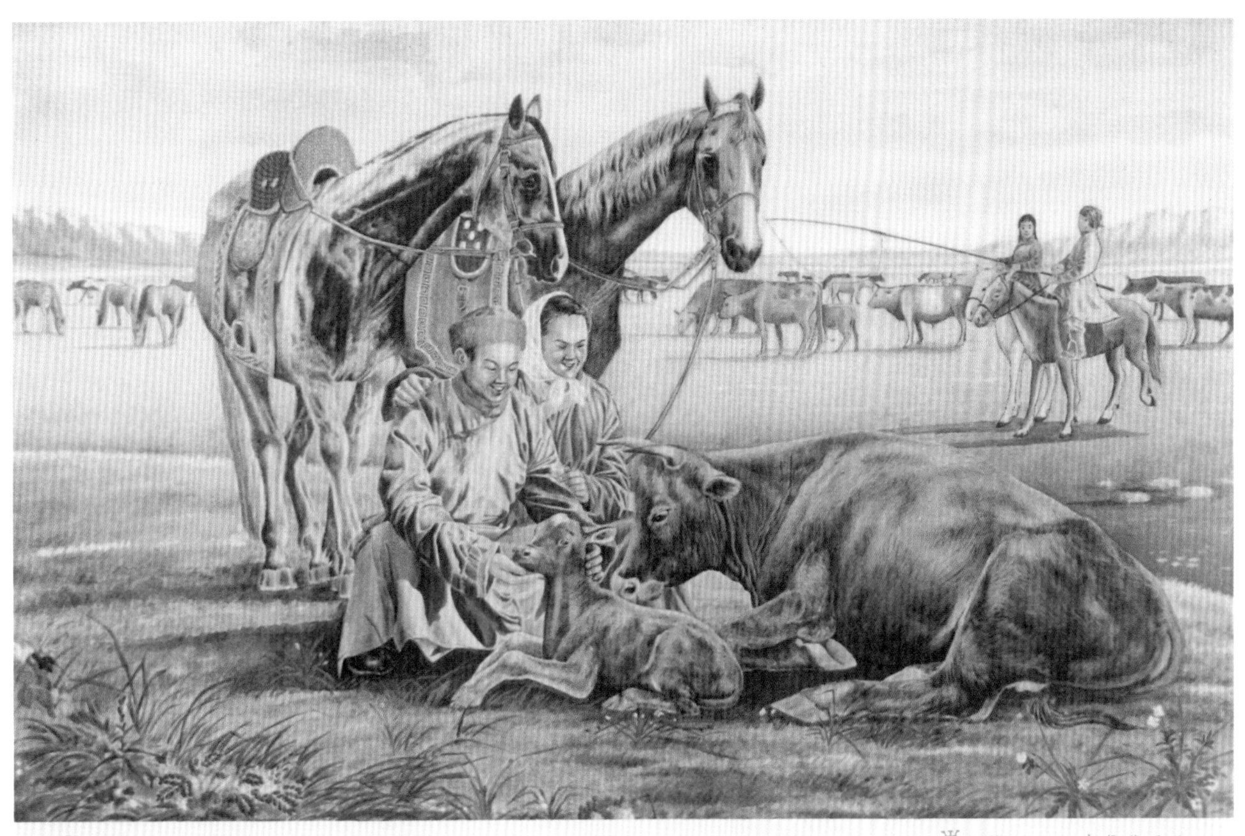

可爱的牛犊　20 世纪 50 年代　内蒙古人民出版社出版　吉儒穆图 作

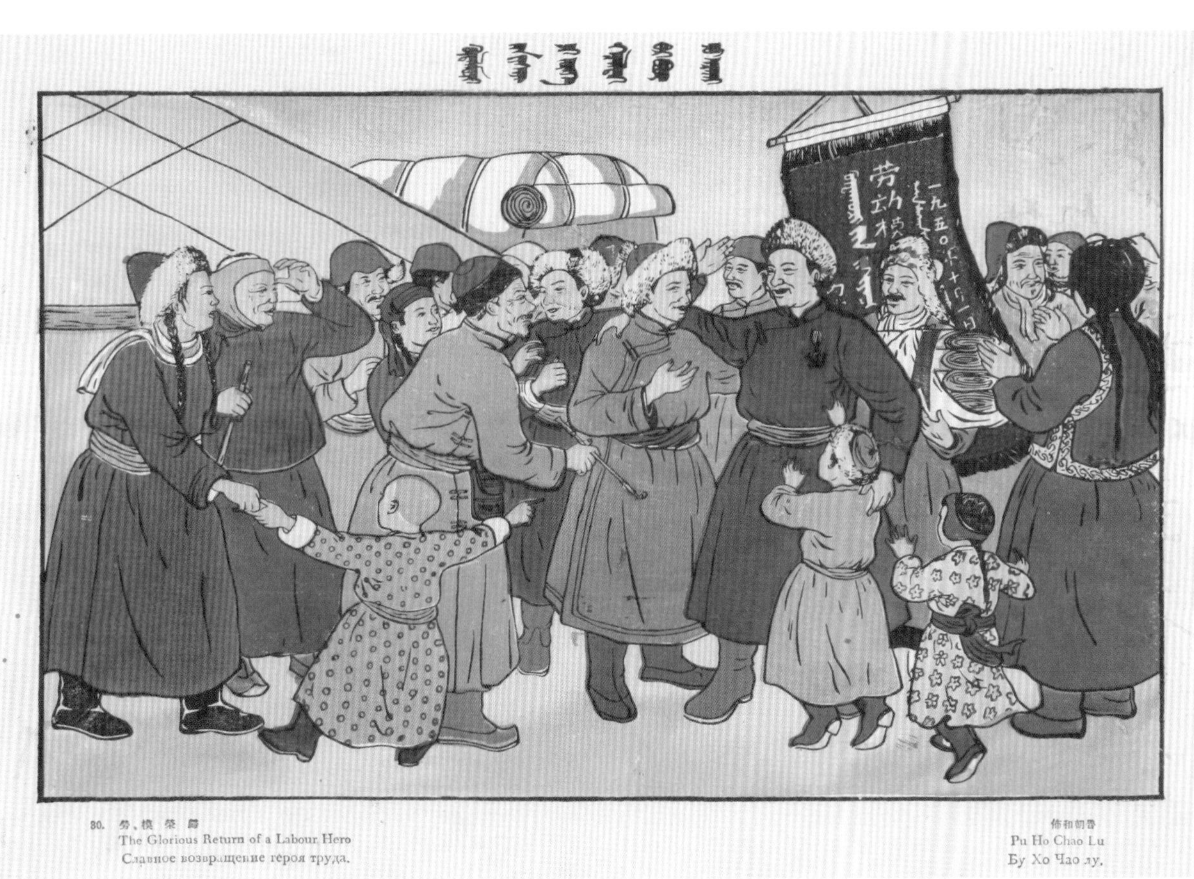

劳模荣归　20 世纪 50 年代　内蒙古人民出版社出版　布和朝鲁 作

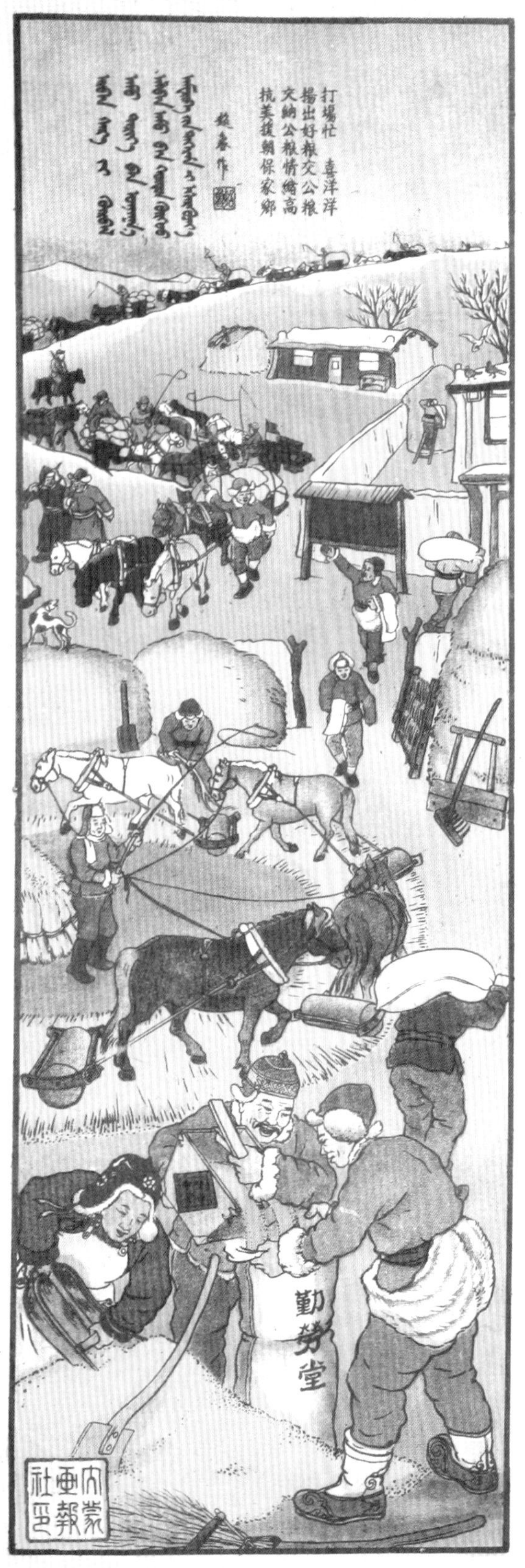
打場忙　喜洋洋
揚出好粮交公粮
交納公粮情緒高
抗美援朝保家鄉
毅春作
勤勞堂
內蒙畫報社

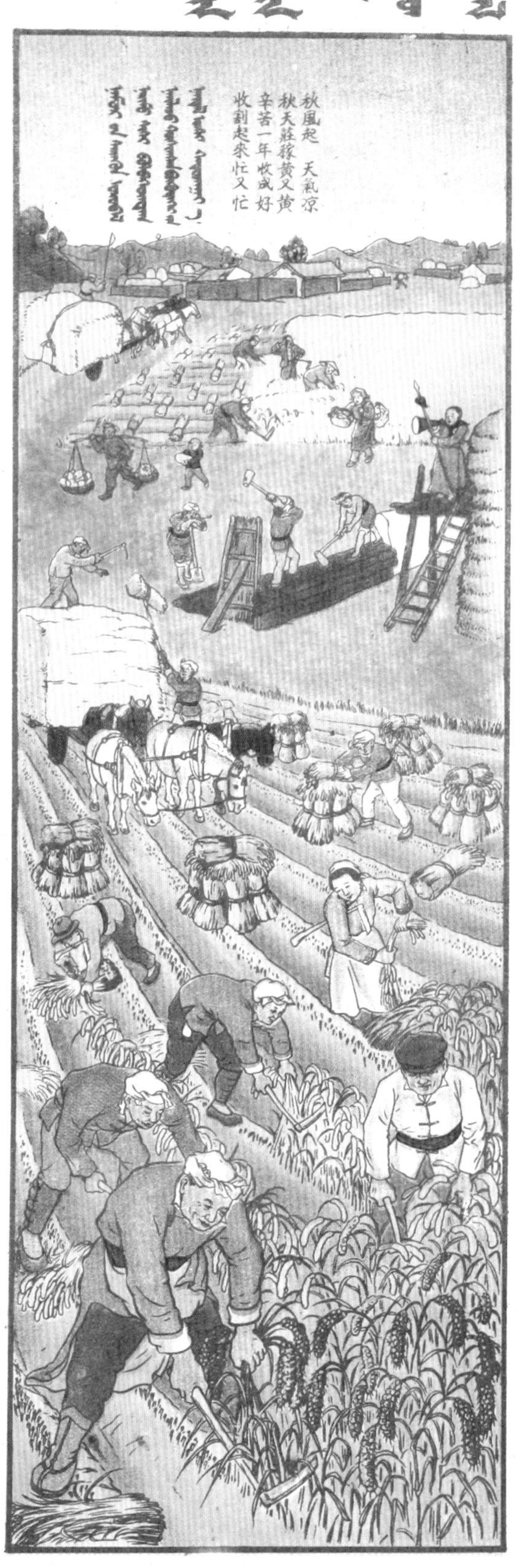
秋風起　天氣涼
秋天莊稼黃又黃
辛苦一年收成好
收割起來忙又忙

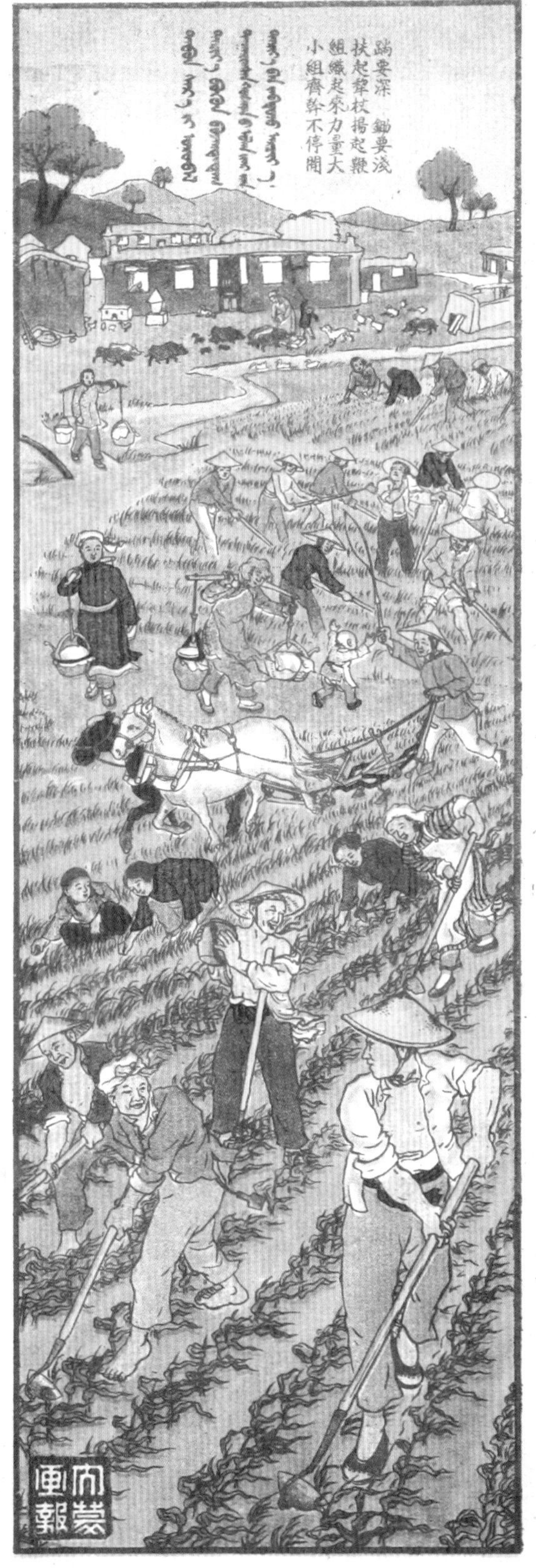

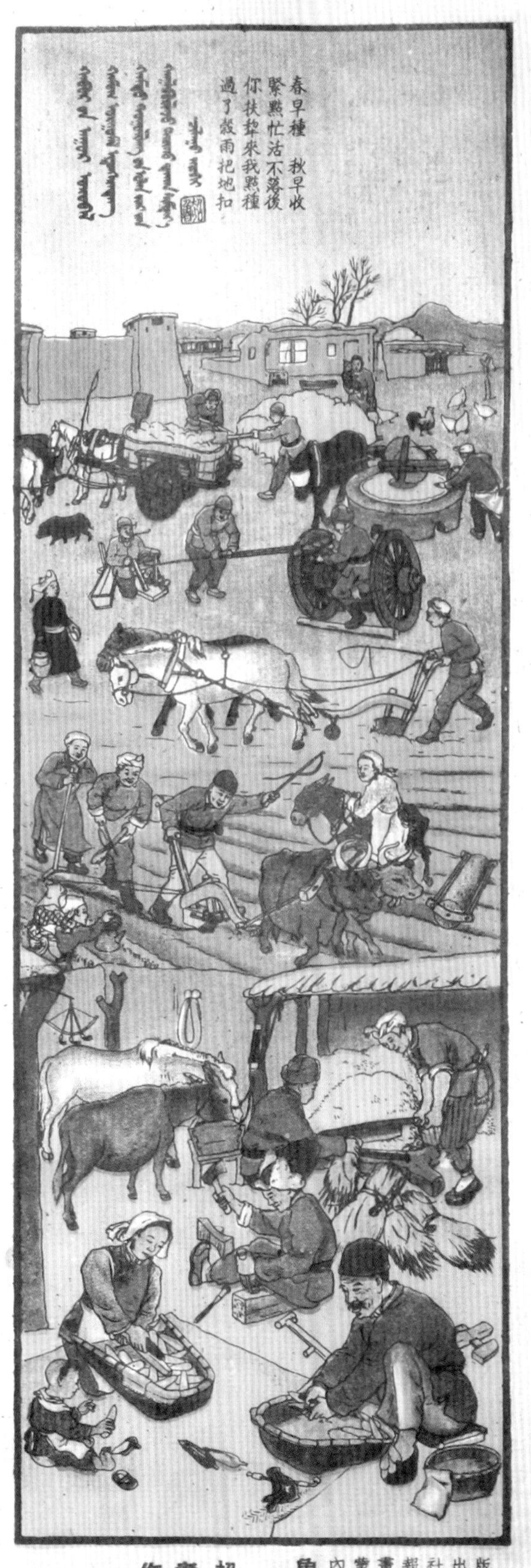

四季生产图　　20世纪50年代初　内蒙古画报社出版　超鲁 作

抱上胖娃娃 感謝毛主席

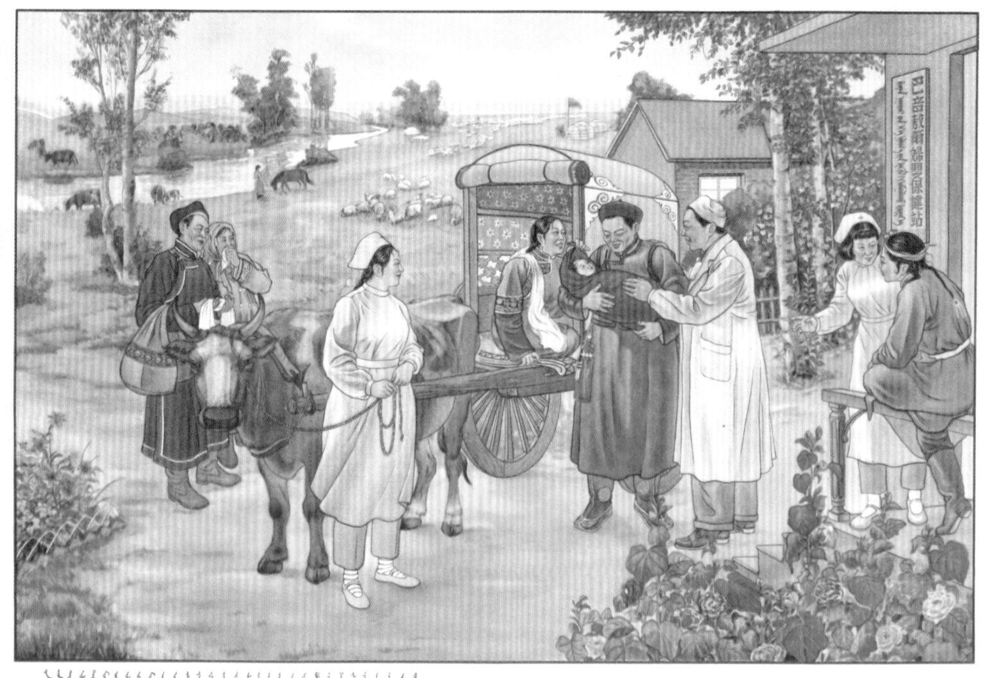

毛主席偉大的民族政策，照耀着内蒙古人民。國内外反動統治者遺留給内蒙古民族的梅毒，從此漸被徹底消滅。内蒙古自治區人民政府在牧業區設立了性病防治站，梅毒患者普遍得到了免費治療。由於駆梅工作的初步勝利，部份地區的人口已停止下降，開始上昇。男的治好了病，身體更健壯了，加倍努力生產。渴望子女的婦女們治好了病，都抱上胖娃娃。遼闊的草原上，充滿着無比的歡樂，出現了歷史上空前的人畜兩旺的新氣象。

抱上胖娃娃 感谢毛主席　　20世纪50年代　内蒙古人民出版社出版　官布　乌恩 作

草原人們的喜悅

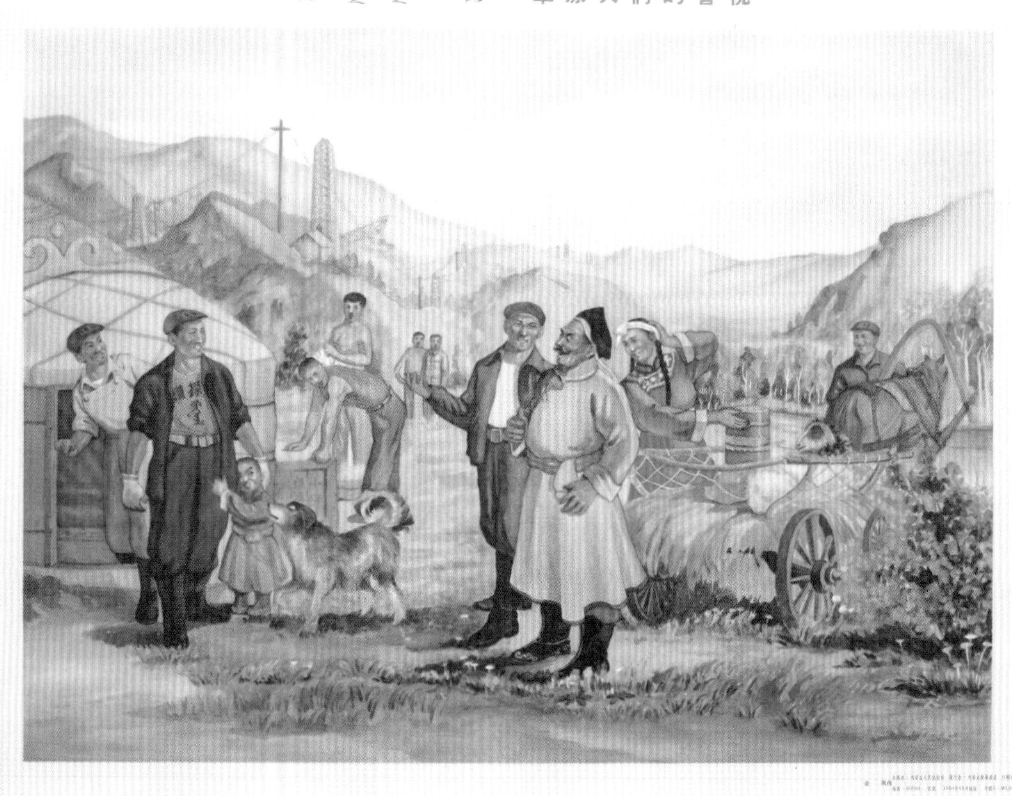

草原人们的喜悦　　20世纪50年代　内蒙古人民出版社出版　金高 作

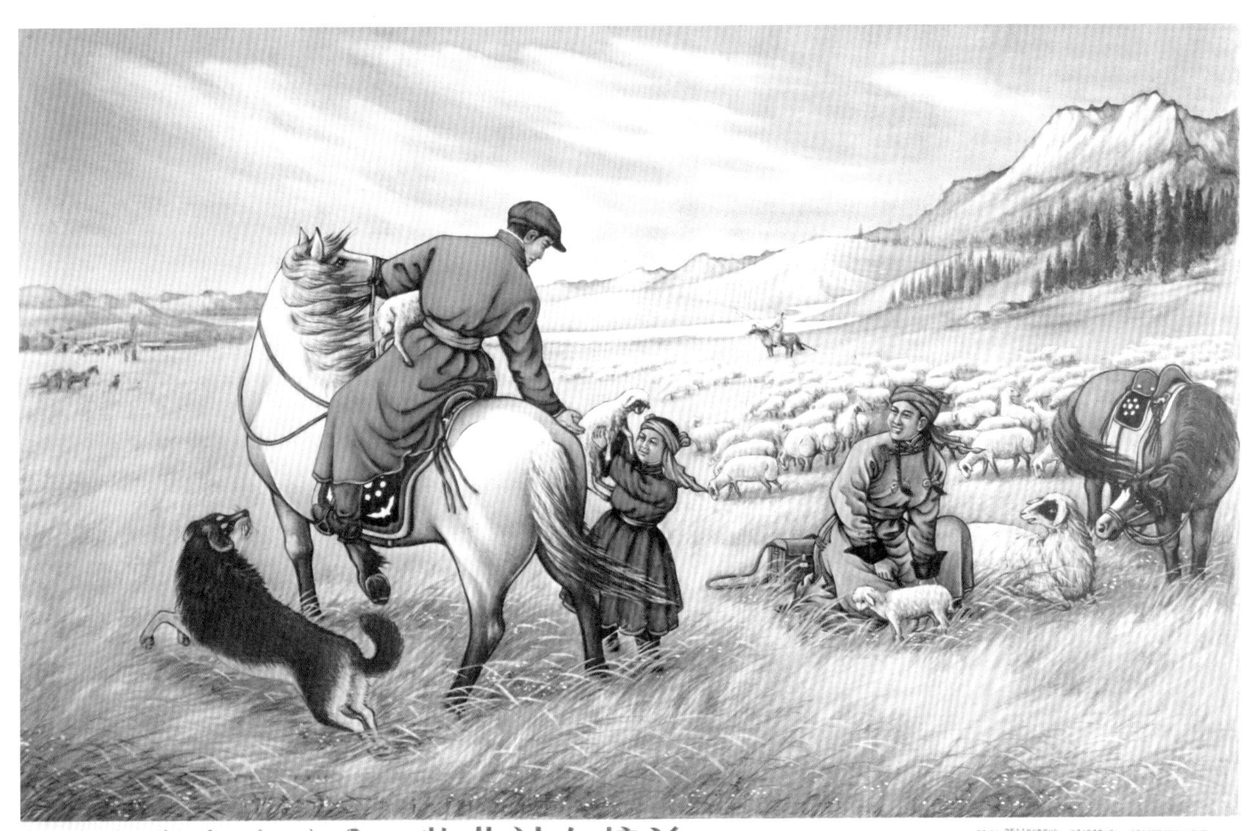

牧业社在接羔　　20 世纪 50 年代　内蒙古人民出版社出版　关和璋 作

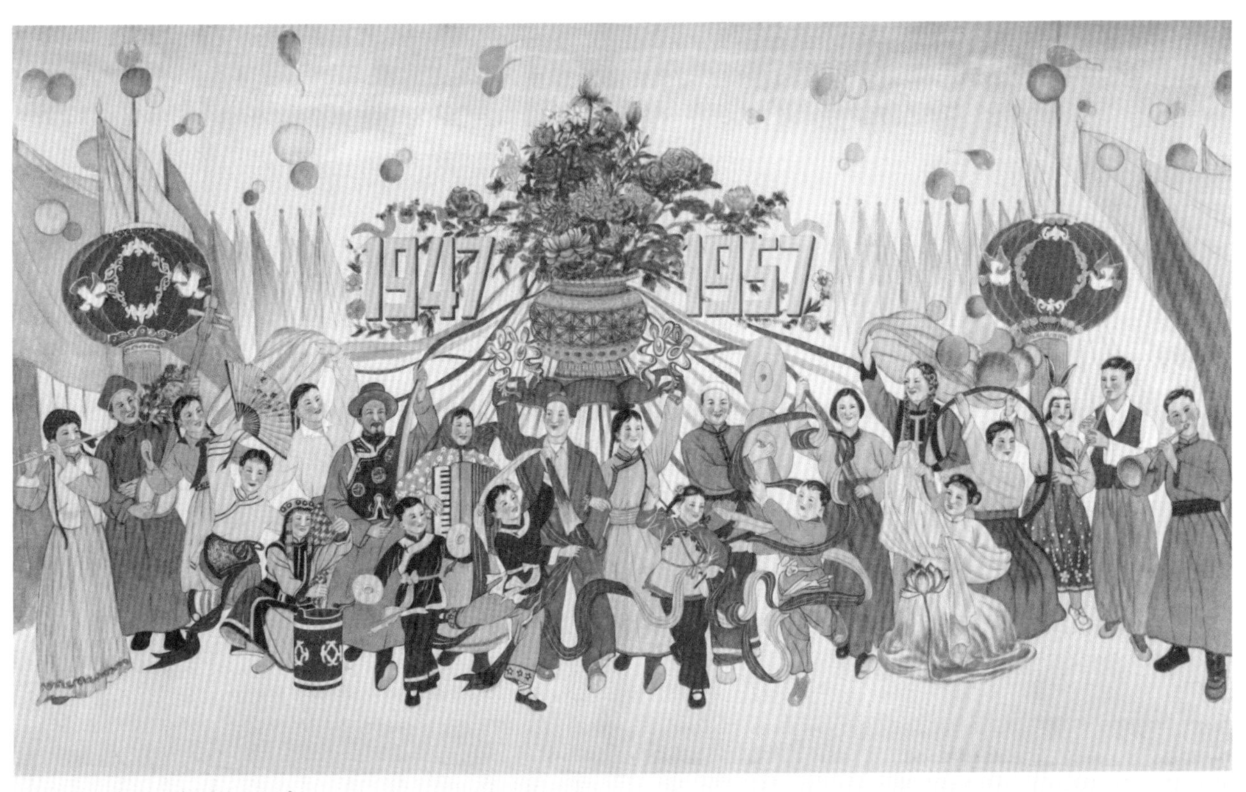

庆祝内蒙古自治区成立十周年　　20 世纪 50 年代　内蒙古人民出版社出版　宋显瑞　张文班 合作

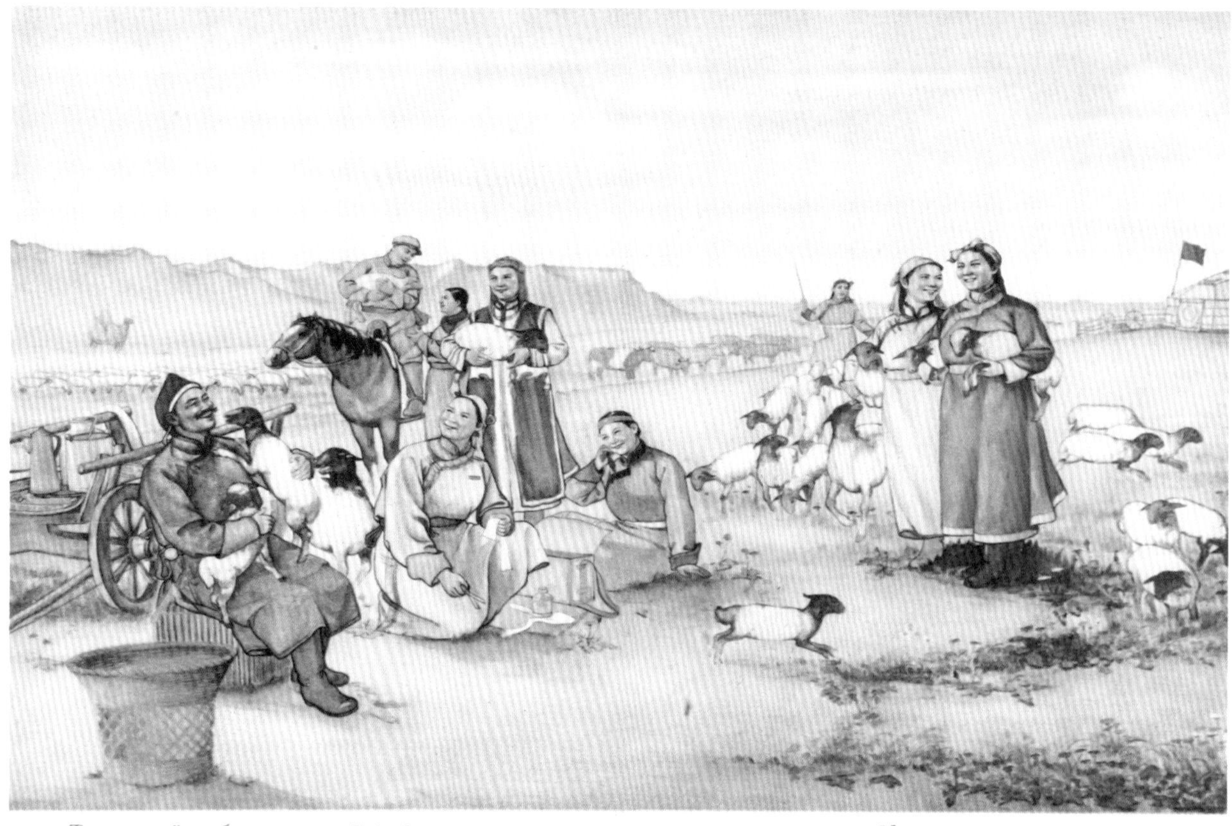

草原丰收　　20世纪50年代初　内蒙古人民出版社出版　满达 作

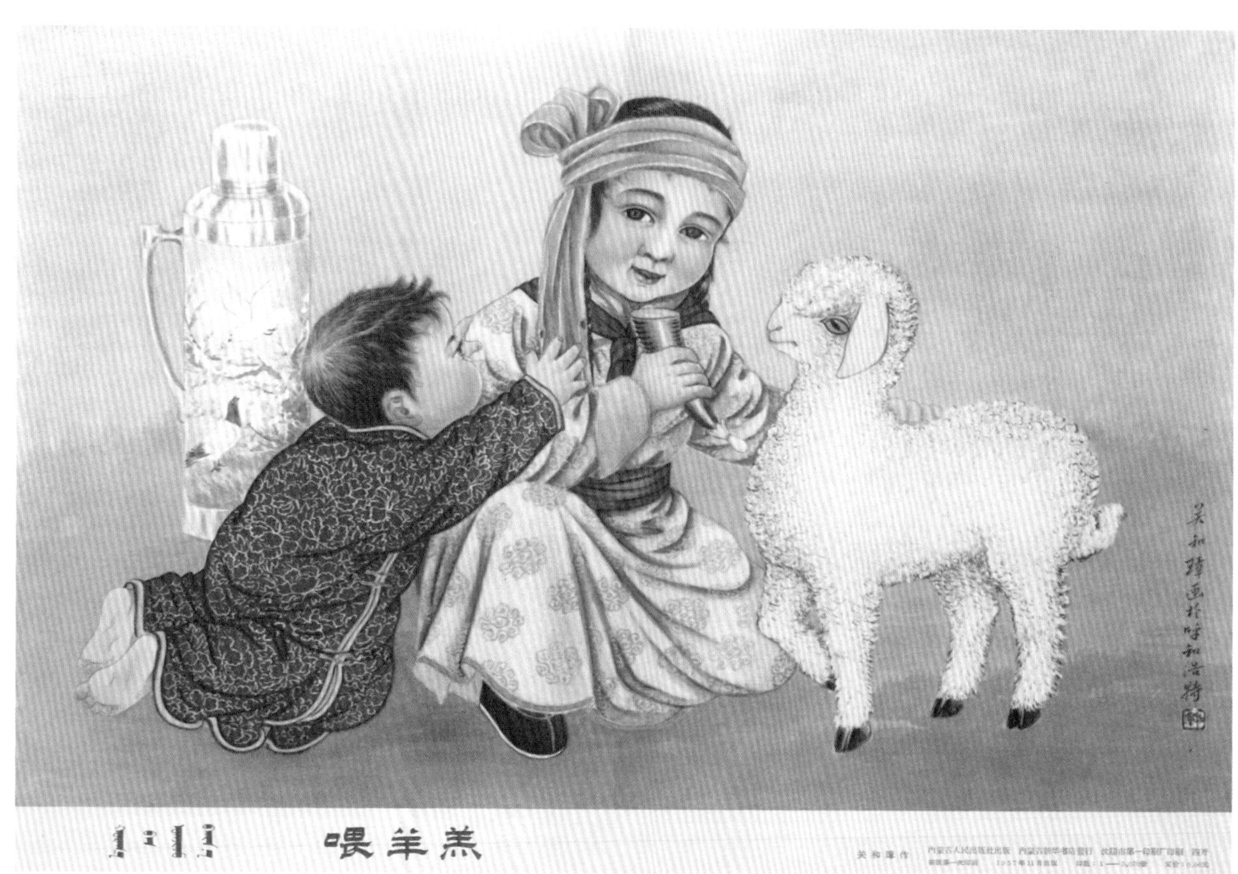

喂羊羔　　20世纪50年代　内蒙古人民出版社出版　关和璋 作

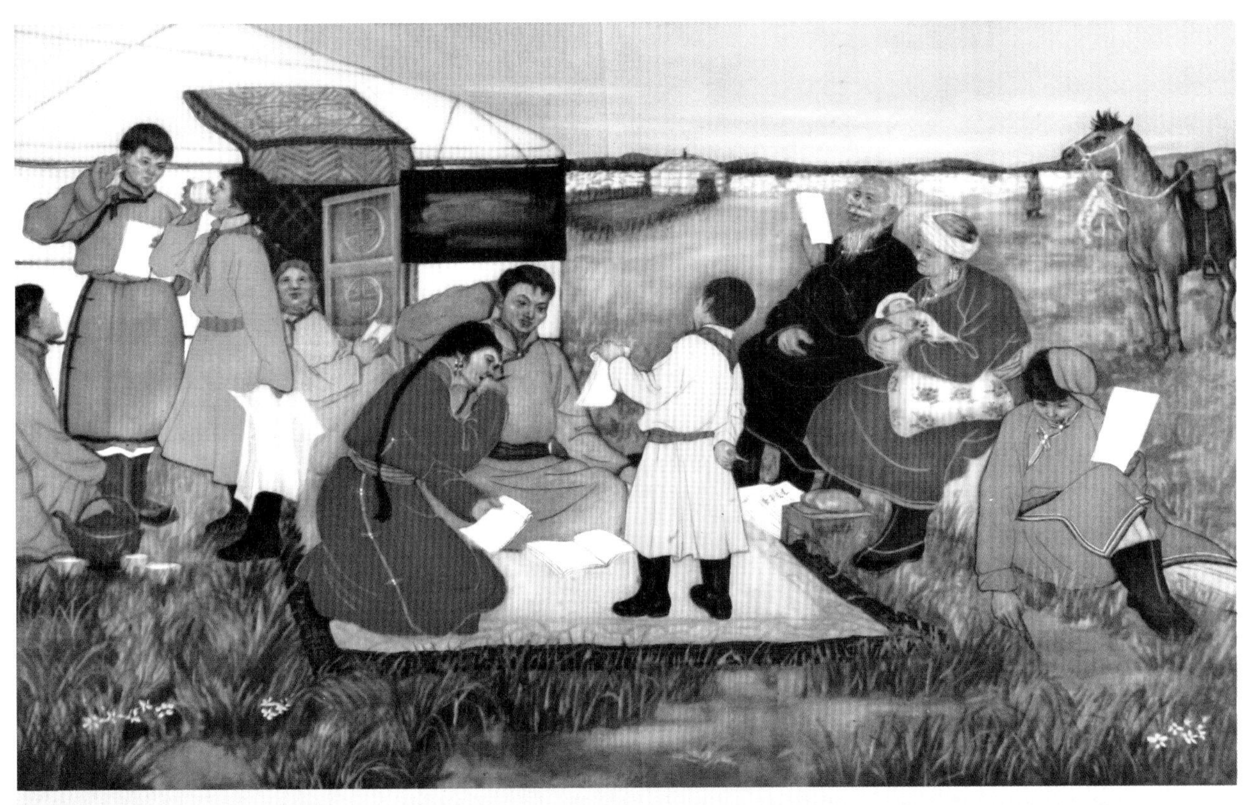

共产主義是天堂没有文化不能上　金 高作

共产主义是天堂没有文化不能上　20 世纪 50 年代　内蒙古人民出版社出版　金高 作

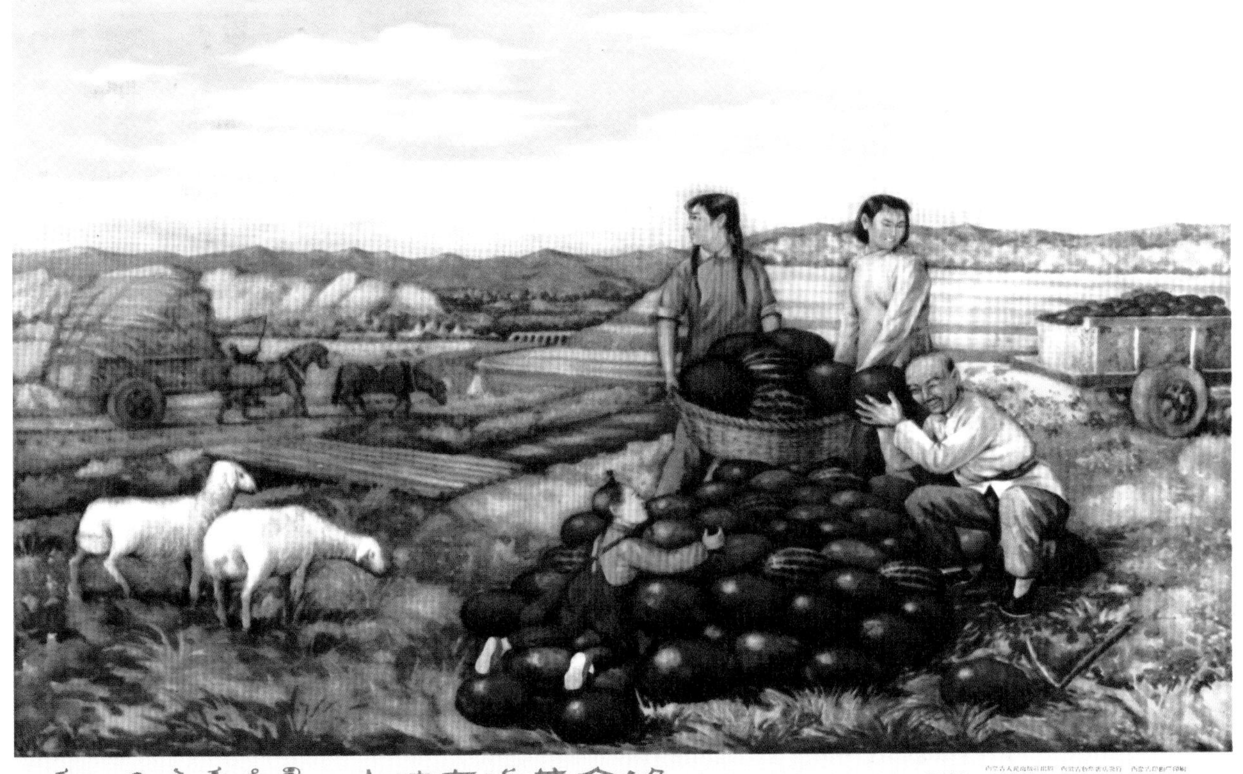

山沟变成黄金滩　张光璧作

山沟变成黄金滩　20 世纪 50 年代　内蒙古人民出版社出版　张光璧 作

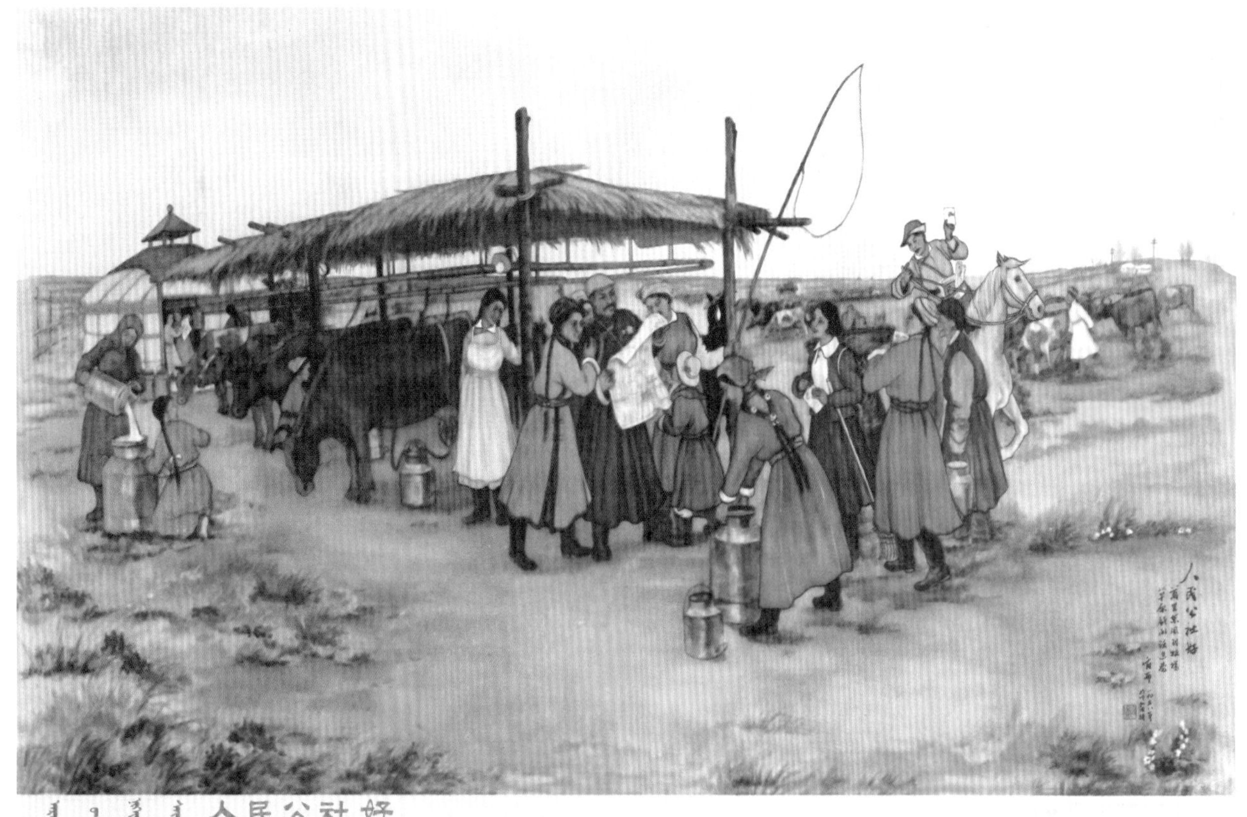

人民公社好　20世纪50年代　内蒙古人民出版社出版　官布 作

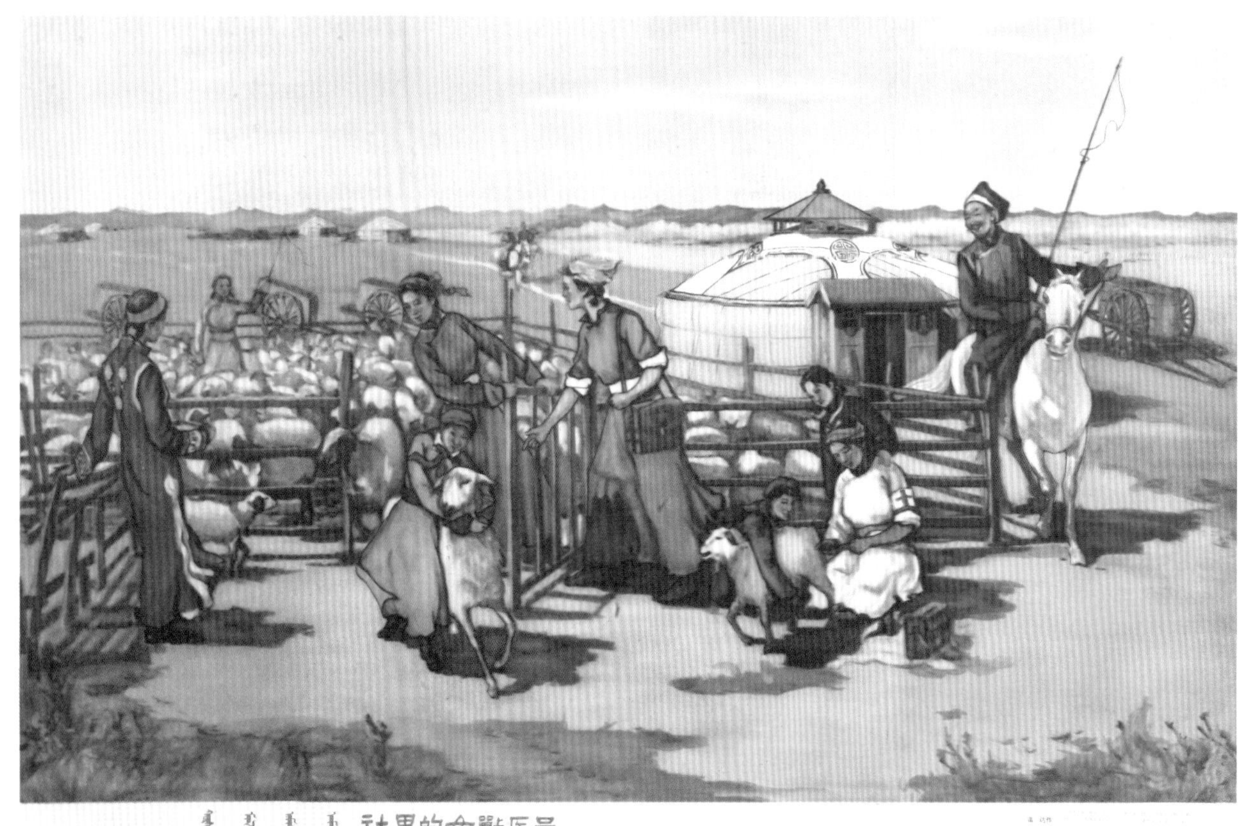

社里的女兽医员　20世纪50年代　内蒙古人民出版社出版　满达 作

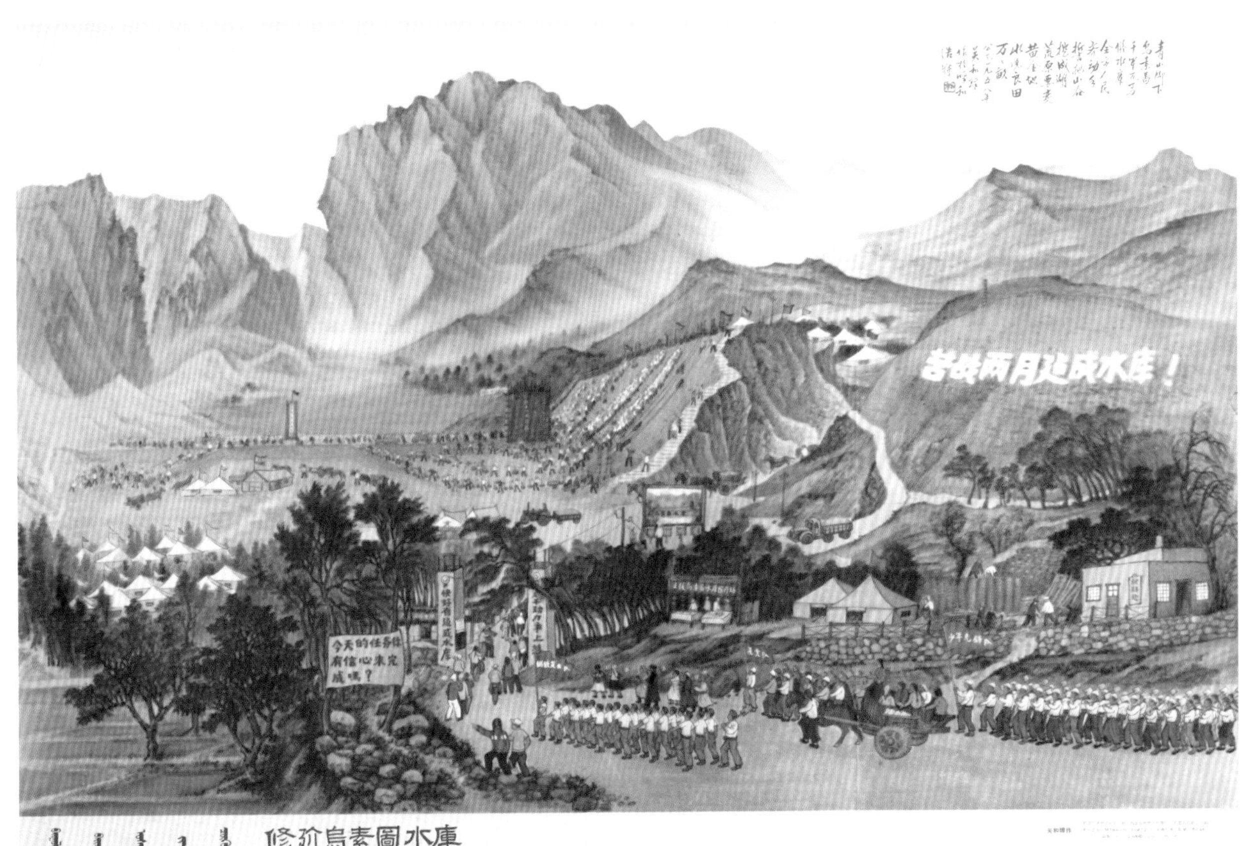

修建乌素图水库　　20 世纪 50 年代　内蒙古人民出版社出版　关和璋 作

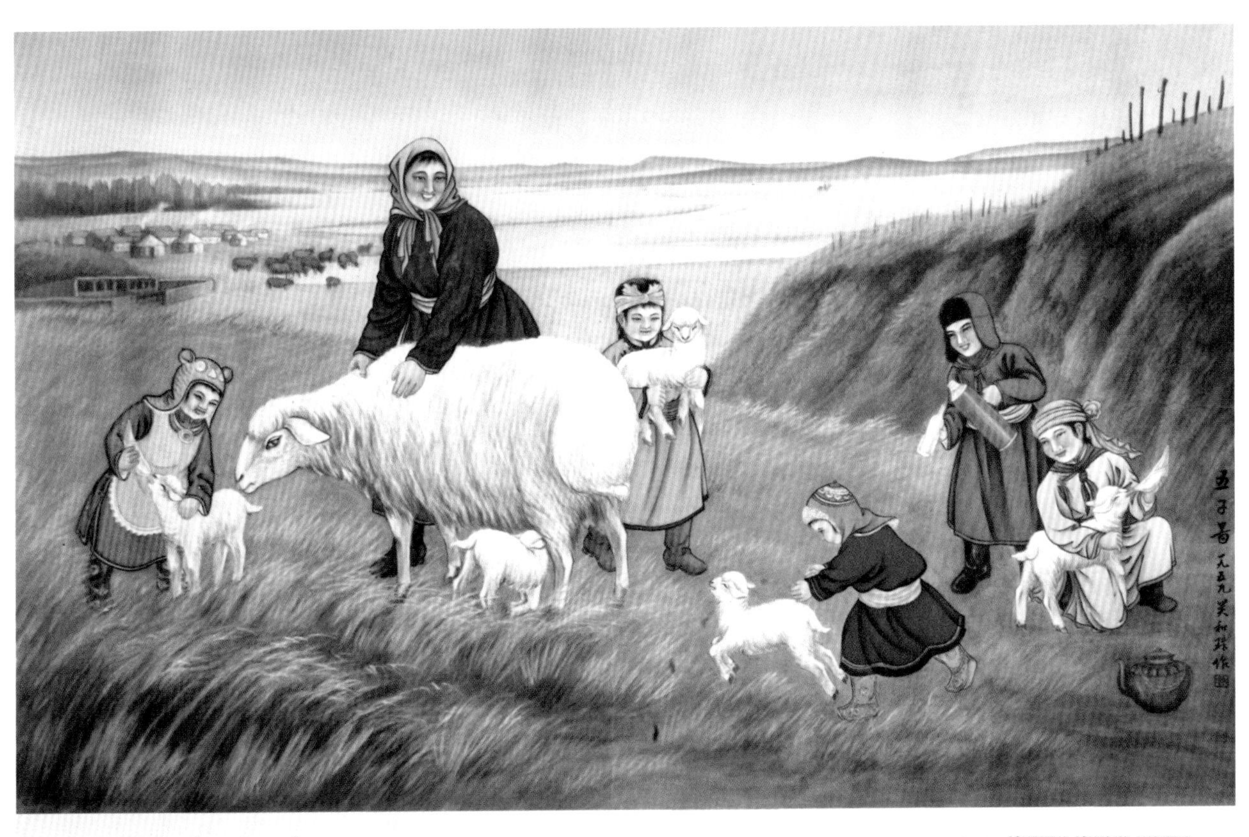

五子图　　20 世纪 50 年代　内蒙古人民出版社出版　关和璋 作

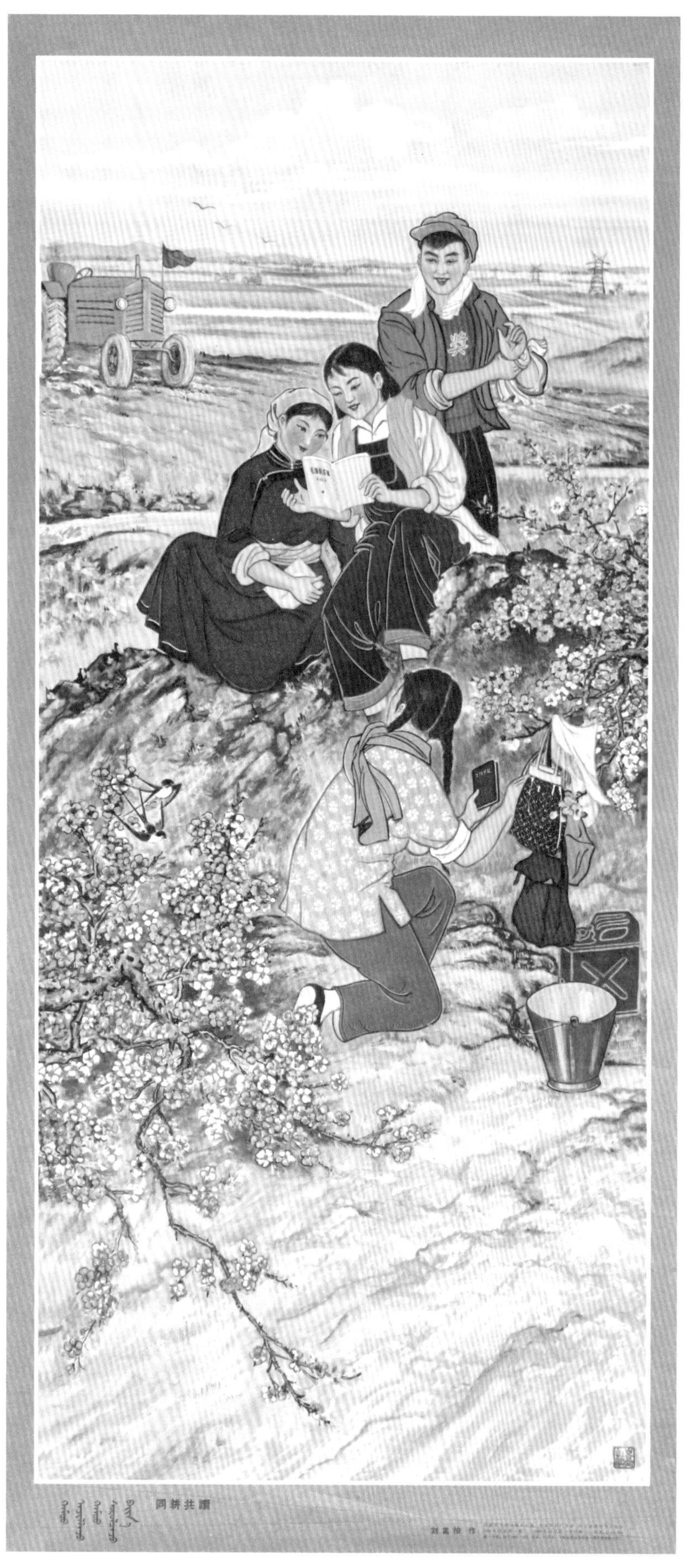

同耕同读　　20世纪50年代　内蒙古人民出版社出版　刘嵩柏 作

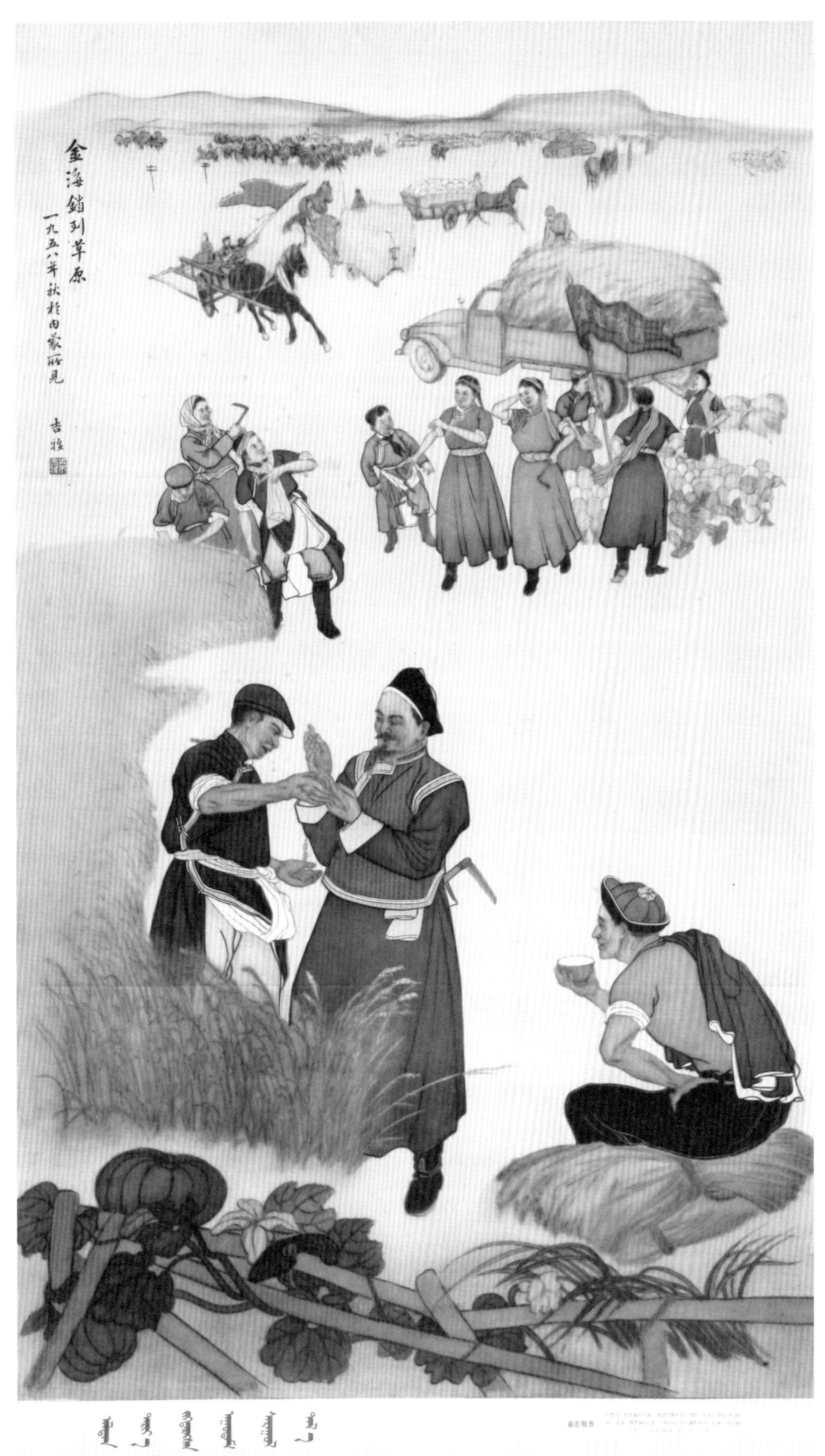

金海销到草原　20 世纪 50 年代　内蒙古人民出版社出版　桑吉雅 作

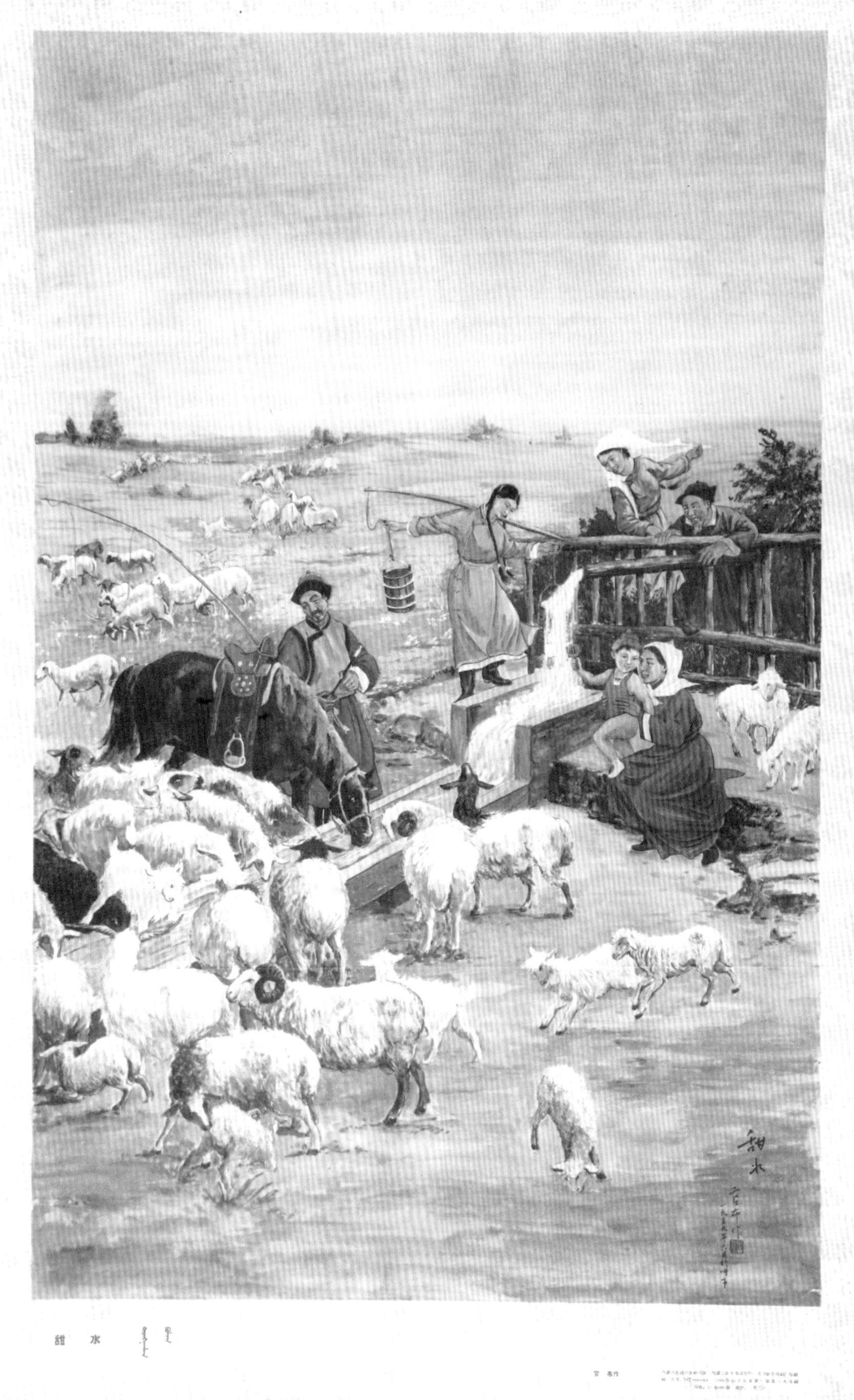

甜水　20世纪50年代　内蒙古人民出版社出版　官布 作

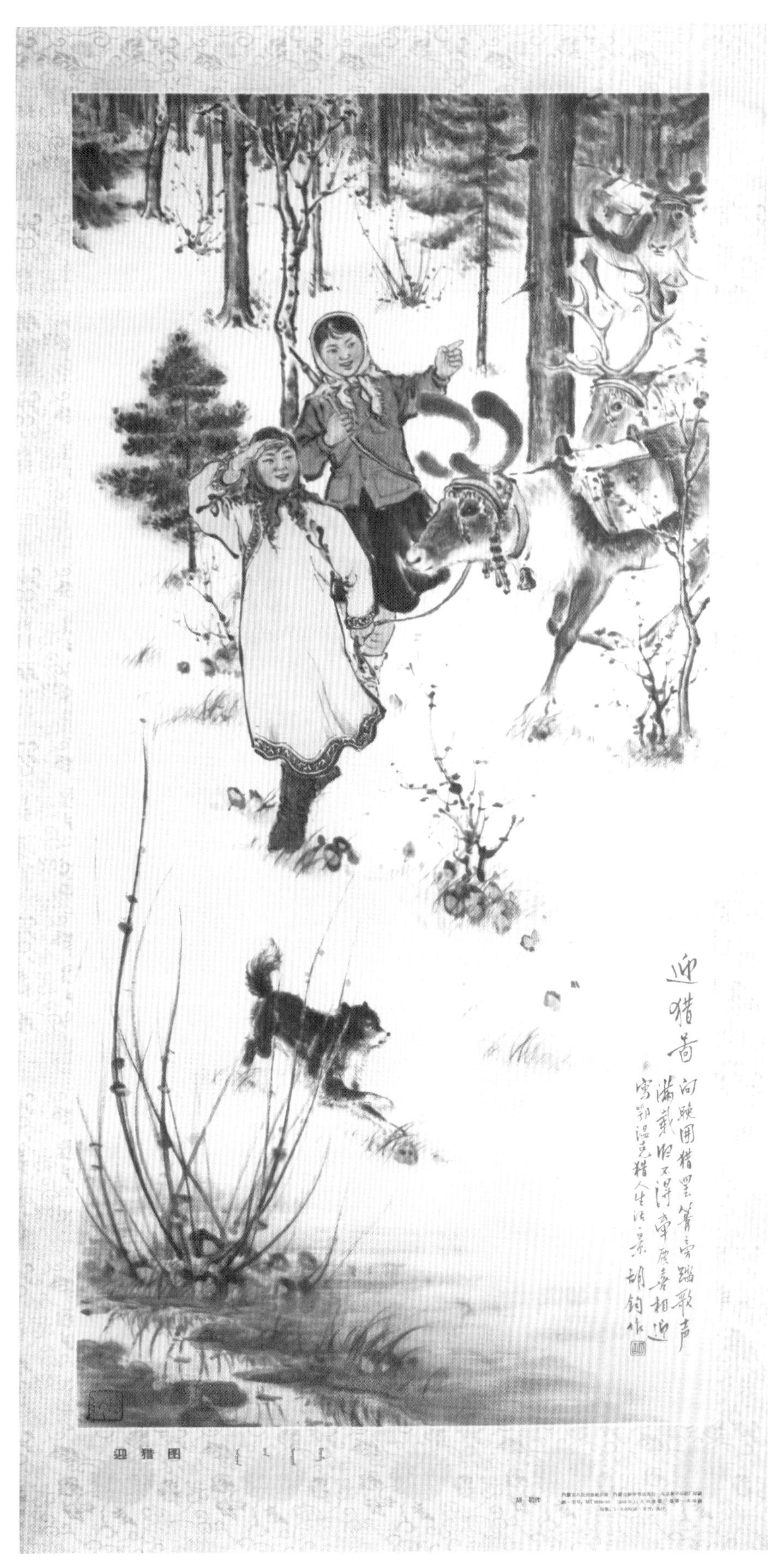

迎猎图 20 世纪 50 年代 内蒙古人民出版社出版 胡钧 作

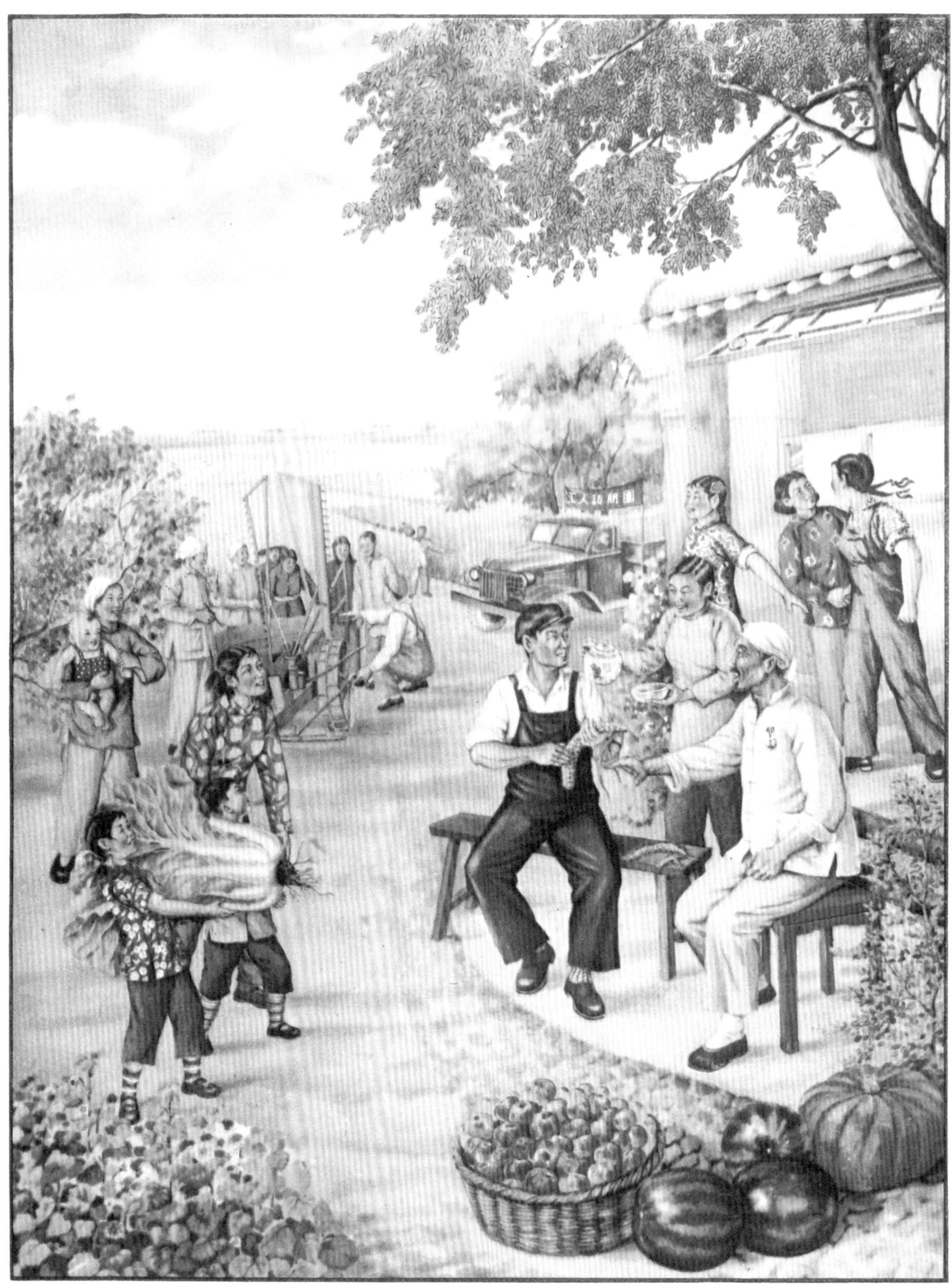

访问　20世纪50年代　内蒙古人民出版社出版　张光璧　作

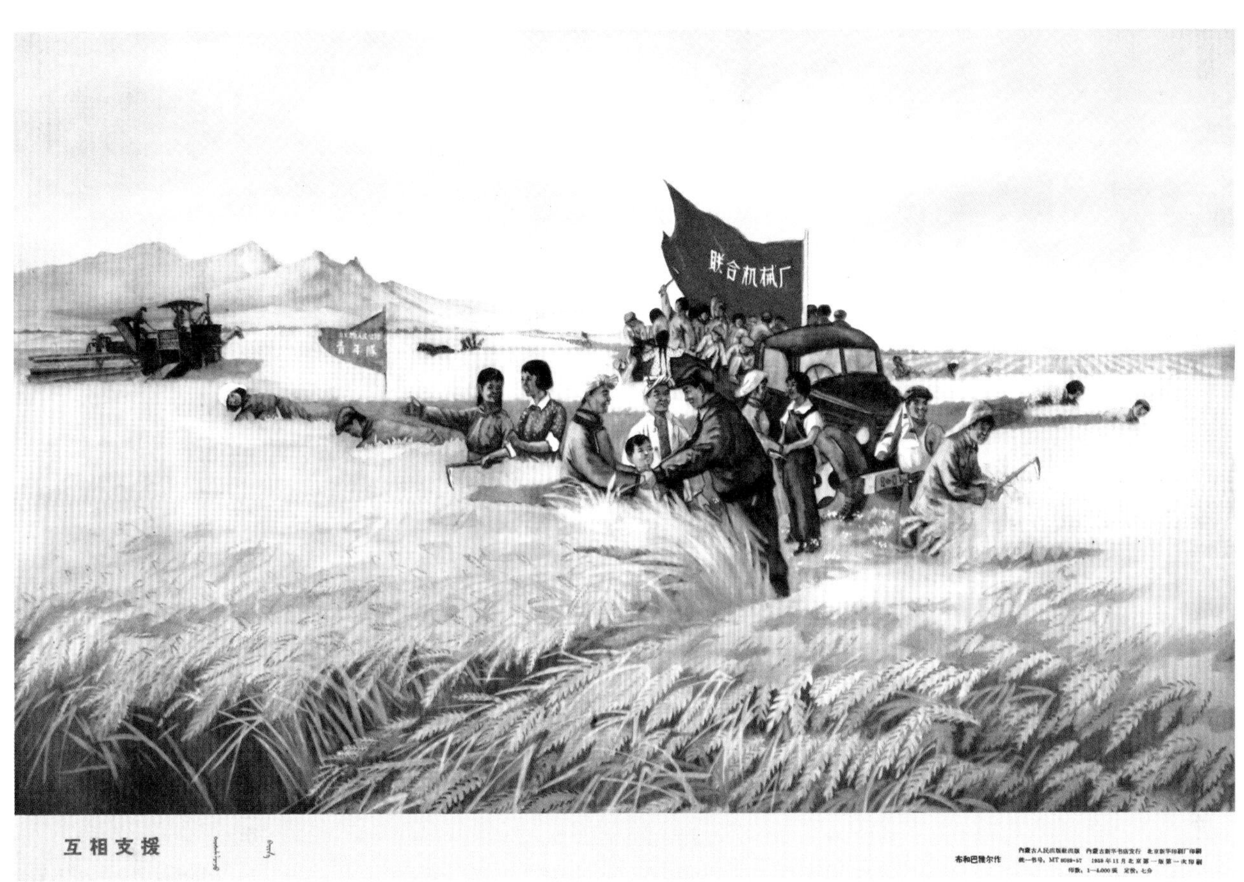

互相支援　　20世纪50年代　内蒙古人民出版社出版　布和巴雅尔 作

■作者介绍■

吉儒穆图　蒙古族，1930年出生。中国美术家协会会员、中国版画家协会会员、内蒙古美术家协会会员、内蒙古版画家协会会员、内蒙古摄影家协会会员，新加坡国立艺术学院荣誉院士。曾担任内蒙古军区政治部宣传干事。先后在内蒙古画报社、内蒙古妇女报社、巴彦淖尔报社、内蒙古妇女儿童杂志社工作。

文浩（1927年—1994年），内蒙古土默特左旗人。画家、雕塑家。历任内蒙古文工团美术组长、内蒙古画报社主编、内蒙古博物馆馆长、内蒙古文学艺术界联合会副主席、内蒙古自治区文化局副局长、内蒙古美术家协会副主席等。

桑吉雅　笔名巴林夫，蒙古族，1926年出生，内蒙古昭乌达盟（今赤峰市）巴林右旗人，擅长中国画。1947年学习于鲁迅艺术学院，1958年毕业于中央美术学院华东分院。历任内蒙古自治学院教师、内蒙古画报社美术编辑、内蒙古艺术学校美术科主任、林东师范学校美术科主任。中国美术家协会会员，内蒙古美术家协会理事。1981年后任赤峰市文学艺术界联合会美术、书法、摄影协会常务副主席，蒙古文刊物副编审。获中国少数民族美术促进会荣誉金奖。作品《牛羊兴旺》《喜悦的锡林郭勒牧场》等参加国内外展览并获奖。

乌恩（1927年—1981年），别名张恩贵，满族，北京人，擅长油画、连环画。1945年毕业于张家口市兴蒙学院师范二部。1950年入中央美术学院专修科学习。中国美术家协会会员。曾担任内蒙古画报社创作组长、内蒙古美术家协会副主席。

张光璧（1926年—2009年），广西桂林市人，擅长水彩画，中国美术家协会会员。1946年考入广西艺专西画系，1948年毕业后在广西美术会象山艺苑绘画科任教。1950年调入内蒙古画报社担任美术编辑兼创作员。1954年任内蒙古美术家协会展览部主任，兼内蒙古美术馆馆长及内蒙古文学艺术界联合会美术展览办公室主任。1980年调桂林画院任办公室主任，当选桂林市美术家协会副主席。

万国志　1929年出生，1951年毕业于中央美术学院绘画系，是中华人民共和国成立后第一批来内蒙古自治区支援边疆的大学生。内蒙古美术家协会会员。历任内蒙古画报社编辑、记者，内蒙古民间艺术研究室美术编辑，内蒙古群艺馆美术编辑，内蒙古美术馆馆长等职。

金高（1933 年—2006 年），女，别名金淑堃，北京人，擅长油画。中国美术家协会会员。1948 年入北京艺专，师从徐悲鸿先生。1952 年毕业于中央美术学院绘画系。历任内蒙古画报社美术编辑，内蒙古博物馆美术干部，内蒙古美术家协会副主席。

芦桂珍　20 世纪 50 年代内蒙古人民出版社年画创作者。

满达（1930 年—1996 年），　蒙古族，内蒙古哲里木盟（今通辽市）人，中国画画家。中国美术家协会会员。1958 年毕业于中央美术学院中国画系。历任内蒙古画报社美术编辑、内蒙古美术家协会常务理事、内蒙古师范学院副教授等。代表作品有《草原丰收》《出诊》《探望》《牧女》《乌梁素海人家》等。

布和朝鲁　蒙古族，1928 年 10 月出生，内蒙古昭乌达盟（今赤峰市）人，擅长版画。中国美术家协会会员。1947 年在东北鲁迅艺术学院学习。历任热河省《群众日报》美术编辑、内蒙古日报社美术编辑。作品有《接生员到来》《牧场一角》等。

官布（1928 年—2013 年），蒙古族，毕业于中央美术学院油画专修班和内蒙古大学文研班。1954 年加入中国美术家协会。历任内蒙古美术家协会秘书长、副主席，中国美术家协会北京分会秘书长，中国美术家协会秘书长、常务理事。是我国第一位举办个人画展的蒙古族画家。

陆鸿年（1919 年—1989 年），江苏太仓人。中学时期随李智超习山水，1932 年考入辅仁大学美术系学国画、壁画。1936 年毕业于辅仁大学美术系并留校在美术系任教，兼辅仁附中美术教员。1937 年兼任古物陈列所国画研究馆研究员。1938 年为北京西郊北安河普照寺绘制《伎乐天》壁画。1939 年师从黄宾虹攻山水，1949 年后历任中央美术学院中国画系讲师、副教授。1953 年被评选为北京市先进文艺工作者。中国美术家协会会员，北京工笔重彩画会副会长，北京中山书画社副社长，辅仁美术研究会顾问。发表了《法海神寺壁画》《永乐宫壁画艺术》《中国古代壁画的一些成就》等论文。

超鲁（1913 年—1978 年），别名民兵，蒙古族，吉林人。中国美术家协会会员。历任内蒙古新生报社社长，内蒙古画报社编辑，内蒙古日报社美术组组长。内蒙古美术家协会副主席。

关和璋（1913年—1995年），别名关剑琴，满族，内蒙古呼和浩特市人。中国美术家协会会员，内蒙古文史馆馆员。1938年毕业于北平京华美术学院中国画系。1955年调入内蒙古画报社任美术编辑。代表画作有《护林防火》《林海朝晖》《山高水长》《雪山夕照》等。著作有《山水画论》《林泉高致》《关山画语》《中国画法概论》《书画装裱法》等。

宋显瑞（1932年— 2008年），江西奉新人。美术编辑，擅长中国画。中国美术家协会会员，中国出版工作者协会年画研究会理事，内蒙古美术家协会会员。1956年毕业于江西师范学院。内蒙古人民出版社副编审。编著的《那达慕归来》获全国首届优秀美术图书铜奖，《形象和形式感的有机结合》一书获第五届全国年画评奖编辑奖。

张文班（1928年— 2019年），女，河北献县人。1956年毕业于内蒙古师范学院艺术系。内蒙古美术家协会会员，内蒙古人民出版社副编审。

刘嵩柏（1929年—1996年），原名刘松柏，笔名寒友，陕西城固人。内蒙古美术家协会会员、荣誉理事，内蒙古工艺美术学会会员，内蒙古统战理论研究会会员，内蒙古人民出版社美术编辑、副编审。作品曾获全国优秀封面设计奖。

胡钧 1928年4月出生，天津人，擅长中国画。中国美术家协会会员。曾师从陆莘农、龚望先生。1949年后历任绥远日报社美术编辑、内蒙古日报社主任编辑。作品有《送学图》《牧场新泉》《草原之鹰》《诱饵》《无边芳草连天碧，不尽牛羊滚滚来》等。

布和巴雅尔 20世纪50年代任内蒙古画报社美术编辑，70年代任内蒙古人民出版社美术编辑室副主任。

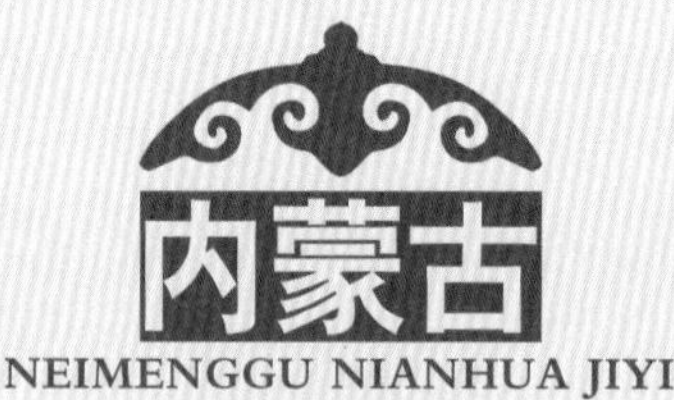
内蒙古
NEIMENGGU NIANHUA JIYI

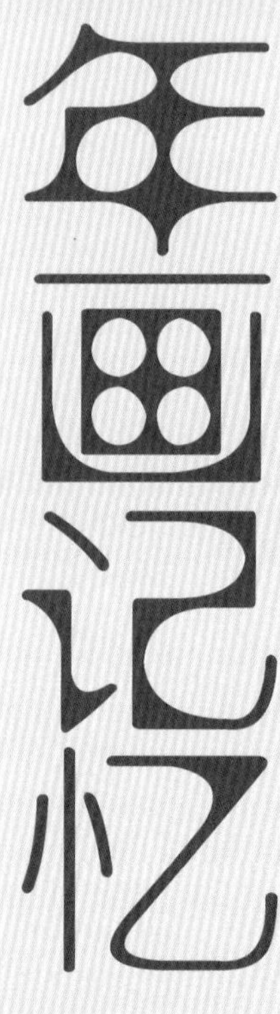
年画记忆

20世纪60年代精选

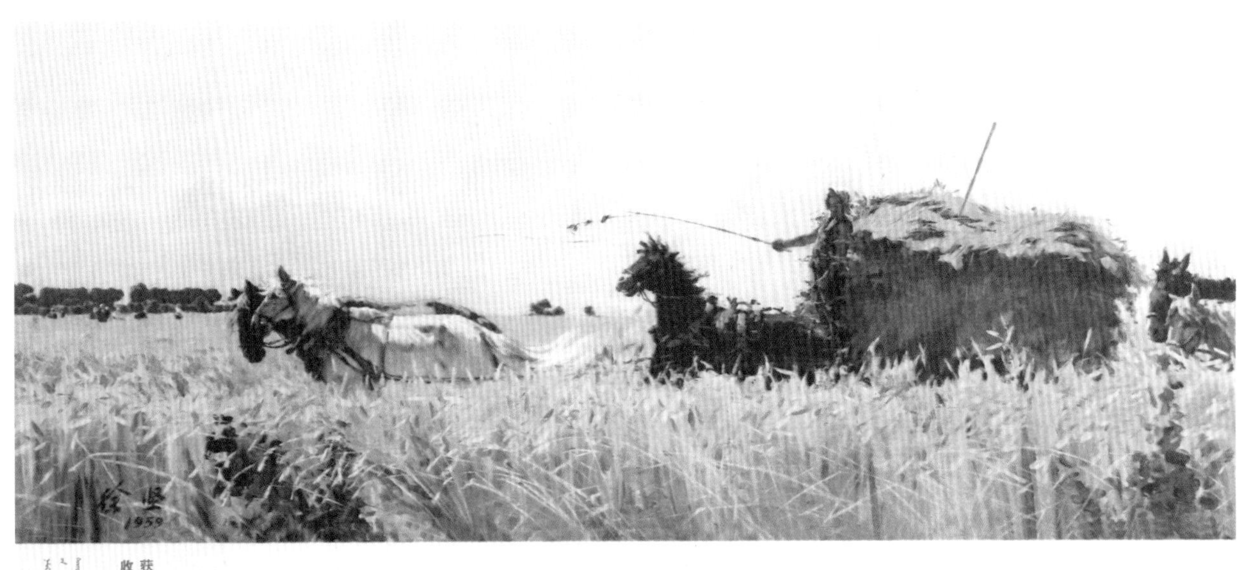

收获　　20世纪60年代　内蒙古人民出版社出版　徐坚 作

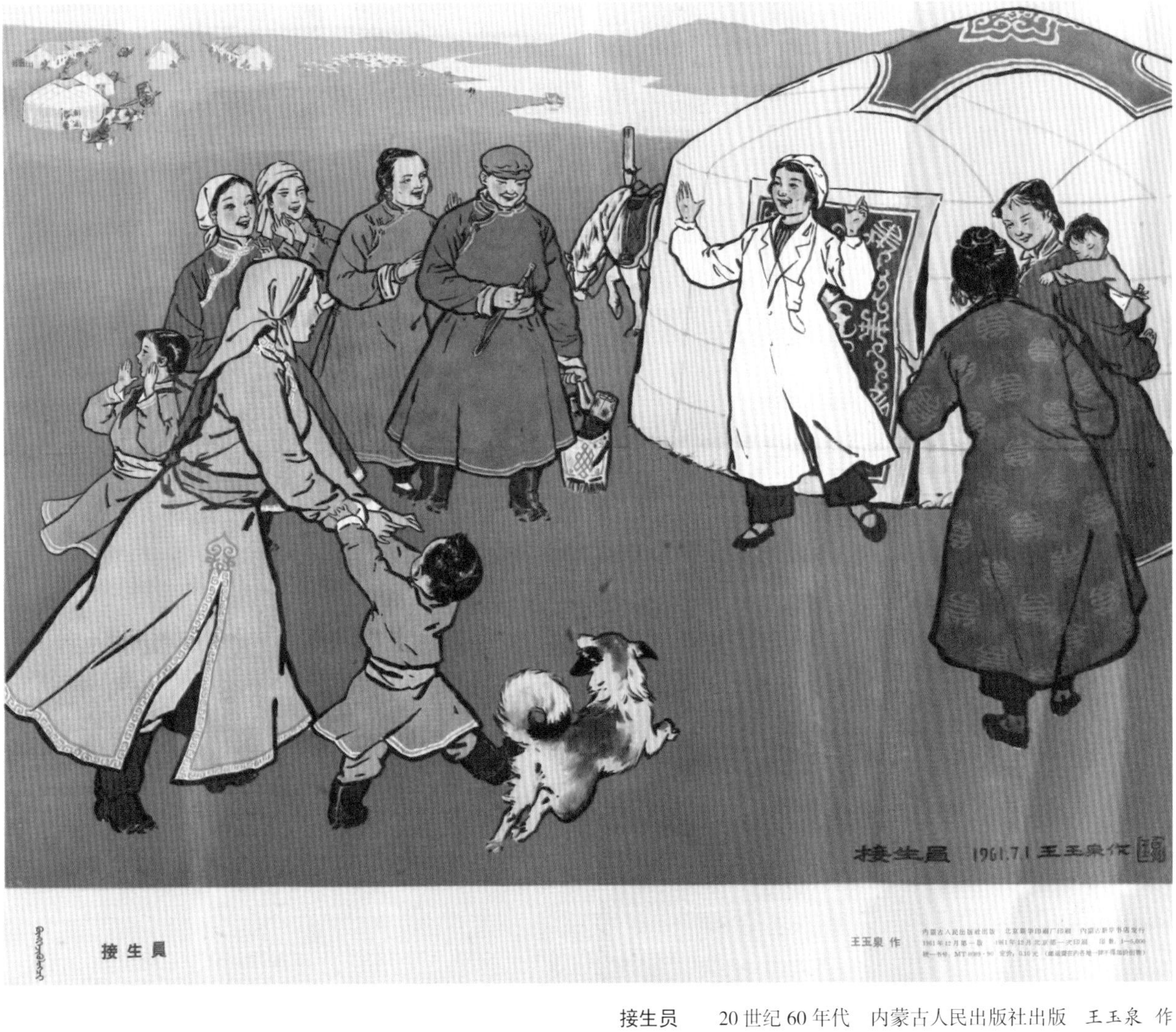

接生員　1961.7.1　王玉泉作

接生員

王玉泉 作

接生员　　20世纪60年代　内蒙古人民出版社出版　王玉泉 作

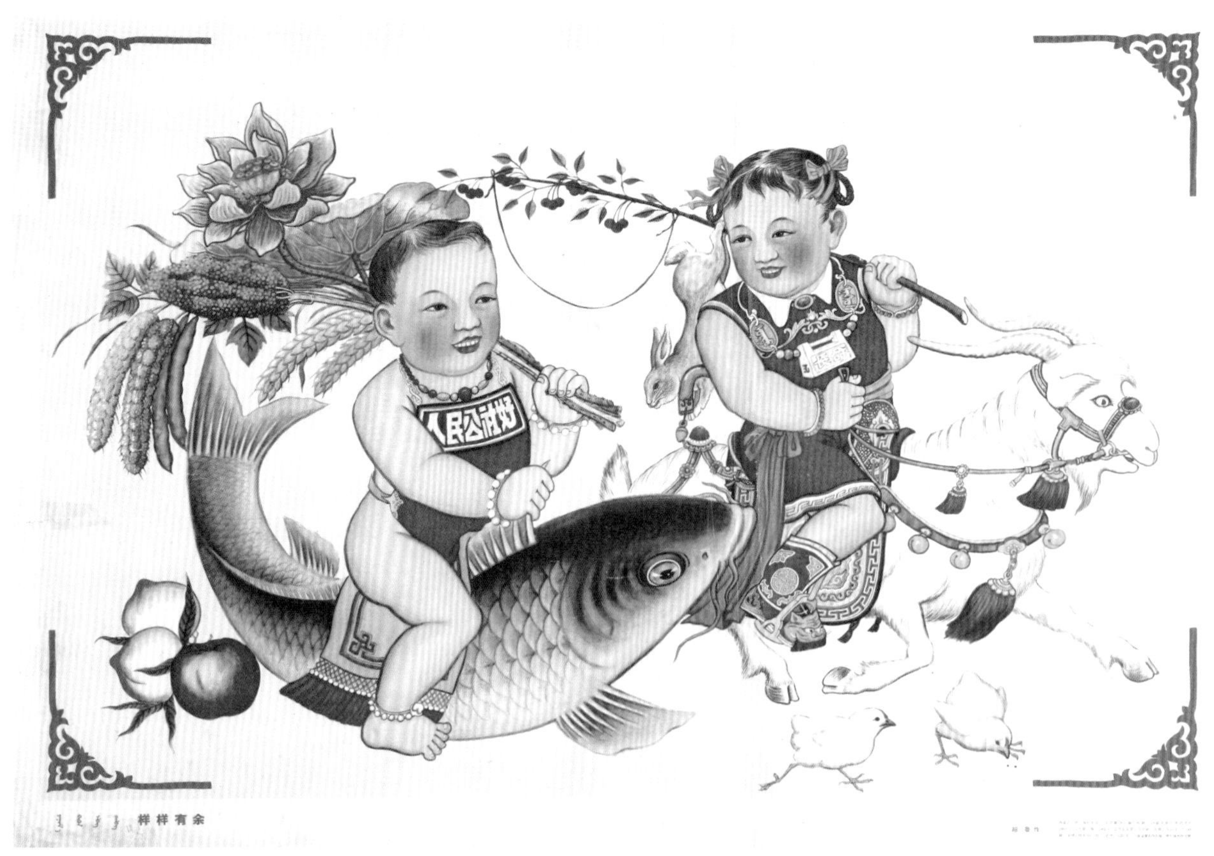

样样有余　　20世纪60年代　内蒙古人民出版社出版　超鲁 作

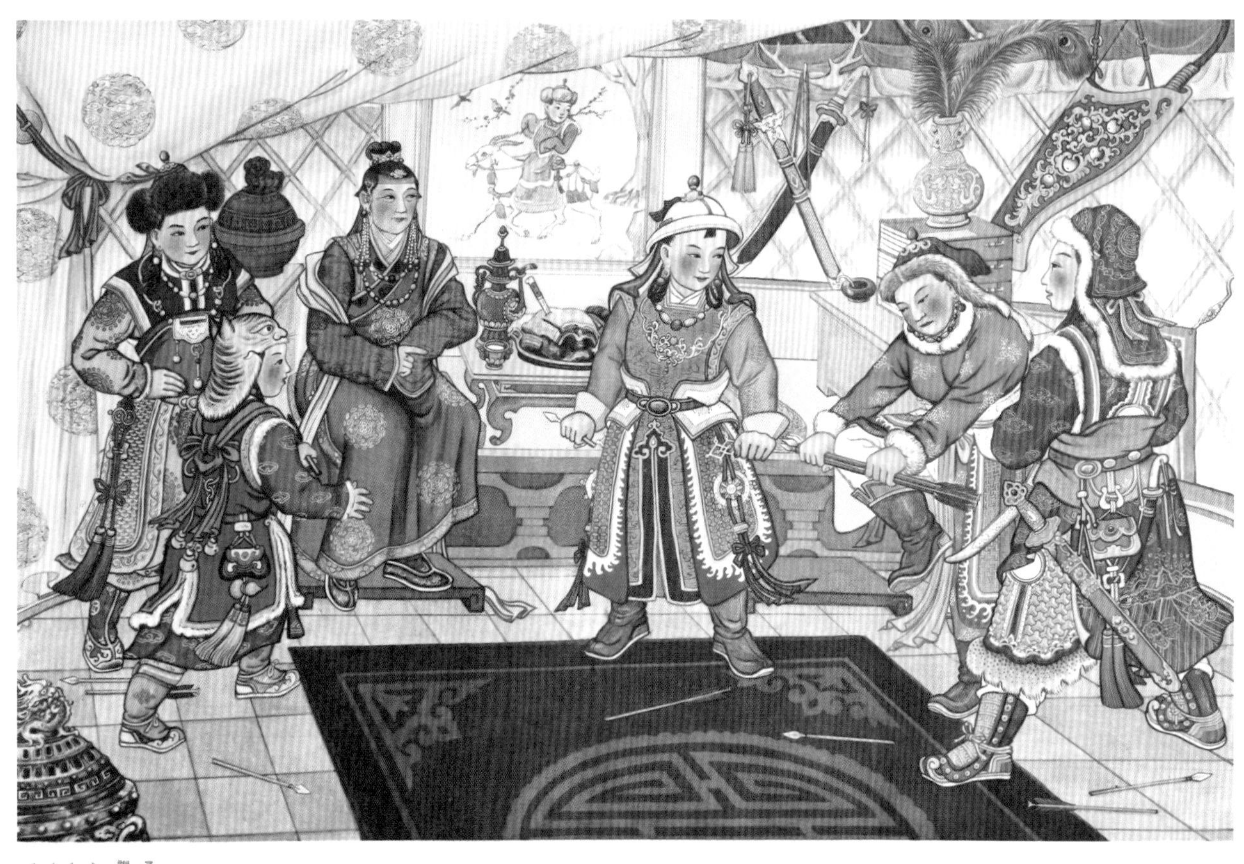

训子　　20世纪60年代　内蒙古人民出版社出版　超鲁 作

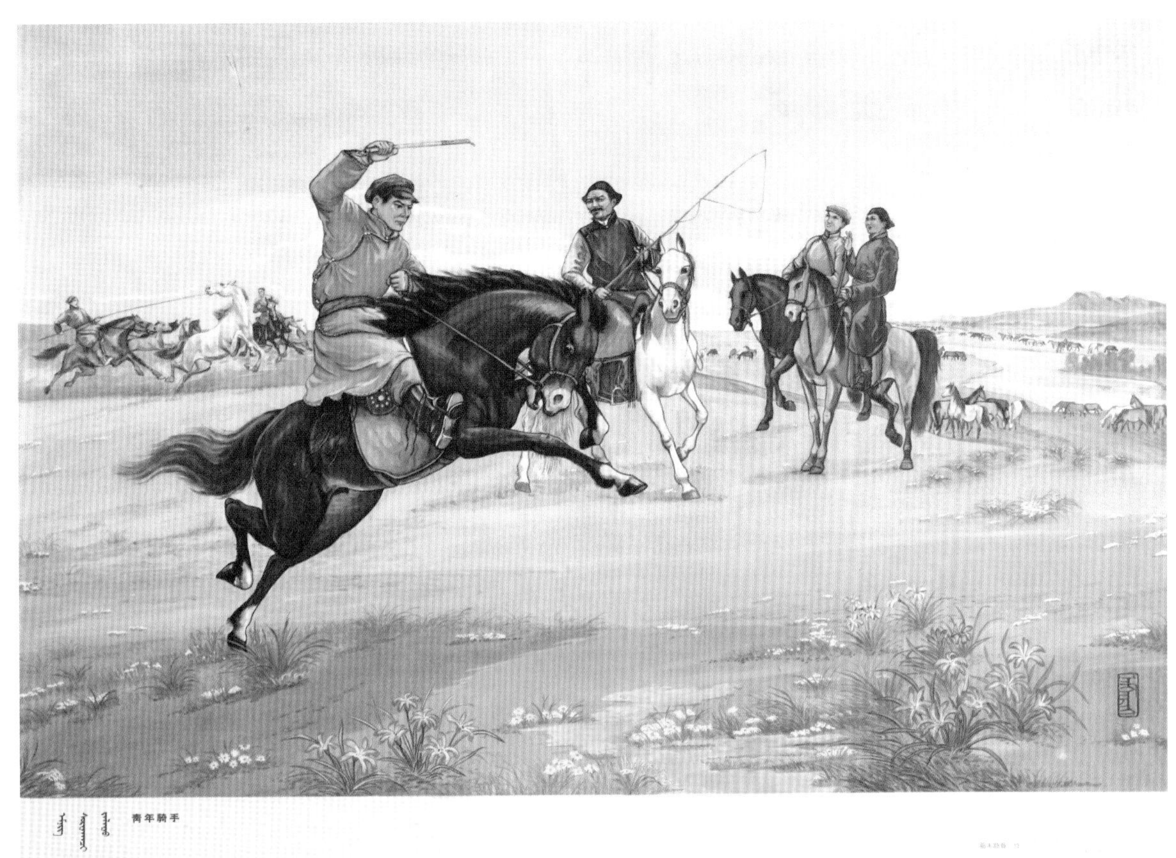

青年骑手　　20世纪60年代　内蒙古人民出版社出版　那木斯赉 作

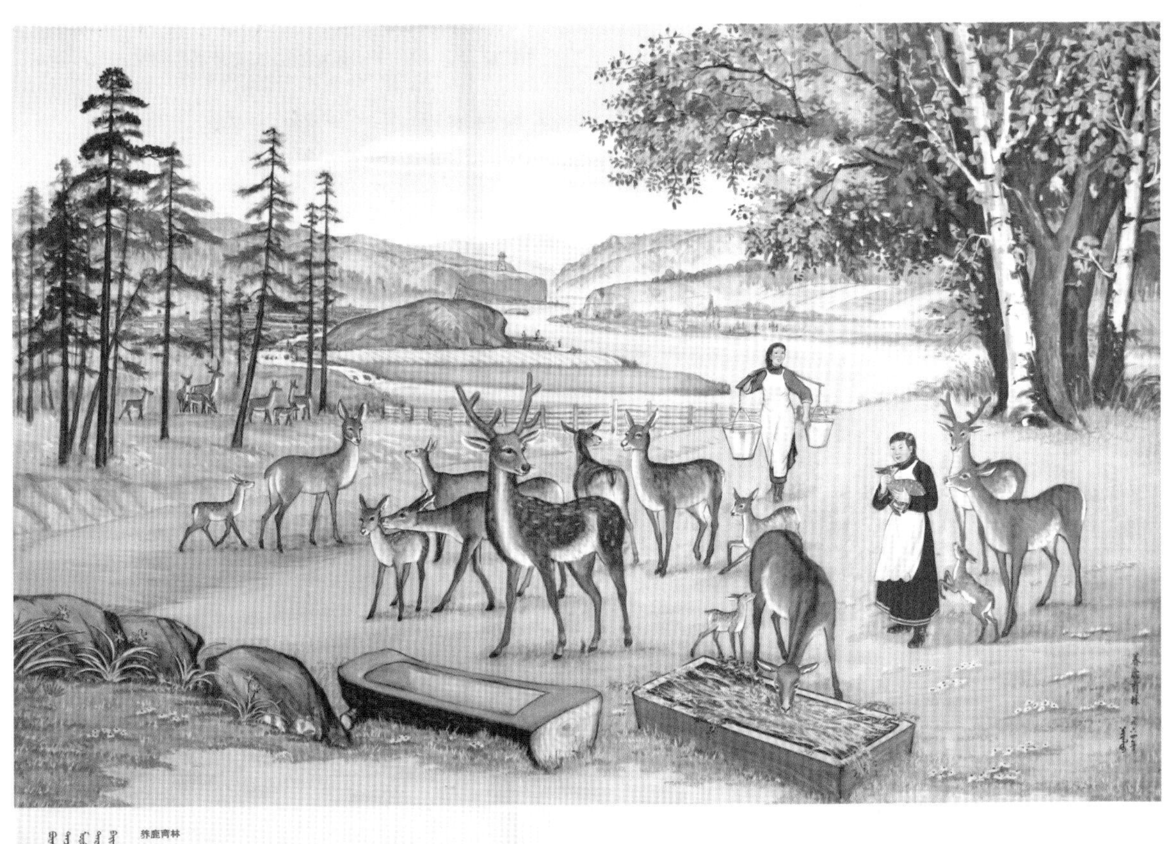

养鹿育林　　20世纪60年代　内蒙古人民出版社出版　耐勒图 作

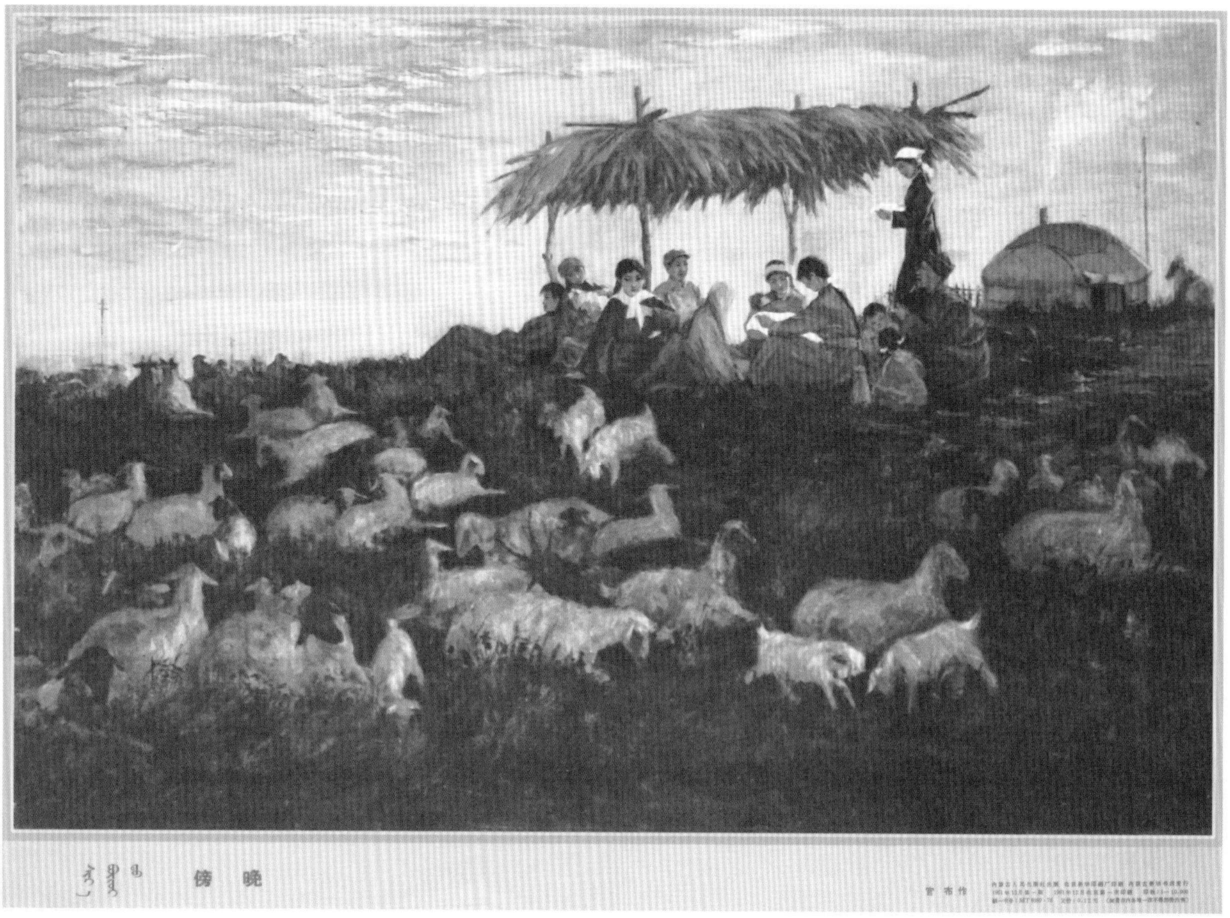

傍晚

官布 作

傍晚　20世纪60年代　内蒙古人民出版社出版　官布 作

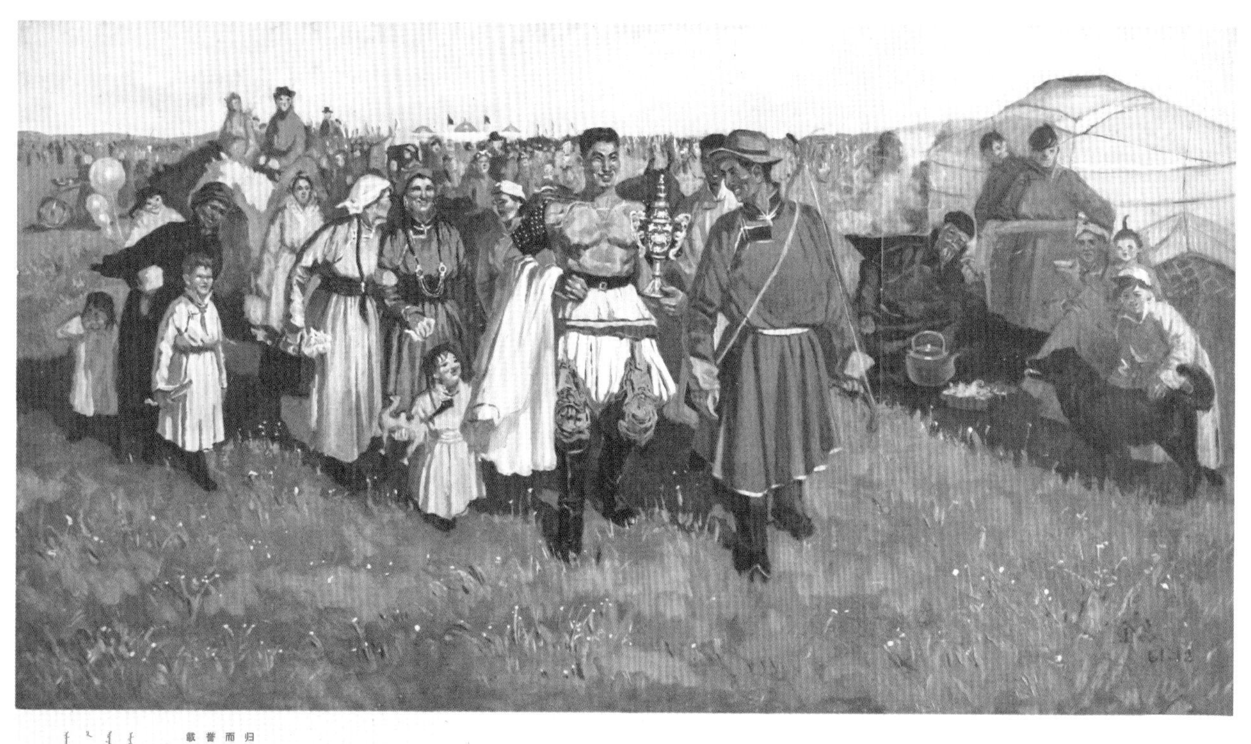

载誉而归　20世纪60年代　内蒙古人民出版社出版　金高 作

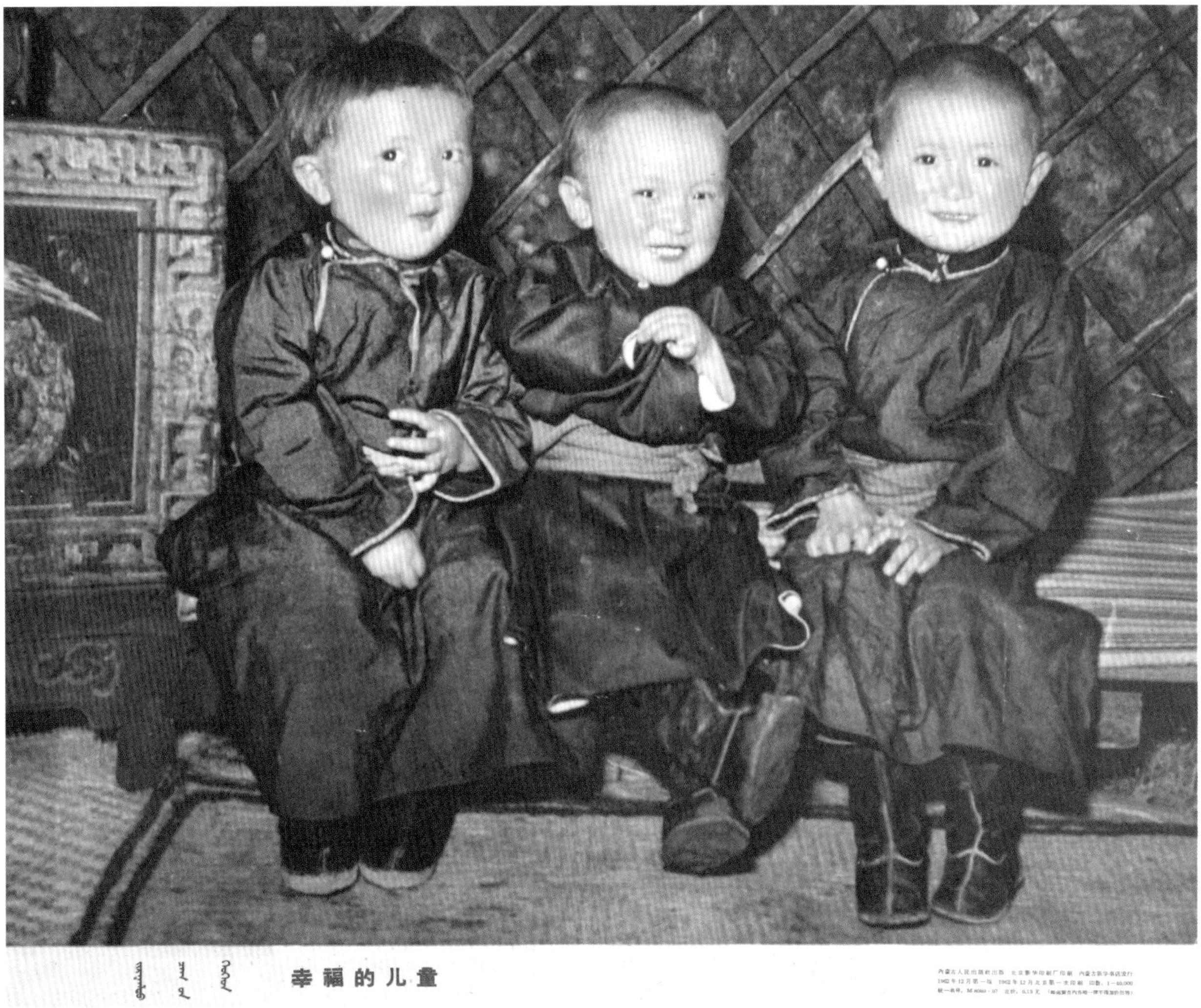

幸福的儿童

幸福的儿童　　20世纪60年代　内蒙古人民出版社出版

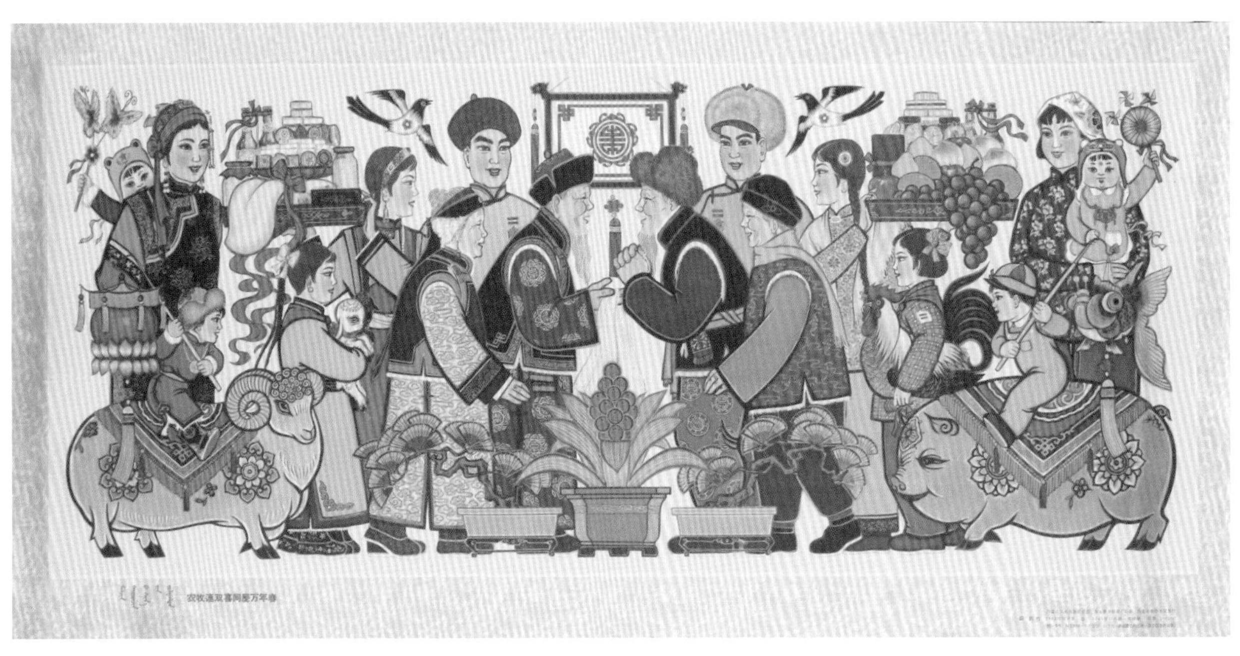

农牧连双喜同庆万年春　　20世纪60年代　内蒙古人民出版社出版　胡钧 作

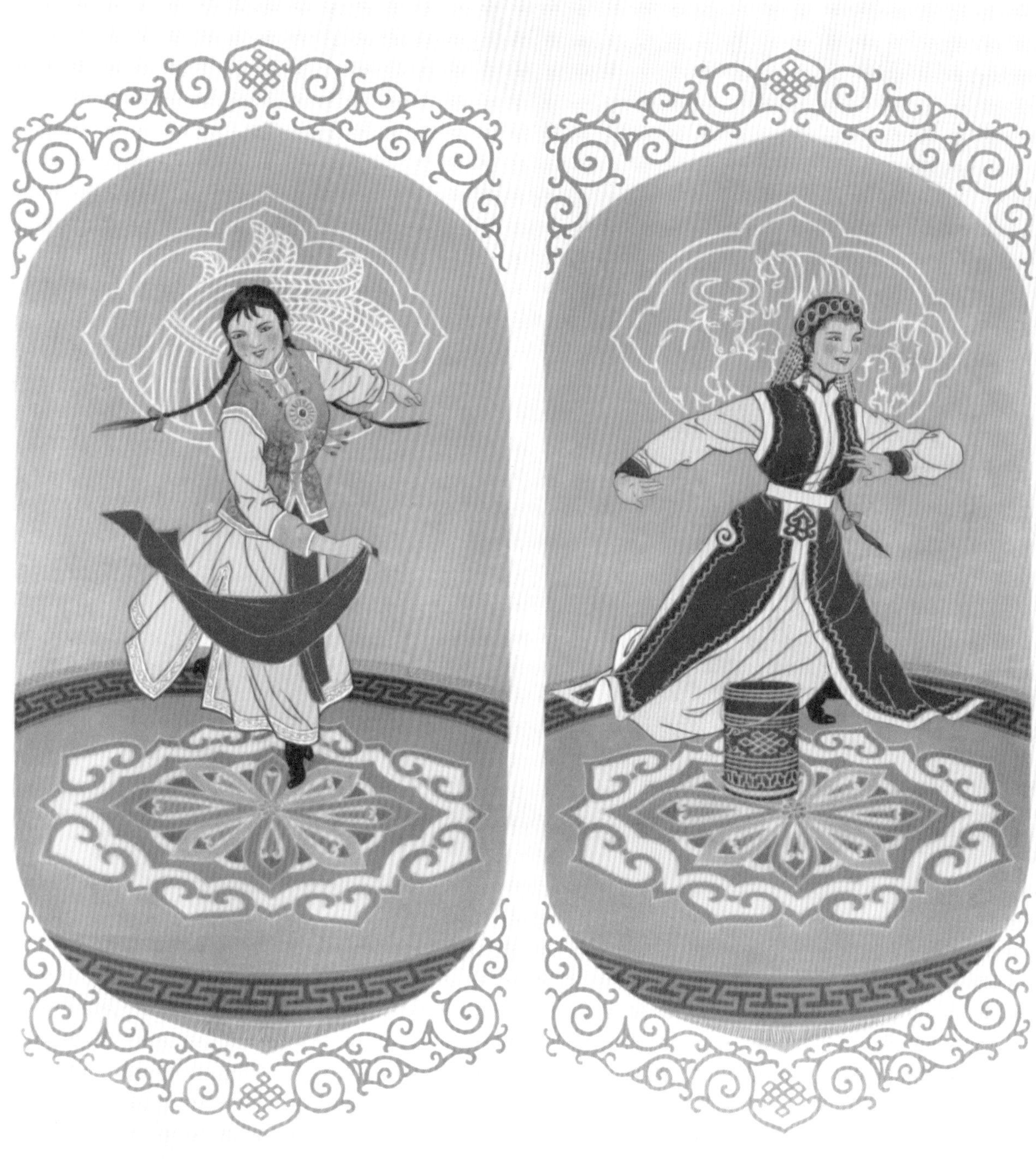

内蒙古民間午蹈屏

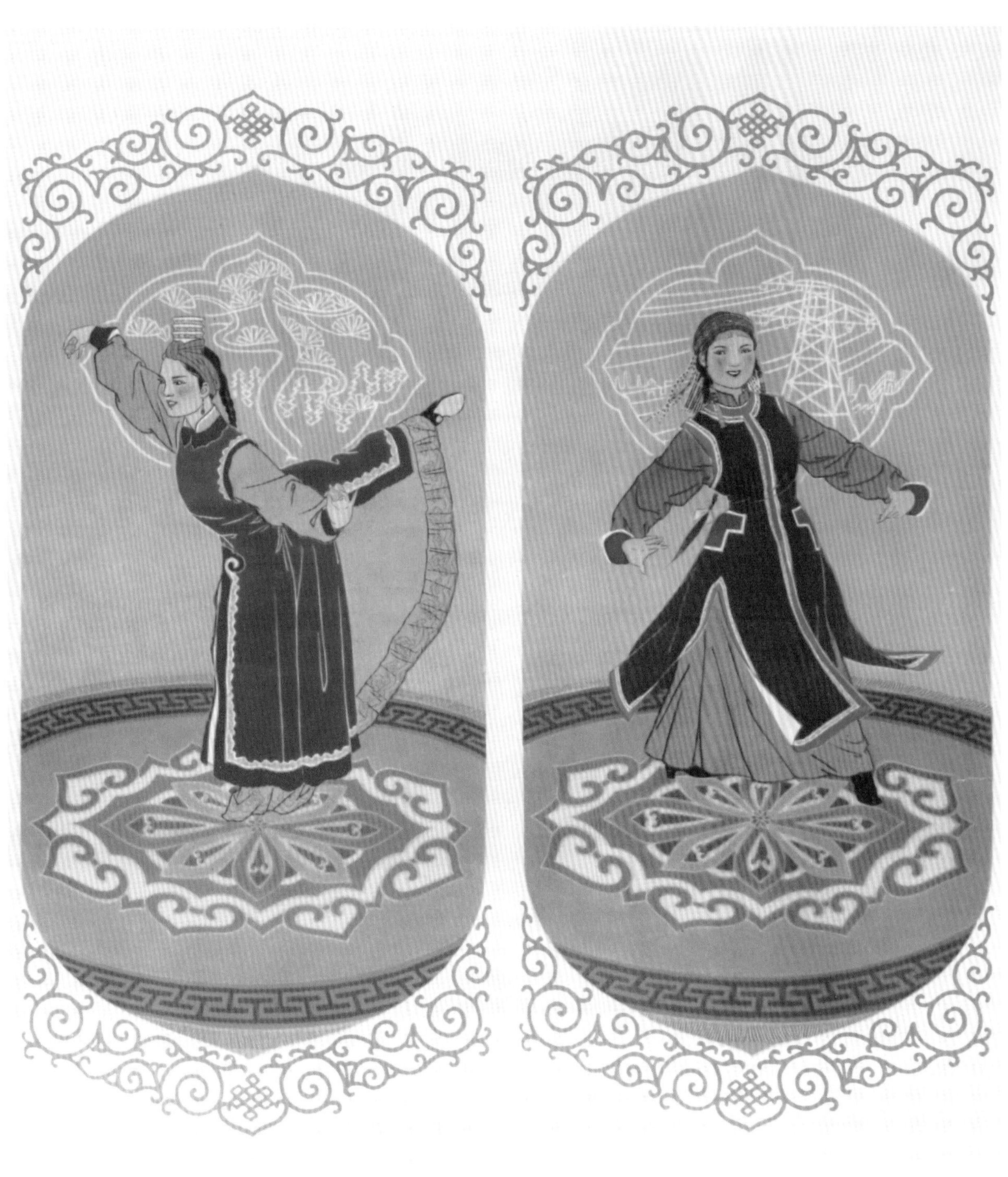

内蒙古民间舞蹈屏　　20 世纪 60 年代　内蒙古人民出版社出版　王玉泉 作

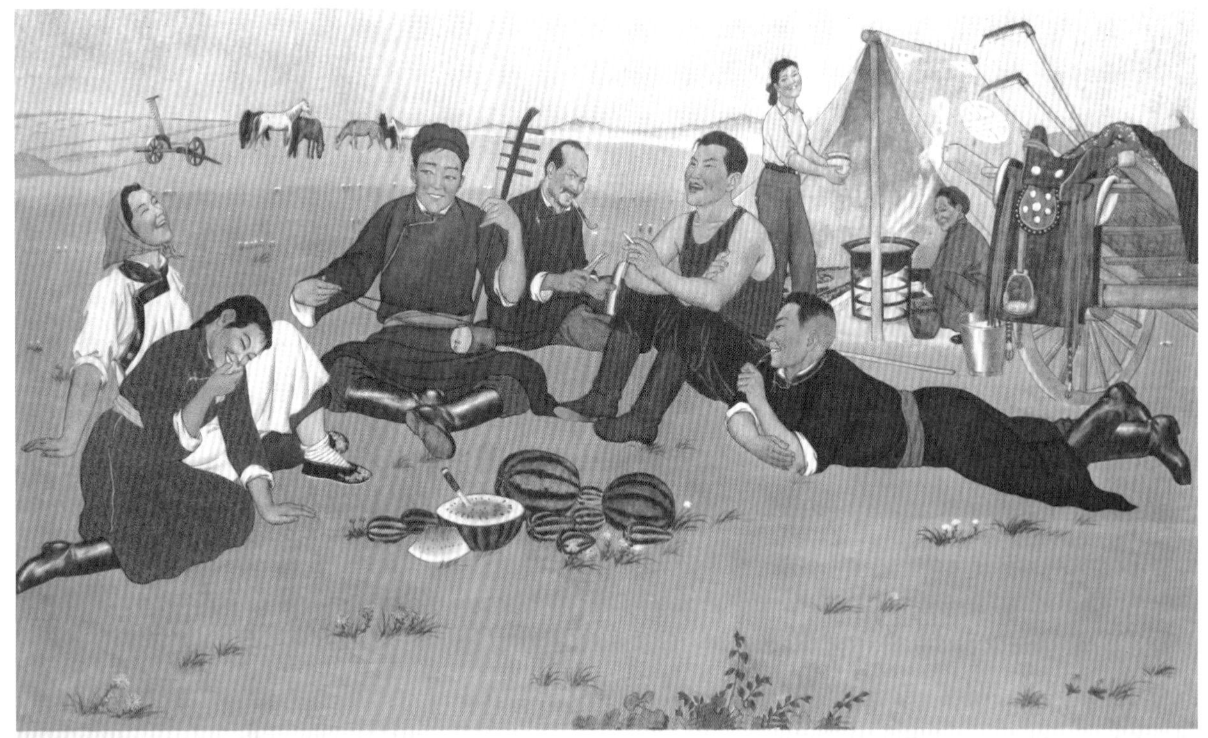

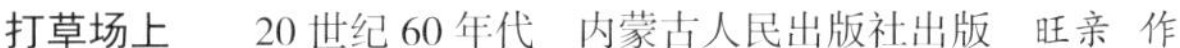

打草场上　　20世纪60年代　内蒙古人民出版社出版　旺亲　作

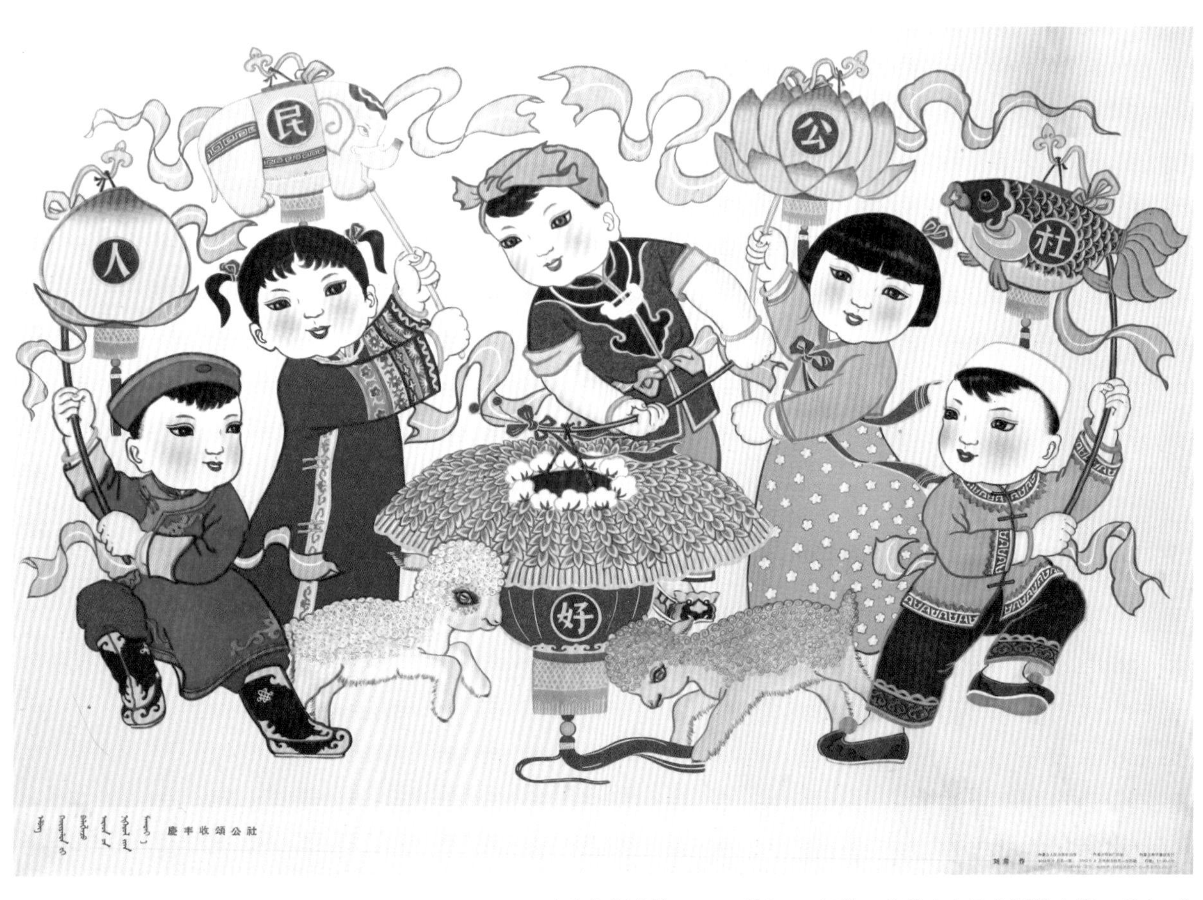

庆丰收颂公社　　20世纪60年代　内蒙古人民出版社出版　刘肃　作

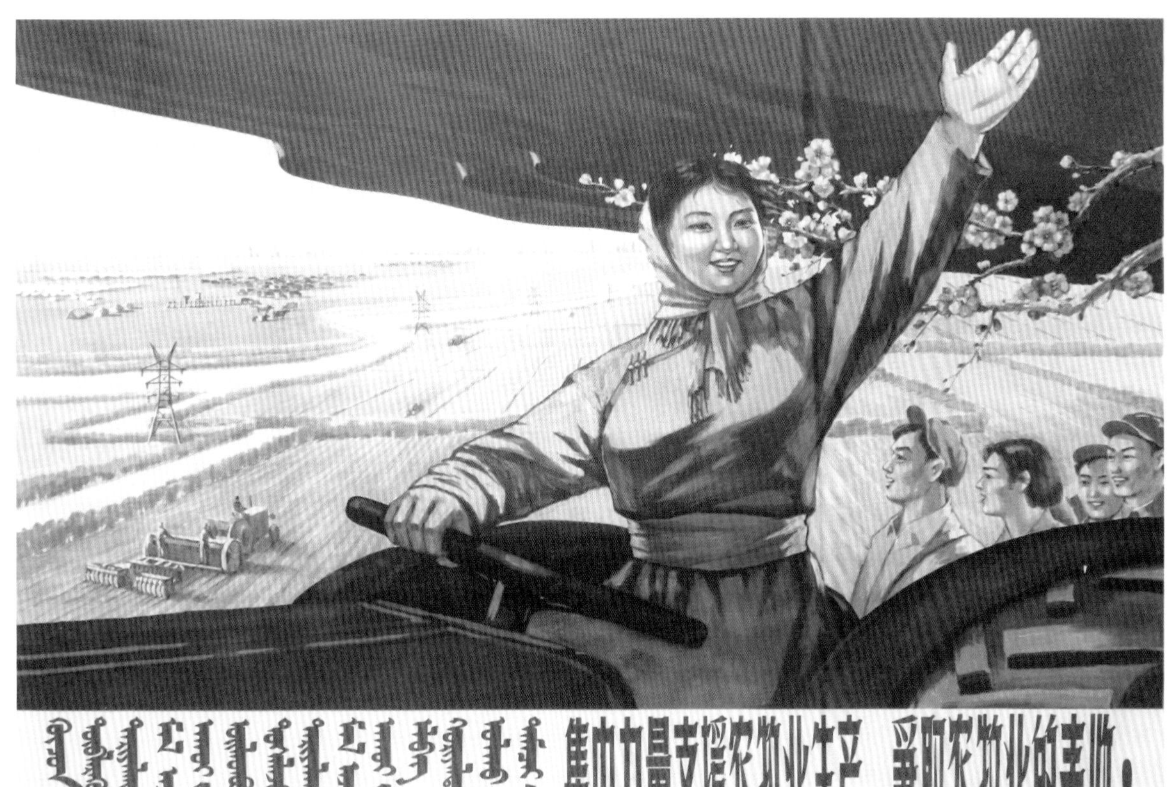

集中力量支援农牧业生产，争取农牧业的丰收！　　20世纪60年代　内蒙古人民出版社出版　张光璧 作

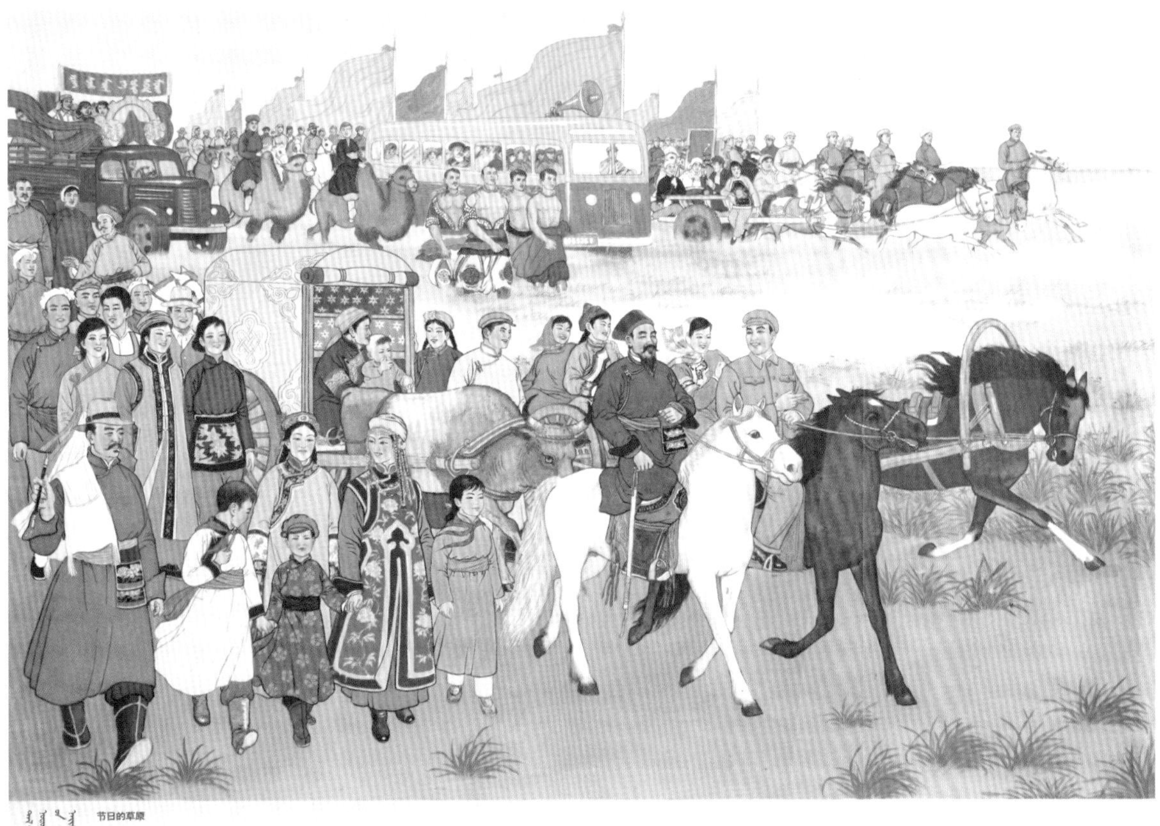

节日的草原　　20世纪60年代　内蒙古人民出版社出版　布和朝鲁 作

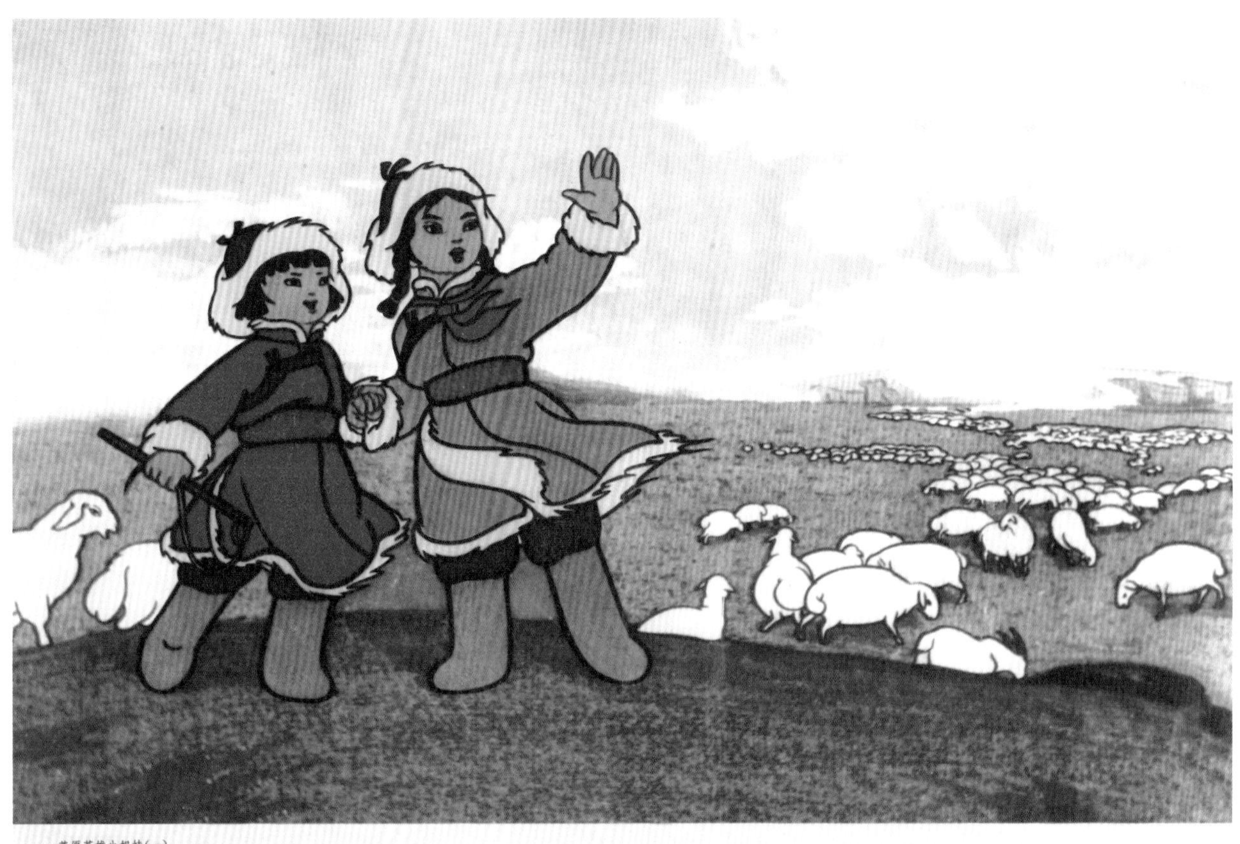

草原英雄小姐妹（一）　　内蒙古人民出版社出版　上海电影系统《草原英雄小姐妹》编绘组供稿

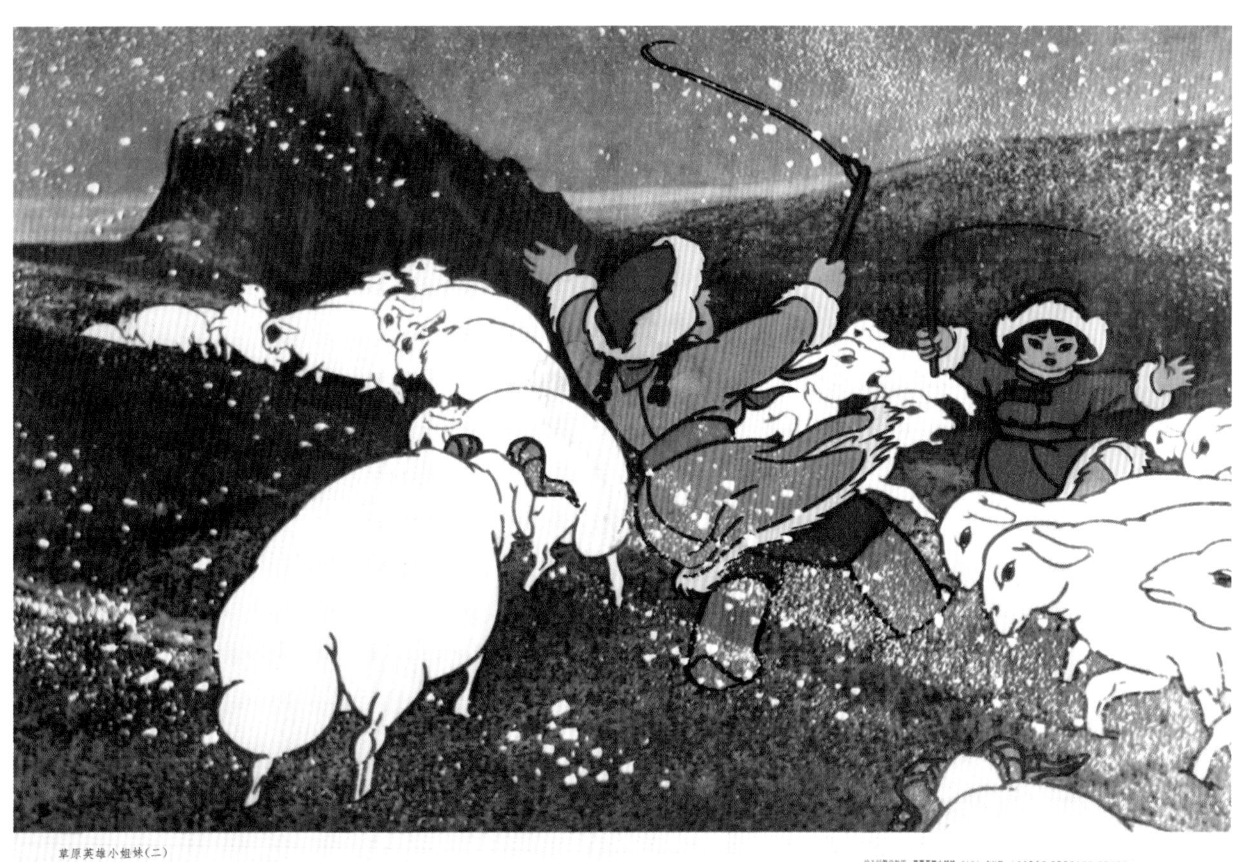

草原英雄小姐妹（二）　　内蒙古人民出版社出版　上海电影系统《草原英雄小姐妹》编绘组供稿

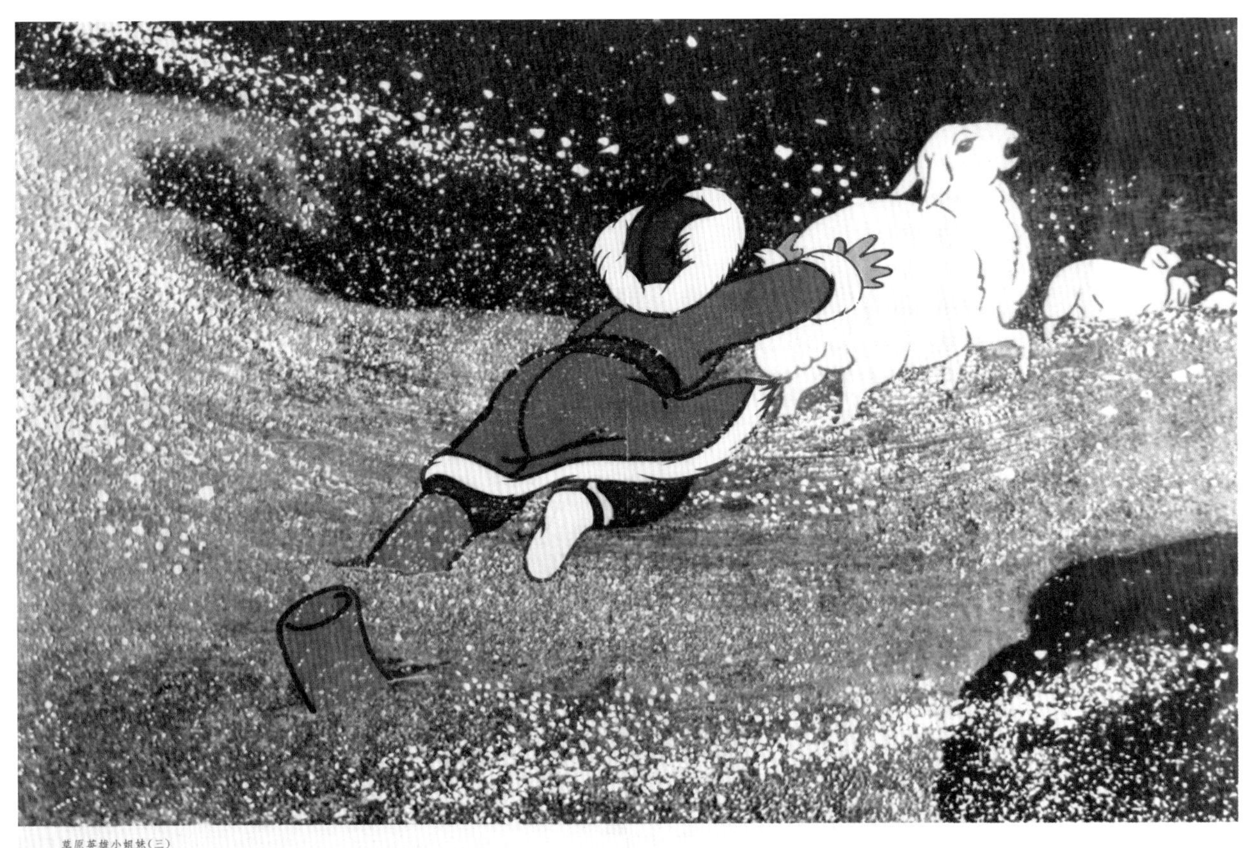

草原英雄小姐妹（三）　　内蒙古人民出版社出版　上海电影系统《草原英雄小姐妹》编绘组供稿

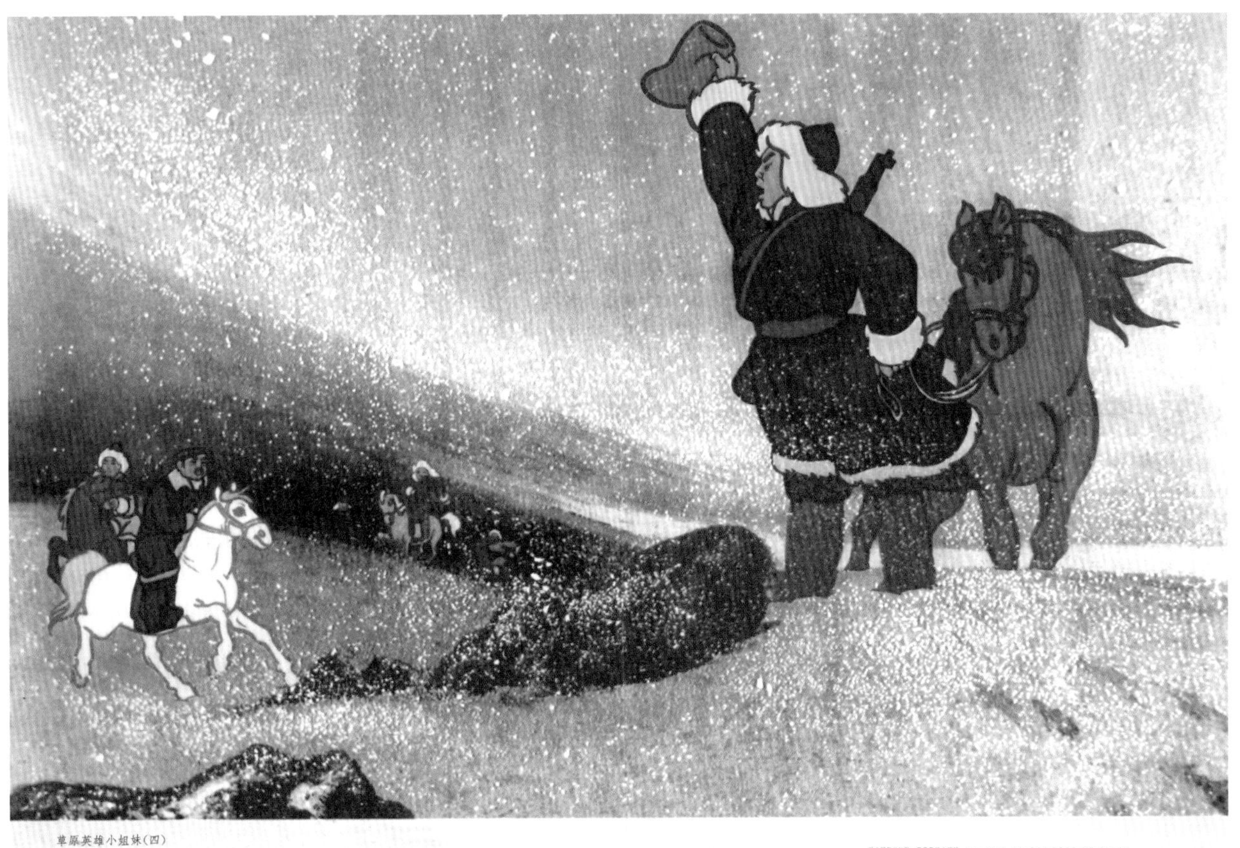

草原英雄小姐妹（四）　　内蒙古人民出版社出版　上海电影系统《草原英雄小姐妹》编绘组供稿

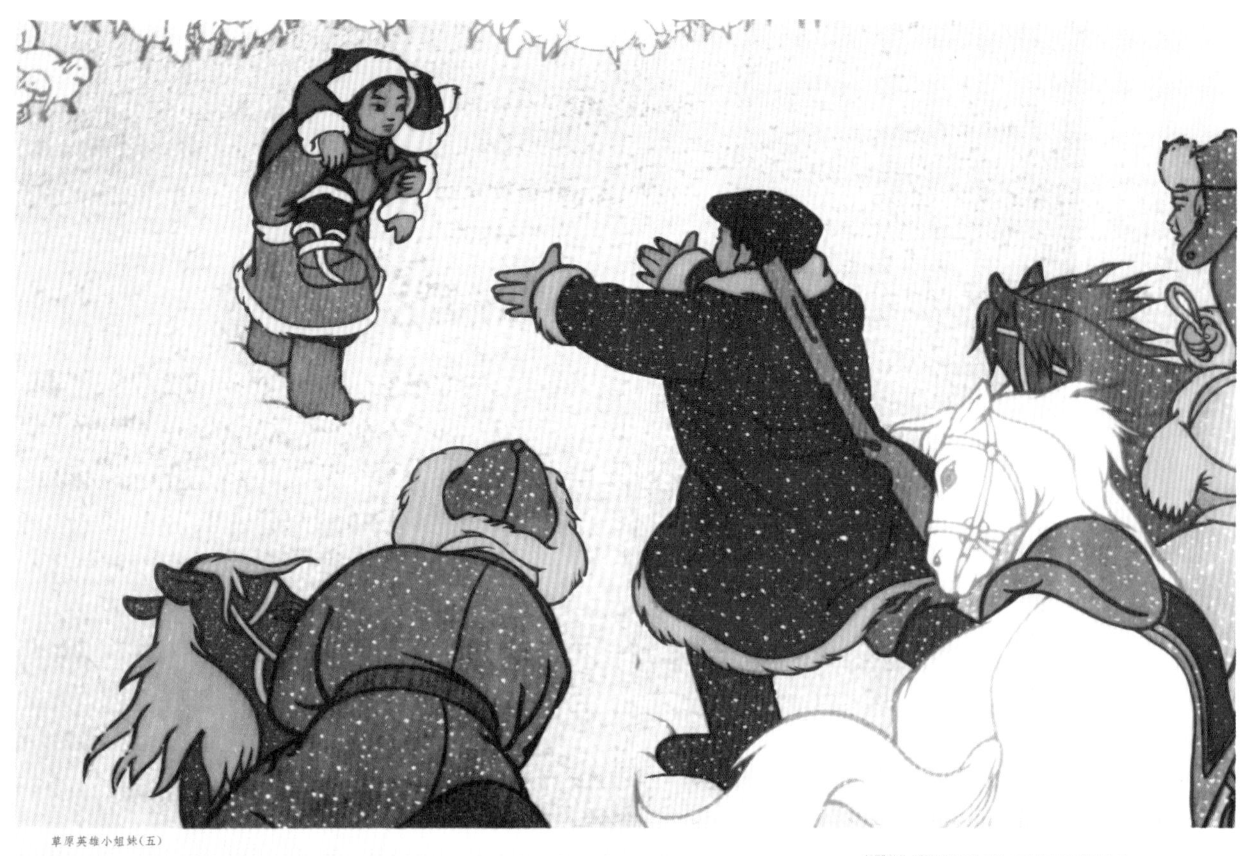

草原英雄小姐妹（五）　内蒙古人民出版社出版　上海电影系统《草原英雄小姐妹》编绘组供稿

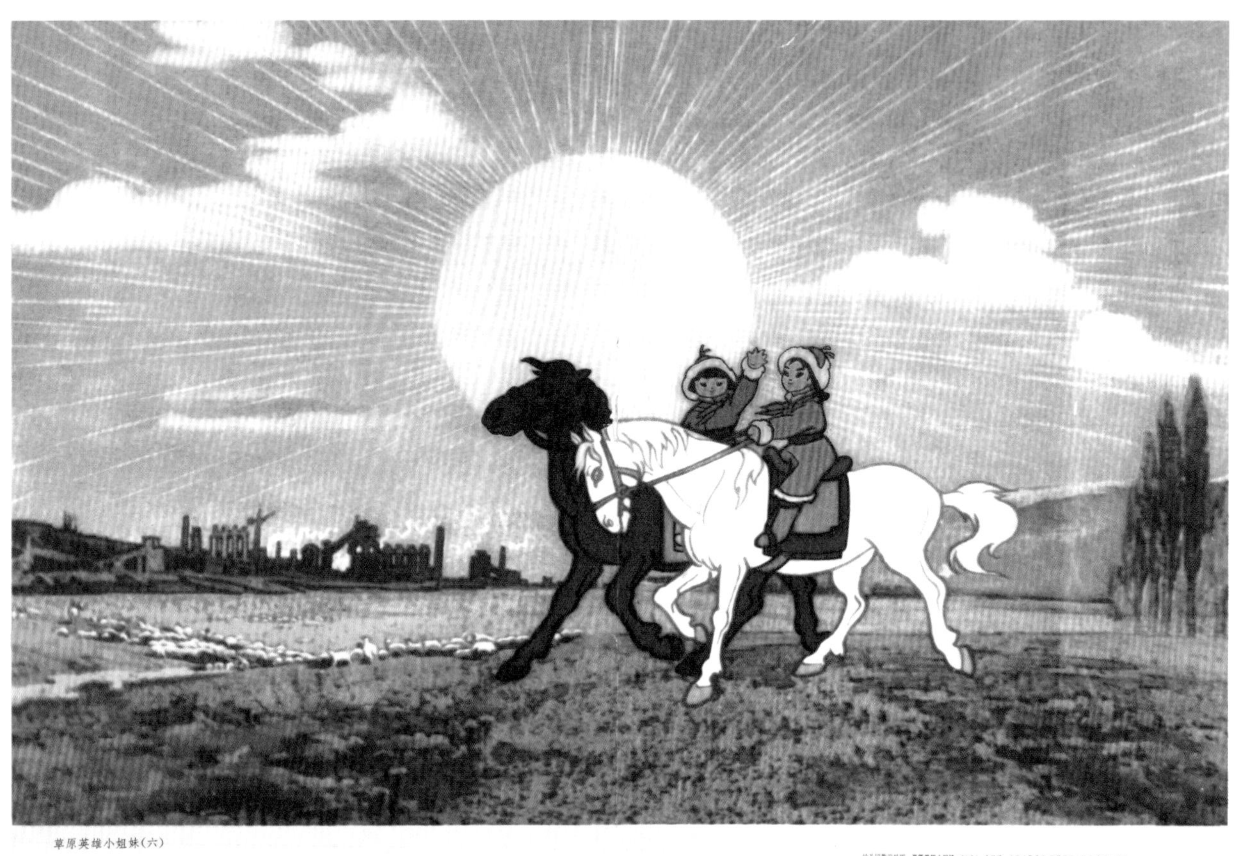

草原英雄小姐妹（六）　内蒙古人民出版社出版　上海电影系统《草原英雄小姐妹》编绘组供稿

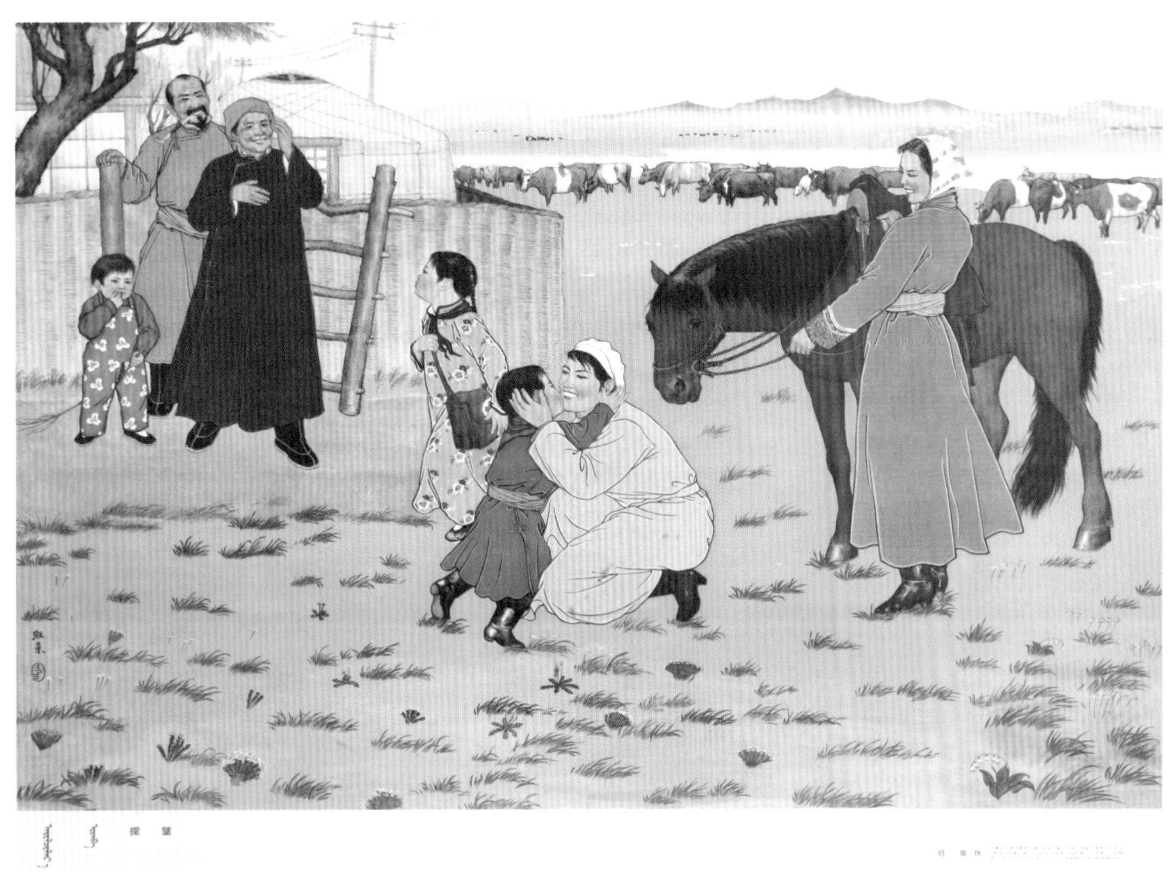

探望　　20世纪60年代　内蒙古人民出版社出版　旺亲 作

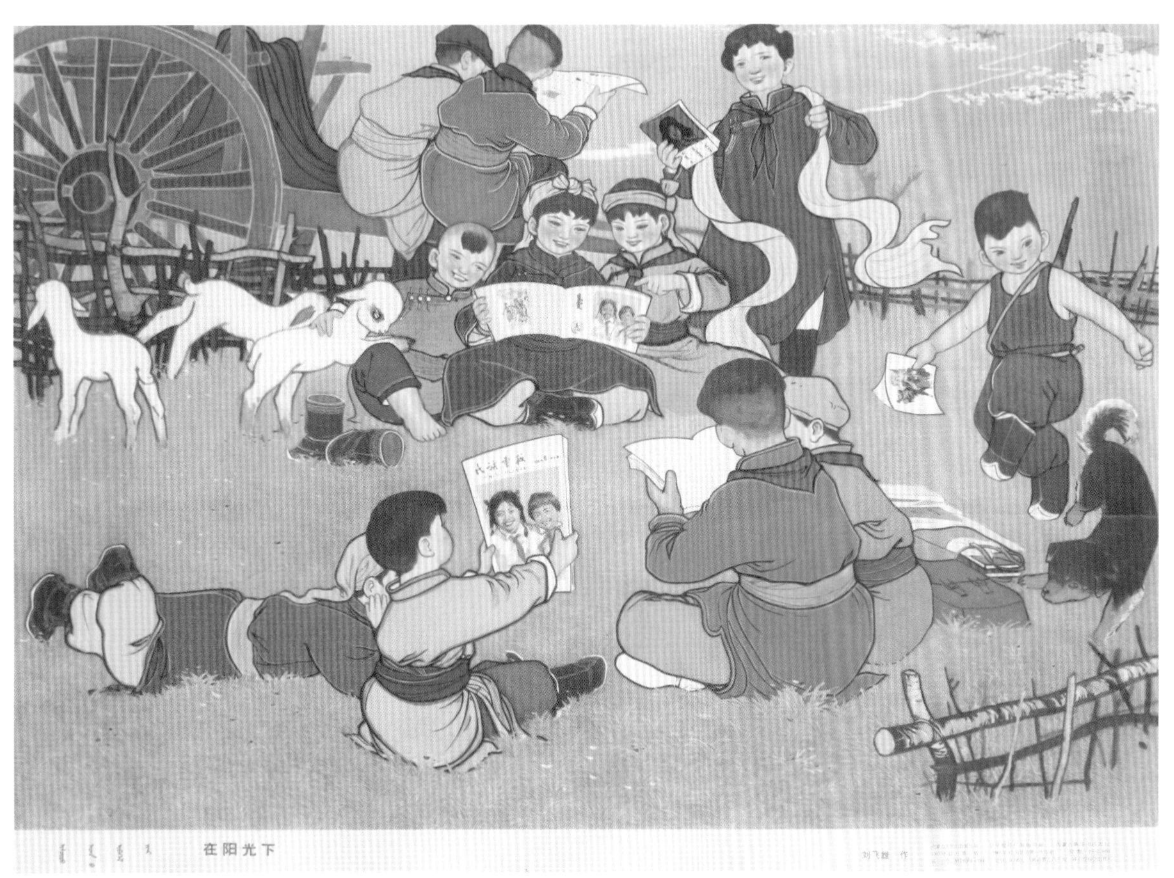

在阳光下　　20世纪60年代　内蒙古人民出版社出版　刘飞雄 作

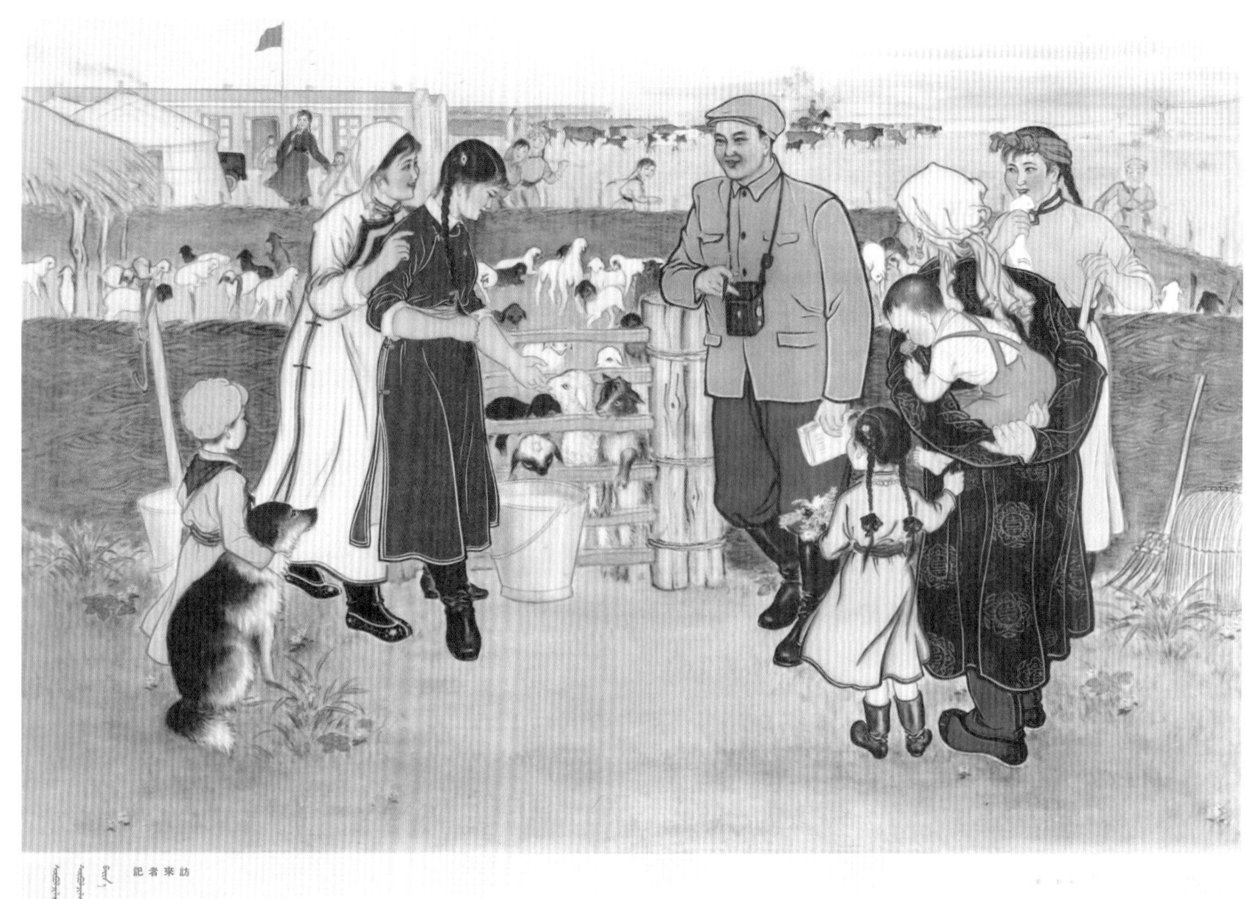

记者来访　　20世纪60年代　内蒙古人民出版社出版　胡钧 作

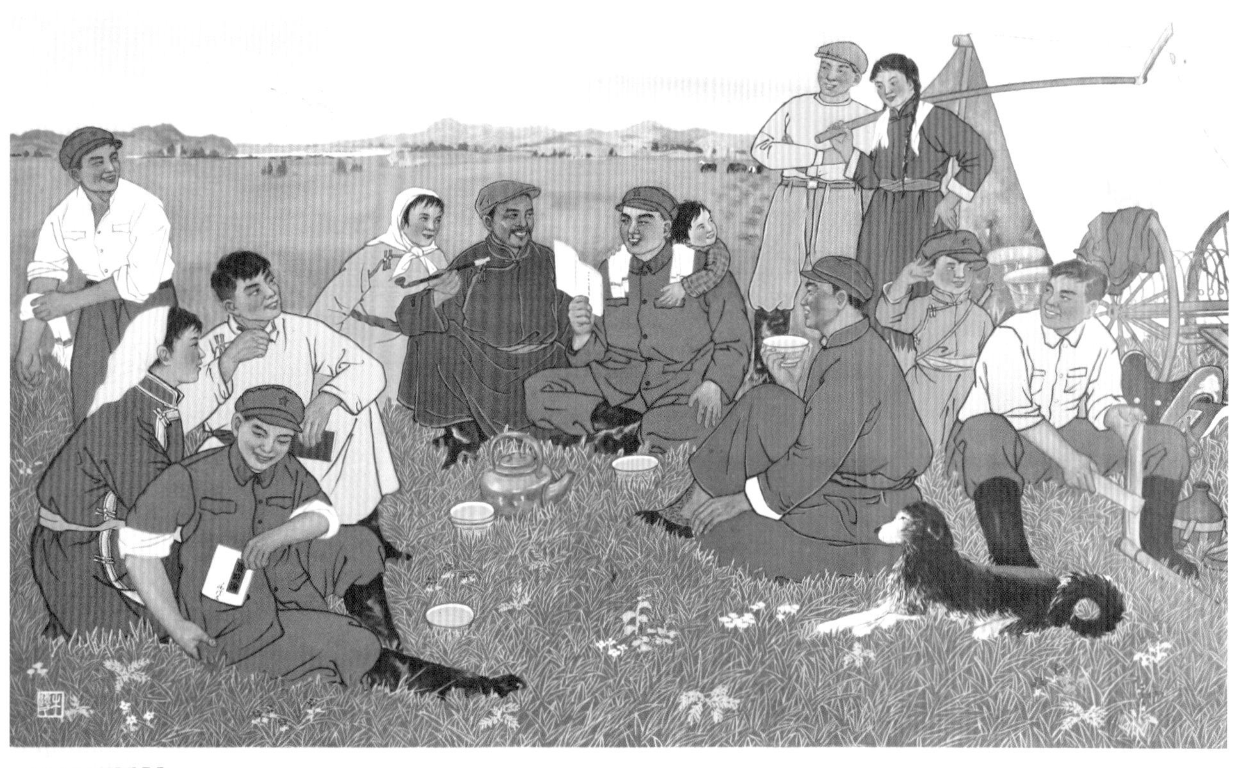

草原军民　　20世纪60年代　内蒙古人民出版社出版　牛远久 作

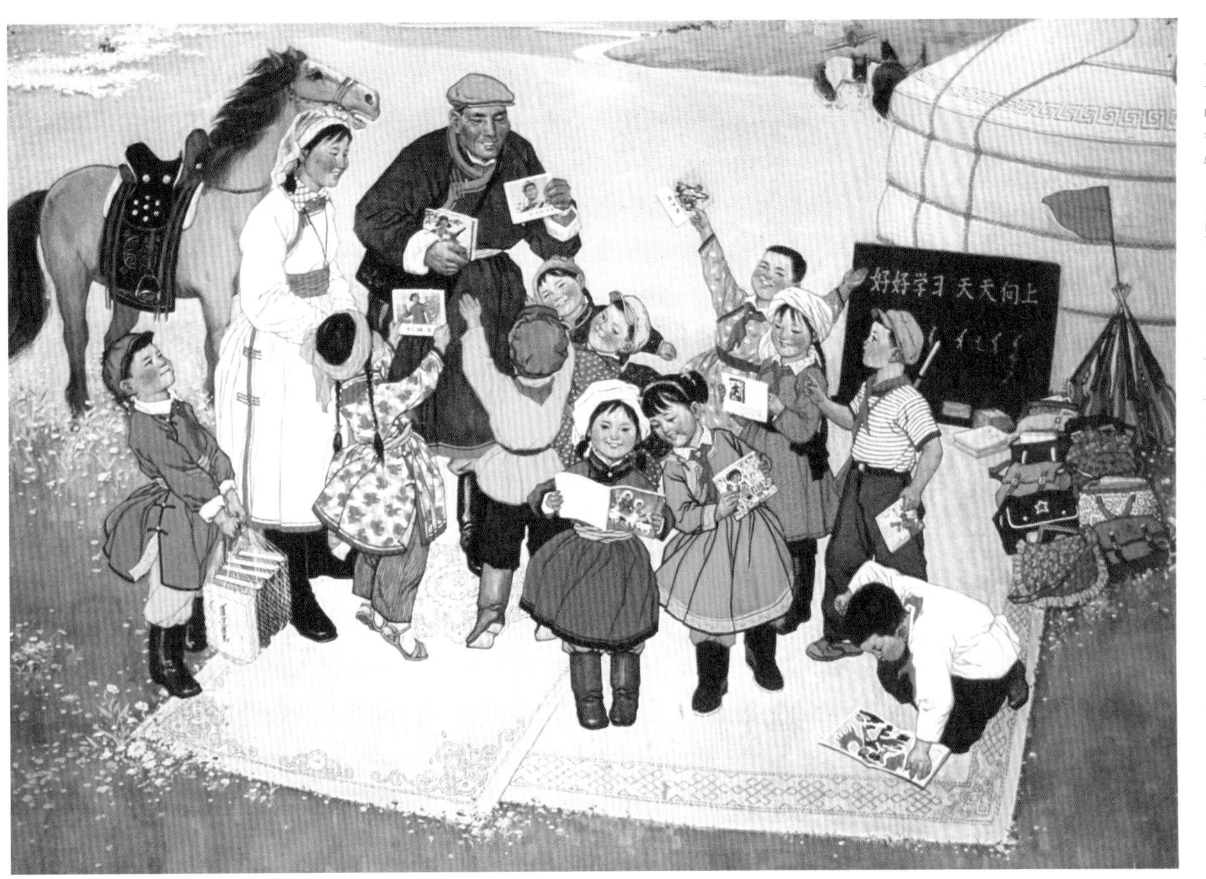

书记的礼物　　20世纪60年代　内蒙古人民出版社出版　郑霞秋 作

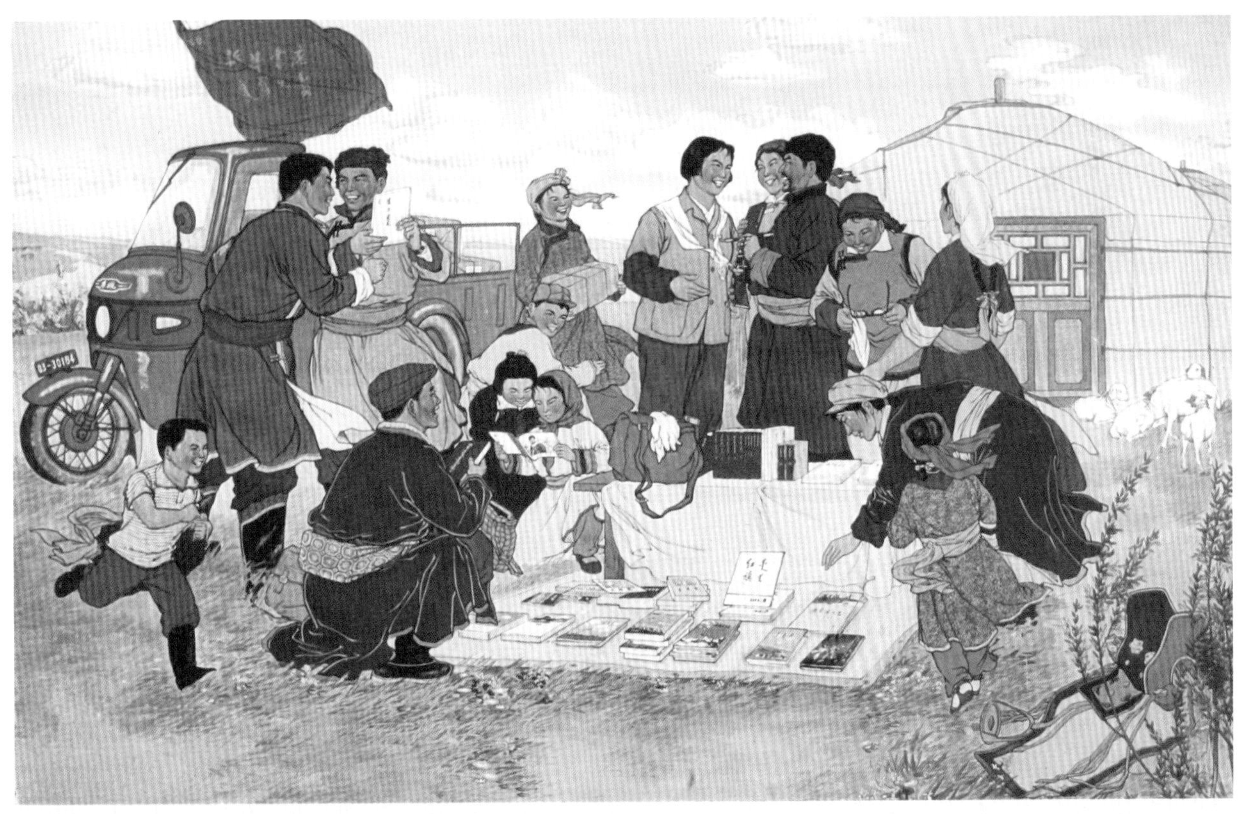

新书到草原　　20世纪60年代　内蒙古人民出版社出版　全继昌 作

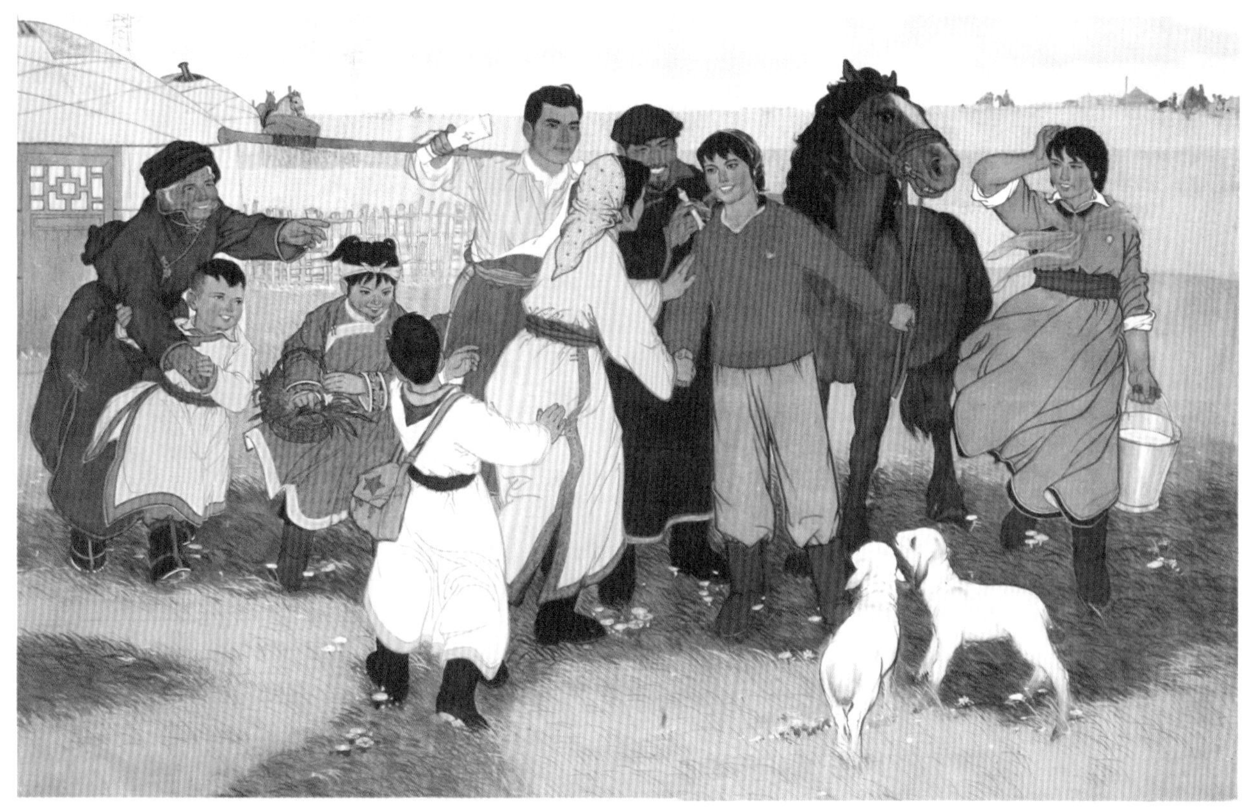

新驯马手　20世纪60年代　内蒙古人民出版社出版　郝伍昌 作

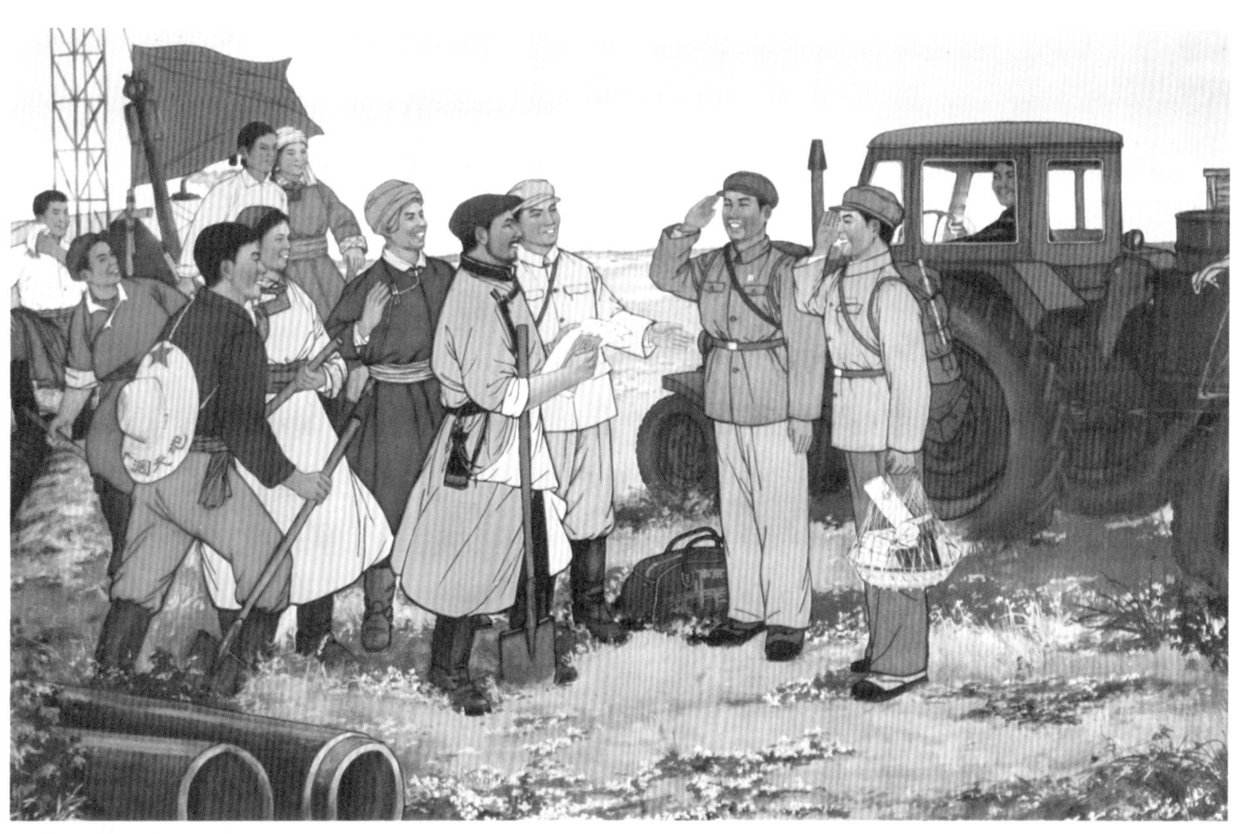

祖国边疆需要我　20世纪60年代　内蒙古人民出版社出版　程锐 作

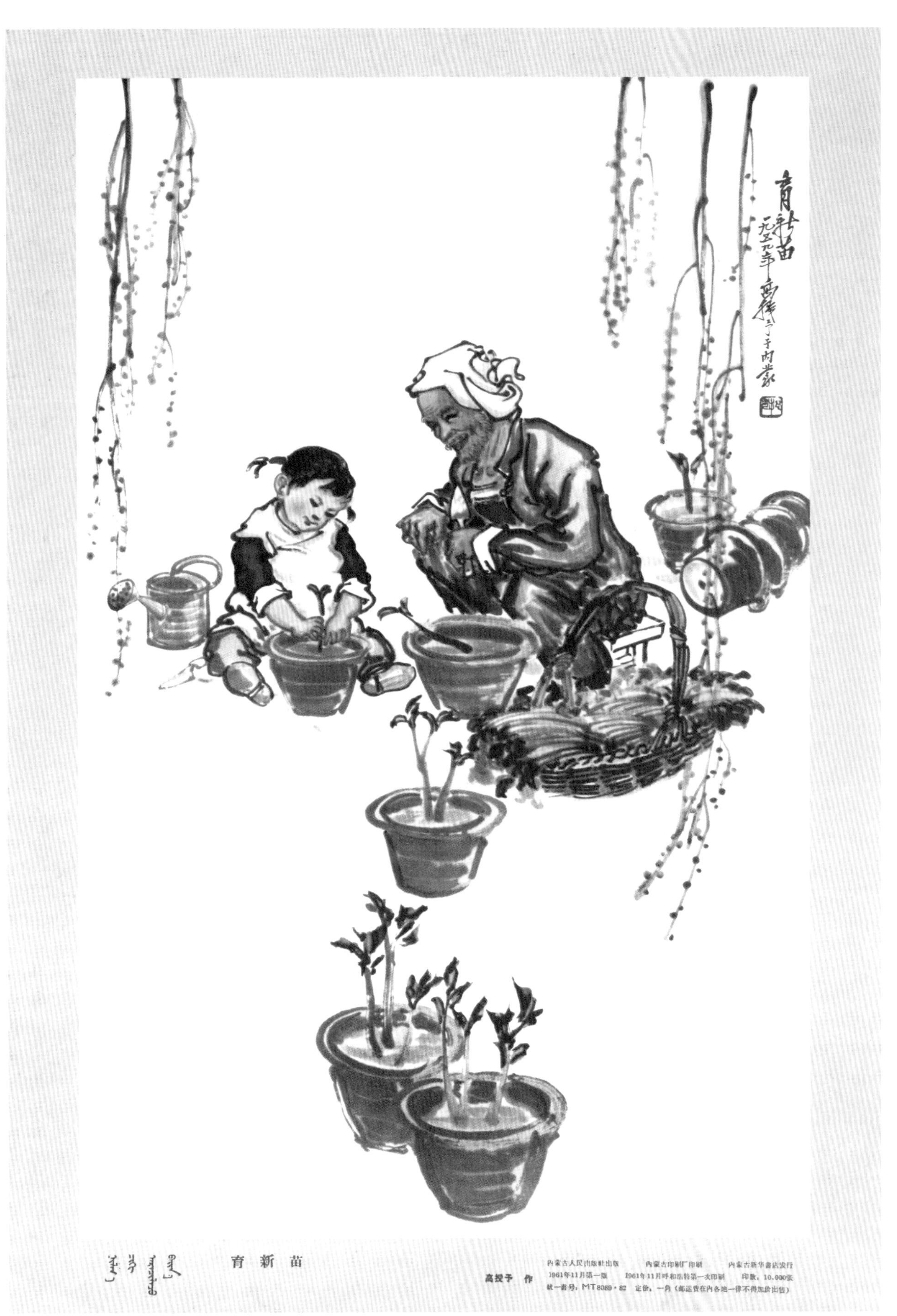

育新苗　　20世纪60年代　内蒙古人民出版社出版　高授予　作

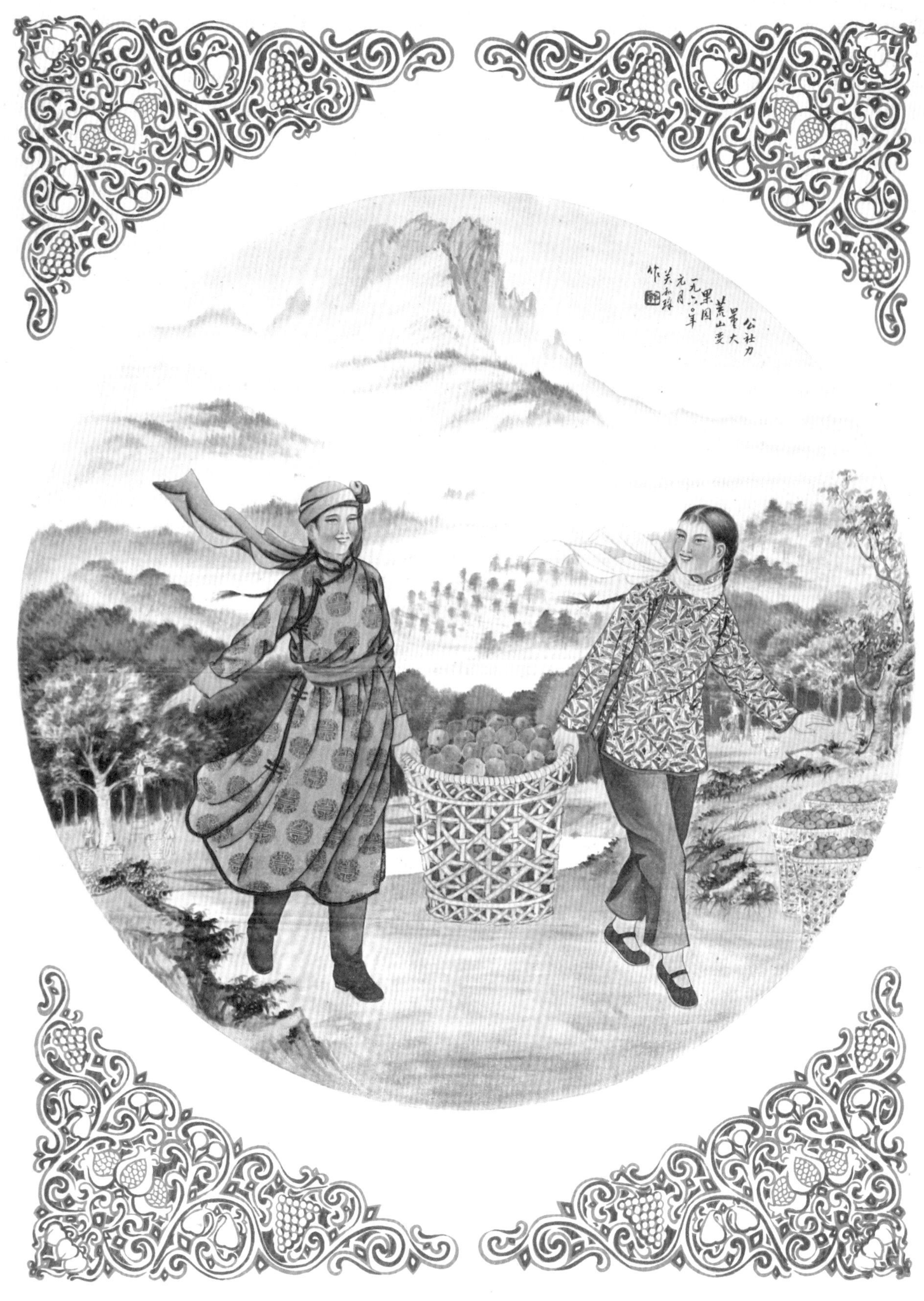

公社力量大　荒山变果园

关和璋 作

公社力量大 荒山变果园　　20世纪60年代　内蒙古人民出版社出版　关和璋 作

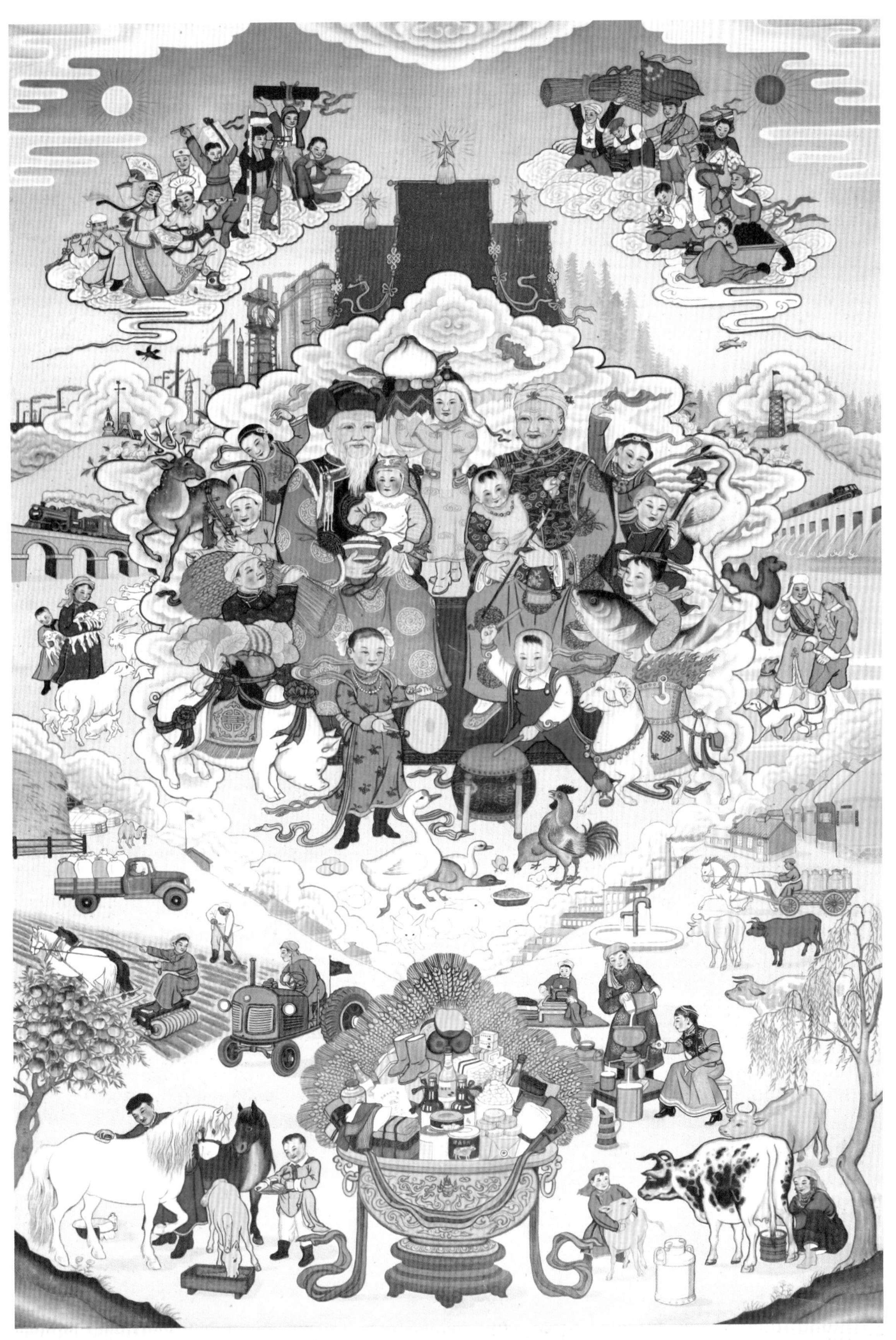

五谷丰登　六畜兴旺　　20世纪60年代　内蒙古人民出版社出版　超鲁 作

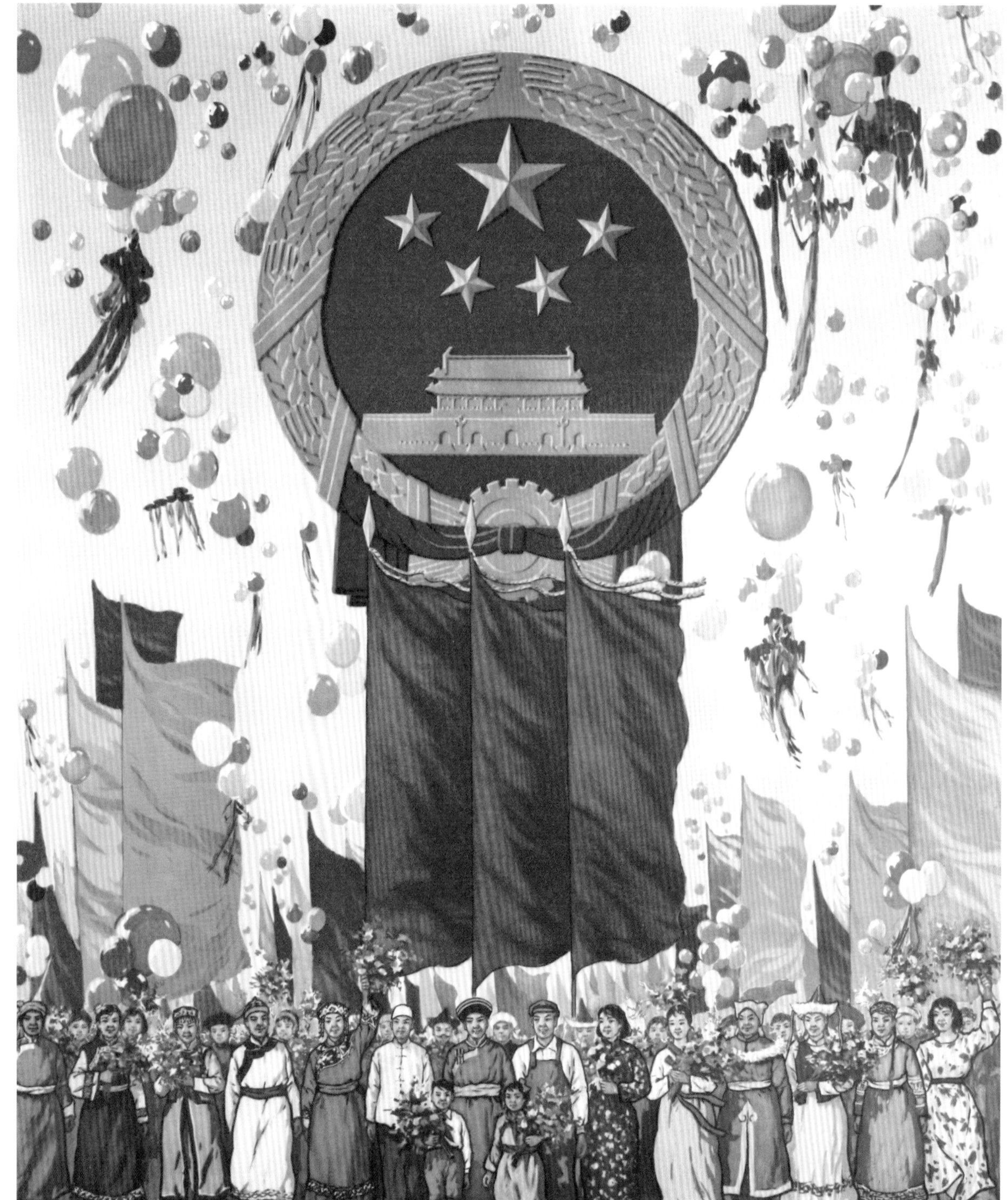

为建设社会主义的新中国奋勇前进　20世纪60年代　内蒙古人民出版社出版　徐坚　作

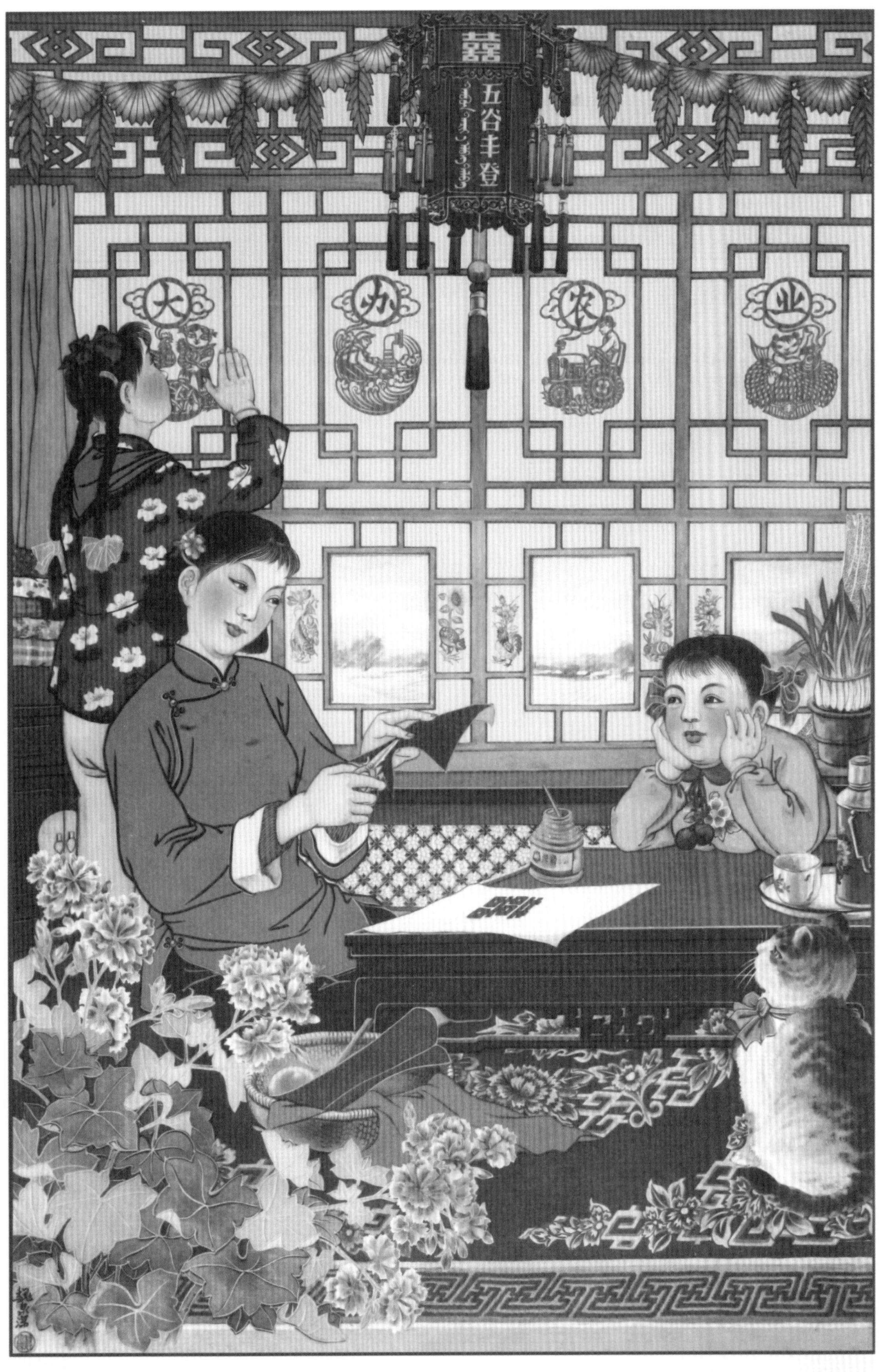

剪窗花

剪窗花　20世纪60年代　内蒙古人民出版社出版　魏泉深 作

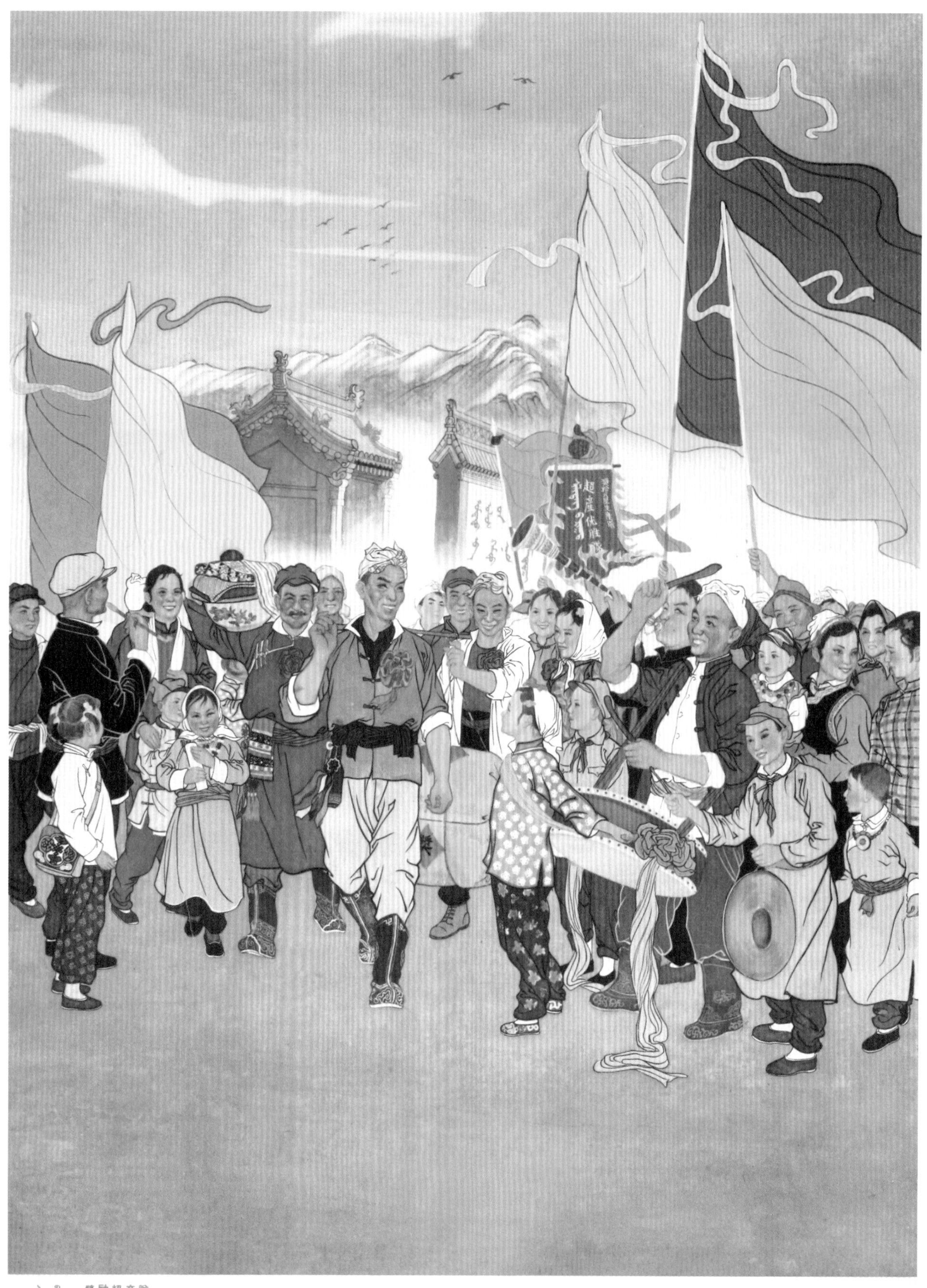

奖励超产队　　20世纪60年代　内蒙古人民出版社出版　满达　作

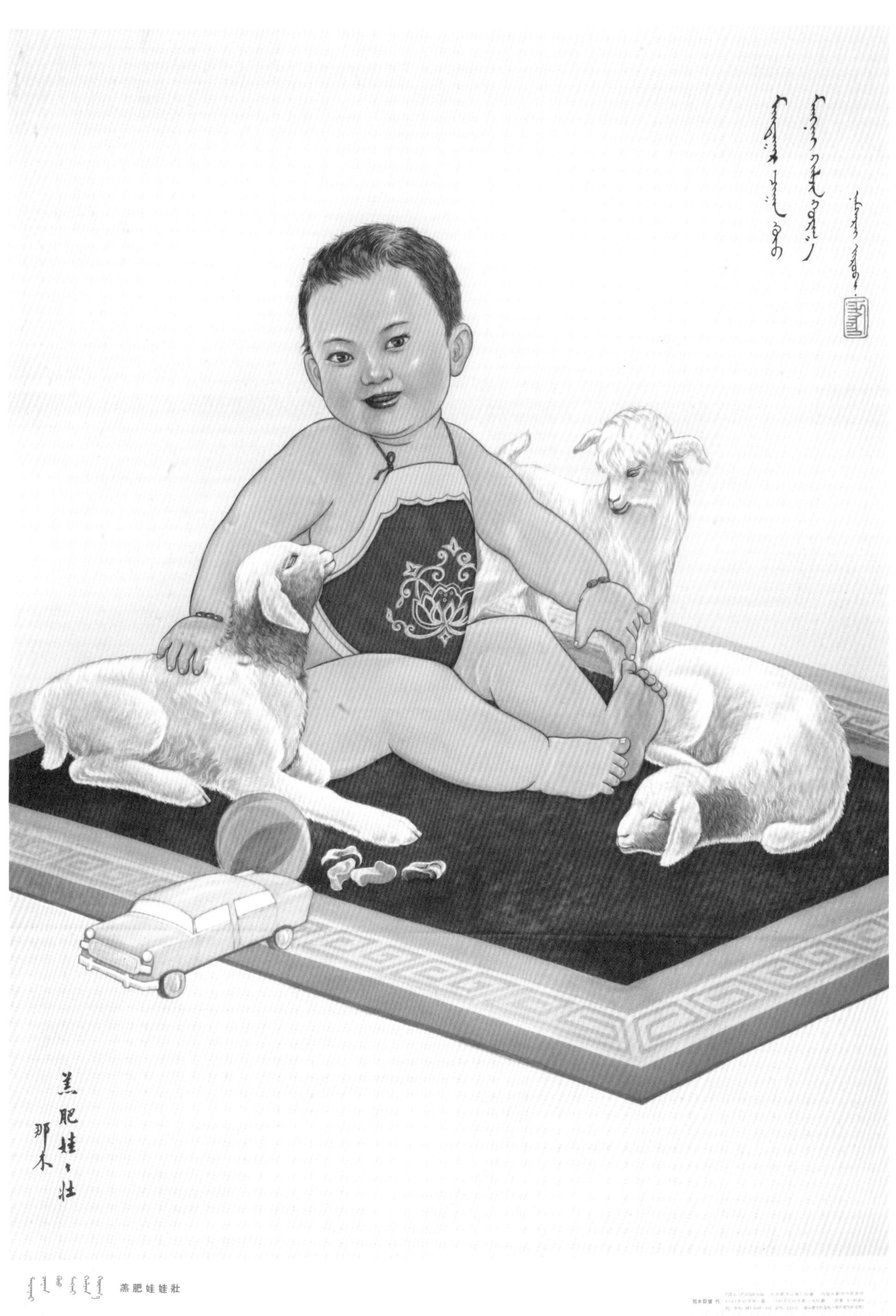

羔肥娃娃壮　20世纪60年代　内蒙古人民出版社出版　那木斯赉 作

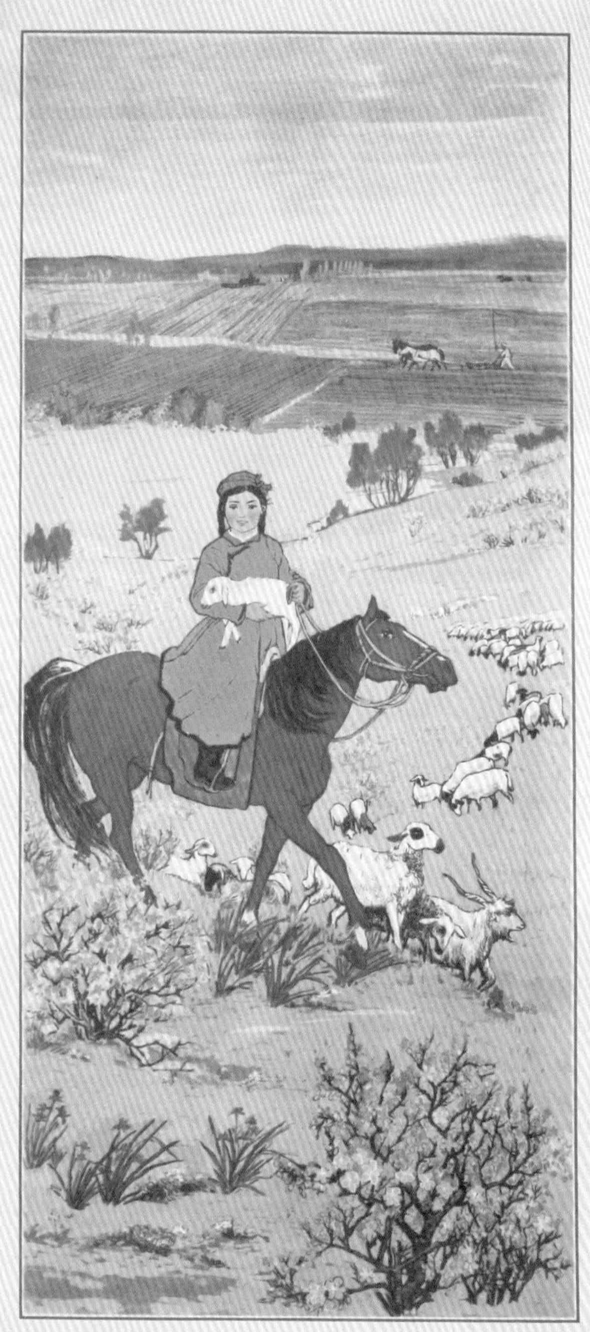

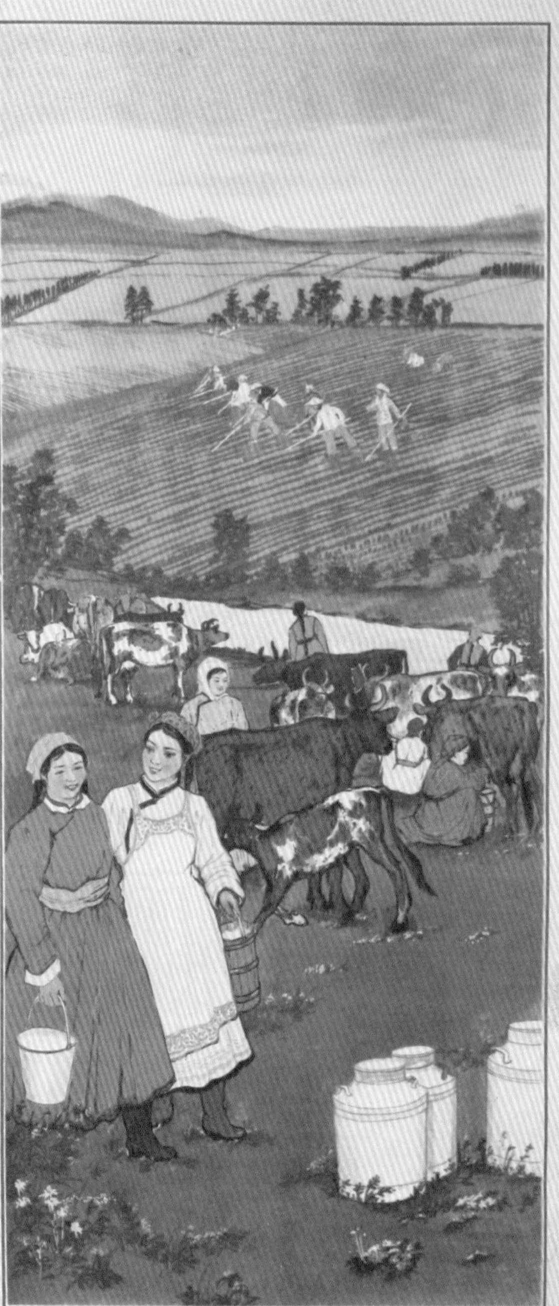

四季颂

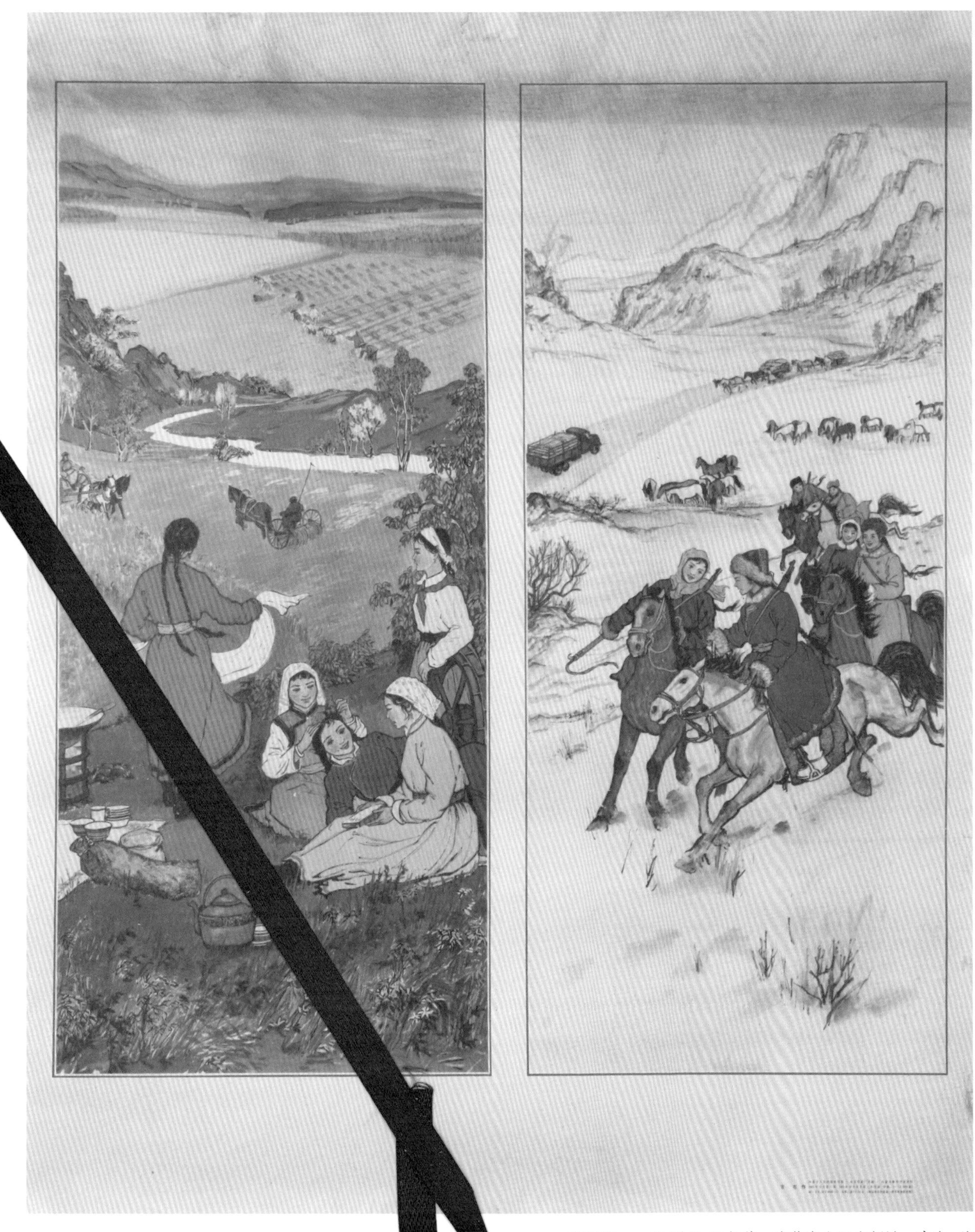

四季颂　　20世纪60年代　内蒙古人民出版社　官布　作

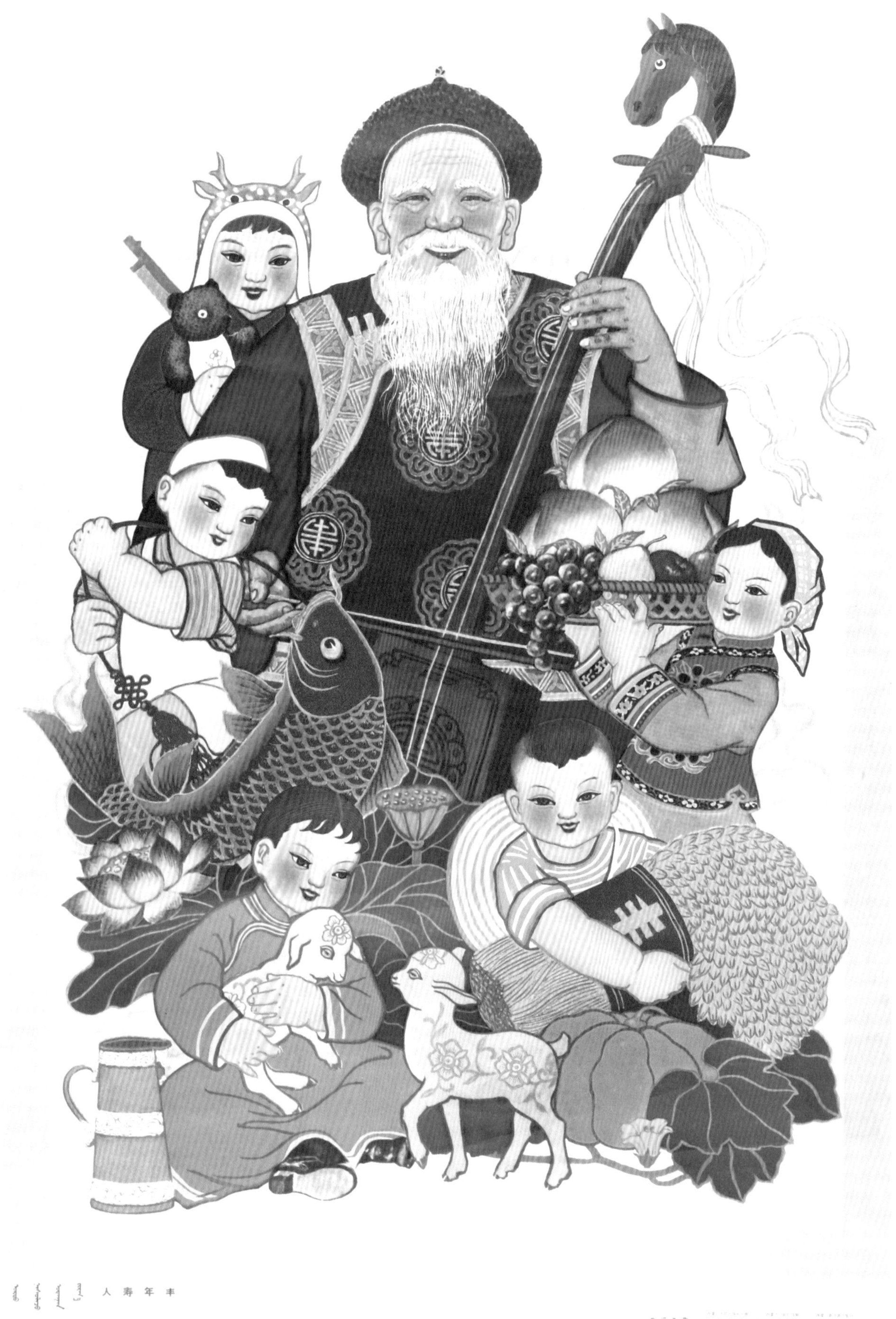

人寿年丰　　20世纪60年代　内蒙古人民出版社出版　牛远久 作

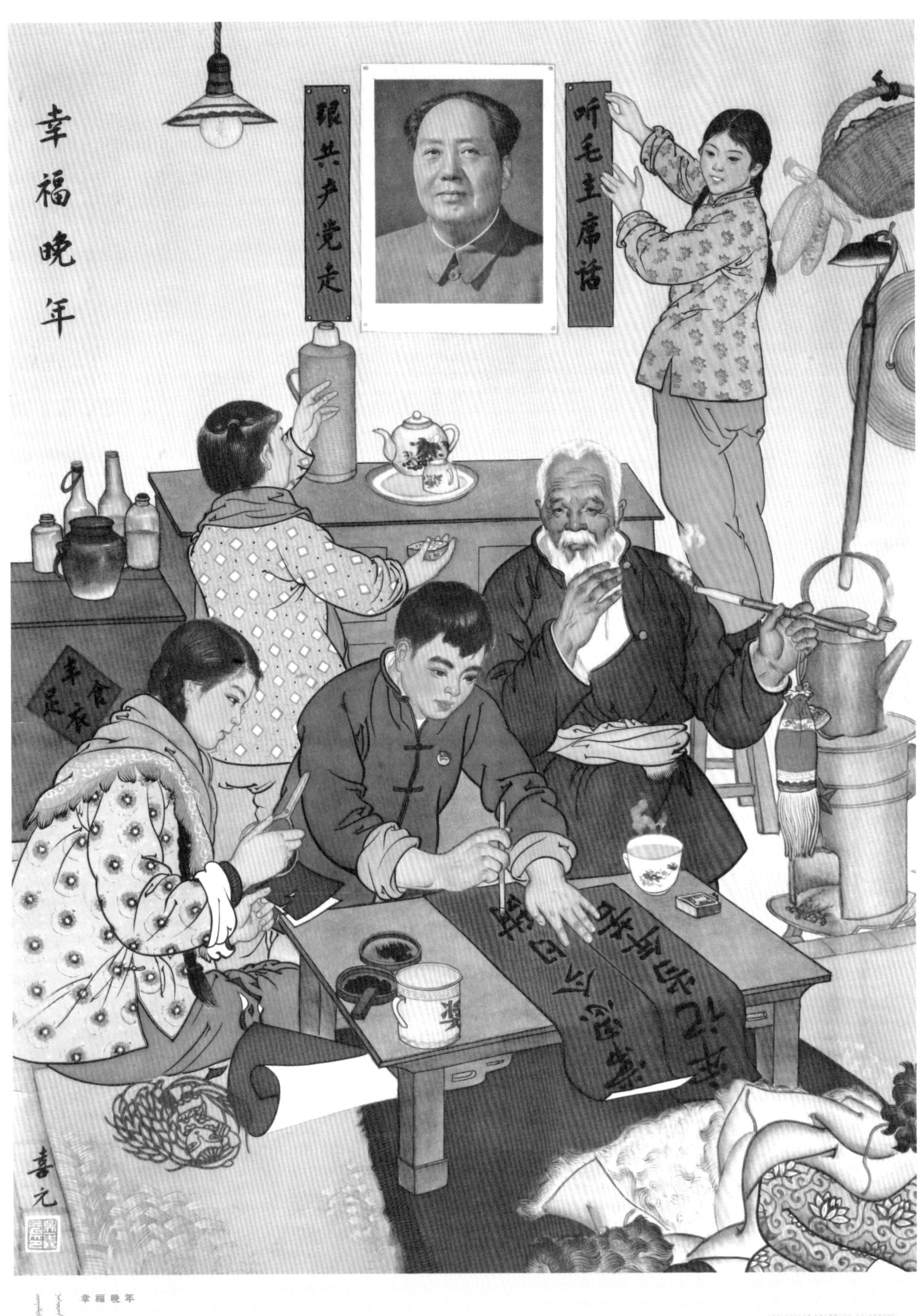

幸福晚年　20世纪60年代　内蒙古人民出版社出版　孟喜元 作

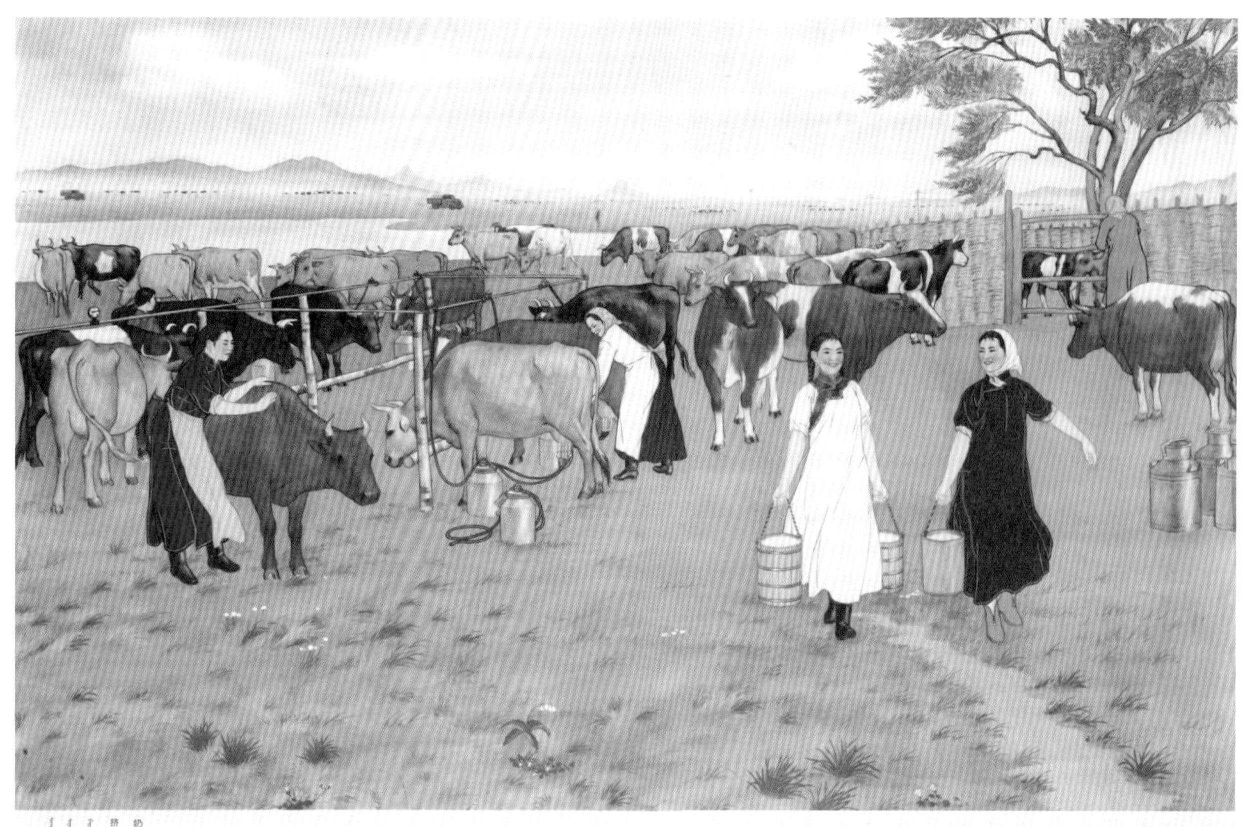

挤奶　20世纪60年代　内蒙古人民出版社出版　旺亲 作

■作者介绍■

徐坚 1932年出生，江苏南通人。教授、水彩画家、油画画家。中国美术家协会会员，中国水彩画家协会理事。1954年毕业于中央美术学院华东分院绘画系。先后在内蒙古师范学院艺术系、无锡轻工大学造型美术系任教，同时进行水彩画、油画创作。出版有《徐坚水彩画选》《徐坚画集》《徐坚油画风景写生集》《徐坚教授从艺六十年师生画集》和诗文集 《秋叶集》。

王玉泉 1931年1月出生，满族，黑龙江双城人。擅长油画、中国画、年画、儿童画。中国美术家协会会员。1948年考入东北电影厂专业训练班，1950年分配到北京电影制片厂美工科，1956年调入中国少年儿童出版社，1959年调入内蒙古电影制片厂。内蒙古美术家协会专职画家。

那木斯赉 蒙古族，1934年出生，画家。20世纪60年代任内蒙古人民出版社美术编辑室副主任。曾任内蒙古美术家协会理事。

耐勒图（1905年—1985年），达斡尔族，黑龙江讷河人。1928年在上海美专学习，后在北京京华美专学习。1931年、1935年两次赴日本深造。历任内蒙古工业学校、扎兰屯师范学校、内蒙古师范学院美术教师，内蒙古人民出版社美术编辑，内蒙古美术家协会副主席。

旺亲（1928年—1989年），别名旺亲拉西，蒙古族，内蒙古昭乌达盟（今赤峰市）人。1947年在东北鲁迅艺术学院学习，1952年在中央美术学院进修。历任内蒙古画报社编辑，内蒙古美术家协会副主席。作品有《挤奶员》《毛主席和各族人民》《周总理和蒙古族代表》等。

刘肃 1927年11月出生，河北怀来人，擅长中国画。中国美术家协会会员。历任美术教师、内蒙古日报社美术编辑，呼和浩特市文联美术家协会主席。作品有《佳节慰亲人》《赛呼与塔娜》《节日之晨》等。

刘飞雄 20世纪60年代内蒙古人民出版社年画创作者，年画作品多次在内蒙古人民出版社出版。

牛远久 1935年6月出生，满族，吉林舒兰人。擅长年画、工艺美术设计。1959年毕业于鲁迅美术学院。历任内蒙古人民出版社美编组负责人，吉林市工艺美术学校教师，吉林市包装装潢设计研究所所长，吉林市工艺美术研究所工程师、所长。作品有《三姊妹》《人寿年丰》《草原军民》等。

郑霞秋 女，1933年10月出生，浙江镇海人，擅长中国画。中国美术家协会会员。1955年毕业于中央美术学院华东分院绘画系，内蒙古师范大学美术系副教授。作品有《搬家》《收获》《草原情》等。

全继昌 1943年出生，蒙古族，毕业于内蒙古师范学院。画家，擅长水墨画。内蒙古锡林郭勒盟群众艺术馆馆长，中国美术家协会会员，内蒙古美术家协会理事。

郝伍昌 内蒙古美术家协会会员，20世纪60年代工人画家，年画创作者，年画作品多次在内蒙古人民出版社出版。

程锐 1930年5月出生，辽宁凌源人。擅长中国画。中国美术家协会会员。1949年入伍为部队文工团美术员。参加抗美援朝从事战勤美术宣传。1955年转业到内蒙古锡林郭勒盟，先后在文化馆、群众艺术馆分管群众美术创作工作。任锡林郭勒盟科协科普部部长。作品《祖国边疆需要我》等参加全国美展，作品有《得胜不忘牧马人》《军民鱼水情》《阳光下》等。

高授予 1915年出生，山西繁峙人，擅长中国画。1933年肄业于太原国民师范学校。北京奋斗中学、呼和浩特第二中学美术教员，呼和浩特市第一师范学校美术教员。作品有《绿化大青山》《哈拉沁采石场》《麦浪千里》等。

魏泉深（1920年—1986年），别名海深，又名海原，河北深县人，擅长中国画。中国美术家协会会员。1941年考入北平京华美专，在吴镜汀指导下学习山水画。1949年毕业于北京华北大学艺术干部培训班。任内蒙古集宁市第四中学、内蒙古集宁师范学校美术教师。

孟喜元 1943年9月出生，河北省曲阳县人。毕业于内蒙古财贸干部进修学院，结业于浙江美术学院国画人物进修班。国家一级美术师。历任内蒙古人民出版社美术编辑室主任、内蒙古自治区文史研究馆馆员。中国美术家协会会员，中国连环画研究会常务理事，内蒙古自治区政协第八、九届委员。

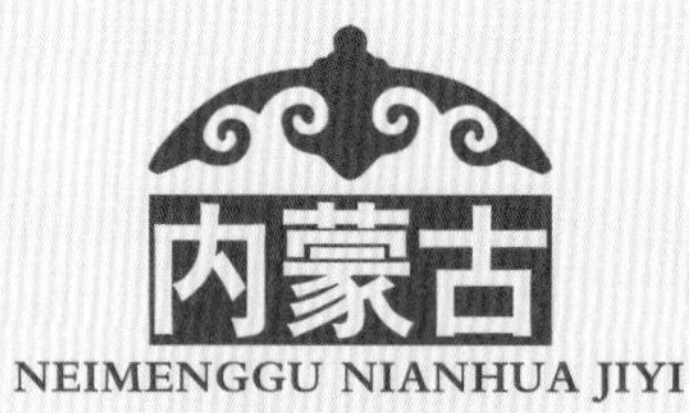
内蒙古
NEIMENGGU NIANHUA JIYI

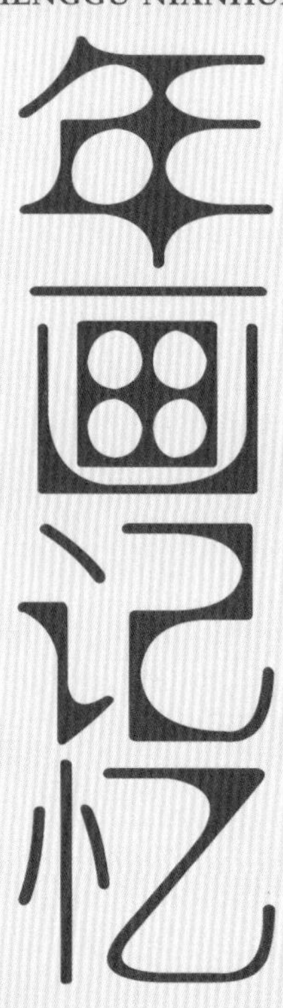
年画记忆

20世纪70年代精选

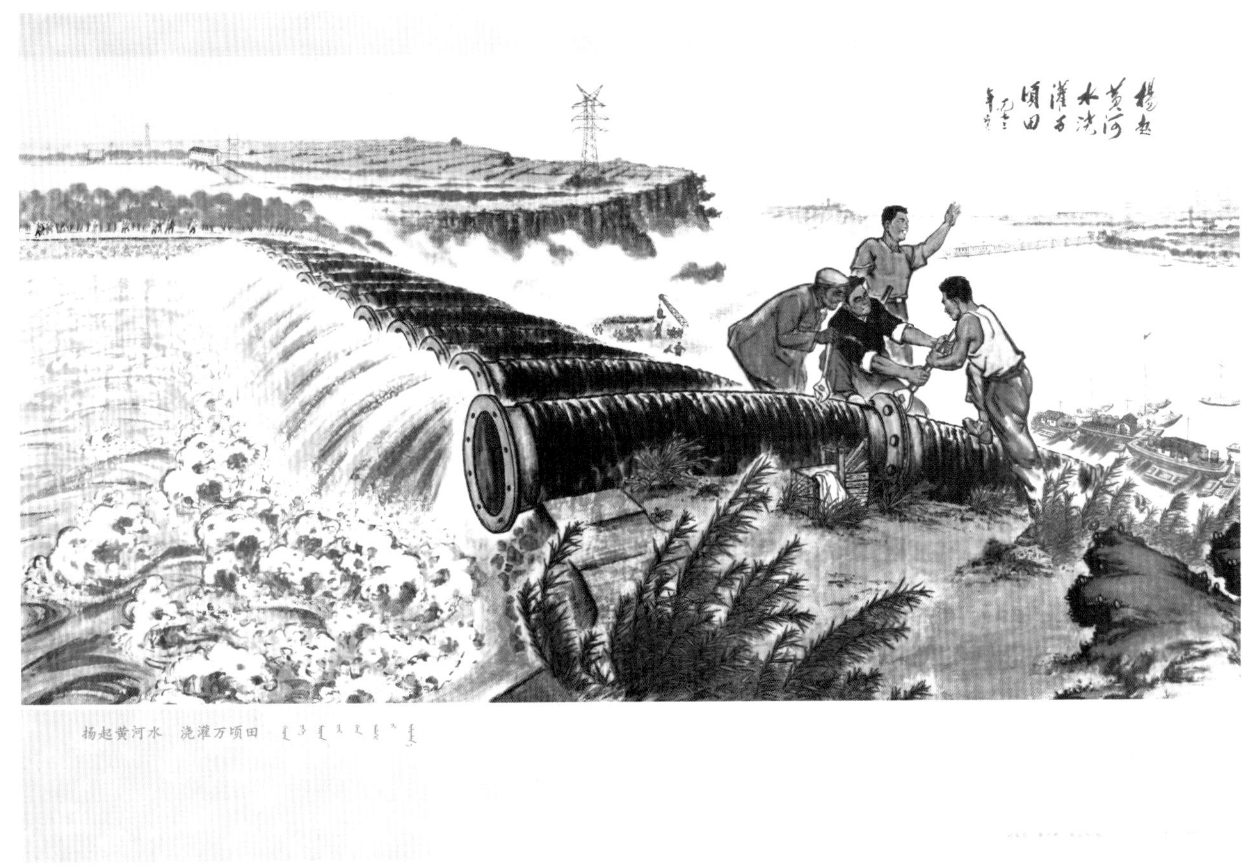

扬起黄河水　浇灌万顷田　　20世纪70年代　内蒙古人民出版社出版　刘友仁　贾方舟　肖云升　作

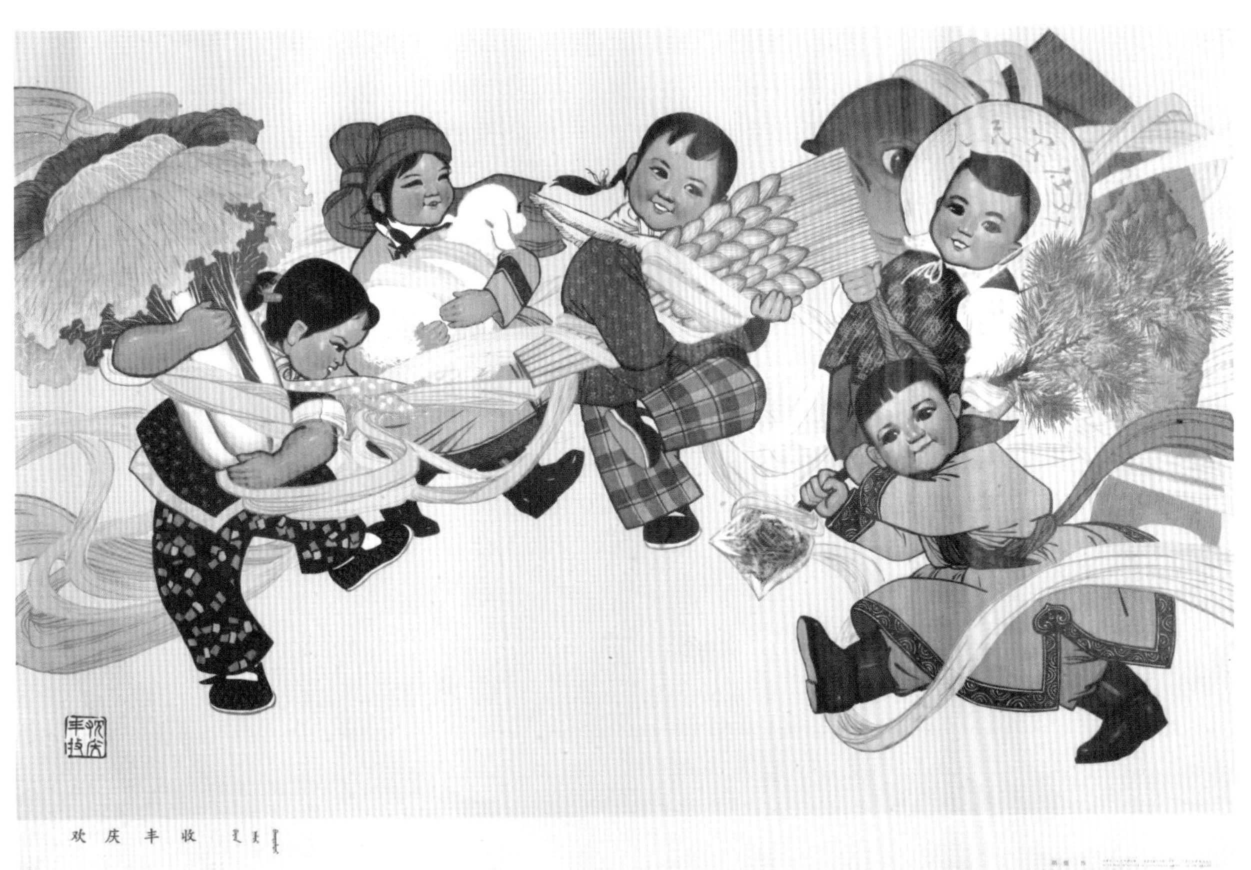

欢庆丰收　　20世纪70年代　内蒙古人民出版社出版　明锐　作

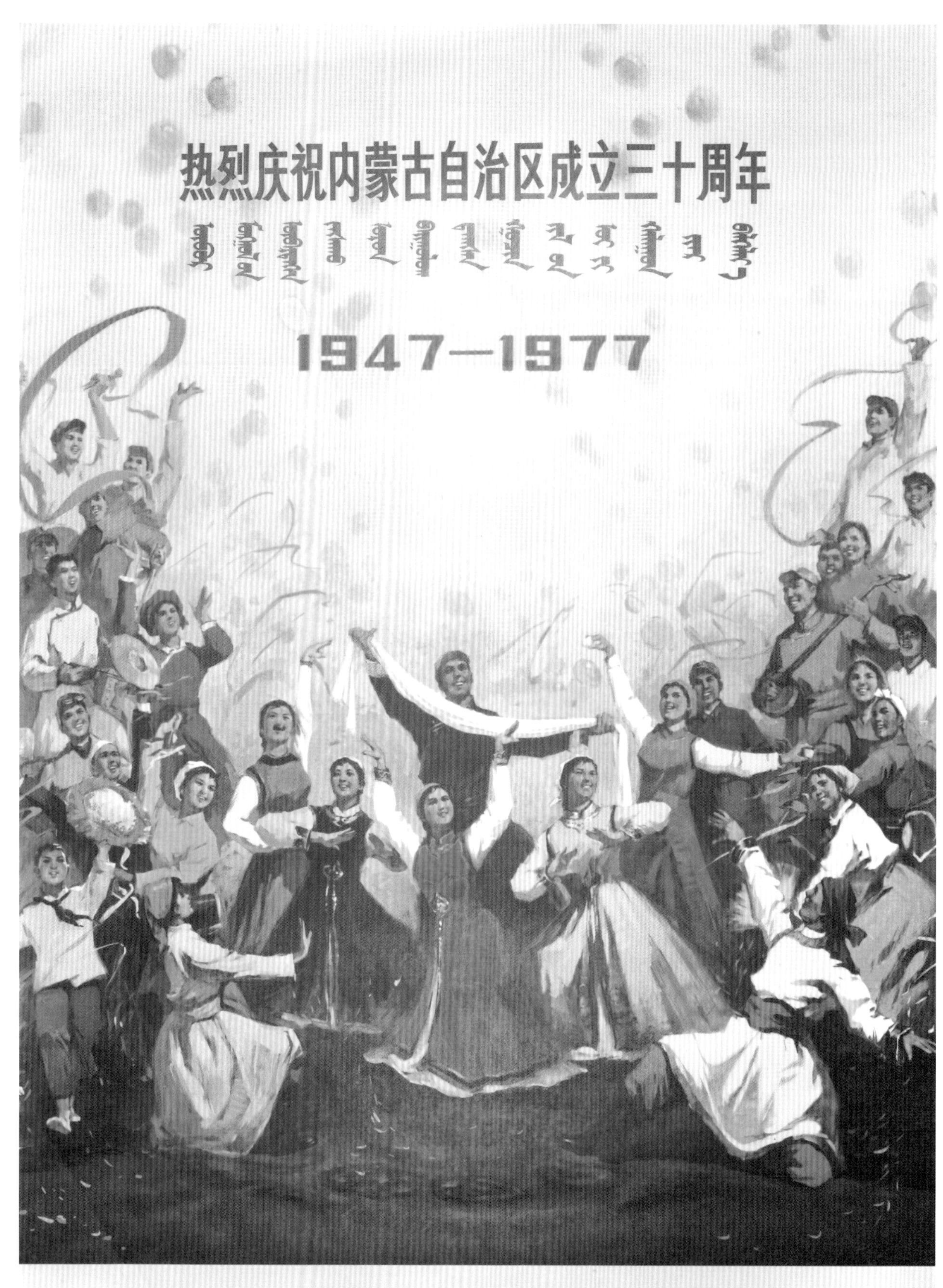

热烈庆祝内蒙古自治区成立三十周年　　20世纪70年代　内蒙古人民出版社出版　陶世虎 作

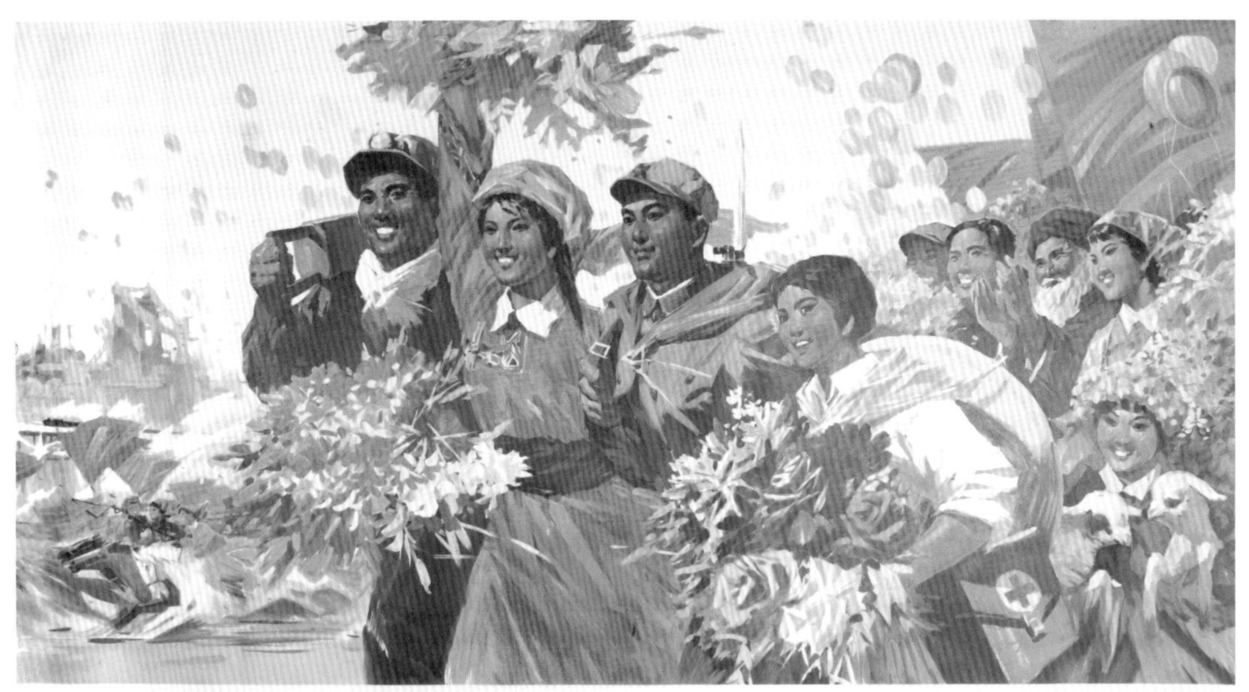

抓纲治国　奋勇前进——热烈庆祝内蒙古自治区成立三十周年　　20 世纪 70 年代　内蒙古人民出版社出版　韩金宝 作

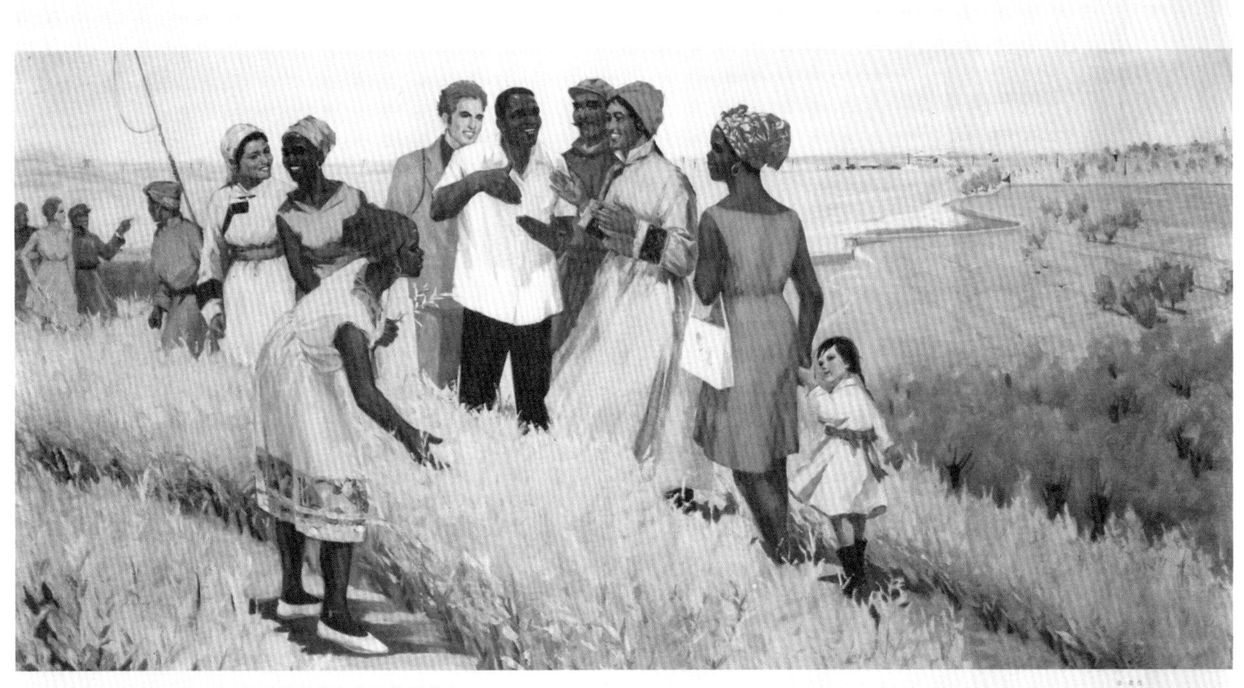

远方客人来到咱草原　　20 世纪 70 年代　内蒙古人民出版社　金高 作

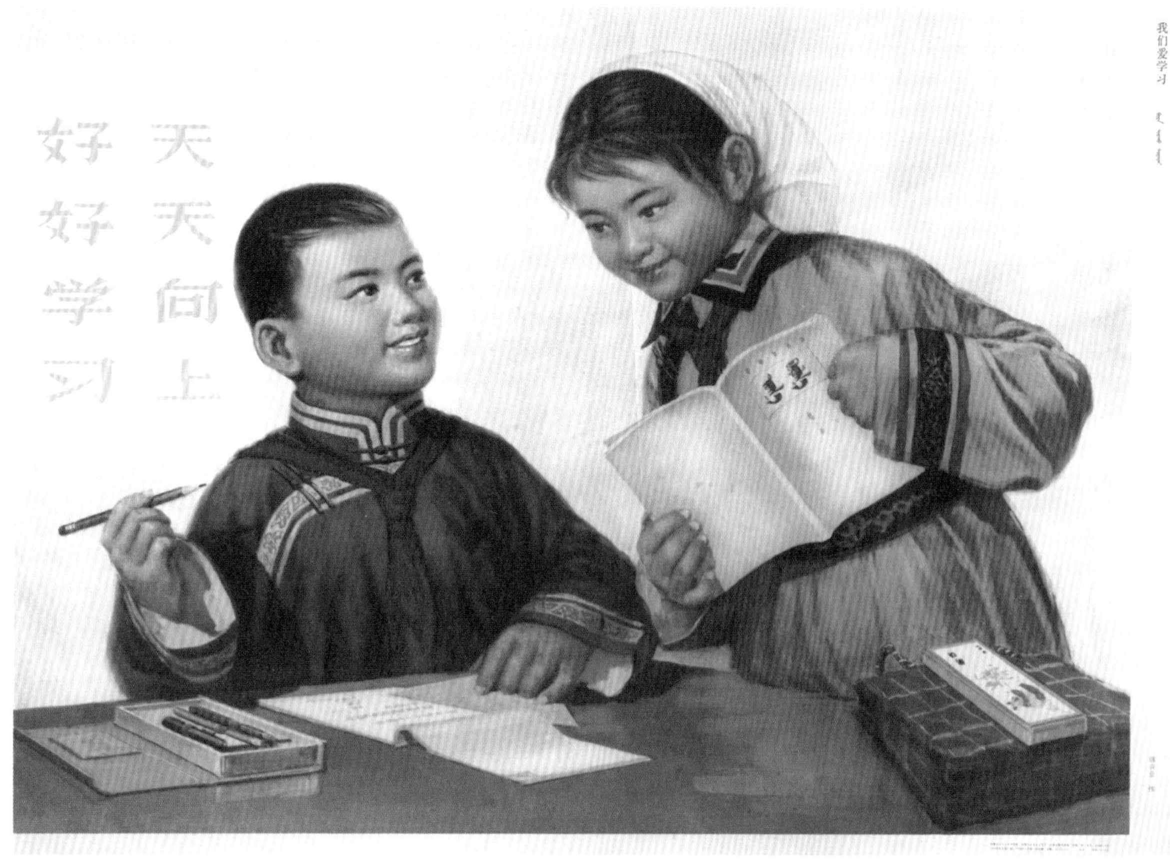

我们爱学习　20世纪70年代　内蒙古人民出版社出版　韩兴业 作

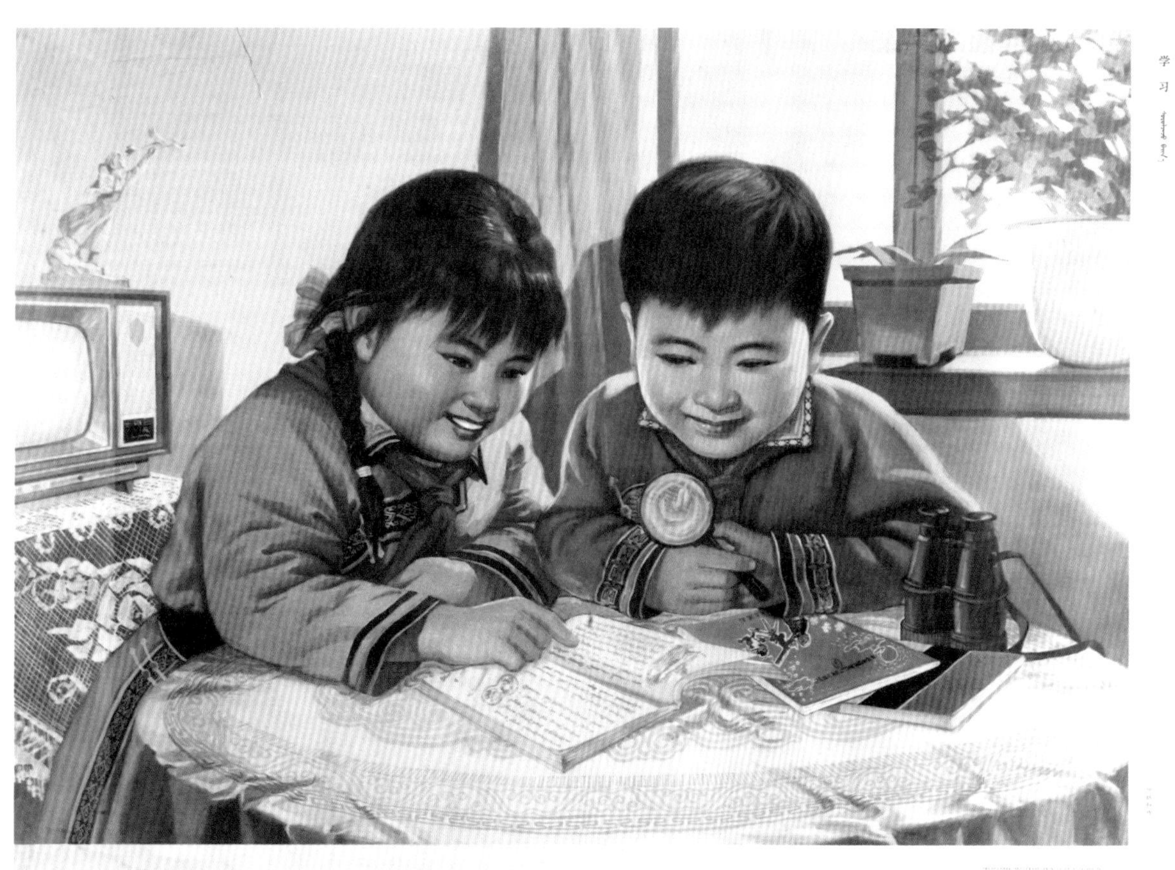

学习　20世纪70年代　内蒙古人民出版社出版　仲跻和 作

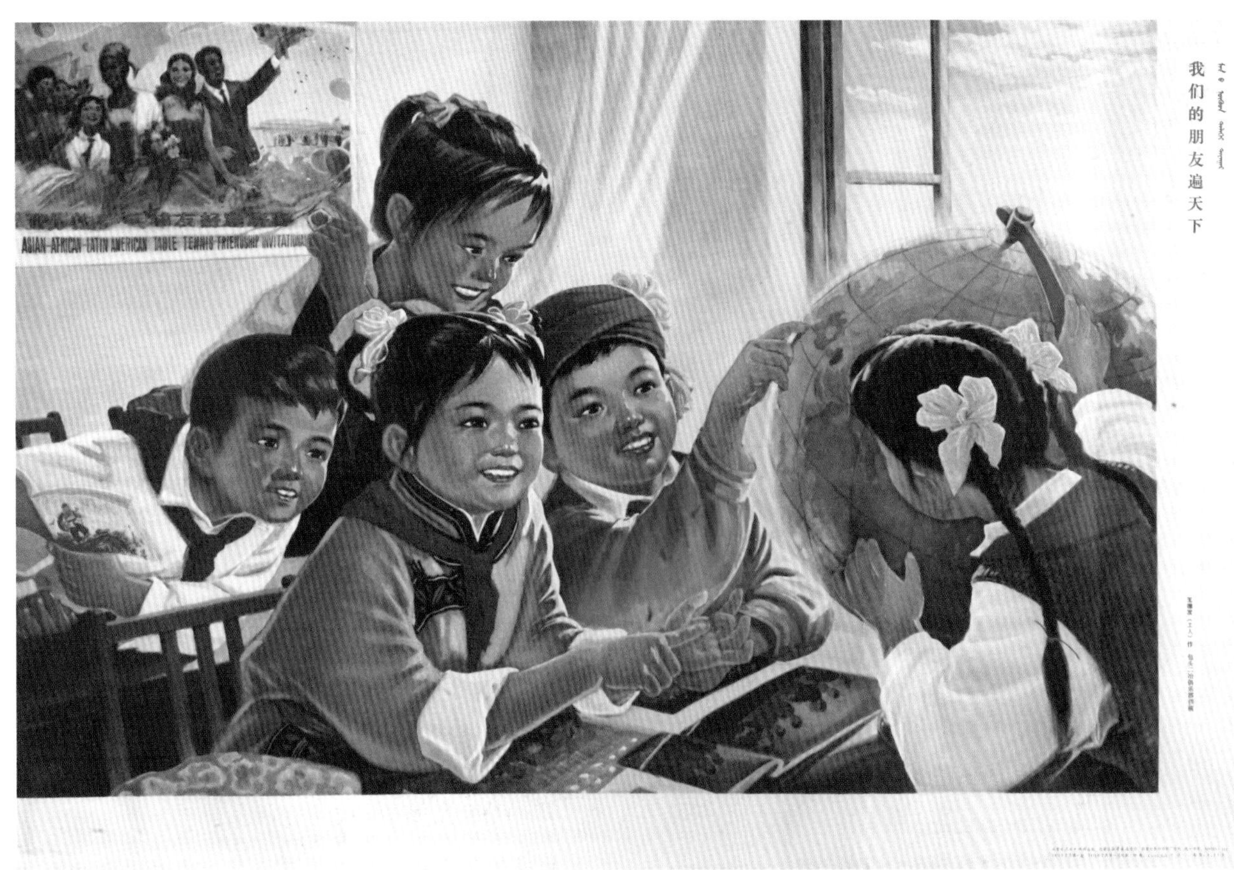

我们的朋友遍天下　　20世纪70年代　内蒙古人民出版社出版　王德发 作

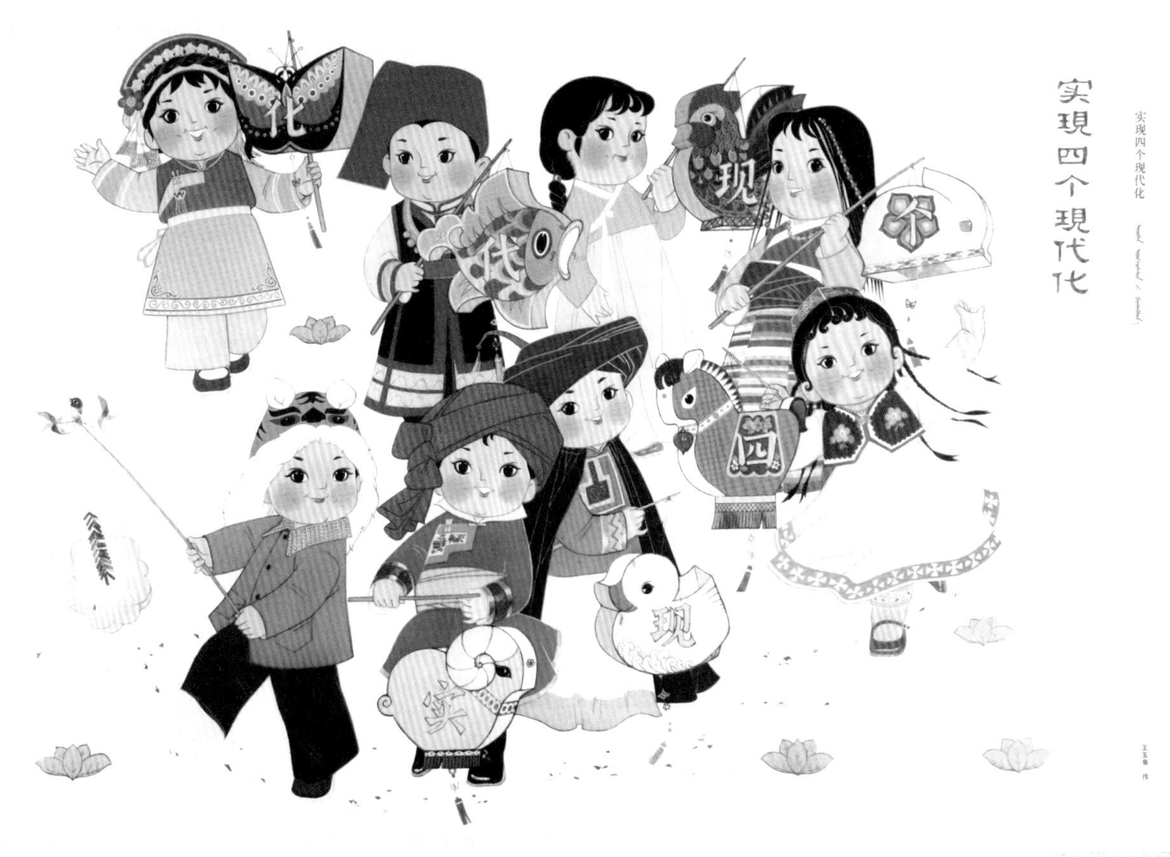

实现四个现代化　　20世纪70年代　内蒙古人民出版社出版　王玉泉 作

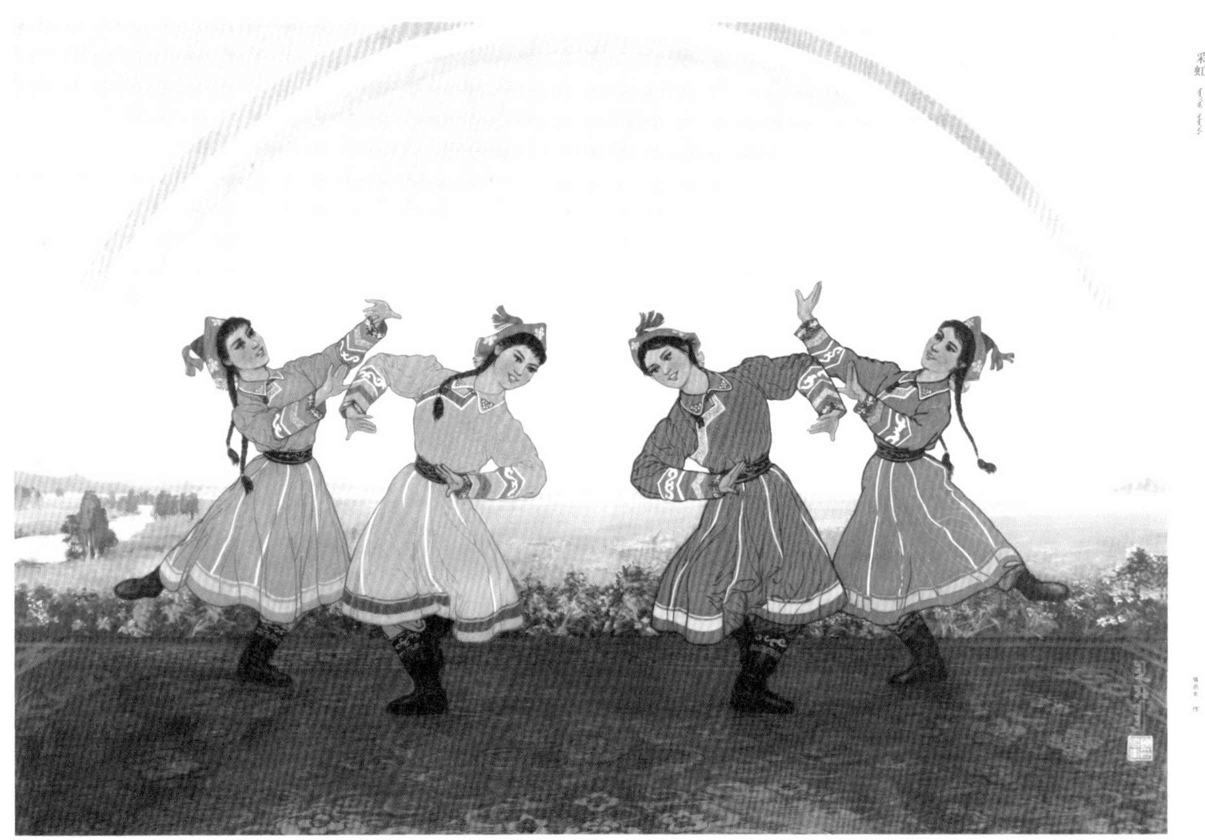

彩虹　　20 世纪 70 年代　内蒙古人民出版社出版　陈启东 作

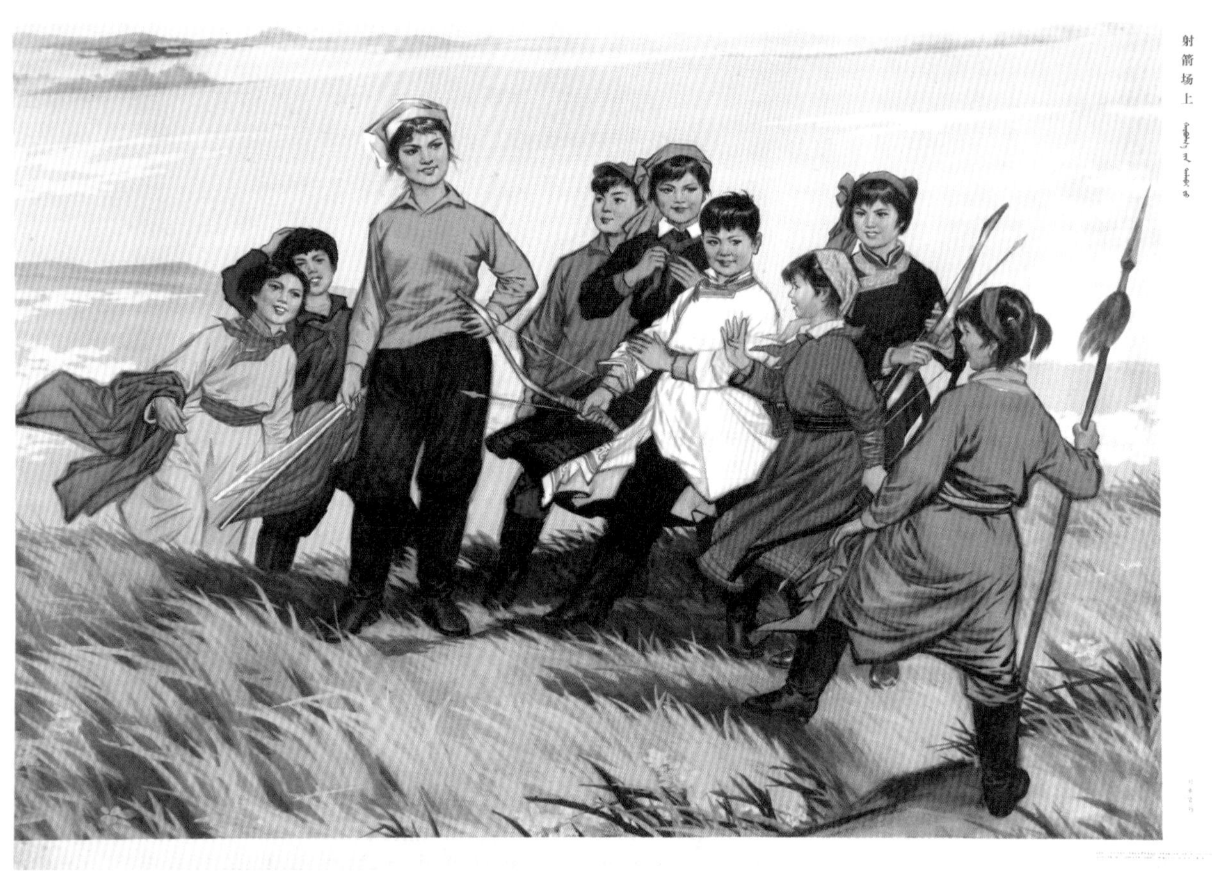

射箭场上　　20 世纪 70 年代　内蒙古人民出版社出版　刘卓贤 作

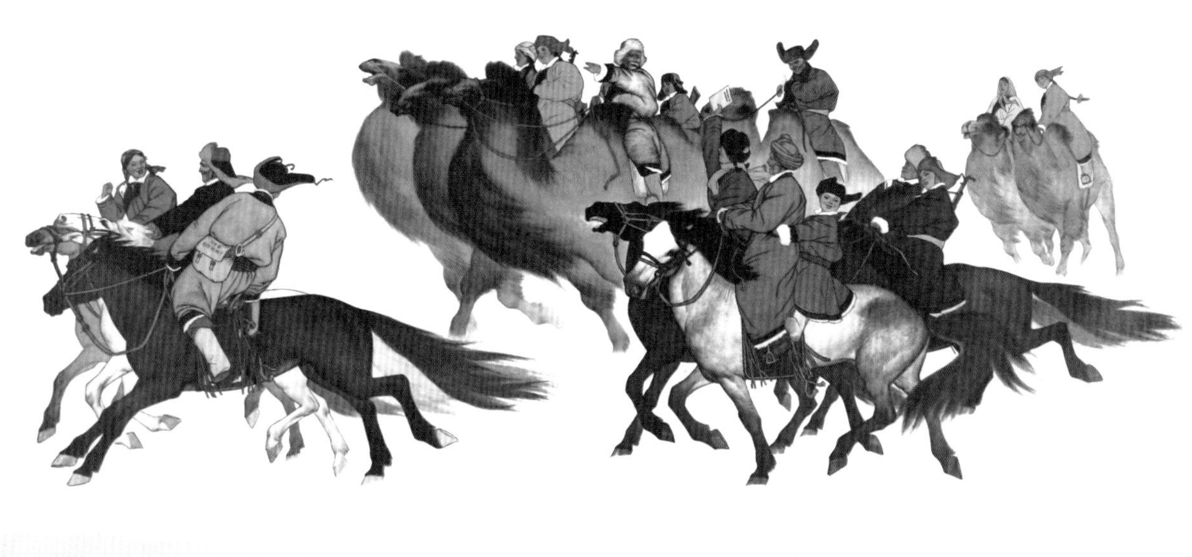

学理论去　　20世纪70年代　内蒙古人民出版社出版　杨刚 作

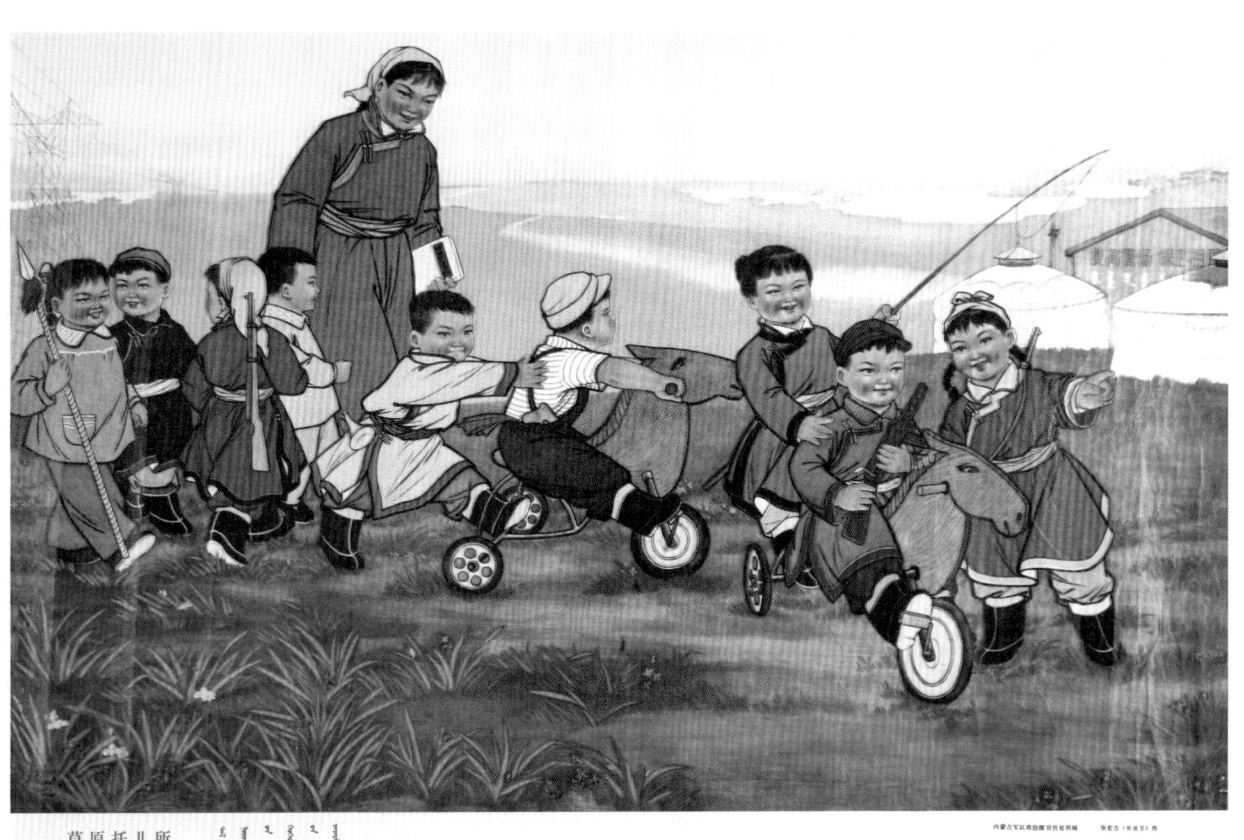

草原托儿所　　20世纪70年代　内蒙古人民出版社出版　张宏志 作

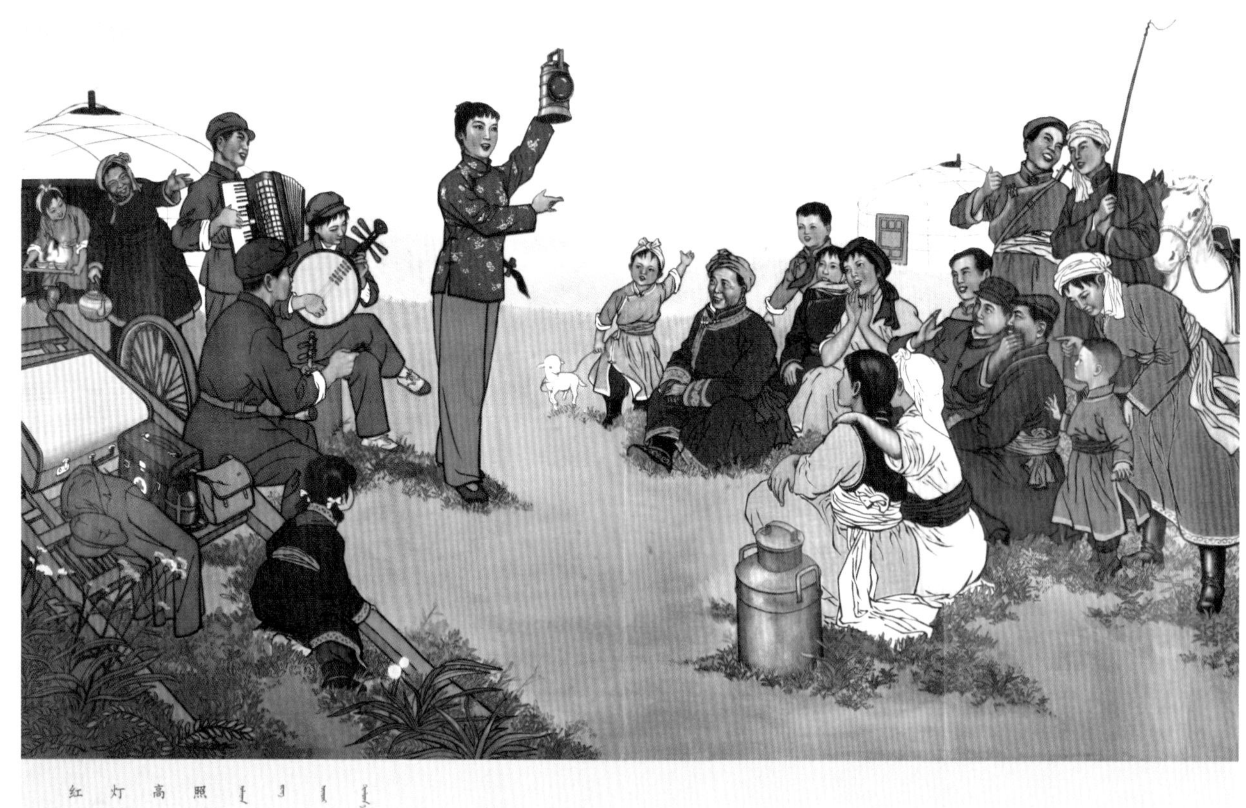

红灯高照　　20世纪70年代　内蒙古人民出版社出版　魏志刚 作

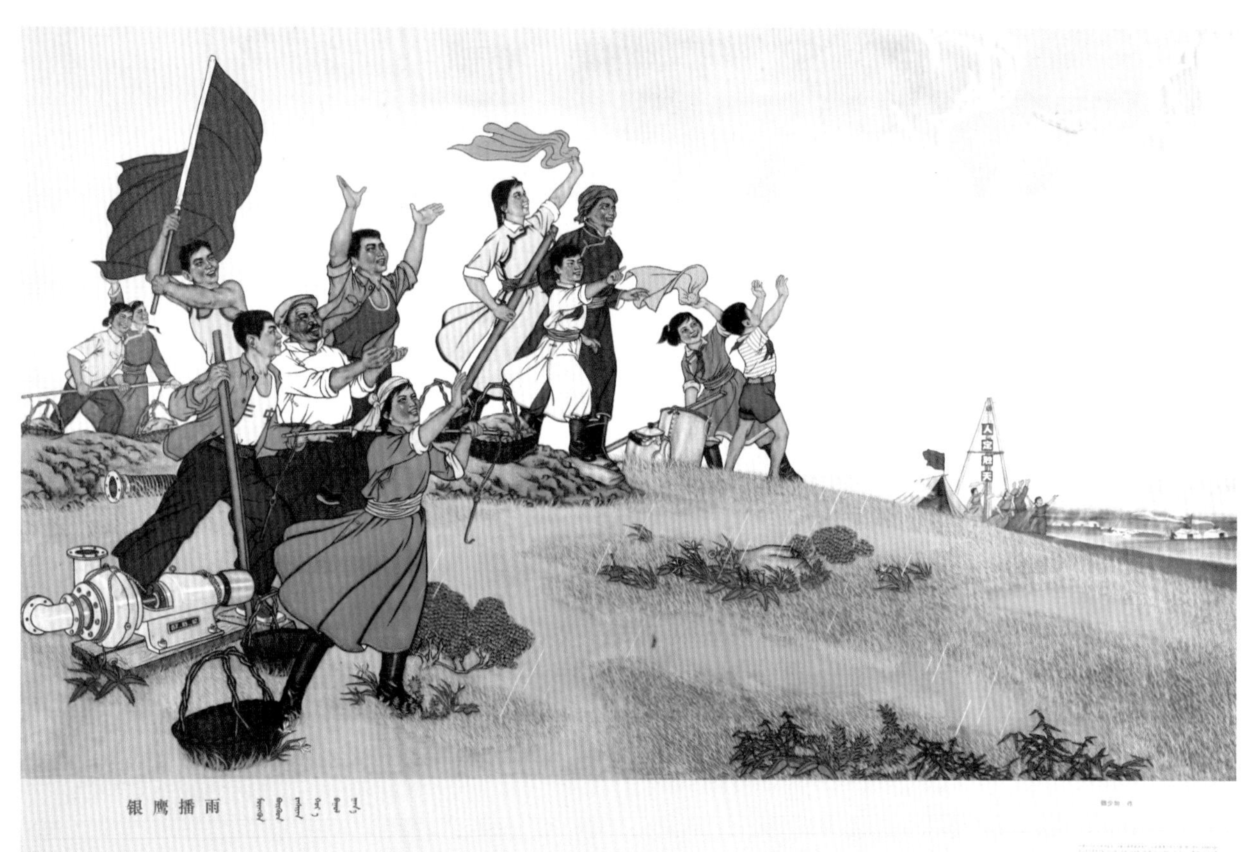

银鹰播雨　　20世纪70年代　内蒙古人民出版社出版　魏少如 作

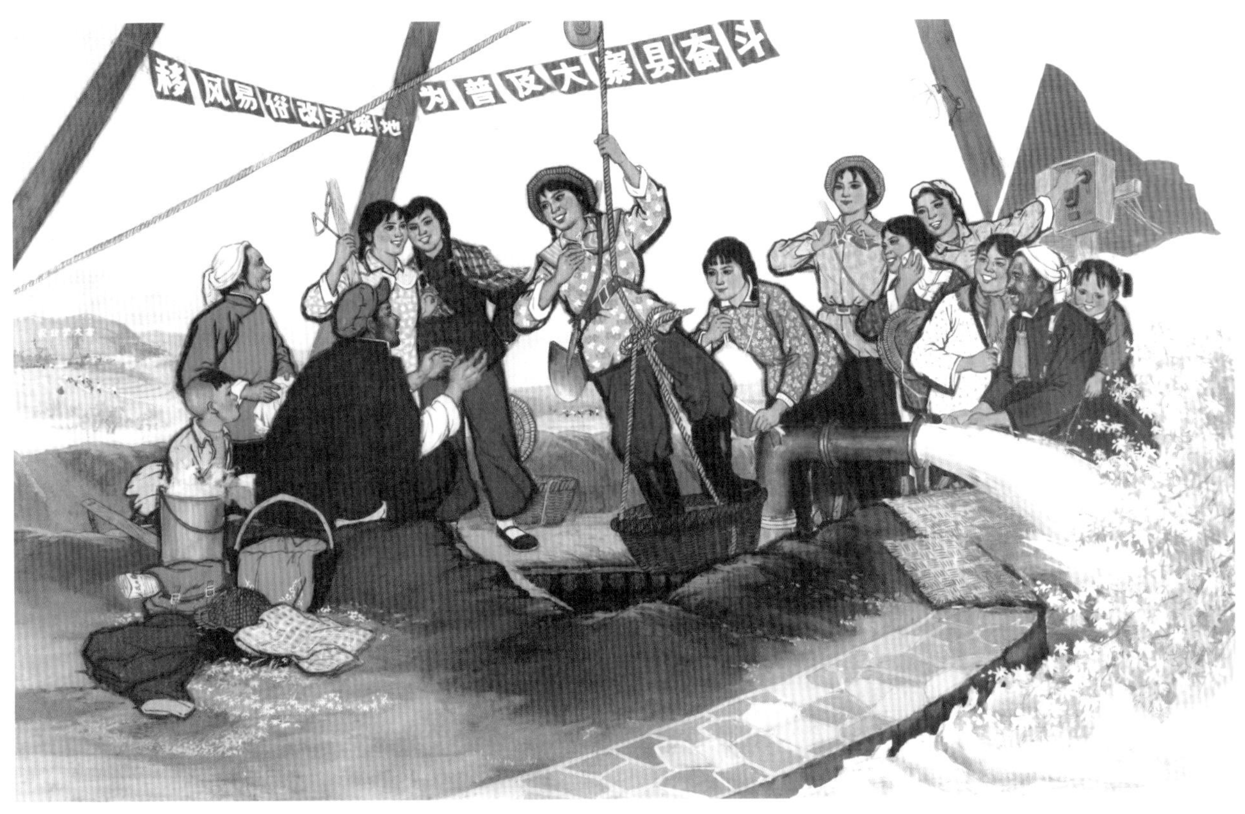

妇女新风　20世纪70年代　内蒙古人民出版社出版　侯德　作

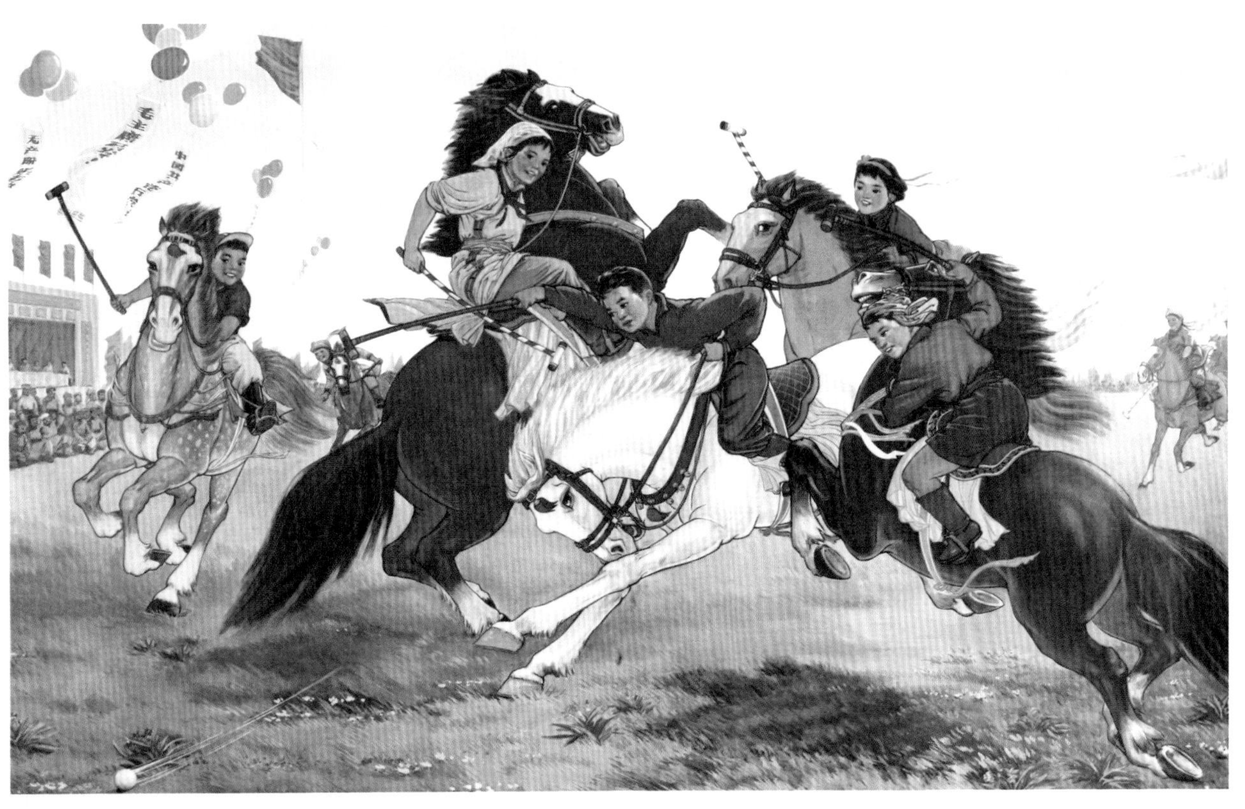

打马球　20世纪70年代　内蒙古人民出版社出版　王德发　作

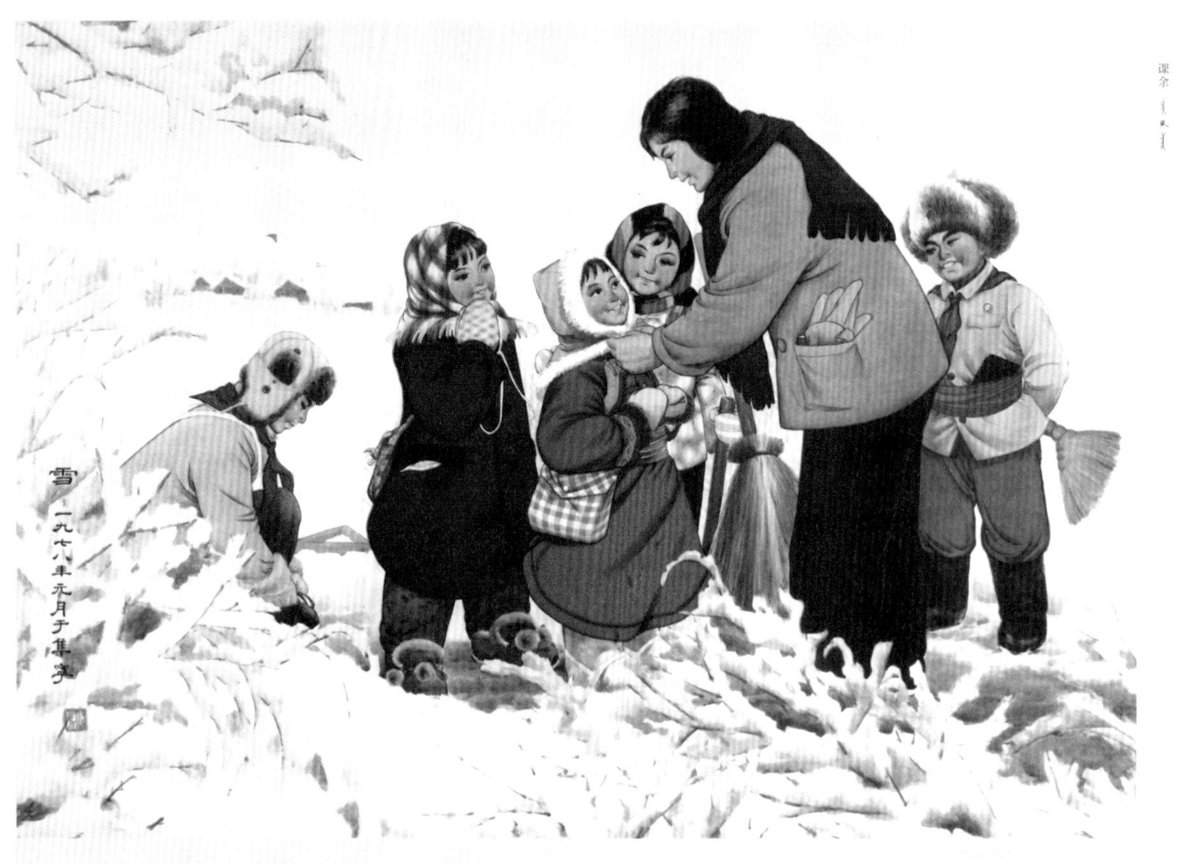

课余　　20世纪70年代　内蒙古人民出版社出版　马捷 作

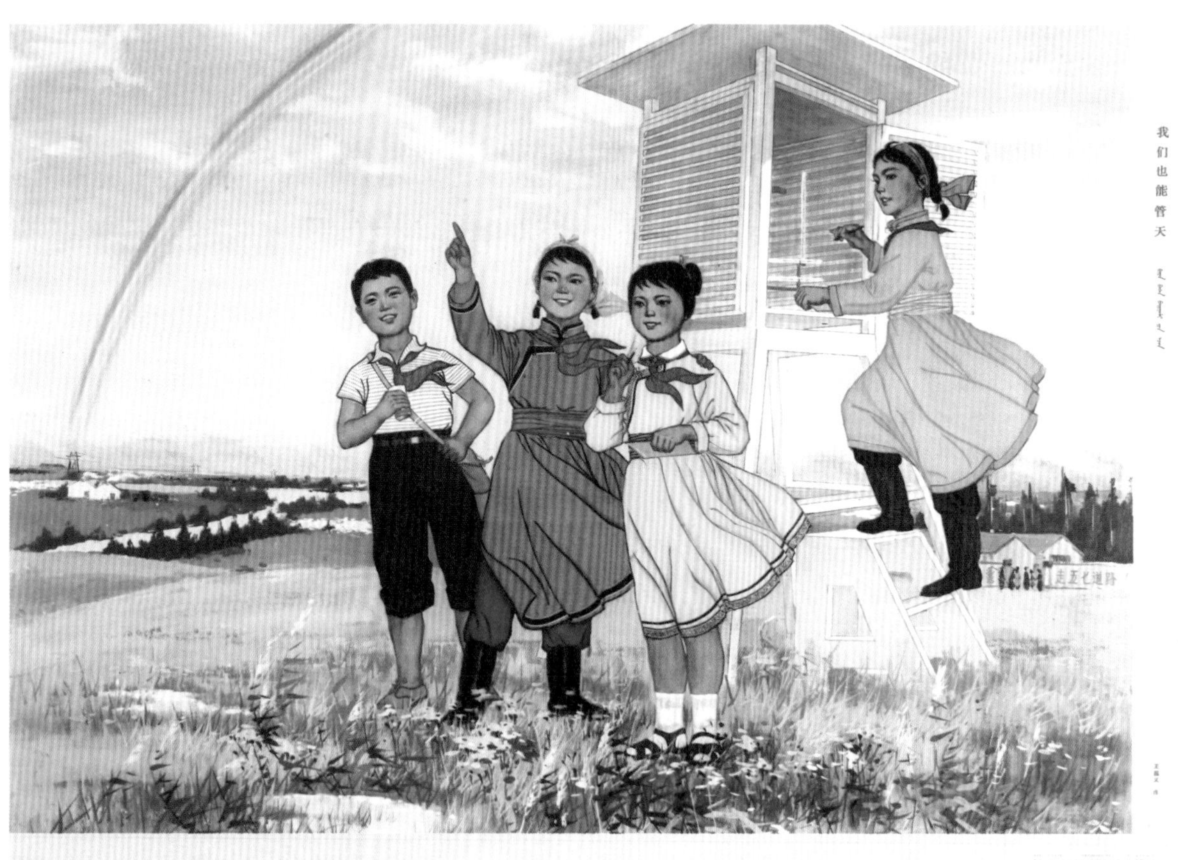

我们也能管天　　20世纪70年代　内蒙古人民出版社出版　王磊义 作

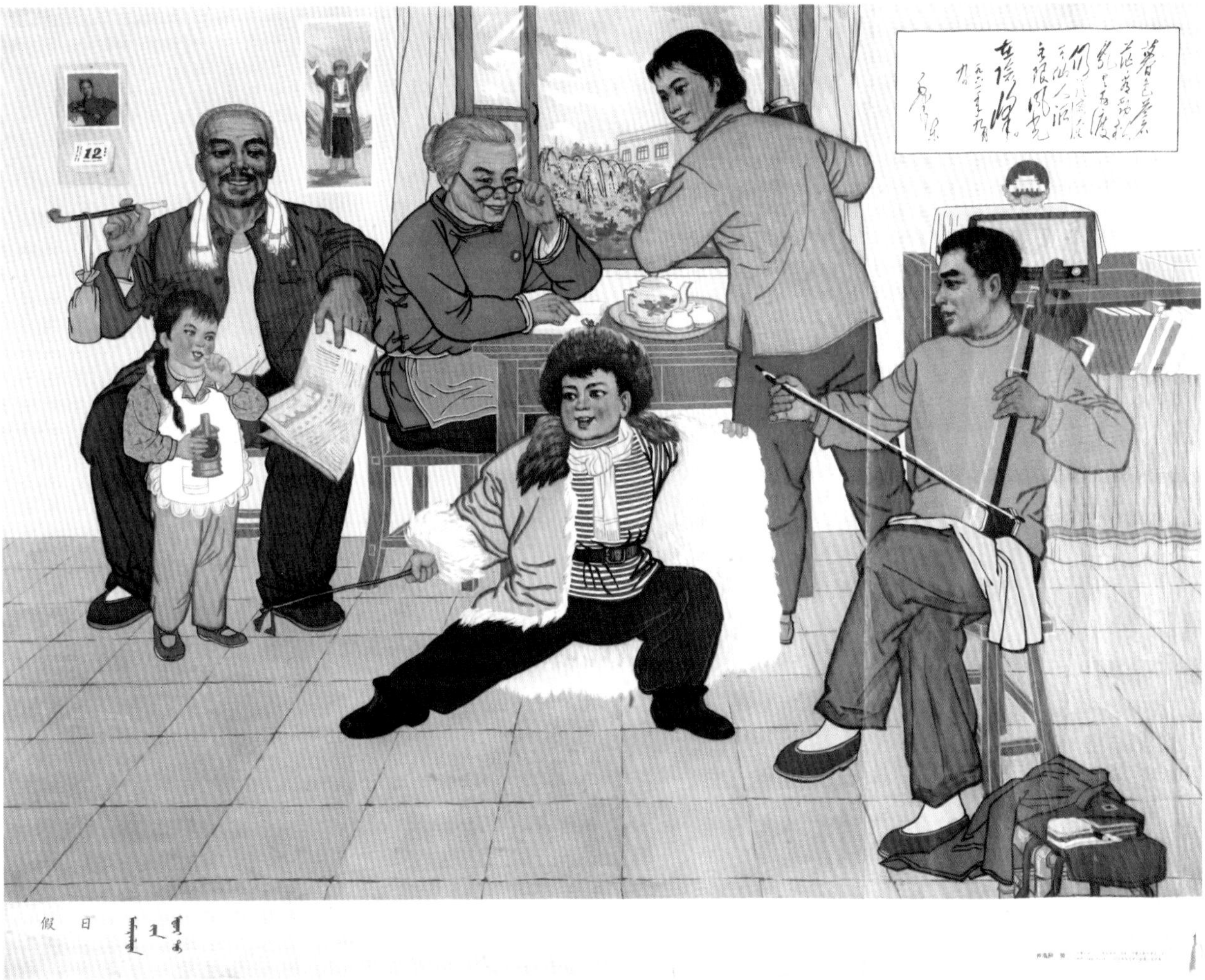

假 日

假日　　20世纪70年代　内蒙古人民出版社出版　仲跻和 作

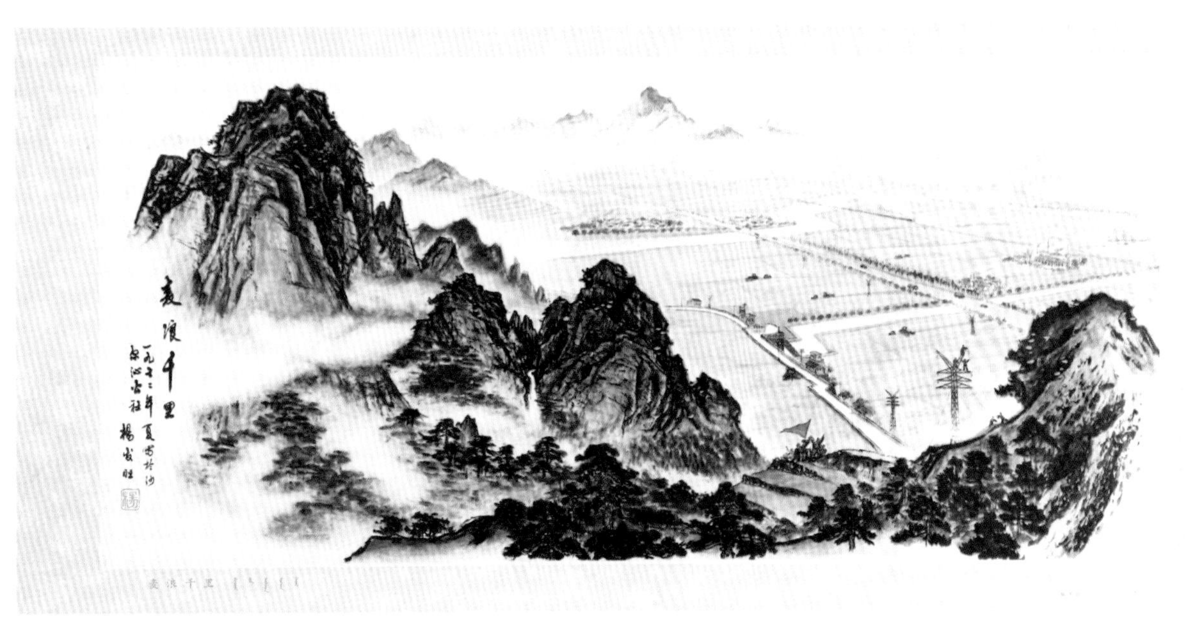

麦浪千里　　20世纪70年代　内蒙古人民出版社出版　杨发旺 作

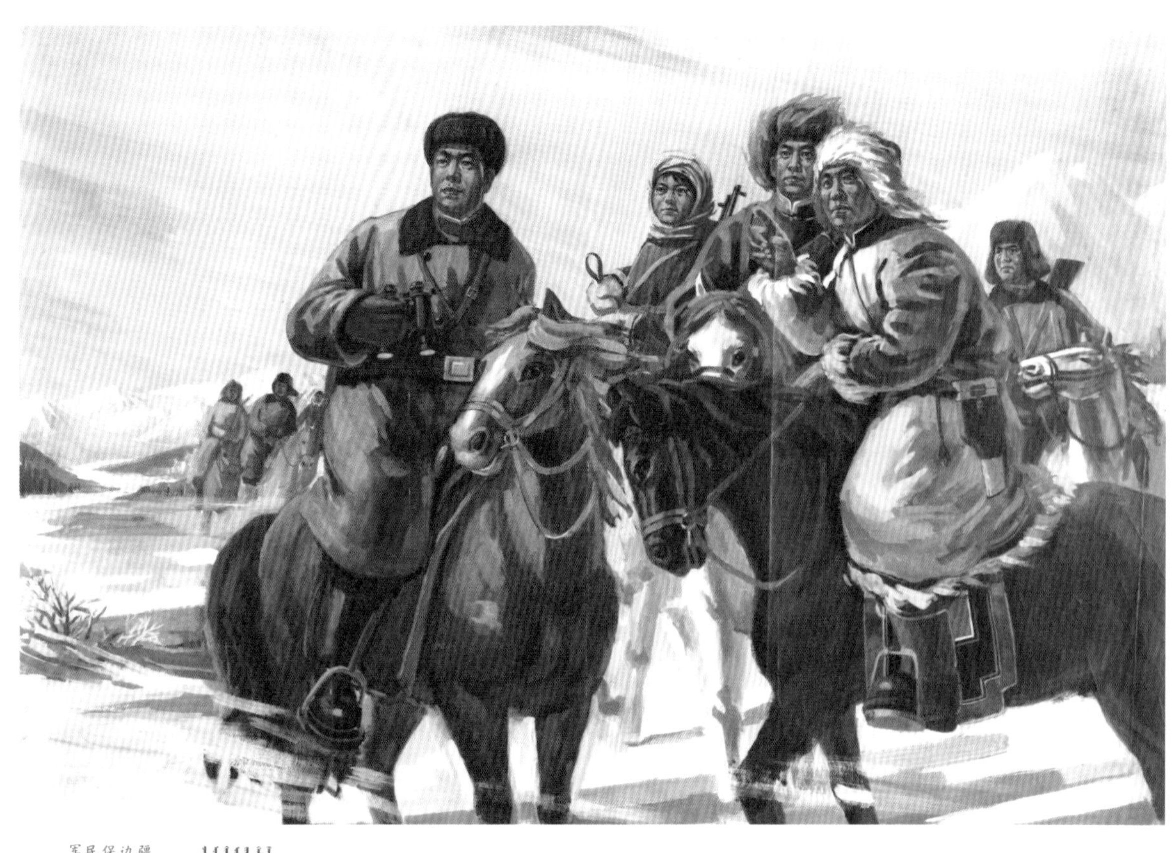

军民保边疆　20世纪70年代　内蒙古人民出版社出版　张久兴 作

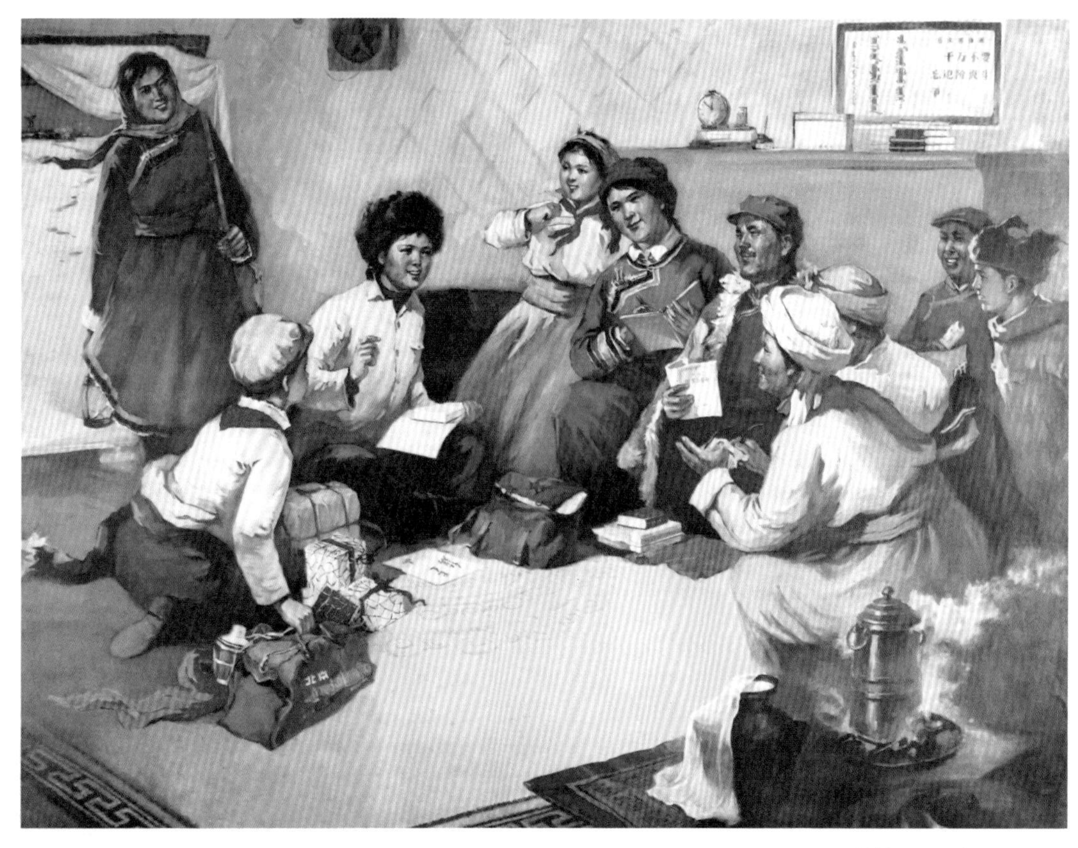

牧区政治夜校　20世纪70年代　内蒙古人民出版社出版　陶世虎 作

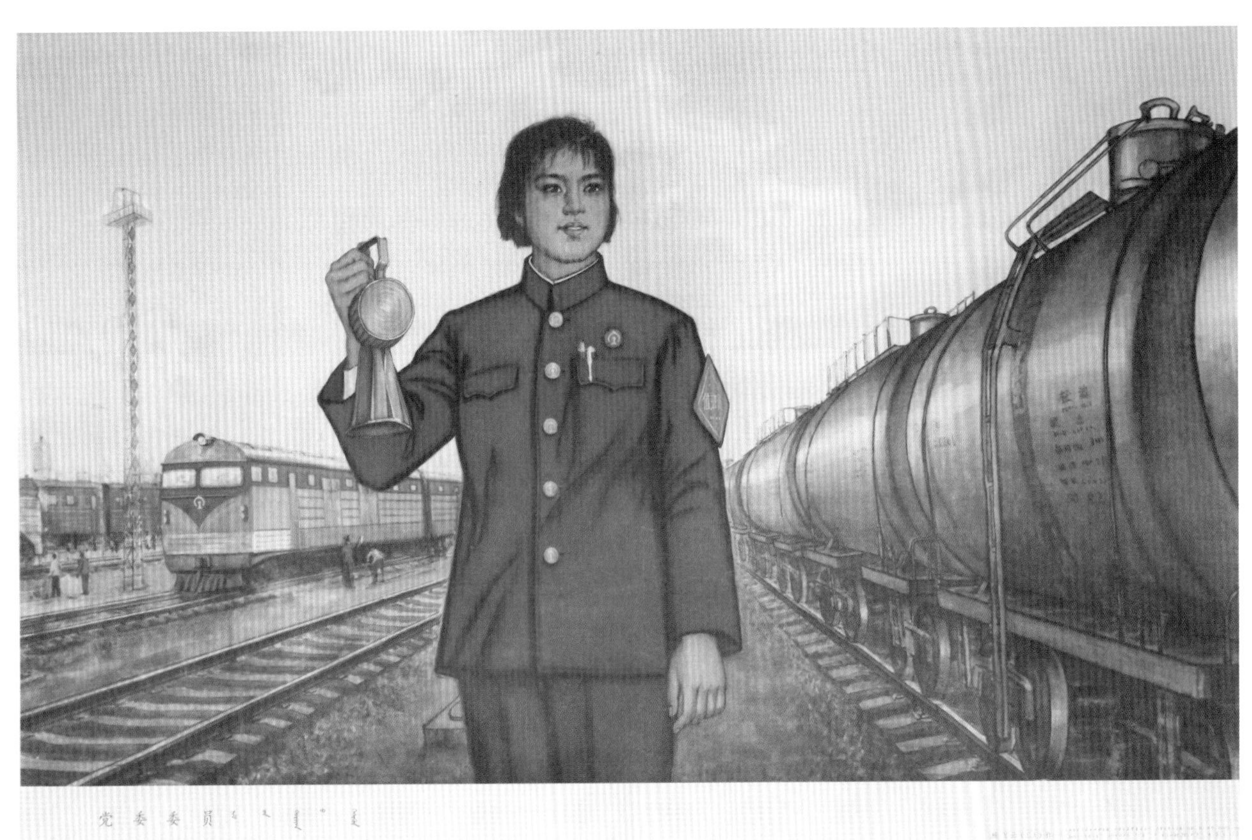

党委委员　　20世纪70年代　内蒙古人民出版社出版　杨飞云 作

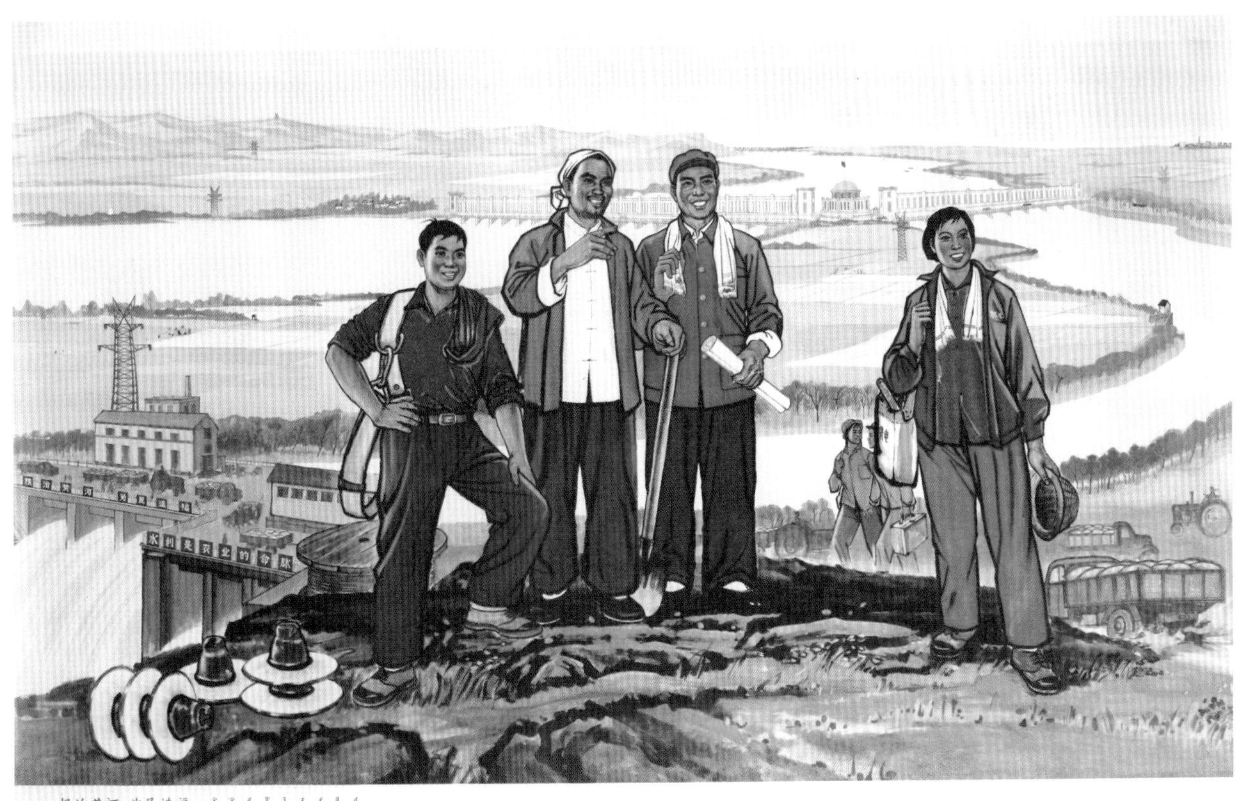

根治黄河 为民造福　　20世纪70年代　内蒙古人民出版社出版　满达　肖云升　周经洛 作

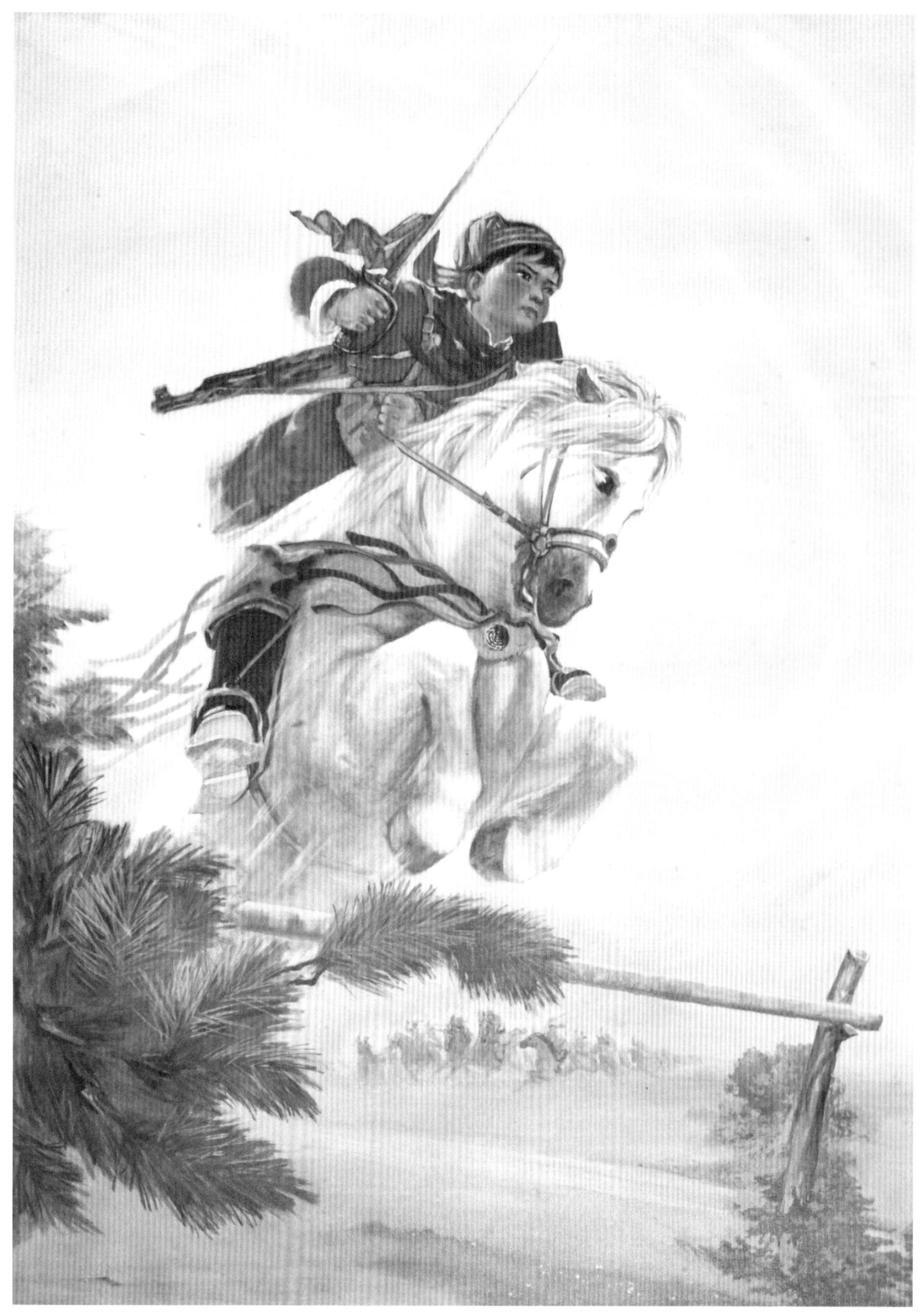

草原小民兵

包头二冶俱乐部供稿　　牛忠满（工人）作

草原小民兵　　20世纪70年代　内蒙古人民出版社出版　牛忠满 作

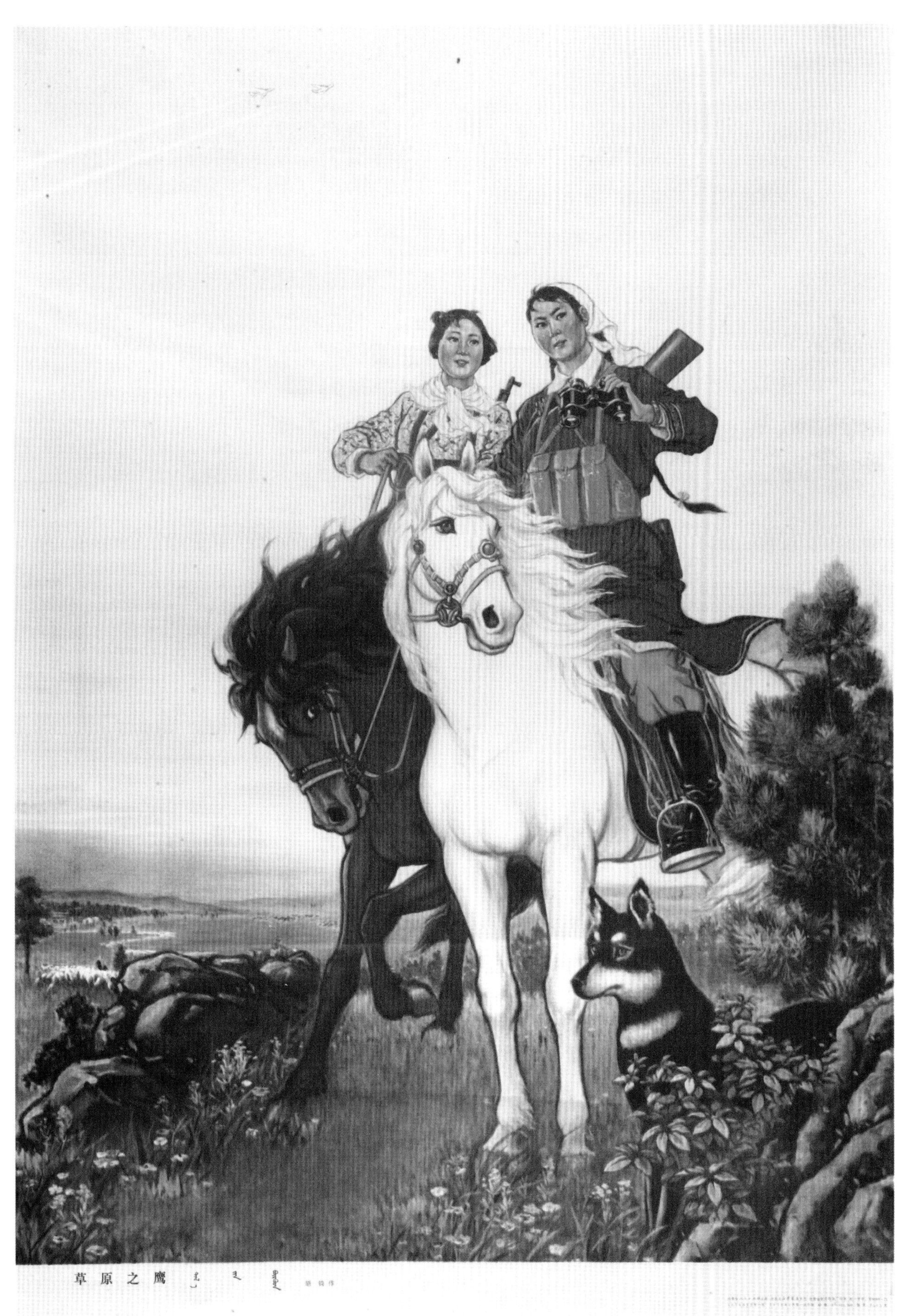

草原之鹰　20 世纪 70 年代　内蒙古人民出版社出版　胡钧 作

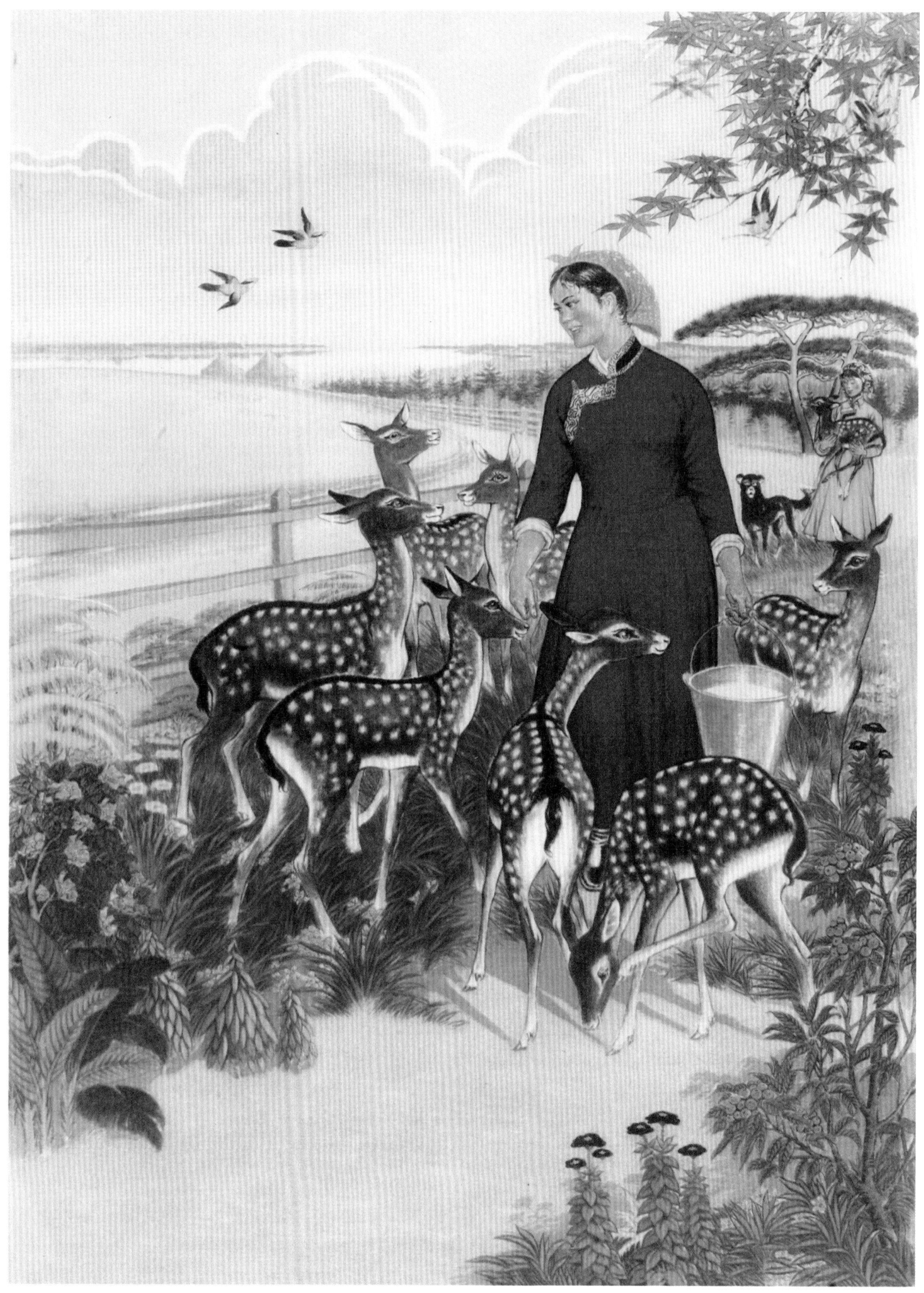

鹿场之晨　20世纪70年代　内蒙古人民出版社出版　布和朝鲁 作

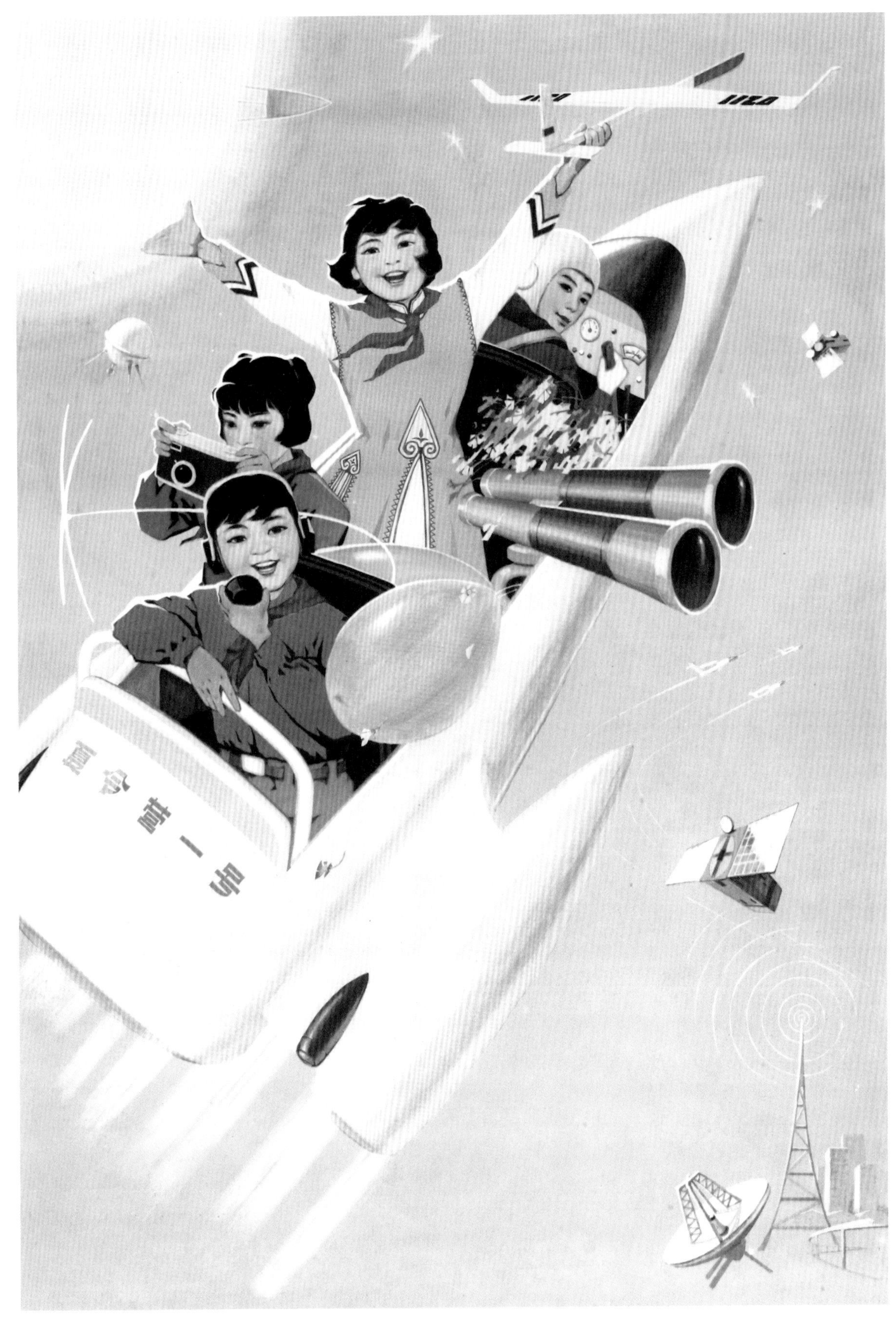

我爱祖国的蓝天　20世纪70年代　内蒙古人民出版社出版　戴有强 作

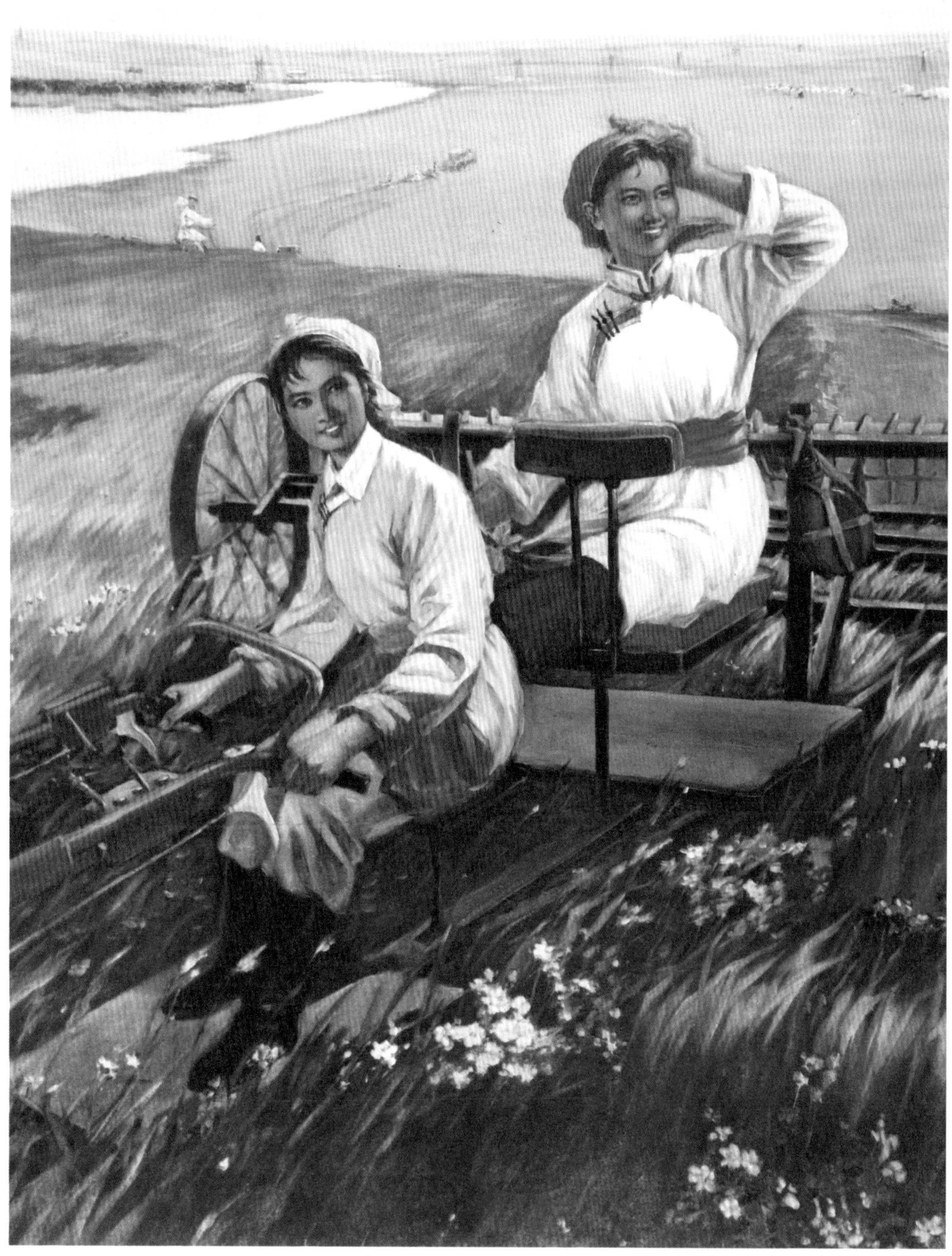

向农牧业现代化进军　　20世纪70年代　内蒙古人民出版社出版　马长江 作

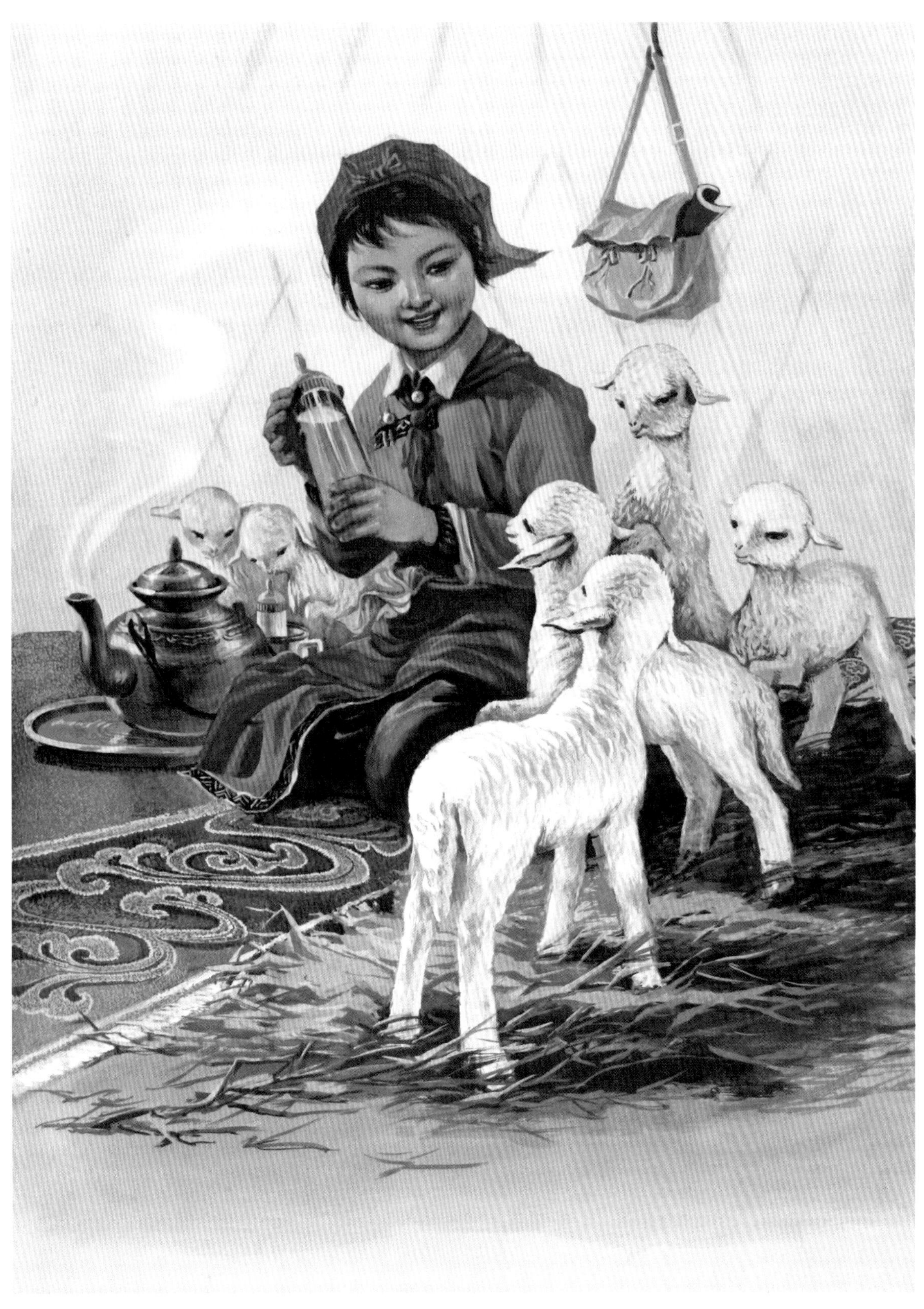

我为公社育羔忙　20 世纪 70 年代　内蒙古人民出版社出版　郭鸿印 作

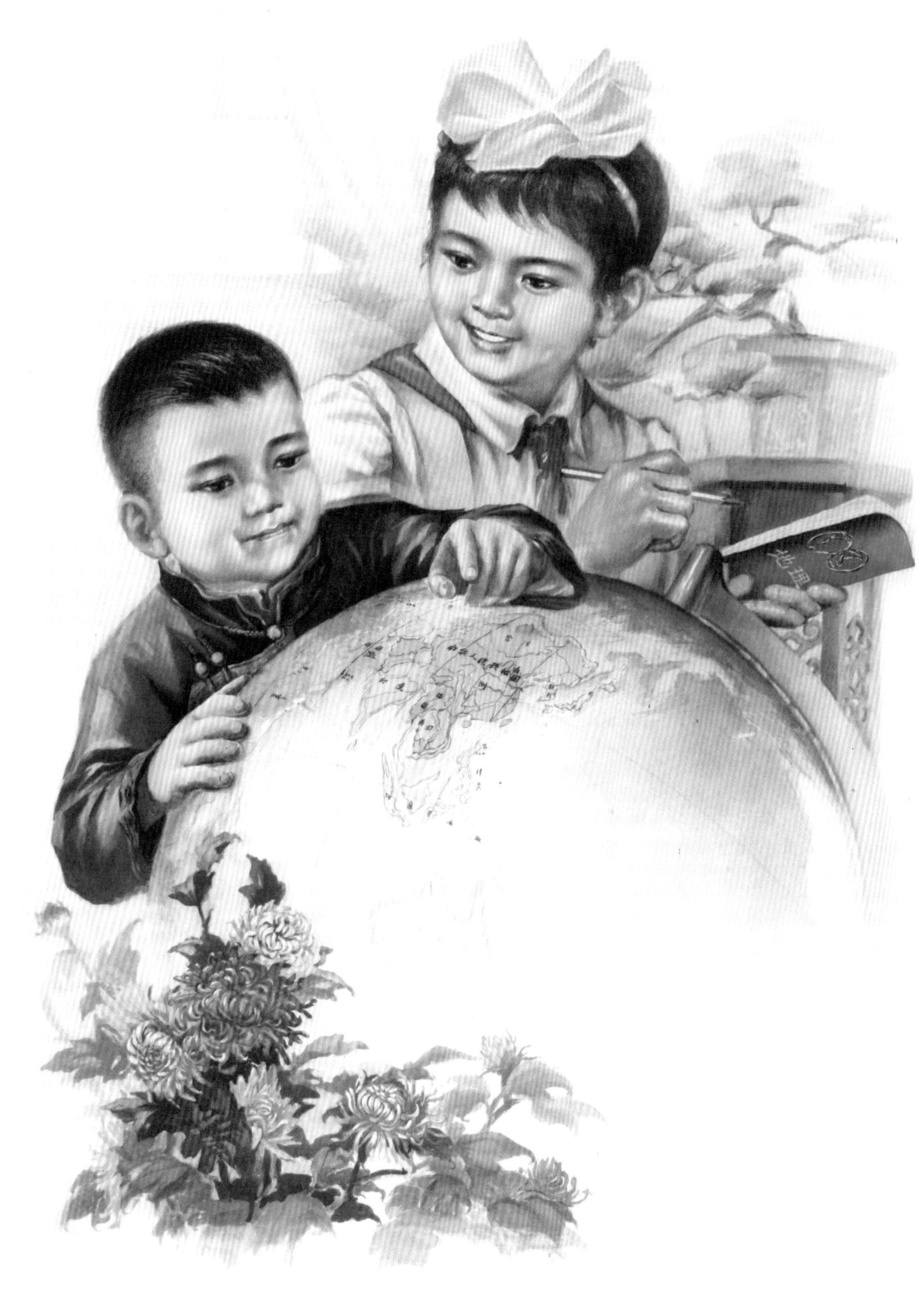

可爱的祖国　20世纪70年代　内蒙古人民出版社出版　郭鸿印 作

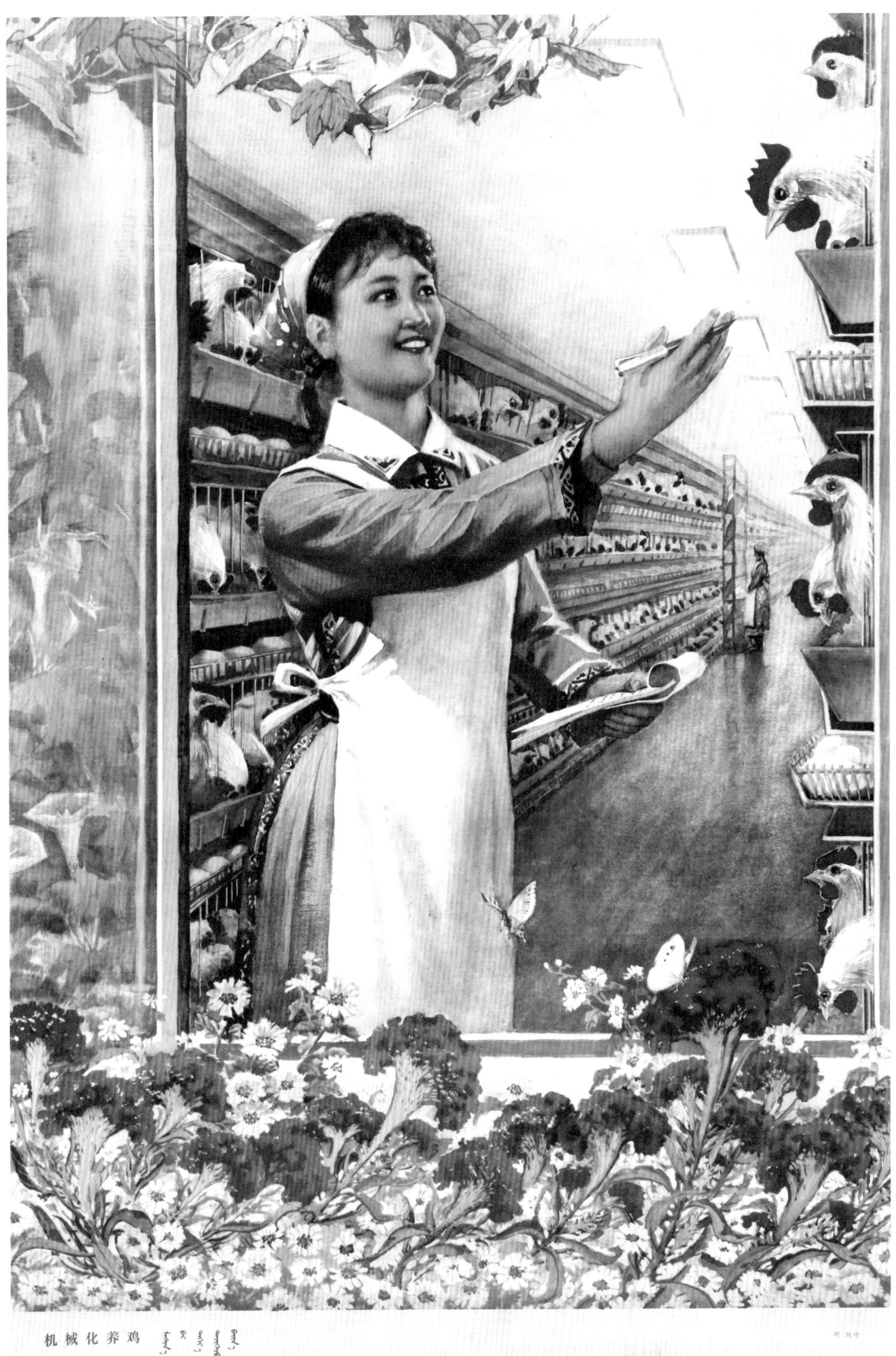

机械化养鸡　20 世纪 70 年代　内蒙古人民出版社出版　明锐 作

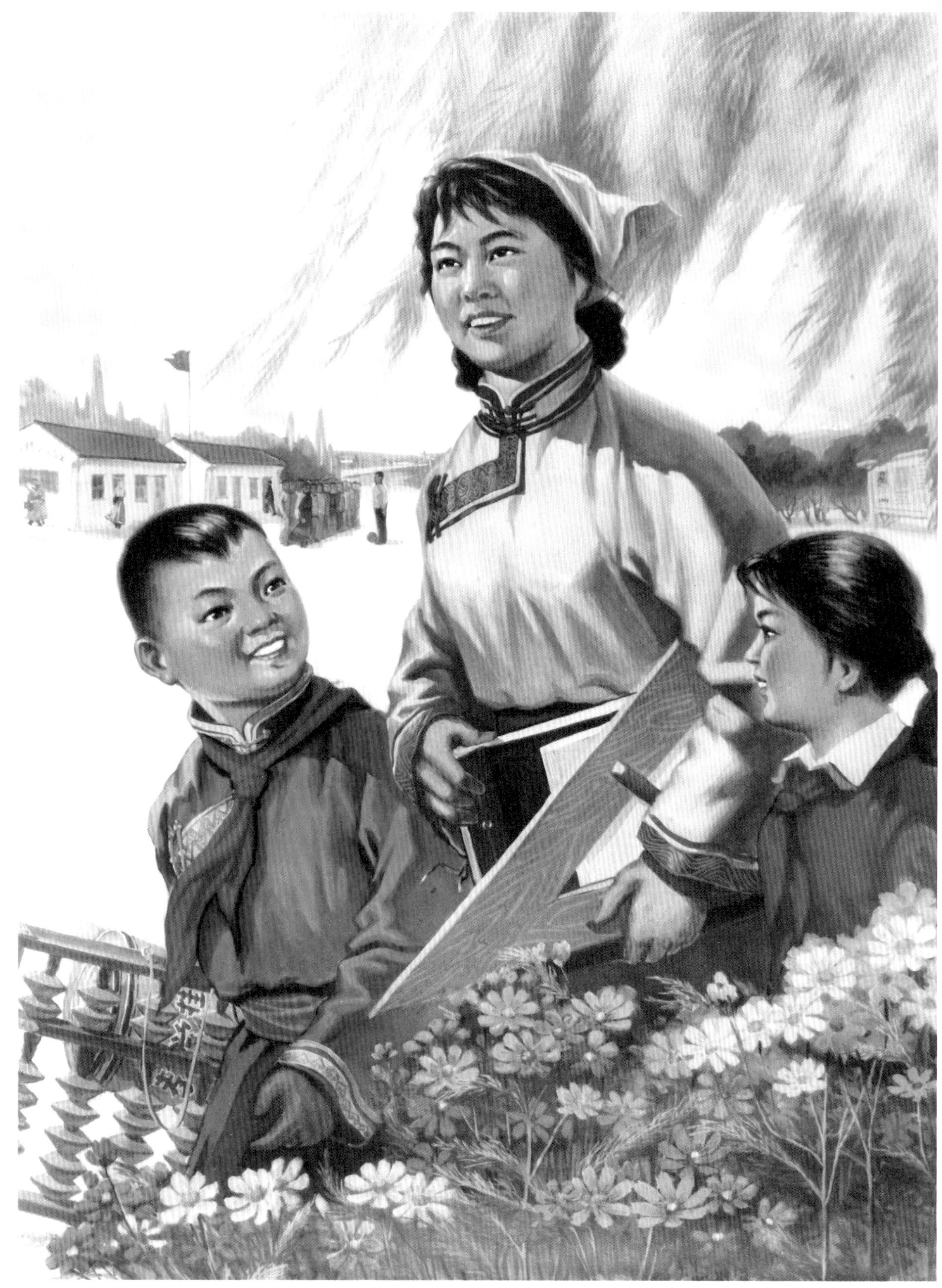

辛勤浇灌万朵花　　20世纪70年代　内蒙古人民出版社出版　仲跻和 作

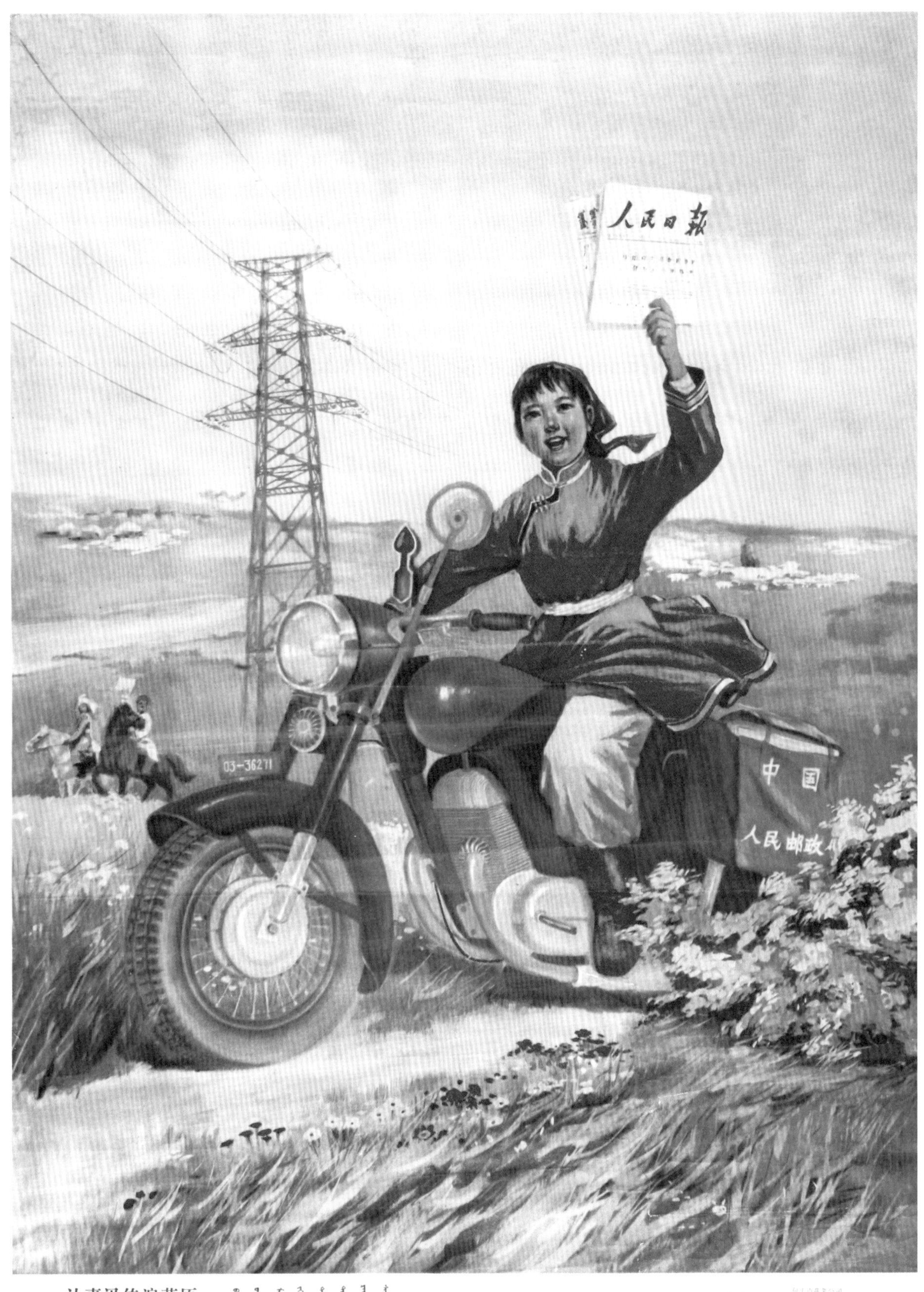

让喜讯传遍草原　20世纪70年代　内蒙古人民出版社出版　樊永平 作

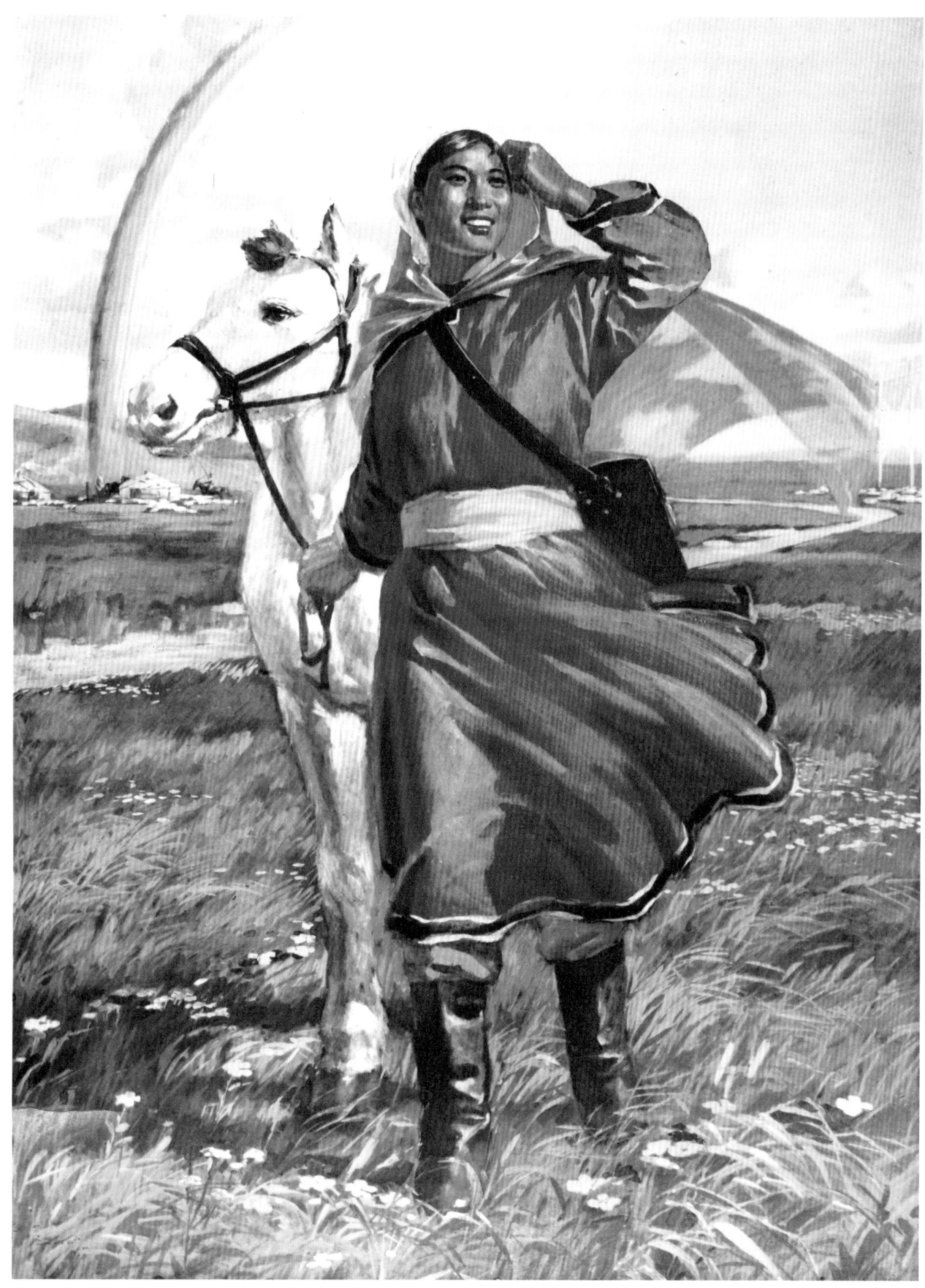

草原赤脚医生

草原赤脚医生　20世纪70年代　内蒙古人民出版社出版　李美坤 作

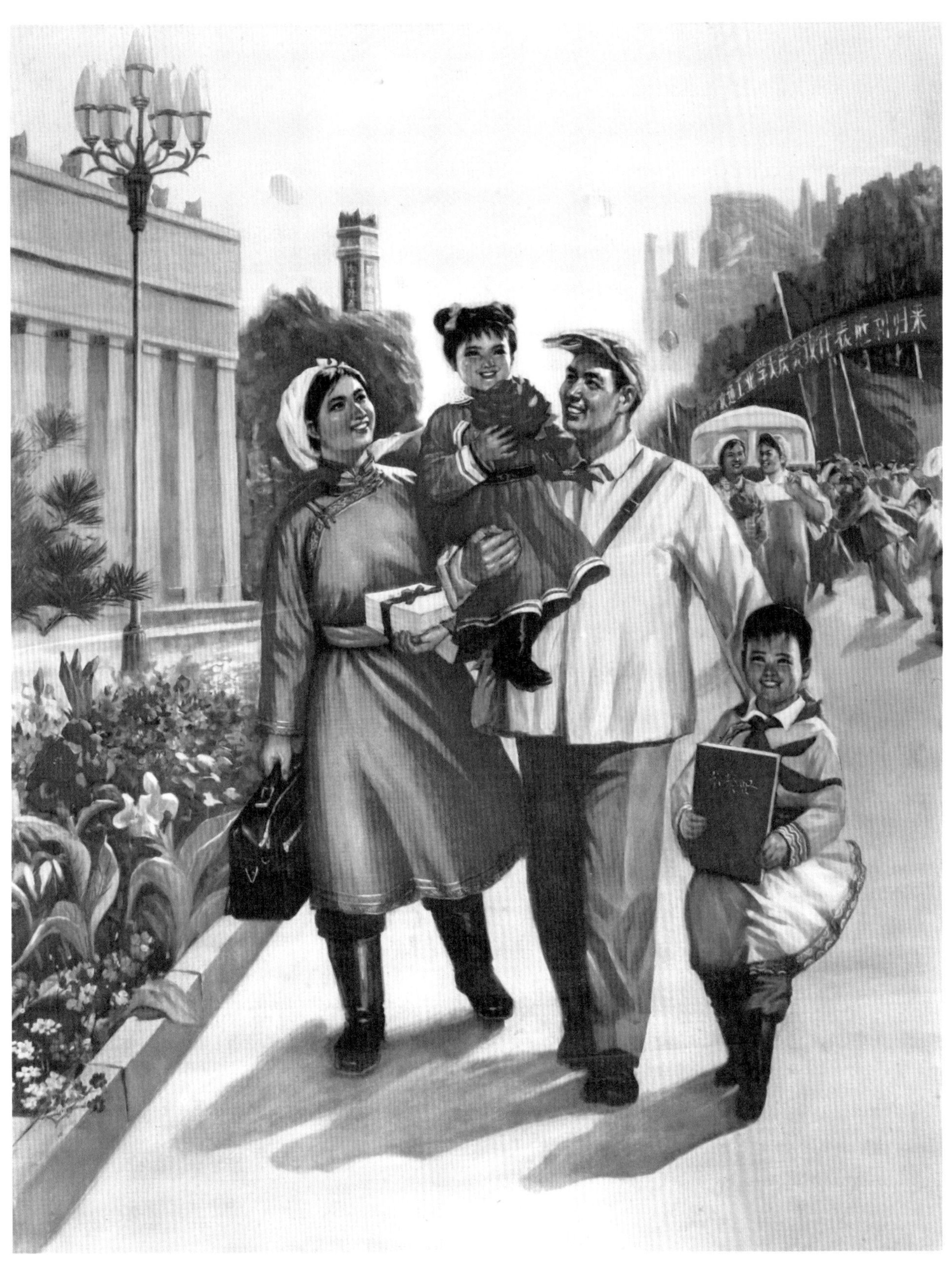

长大也要戴大红花　20 世纪 70 年代　内蒙古人民出版社出版　马长江 作

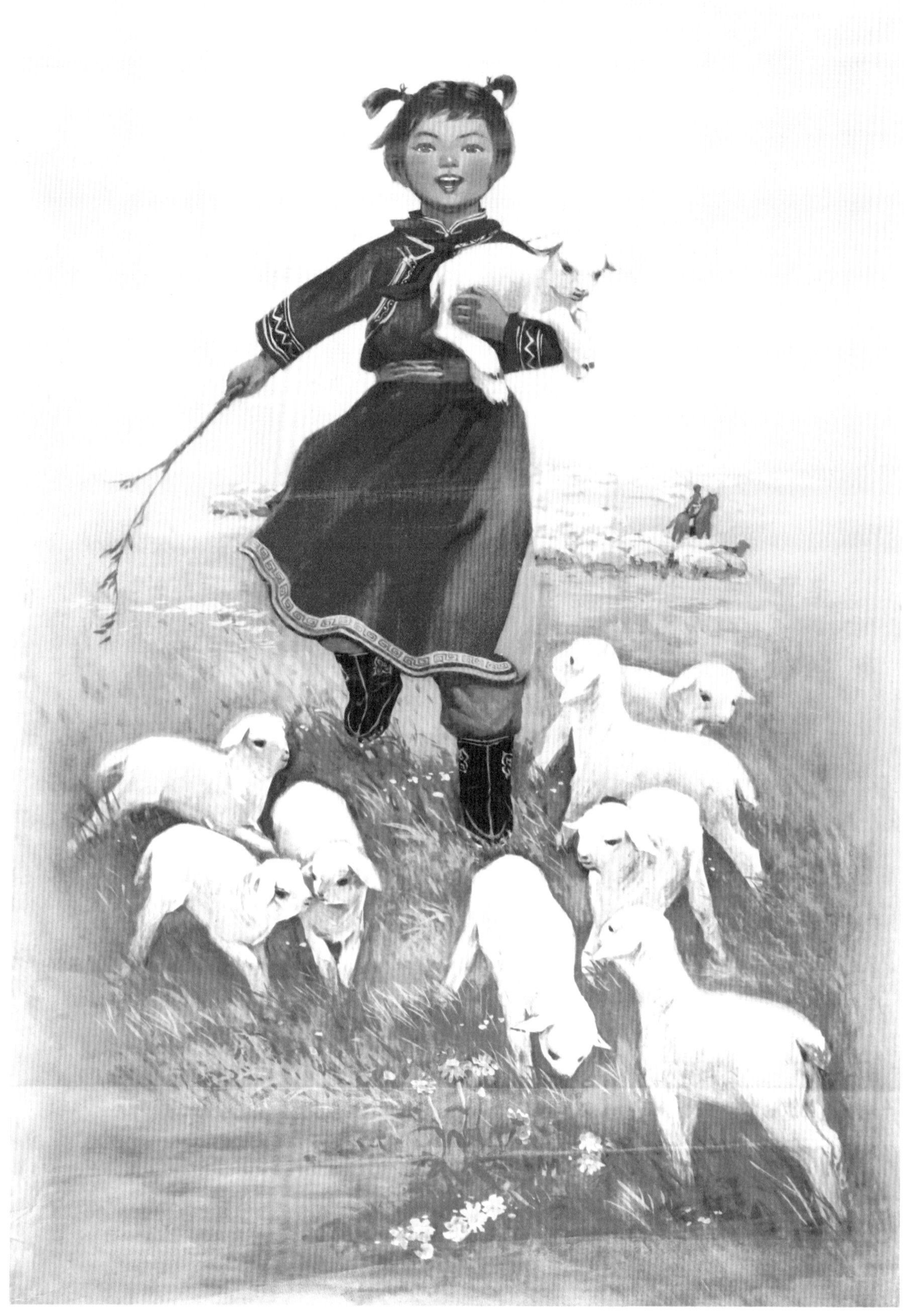

我是公社小牧民　20世纪70年代　内蒙古人民出版社出版　曹玉朴 作

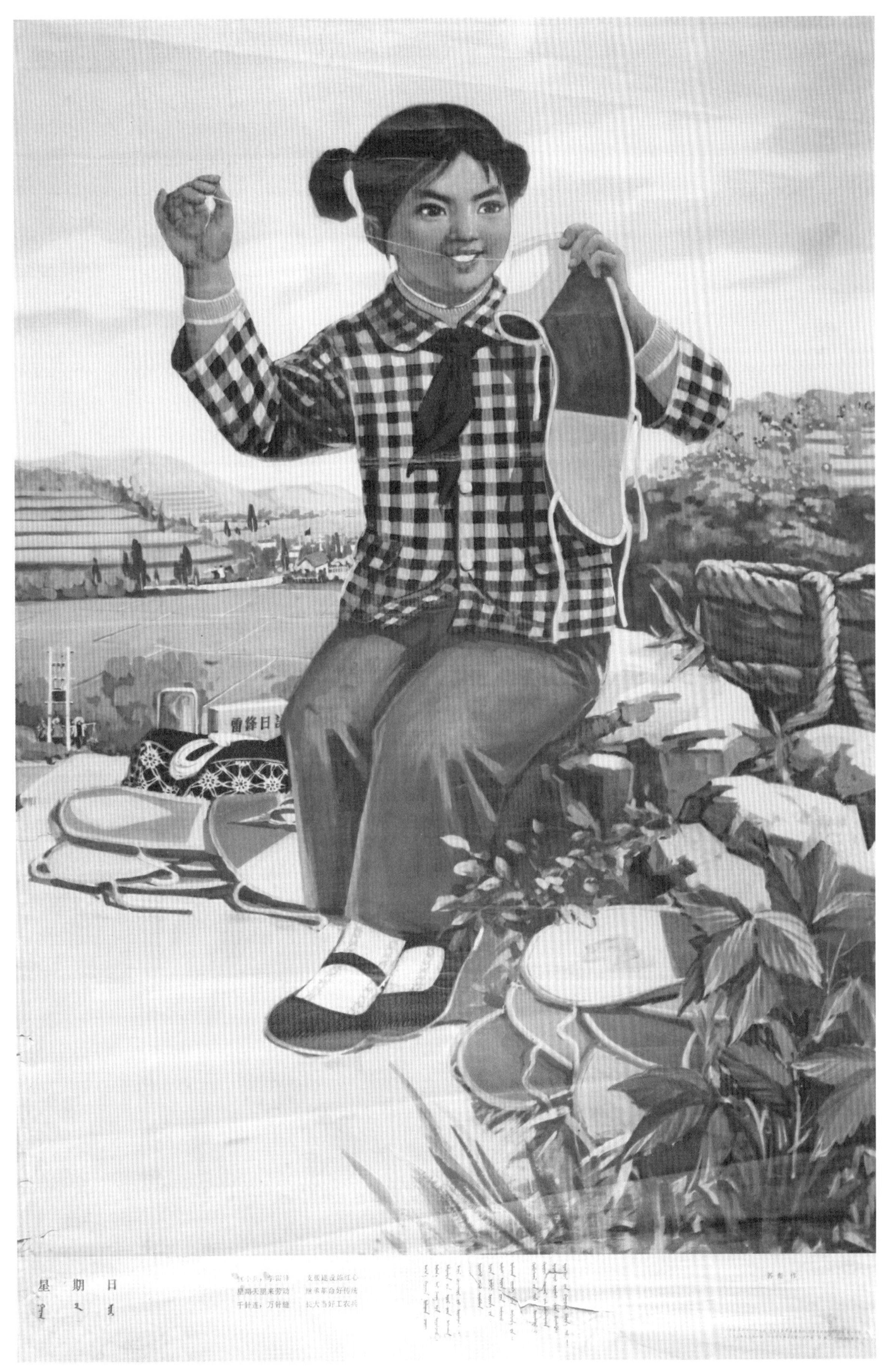

星期日　20世纪70年代　内蒙古人民出版社出版　苏彪 作

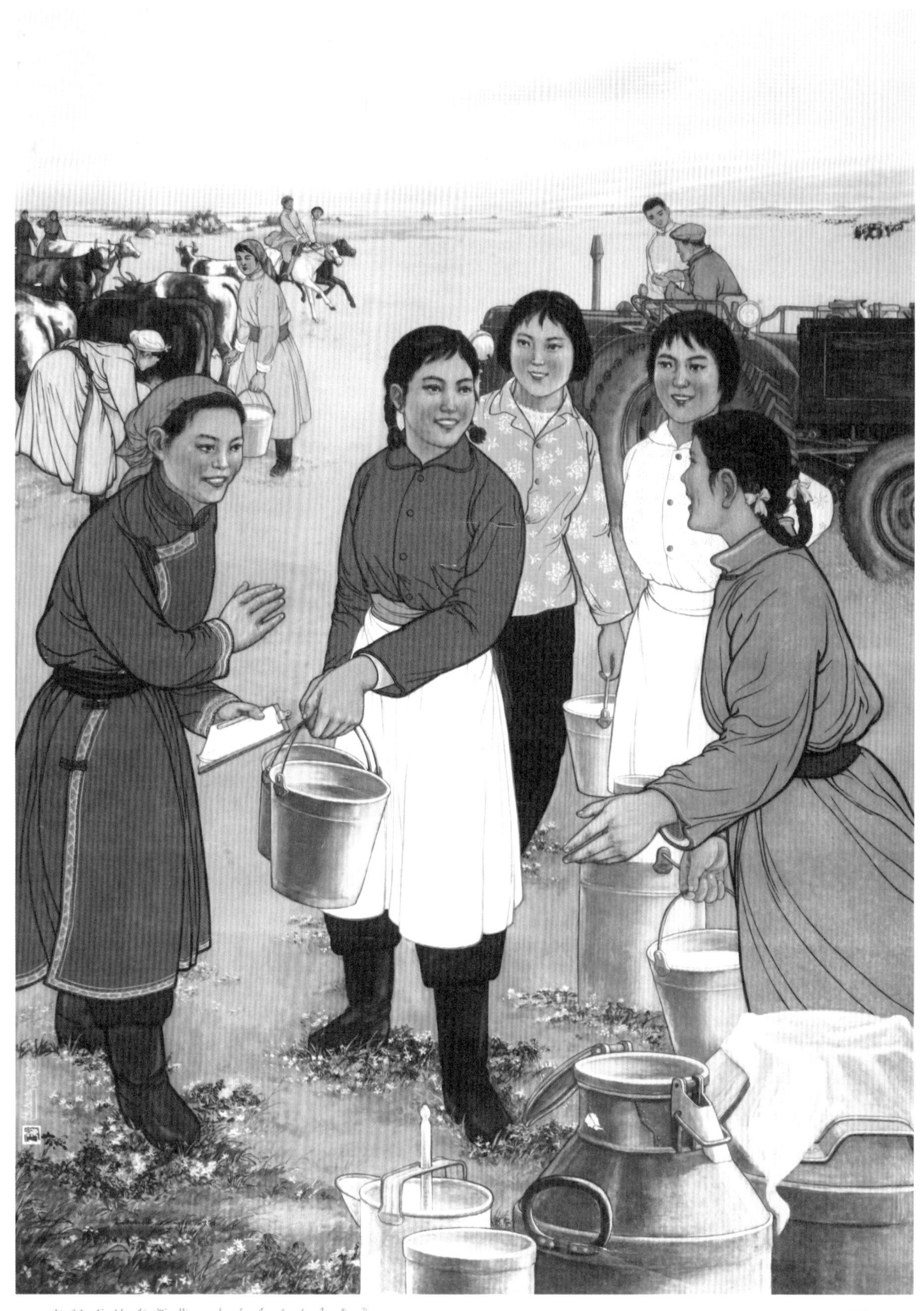

广阔天地育新苗　　20世纪70年代　内蒙古人民出版社出版　陈启东 作

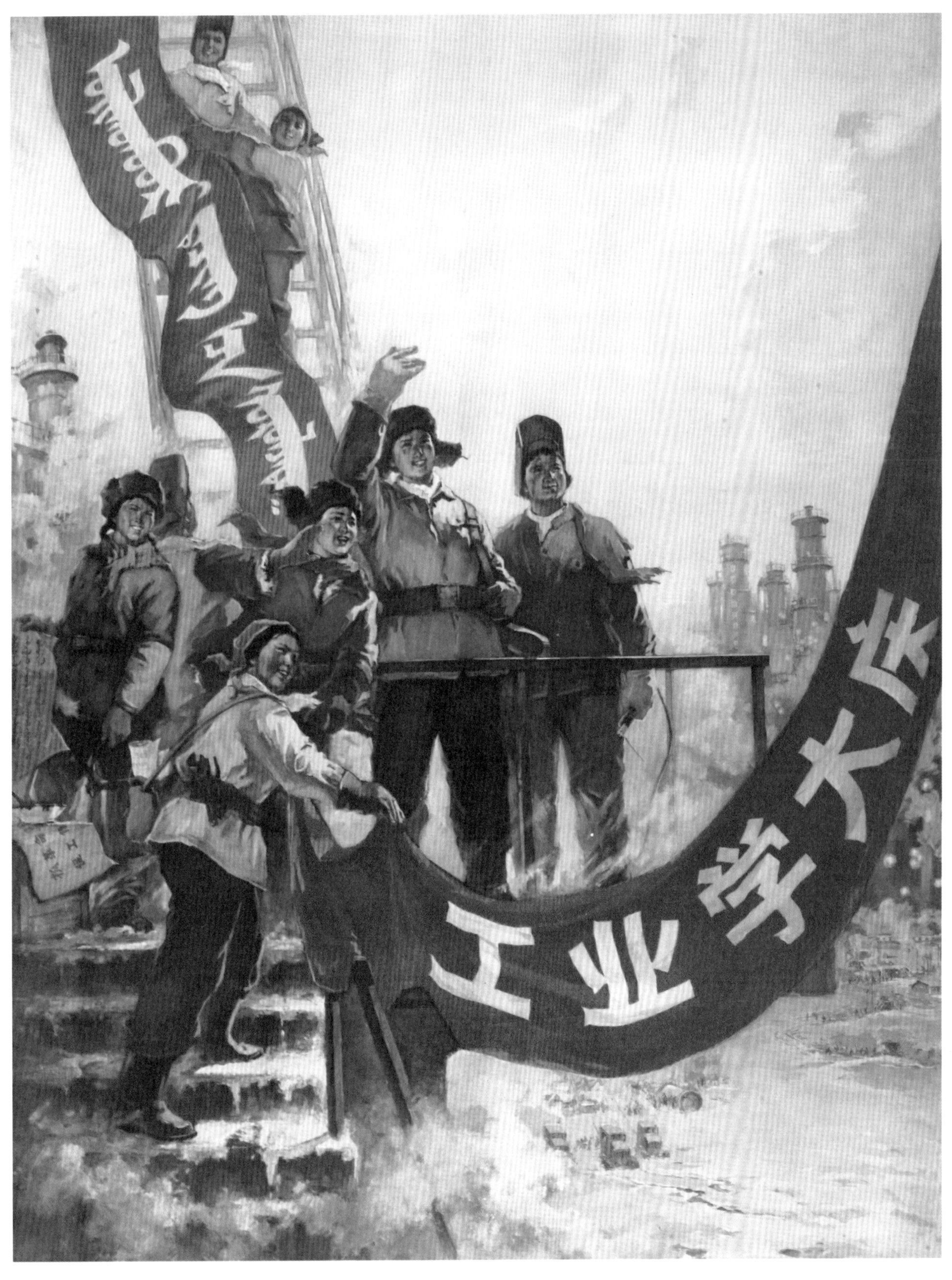

喜看今朝旗更红

喜看今朝旗更红　　20 世纪 70 年代　内蒙古人民出版社出版　陶世虎 作

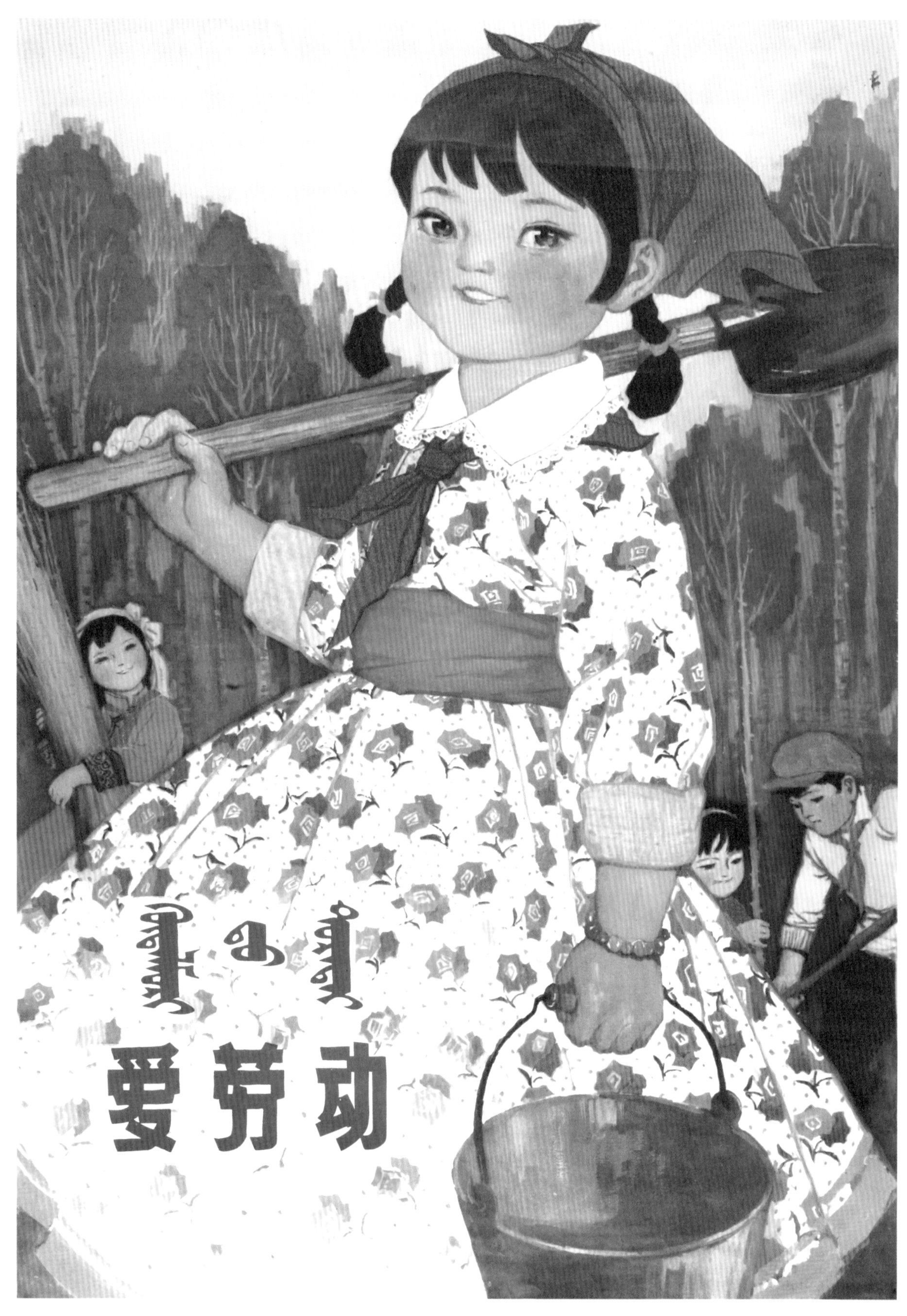

爱劳动　20世纪70年代　内蒙古人民出版社出版　郑霞秋 作

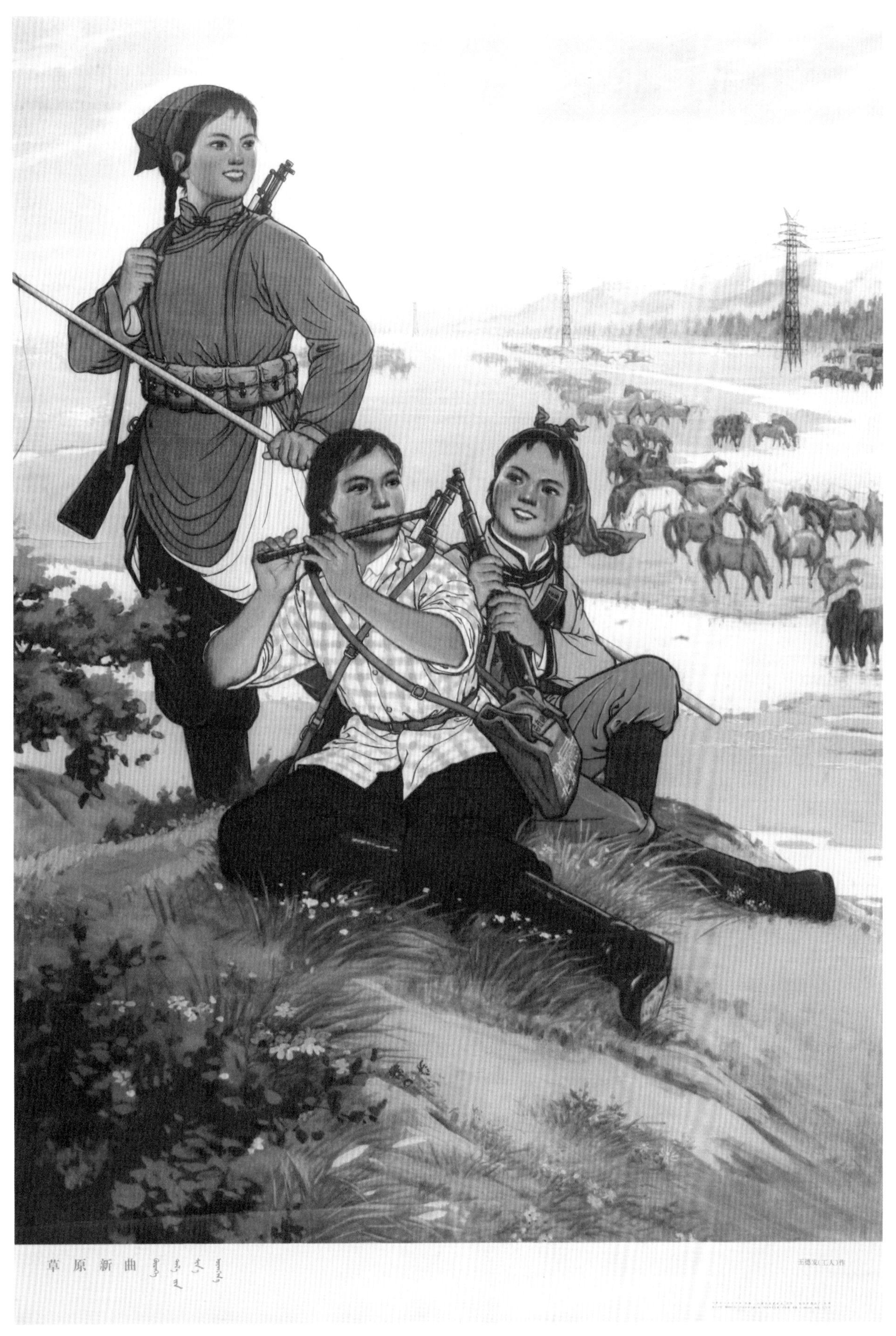

草原新曲　　20世纪70年代　内蒙古人民出版社出版　王德发 作

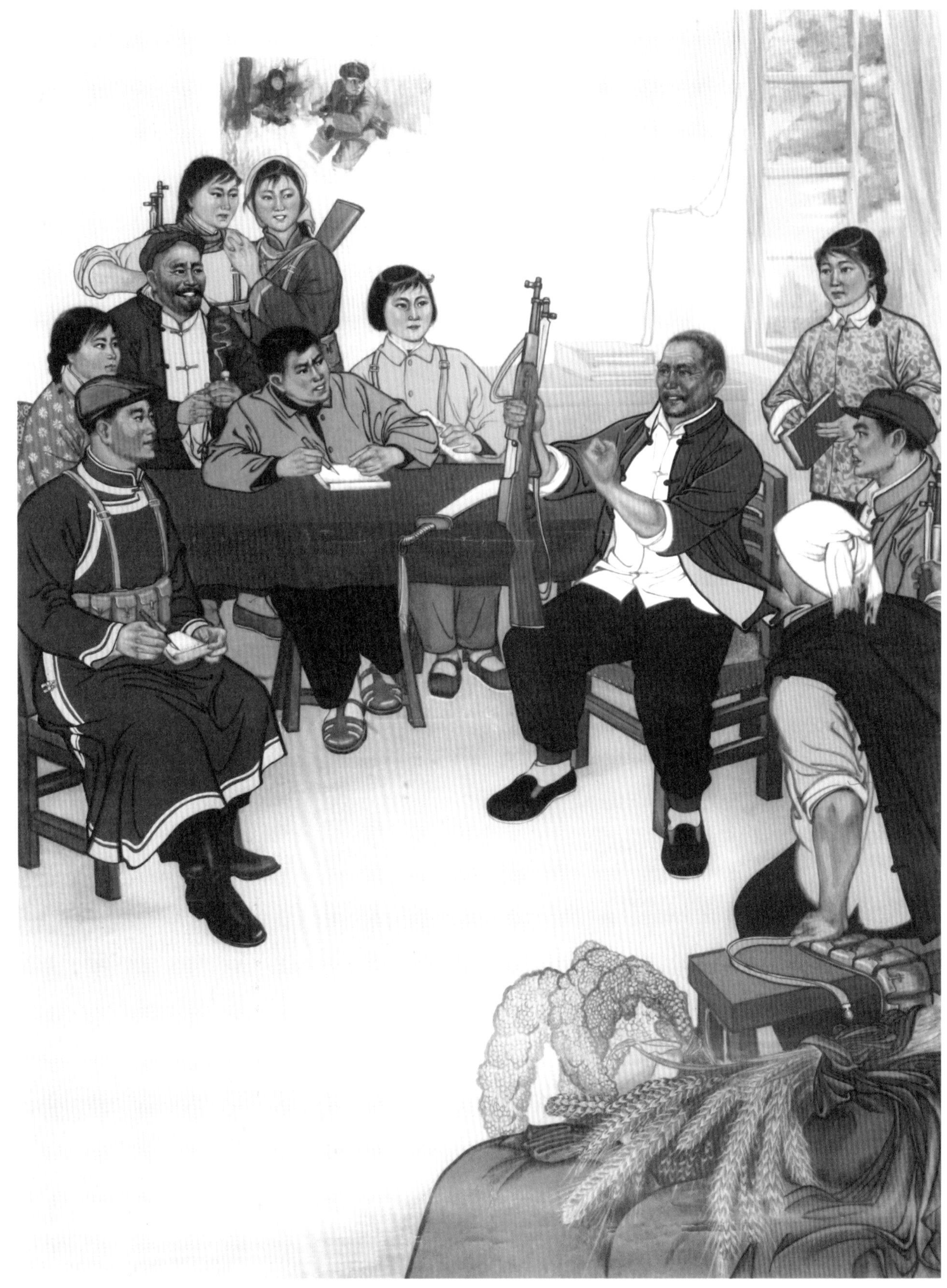

紧握手中枪

武川县哈乐公社供稿　王付泉（农民）作

紧握手中枪　20世纪70年代　内蒙古人民出版社出版　王付泉 作

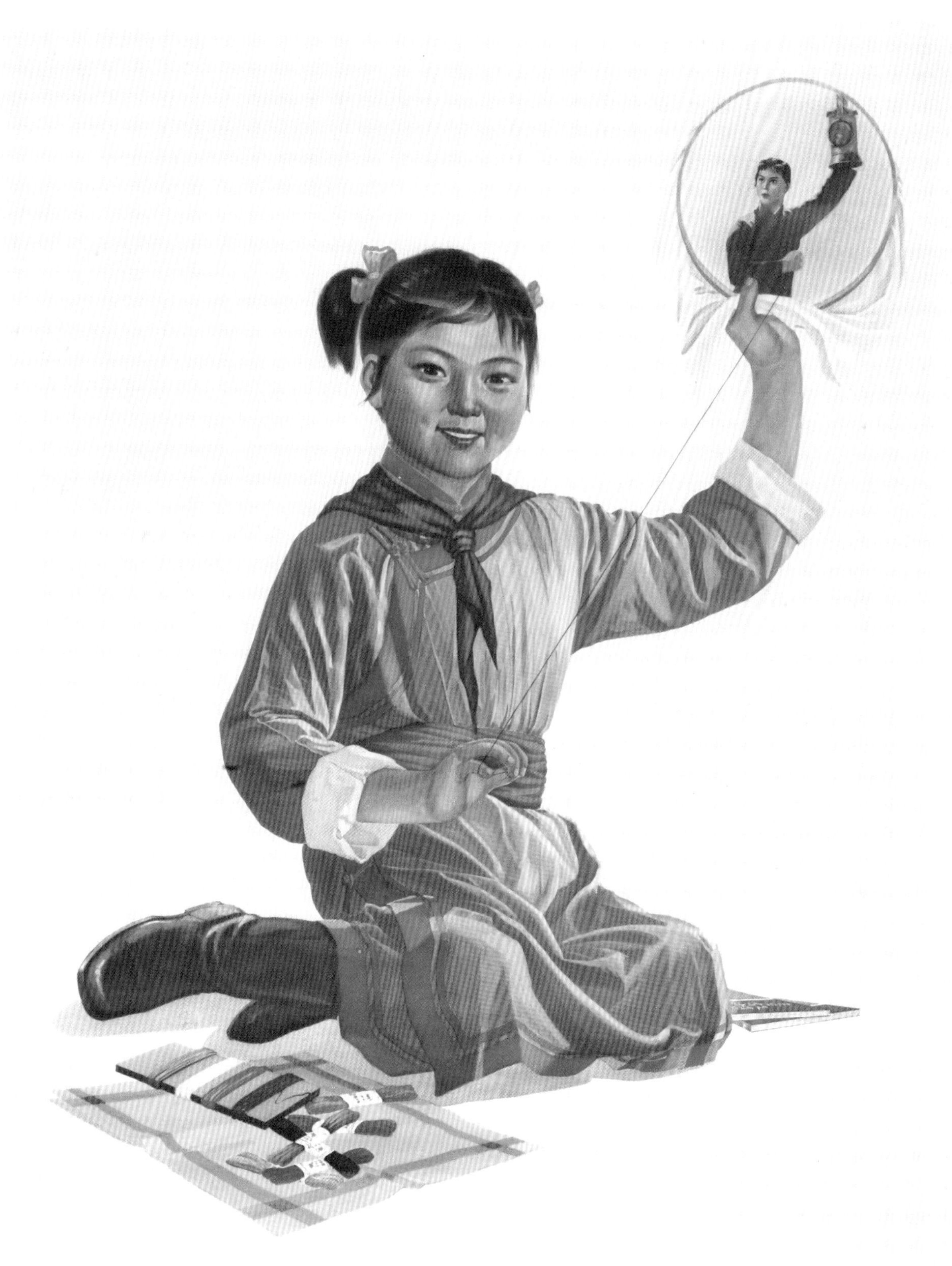

我学铁梅意志坚　20世纪70年代　内蒙古人民出版社出版　周凤森　贾新惠 作

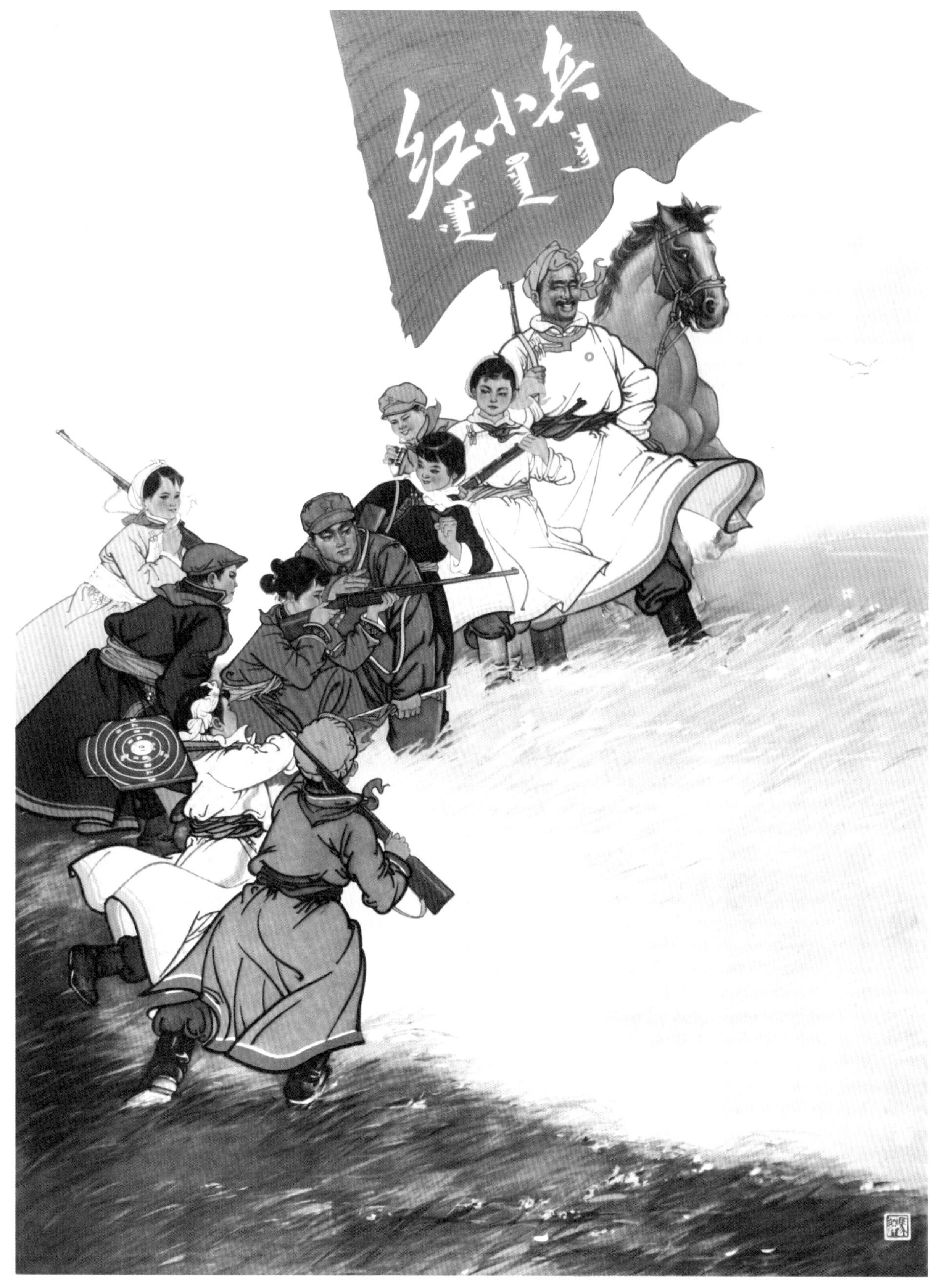

时刻准备着

包头市少年宫供稿　马　莲　作

时刻准备着　20世纪70年代　内蒙古人民出版社出版　马莲　作

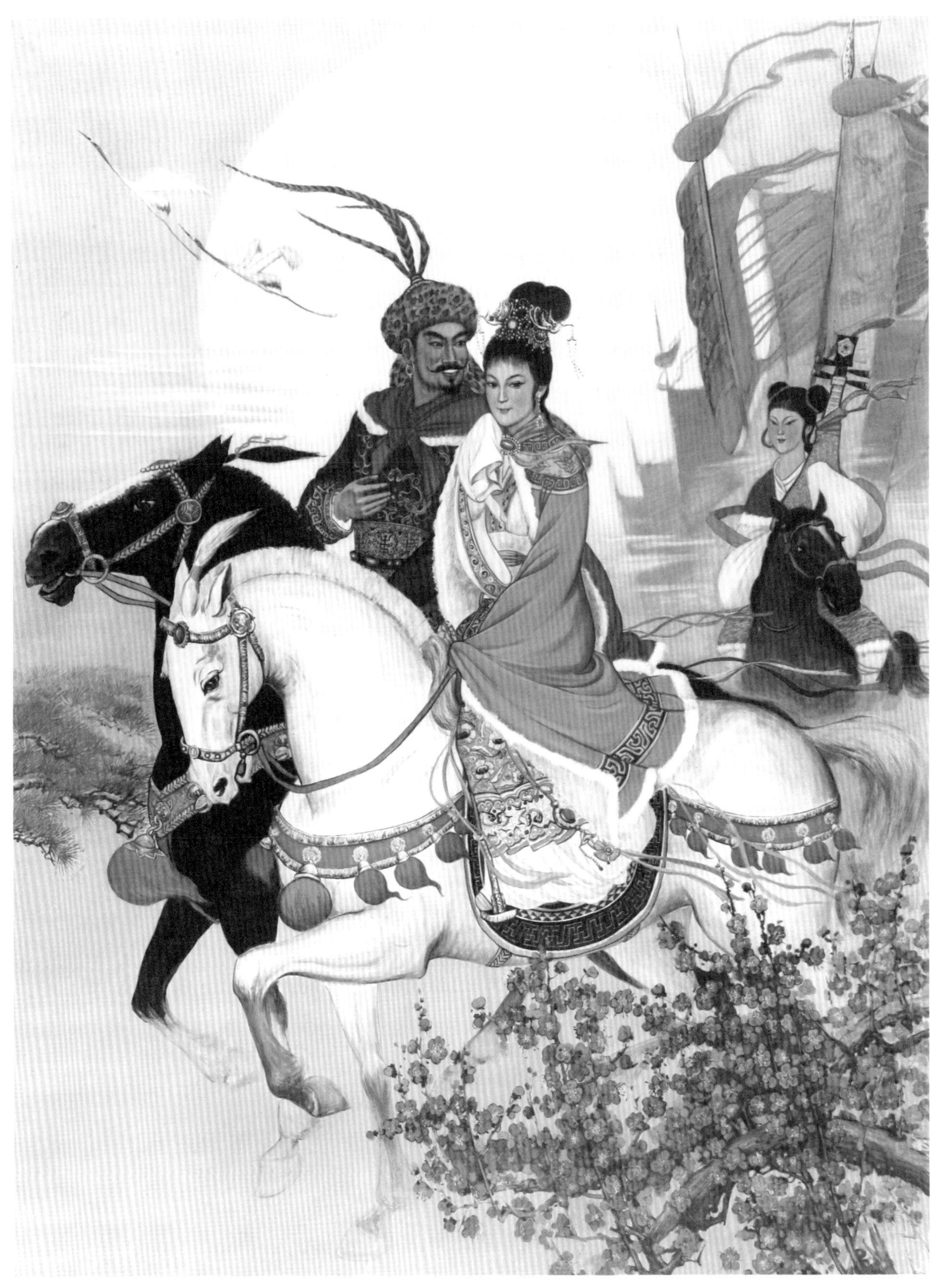

昭君出塞　20世纪70年代　内蒙古人民出版社出版　明锐　王延青　作

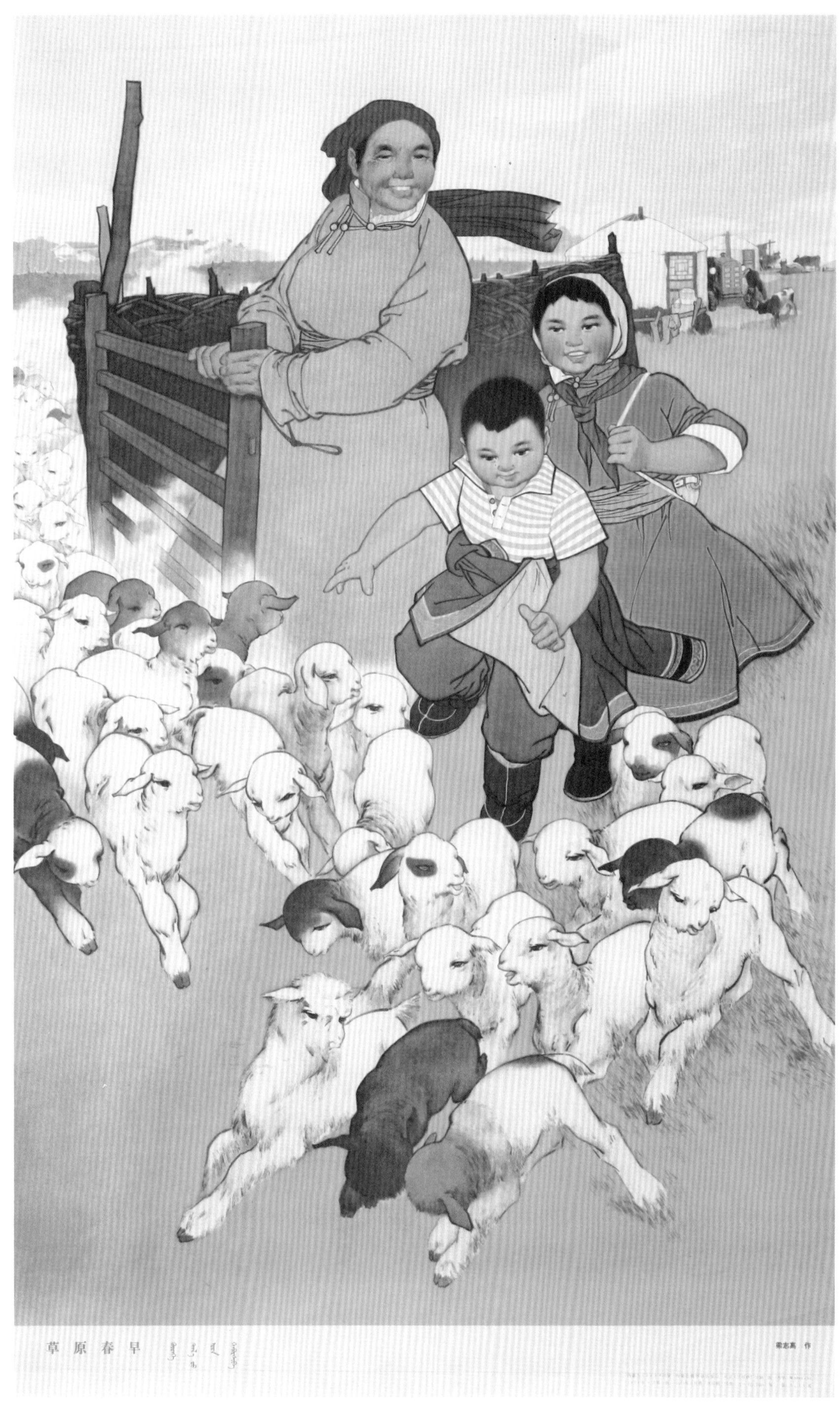

草原春早　20世纪70年代　内蒙古人民出版社出版　梁志高 作

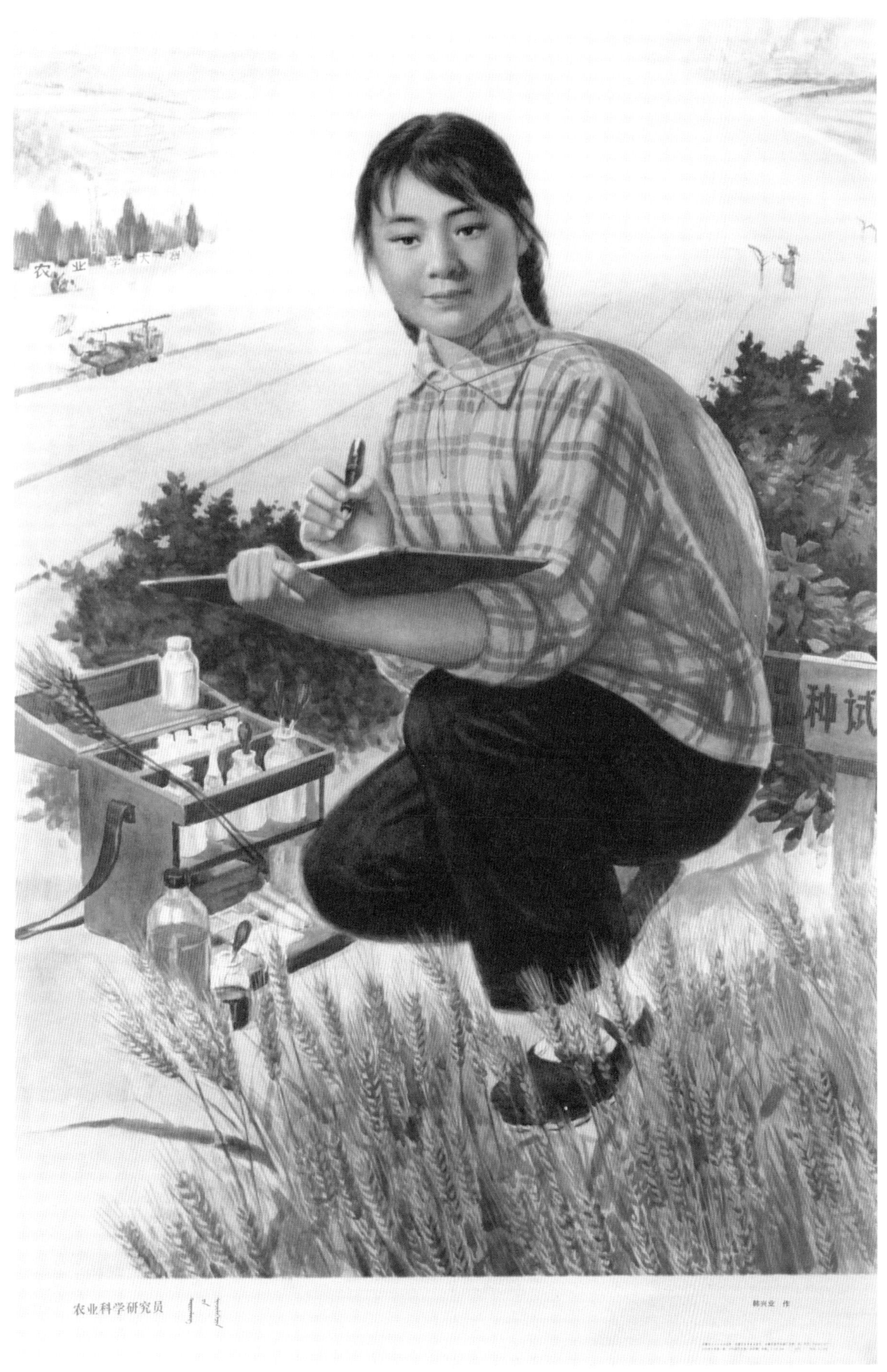

农业科学研究员　20世纪70年代　内蒙古人民出版社出版　韩兴业 作

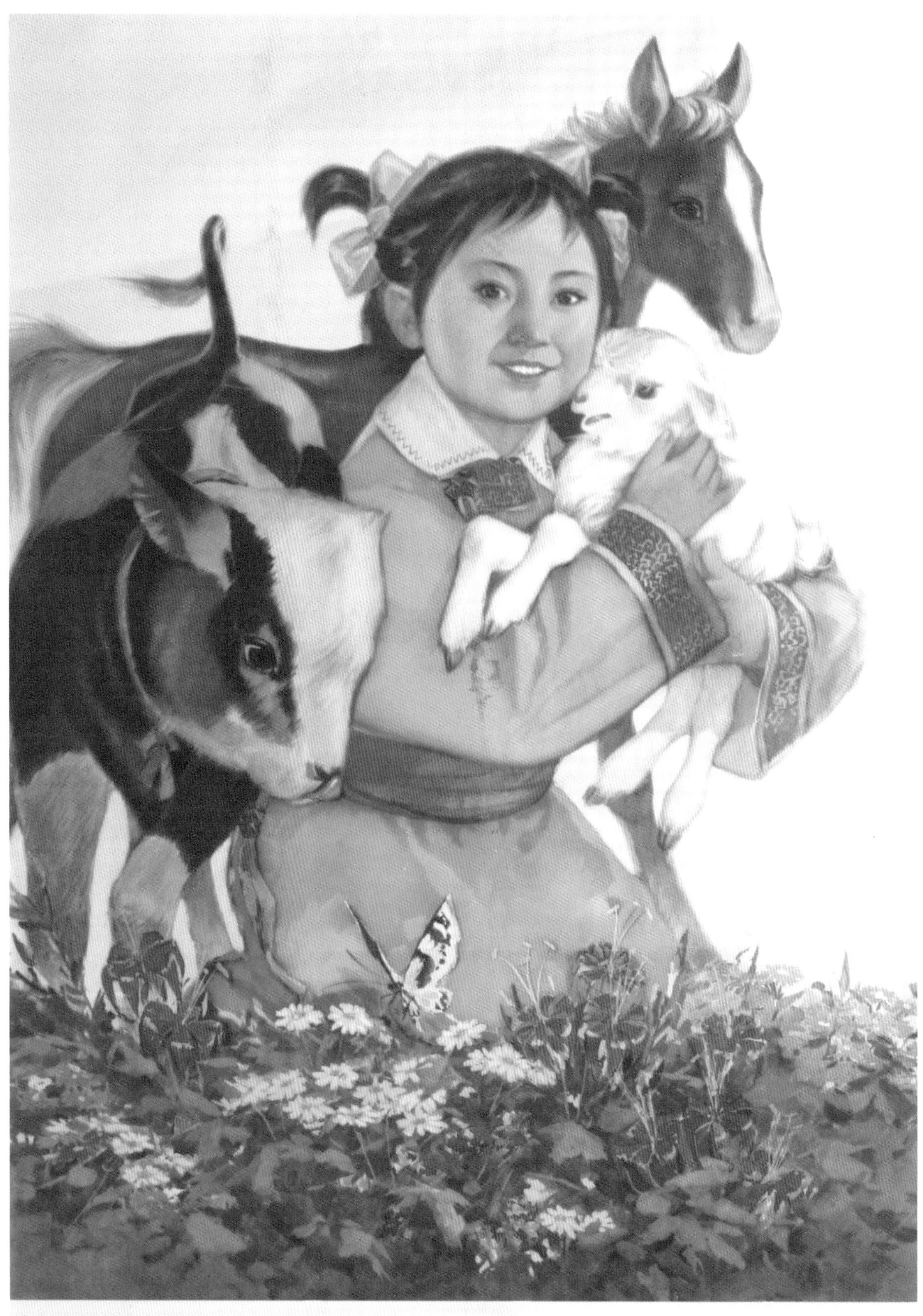

草原花朵　20世纪70年代　内蒙古人民出版社出版　王玉泉 作

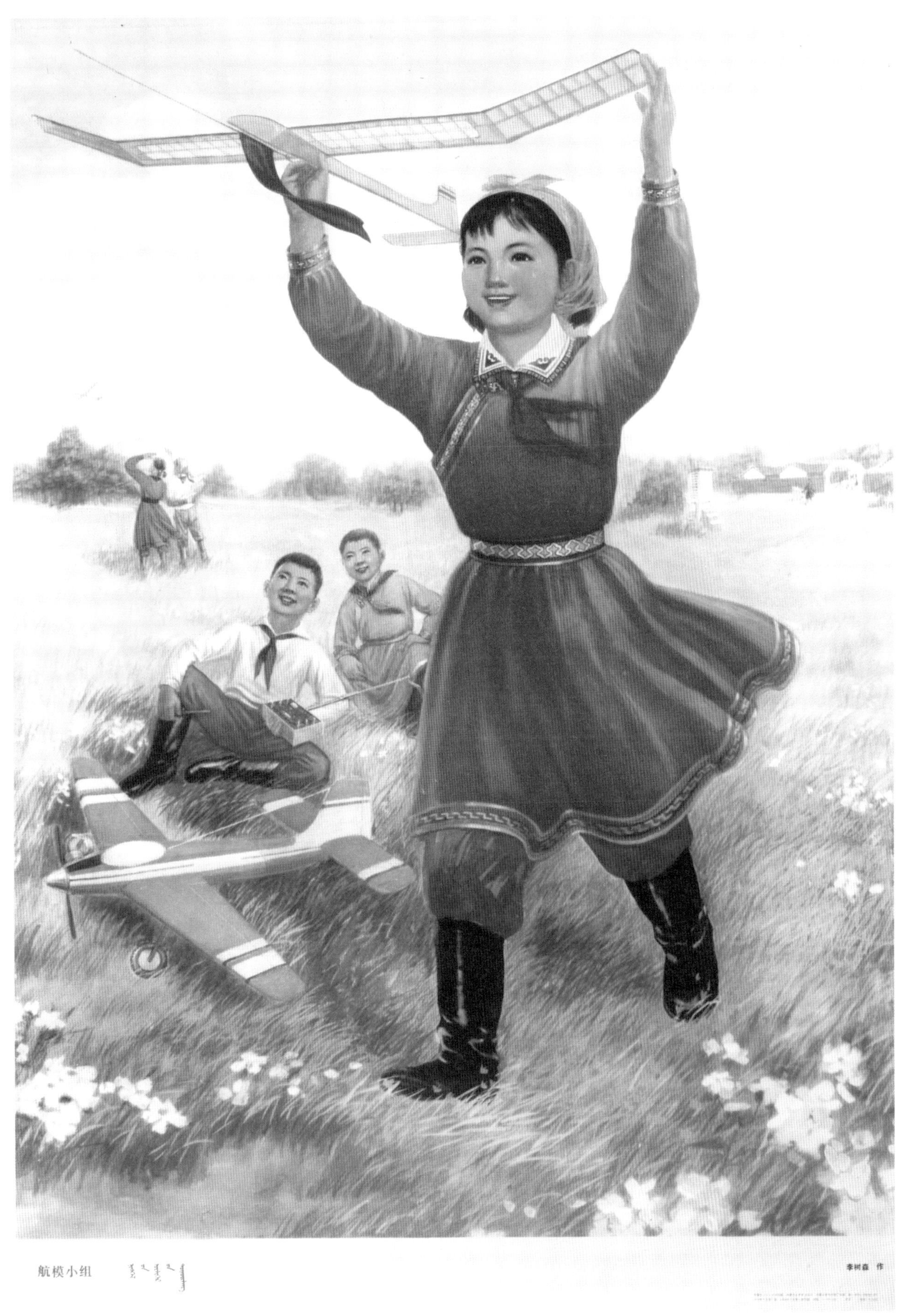

航模小组　20 世纪 70 年代　内蒙古人民出版社出版　李树森 作

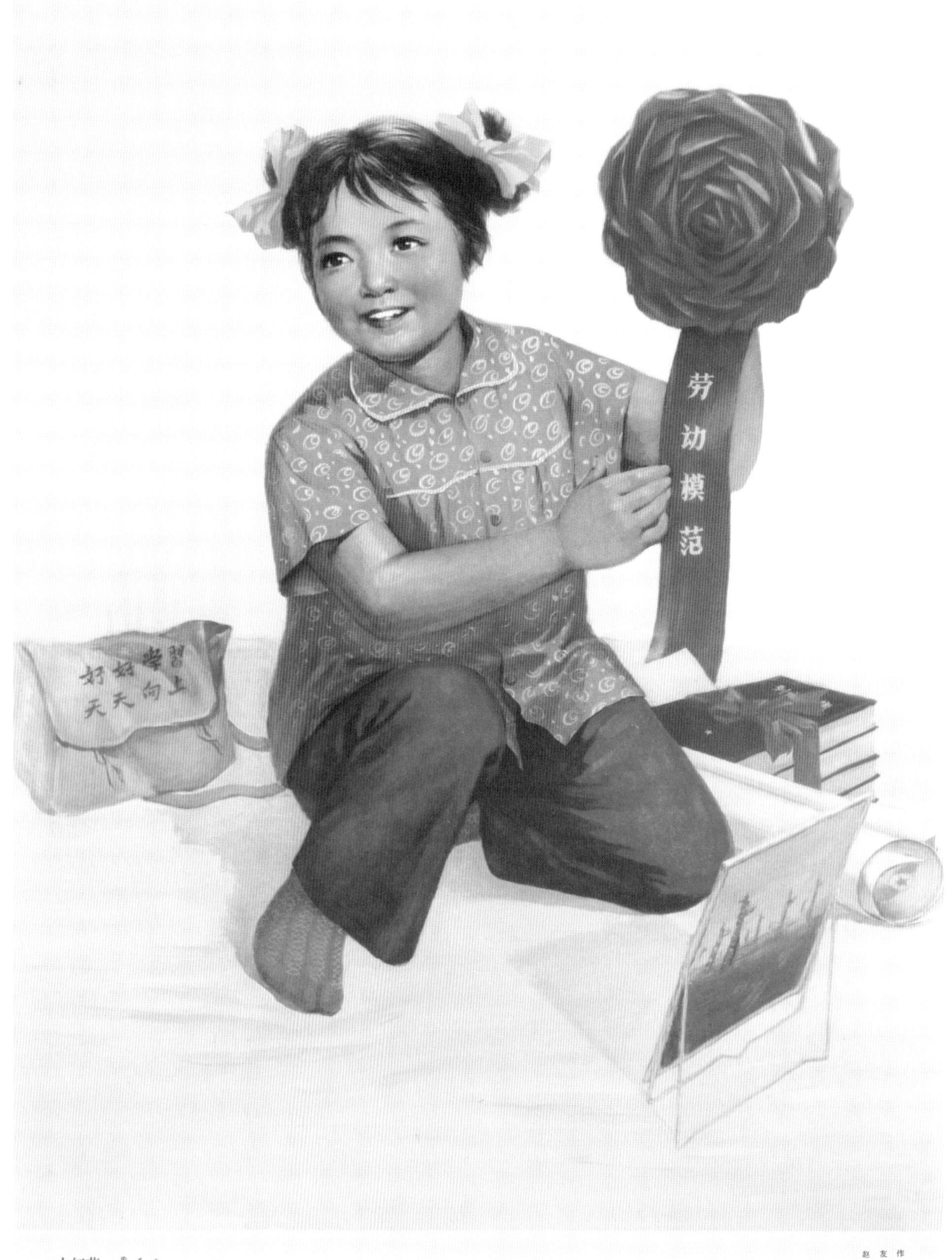

大红花　　20世纪70年代　内蒙古人民出版社出版　赵友 作

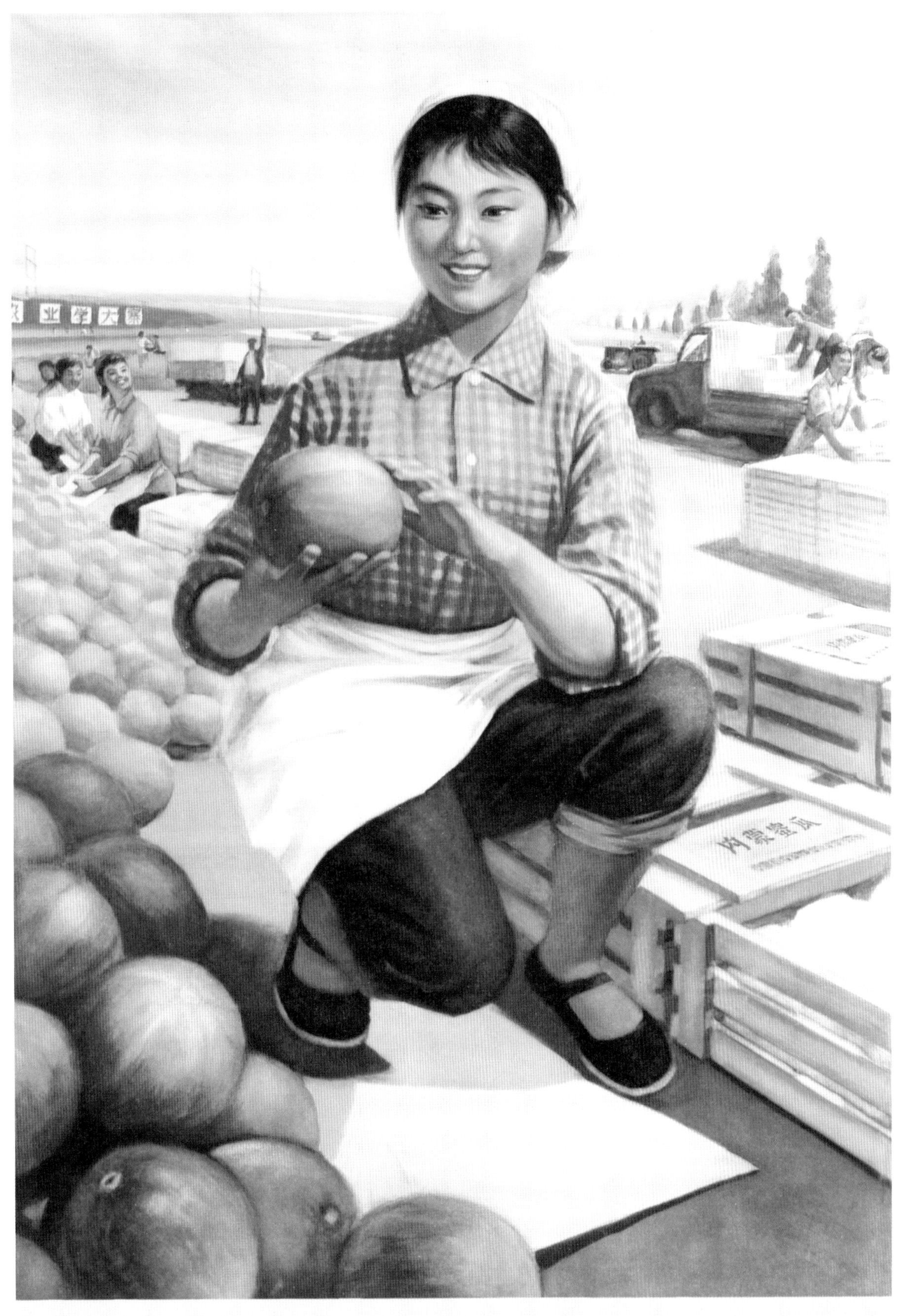

蜜瓜丰收　20世纪70年代　内蒙古人民出版社出版　姜述亮 作

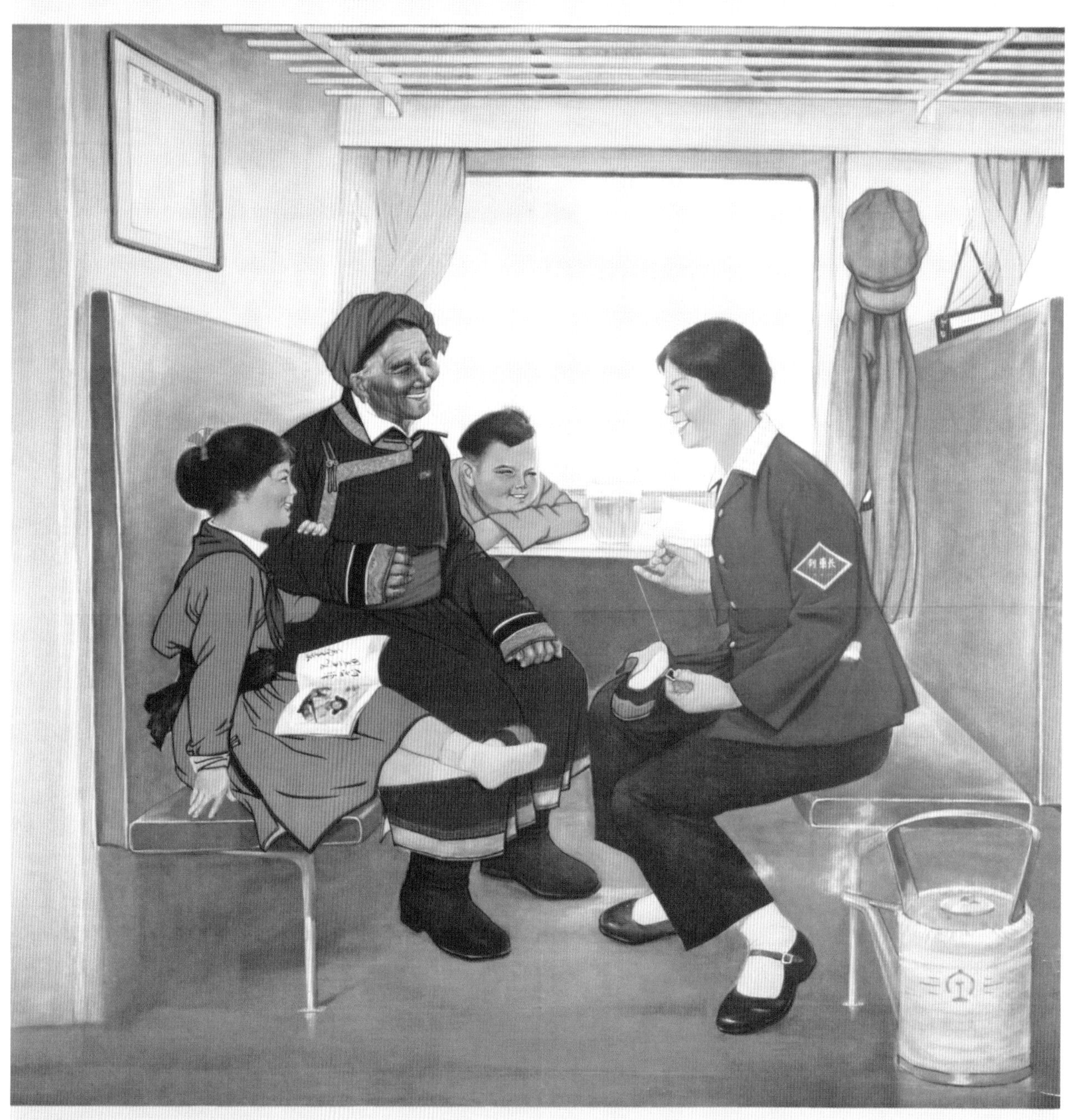

千里行程一路春　20世纪70年代　内蒙古人民出版社出版　徐继先 作

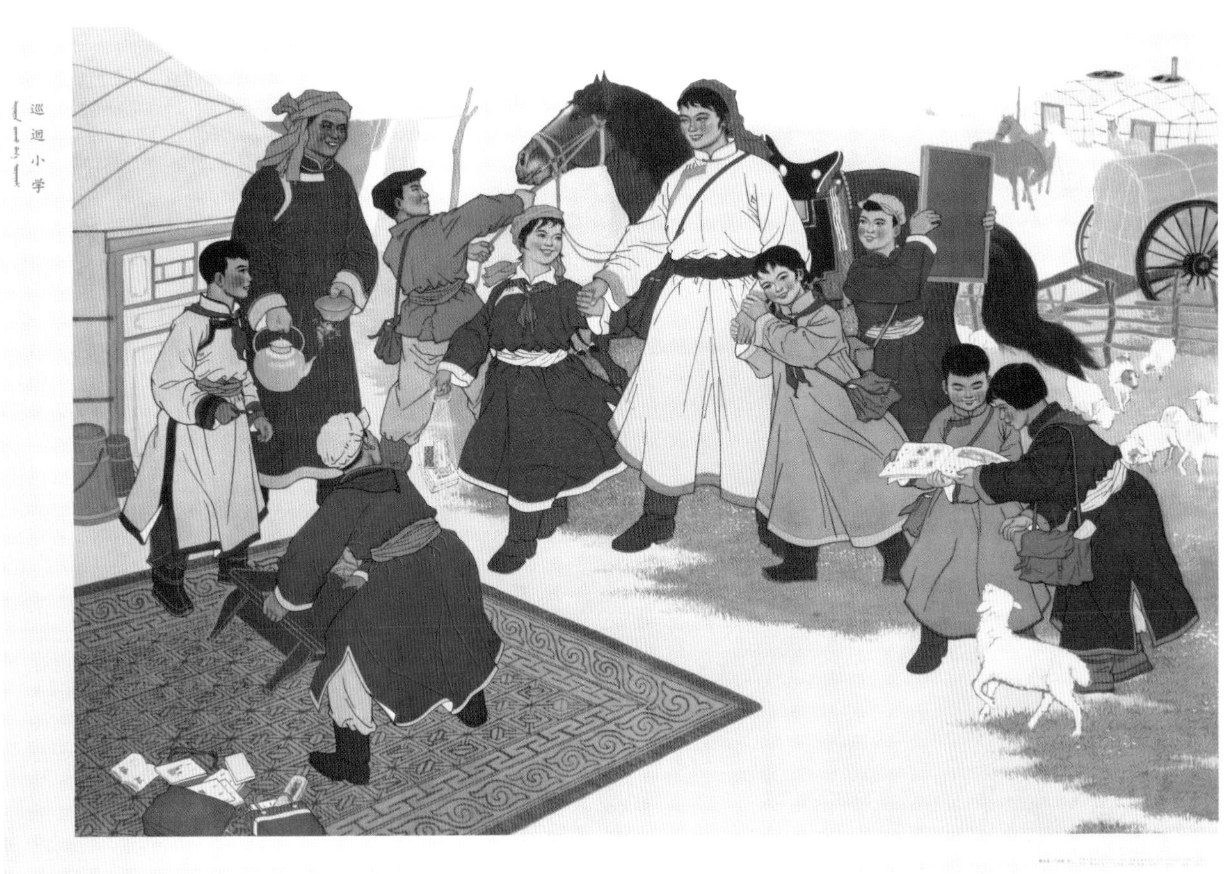

巡回小学　　20 世纪 70 年代　内蒙古人民出版社　韩兴业　丁玉歧 作

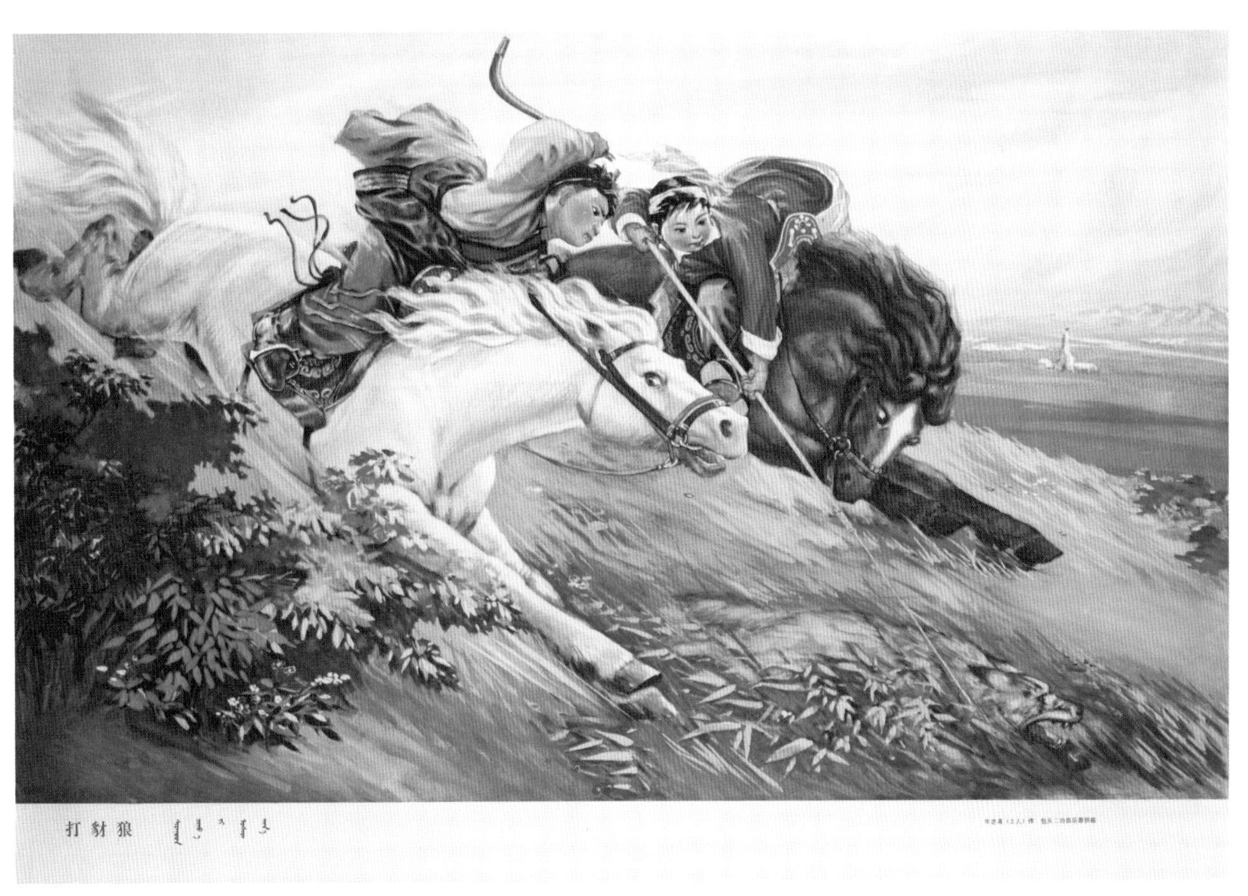

打豺狼　　20 世纪 70 年代　内蒙古人民出版社出版　牛忠满 作

■作者介绍■

刘友仁 1941年6月出生，内蒙古托克托县人。擅长中国画、年画。1964年毕业于内蒙古师范学院美术系。历任呼和浩特美术家协会副主席，内蒙古托克托县文化馆副研究馆员。

贾方舟 1964年毕业于内蒙古师范学院美术系，1980年加入中国美术家协会，1988年任内蒙古美术家协会副主席。国家一级美术师、美术评论家。

肖云升 1960年毕业于内蒙古师范学院美术系版画专业，擅长版画。内蒙古美术家协会会员，作品多次入选全国和国际美术展览。

明锐 1949年生于内蒙古兴安盟，原籍河北省。中国美术家协会会员，国家一级美术师。多年来潜心研究山水画、版画创作，1991年研修于中央美术学院版画系。作品《醉春山》2005年入选中国美术家协会纪念抗战胜利六十周年书画展。

陶世虎 1948年2月出生，上海人，擅长水彩画。内蒙古师范学院油画专业毕业。中国美术家协会理事、中国美术家协会水彩画艺委会副主任，山东省美术家协会顾问、山东省美术家协会水彩画艺委会主任。青岛大学美术学院院长、教授。

韩金宝 1942年7月出生，河北沧州人，擅长油画、壁画。1965年毕业于内蒙古师范学院美术系，1984年毕业于中央美术学院壁画研究室。历任深圳大学讲师、副教授，深圳市城市雕塑办公室主任，深圳市油画学会秘书长。

韩兴业 号漠缘斋，1934年11月出生，辽宁海城人，擅长连环画、年画。1957年毕业于长春建筑工程学院。在包头钢铁公司工会展览馆担任美术设计师、工程师。包头市美术家协会副主席。作品年画《牧读小学》、版画《伟大时刻》参加全国美展，连环画作品有《牧读小学》《我们爱学习》《机器人出诊》《兰香和渔郎》等。

仲跻和 内蒙古美术家协会会员，20世纪70年代内蒙古人民出版社年画创作者，年画作品多次在内蒙古人民出版社出版。

王德发 包头人，内蒙古美术家协会会员，20世纪70年代工人画家，内蒙古人民出版社年画创作者，年画作品多次在内蒙古人民出版社出版。

陈启东　内蒙古美术家协会会员，20世纪70年代内蒙古人民出版社年画创作者，年画作品多次在内蒙古人民出版社出版。

刘卓贤　20世纪70、80年代内蒙古人民出版社年画、连环画创作者，多次在内蒙古人民出版社出版年画、连环画。

杨刚　1946年12月生于河南省沈丘县槐店镇。1963年考入中央美术学院附属中学。1969年到内蒙古乌珠穆沁草原插队。1973年在内蒙古锡林浩特市文化馆工作。1978年考入中央美术学院国画系研究生班。1981年在北京画院工作。北京画院一级美术师。

张宏志　曾在内蒙古军区政治部从事宣传工作，20世纪70年代内蒙古人民出版社年画创作者。

魏志刚　1950年7月出生，河北保定人。中国美术家协会会员，中国油画学会会员，天津美术家协会会员。曾任天津人民美术出版社编审。出版有《魏志刚油画作品选》《油画风景全程训练》《水粉风景·原野遗韵》等。

魏少如　包头人，内蒙古美术家协会会员，20世纪70年代内蒙古人民出版社年画创作者。

候德　1956年7月出生，内蒙古呼和浩特人。擅长油画、水彩画。1978年毕业于内蒙古师范学院美术系，1984年在中央美术学院油画系进修。1991年在鲁迅美术学院参加法国当代著名画家依维尔油画材料技法研究班。中国美术家协会会员，中国油画学会会员，内蒙古美术家协会油画艺术委员会委员，内蒙古美术家协会理事。曾任内蒙古师范大学美术学院教授、绘画系主任、美术学硕士学位点主任、硕士研究生导师。

马捷　内蒙古美术家协会会员，20世纪70年代内蒙古人民出版社年画创作者。

王磊义　1954年出生，1976年毕业于内蒙古师范学院美术系，内蒙古美术家协会会员、中国西藏文化发展促进会会员。主持美岱召石雕牌坊的设计、呼和浩特市和林格尔北魏墓室壁画临摹，美岱召、五当召的古建筑维修及近百平方米寺院壁画的抢救性临摹。

杨发旺 曾用名杨来治，1933年生，山西忻县人。内蒙古美术家协会理事，中国工艺美术家协会会员。包头市第一建筑工程公司古建筑、彩画、雕塑、设计工艺师。曾荣获包头市委、市政府颁发的中华人民共和国成立60周年文学艺术杰出成就奖，第一至四届文学和艺术界联合会委员。作品《新建铁路》《建设中的包钢》等参加全国美术作品展；作品《建设中的包钢》《矿山新貌》由内蒙古博物馆收藏；设计粉画《七顶牌坊》（古建）获一等奖。

张久兴 20世纪70年代内蒙古人民出版社年画创作者。

杨飞云 1954年生于内蒙古包头市。1982年毕业后任教于中央戏剧学院舞台美术系，2005年调入中国艺术研究院。现为中国艺术研究院中国油画院院长、教授、博士生导师，中国美术家协会理事，中国油画学会理事，北京油画学会副主席，北京美术家协会副主席，全国美术家协会油画艺术委员会副主任。

周经洛 内蒙古美术家协会会员，巴彦淖尔市知名画家。曾任巴彦淖尔市群众艺术馆馆长。20世纪70年代内蒙古人民出版社年画创作者，年画作品多次在内蒙古人民出版社出版。

牛忠满 内蒙古美术家协会会员，工人画家，20世纪70年代内蒙古人民出版社年画创作者，年画作品多次在内蒙古人民出版社出版。

戴有强 内蒙古美术家协会会员，擅长油画、水彩画。曾任包头市二冶三中教师，20世纪70年代内蒙古人民出版社年画创作者，年画作品多次在内蒙古人民出版社出版。

马长江 包钢美术家协会原主席，包钢书画院专职画家，毕业于内蒙古师范学院美术系，1986年又深造于中央美术学院。中国美术家协会会员，内蒙古美术家协会理事，国家一级美术师，包头政协书画院艺术顾问，中国书画家联盟副主席，尚书画社名誉院长，黄河书院名誉院长，内蒙古师竹轩文化传媒有限公司艺术顾问。

郭鸿印 20世纪70年代内蒙古人民出版社年画创作者，曾任内蒙古人民出版社美术编辑，多部年画作品在内蒙古人民出版社出版。

樊永平 内蒙古美术家协会会员，20世纪70年代内蒙古人民出版社年画创作者。

李羡坤 20世纪70年代工人画家，内蒙古人民出版社年画创作者。

曹玉朴 20世纪70年代工人画家，内蒙古人民出版社年画创作者。

苏彪（1939年—2013年），曾用名闫山川，号磨子山人，内蒙古察右前旗人。内蒙古美术家协会会员，内蒙古书法家协会会员。乌兰察布市书法家协会理事，乌兰察布市美术教育协会常务理事，北疆印社社员。从事美术教育50余年，培养了大批美术书法专业人才。

王付泉 20世纪70年代内蒙古武川县农民画家，内蒙古人民出版社年画创作者。

周凤森 1938年出生于天津宝坻，1961毕业于内蒙古师范学院美术专业，擅长中国画。内蒙古美术家协会会员。历任巴彦淖尔市美术家协会主席、群众艺术馆馆长。主要作品有《重拿赶羊鞭》《我爱公社小羊羔》《阿姨来了》《我绣铁梅意志坚》《下乡前的一课》等。

贾新惠 1965年毕业于内蒙古师范学院美术专业，擅长中国画。内蒙古美术家协会会员。曾在巴彦淖尔市磴口县文化馆工作。

马莲 1941年10月生于山西应县，擅长工艺美术。1964年毕业于内蒙古师范学院艺术系油画专业，受教于著名油画家妥木斯教授。国家一级美术师、中国美术家协会会员、中国工艺美术学会会员、中国出版工作者协会装帧艺术委员会委员，内蒙古美术家协会理事、内蒙古装帧研究会秘书长、内蒙古草原油画院院士。曾任内蒙古教育出版社编审。

王延青 蒙古族，1945年出生，内蒙古通辽人，擅长油画。曾任内蒙古美术馆馆长、内蒙古美术家协会副主席。现任内蒙古草原油画院院长、妥木斯油画工作室秘书长、内蒙古美术家协会名誉副主席、中国美术家协会会员、中国油画学会理事、国家一级美术师。

梁志高 乌兰察布人，乌兰察布书画院画家，内蒙古美术家协会会员。作品《节日的欢乐》在1984年自治区首届艺术创作“萨日纳”奖评选活动中获二等奖；国画作品《春风》1999年在中华人民共和国成立50周年全区美展中获三等奖。

李树森 字白墨，1915年出生，天津人。1937年毕业于上海新华艺术专科学校，国画师承画家苏吉亨，专攻山水兼花鸟。中国老年书画研究会浙江分会会员。

赵友 乌兰察布市人，内蒙古美术家协会会员，20世纪70年代内蒙古人民出版社年画创作者。

姜述亮 内蒙古美术家协会会员，20世纪70年代内蒙古人民出版社年画创作者。

徐继先 别名徐墨，1941年出生于山西，中国美术家协会会员，内蒙古美术家协会理事，内蒙古中国画学会名誉副会长。1964年毕业于内蒙古师范学院美术系国画专业，现为专业画家、国家一级美术师，2005年被授予“中国书画百杰”称号。作品《雪尽马蹄轻》1988年获内蒙古自治区书画展金奖。

丁玉歧 蒙古族，毕业于内蒙古师范学院美术系，包头中学美术教师。20世纪70年代内蒙古人民出版社年画创作者。

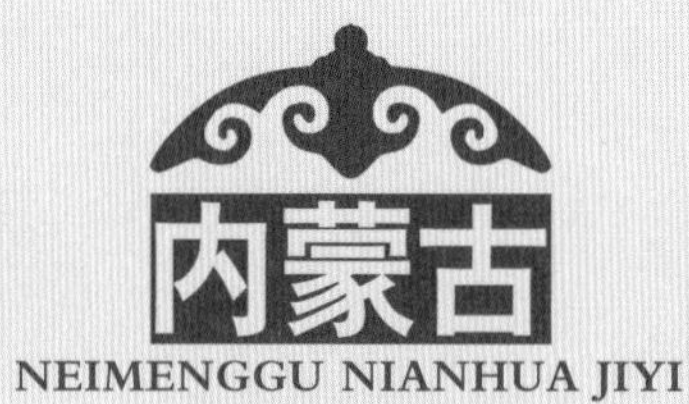
内蒙古
NEIMENGGU NIANHUA JIYI

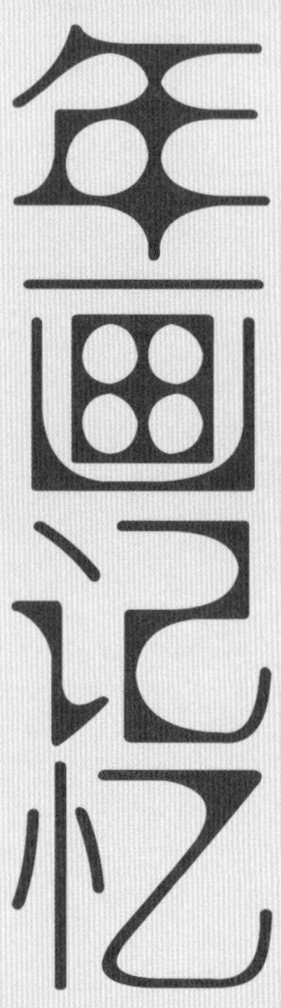
年画记忆

20世纪80年代精选

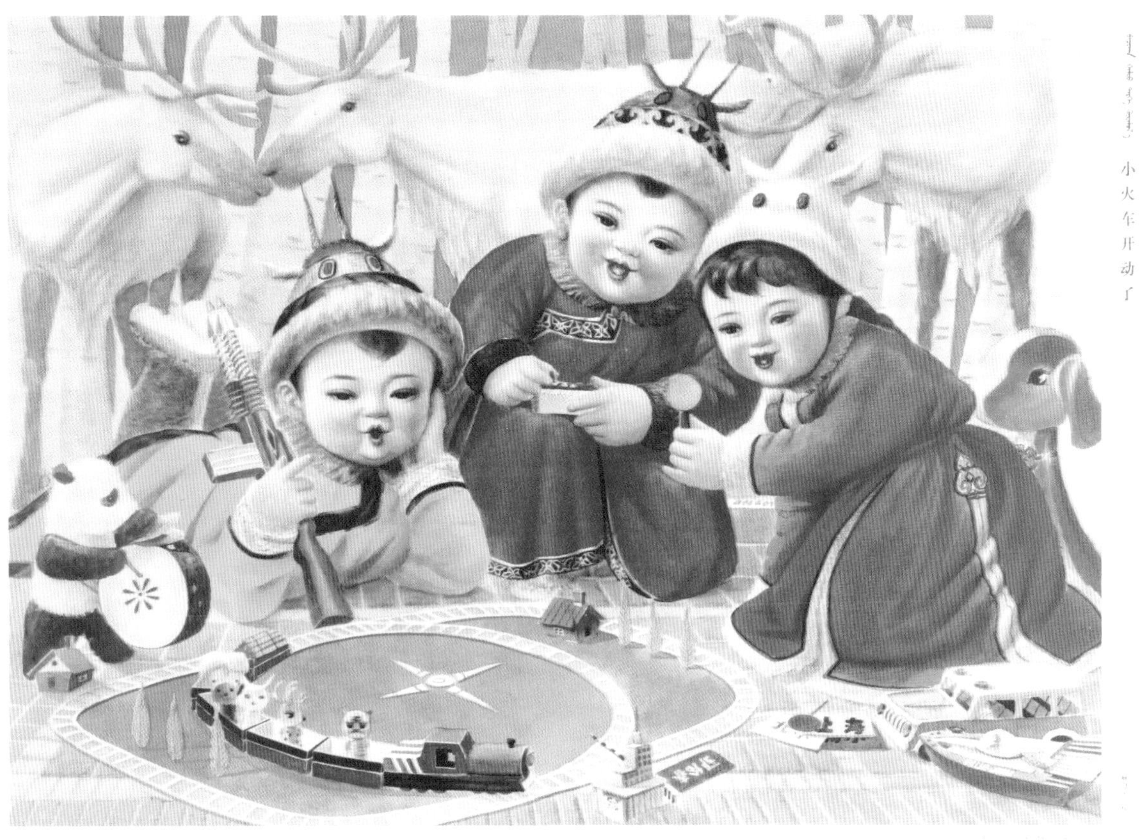

小火车开动了　20 世纪 80 年代　内蒙古人民出版社出版　解力军 作

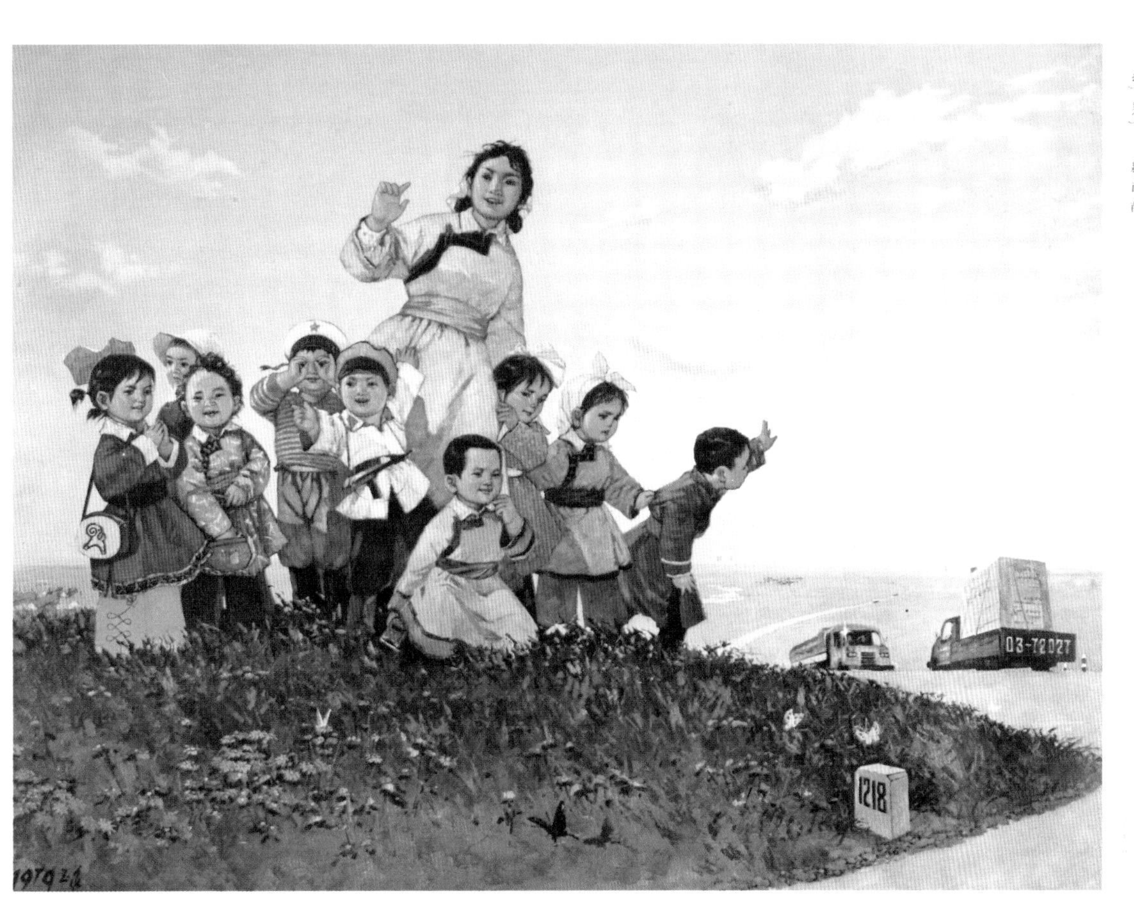

新苗苗　20 世纪 80 年代　内蒙古人民出版社出版　王玉泉 作

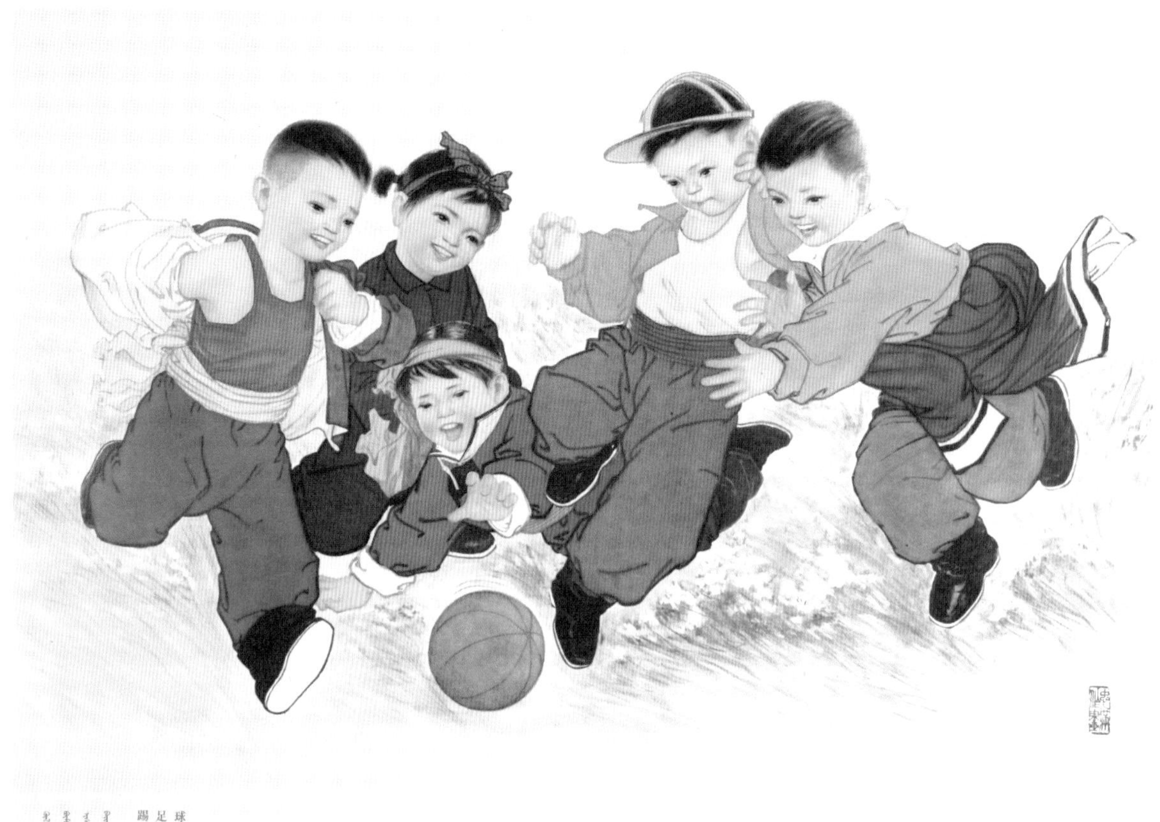

踢足球　　20世纪80年代　内蒙古人民出版社出版　牛忠满 作

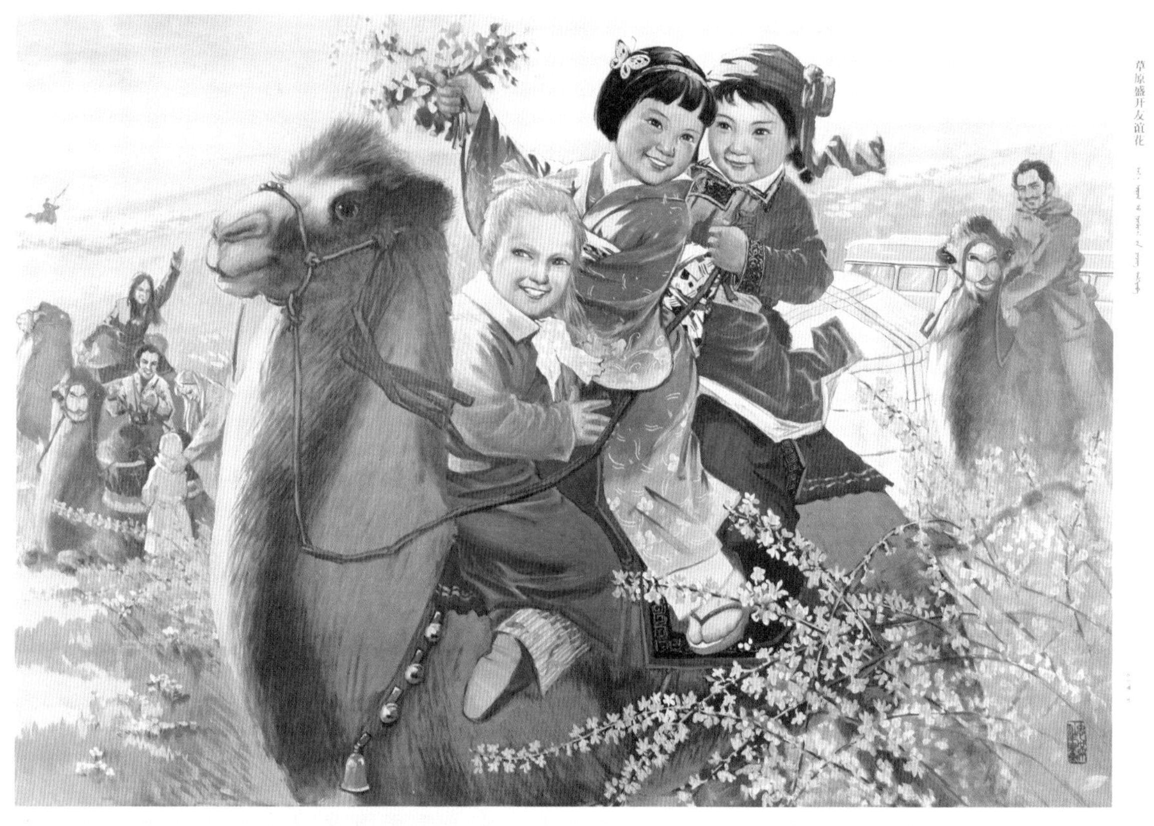

草原盛开友谊花　　20世纪80年代　内蒙古人民出版社出版　牛忠满 作

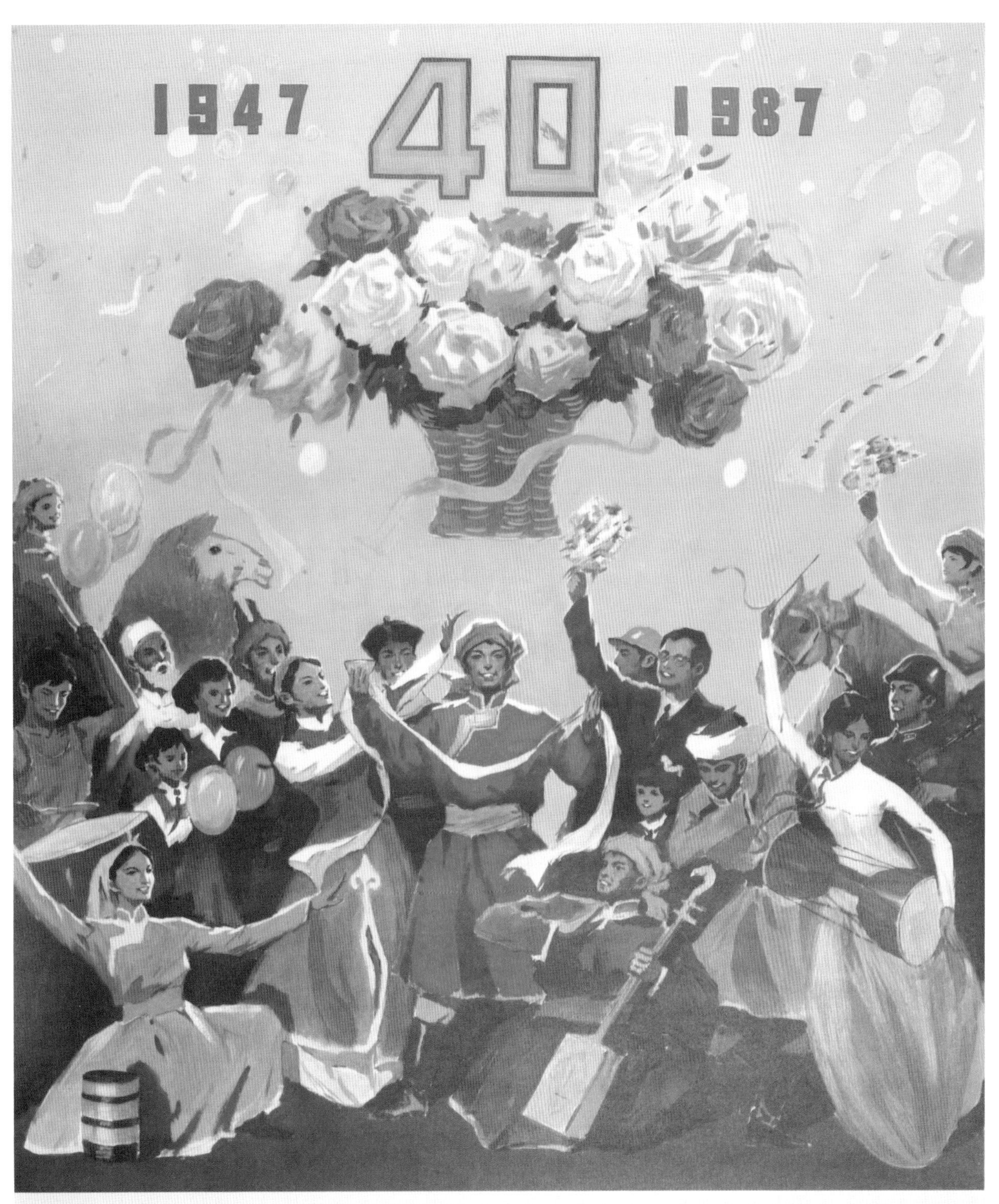

热烈庆祝内蒙古自治区成立四十周年　　20世纪80年代　内蒙古人民出版社出版　关巍 作

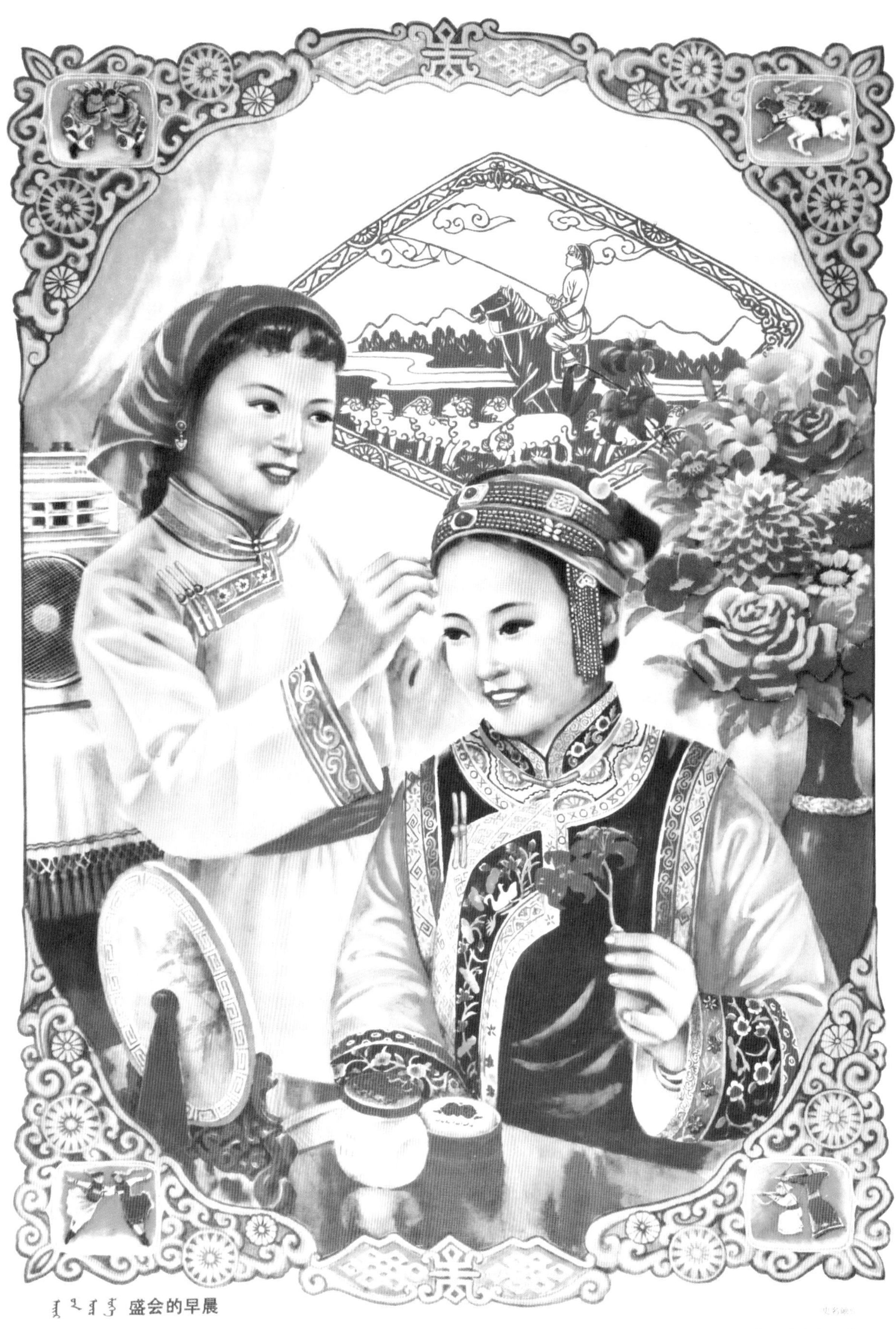

盛会的早晨　20世纪80年代　内蒙古人民出版社出版　史名岫 作

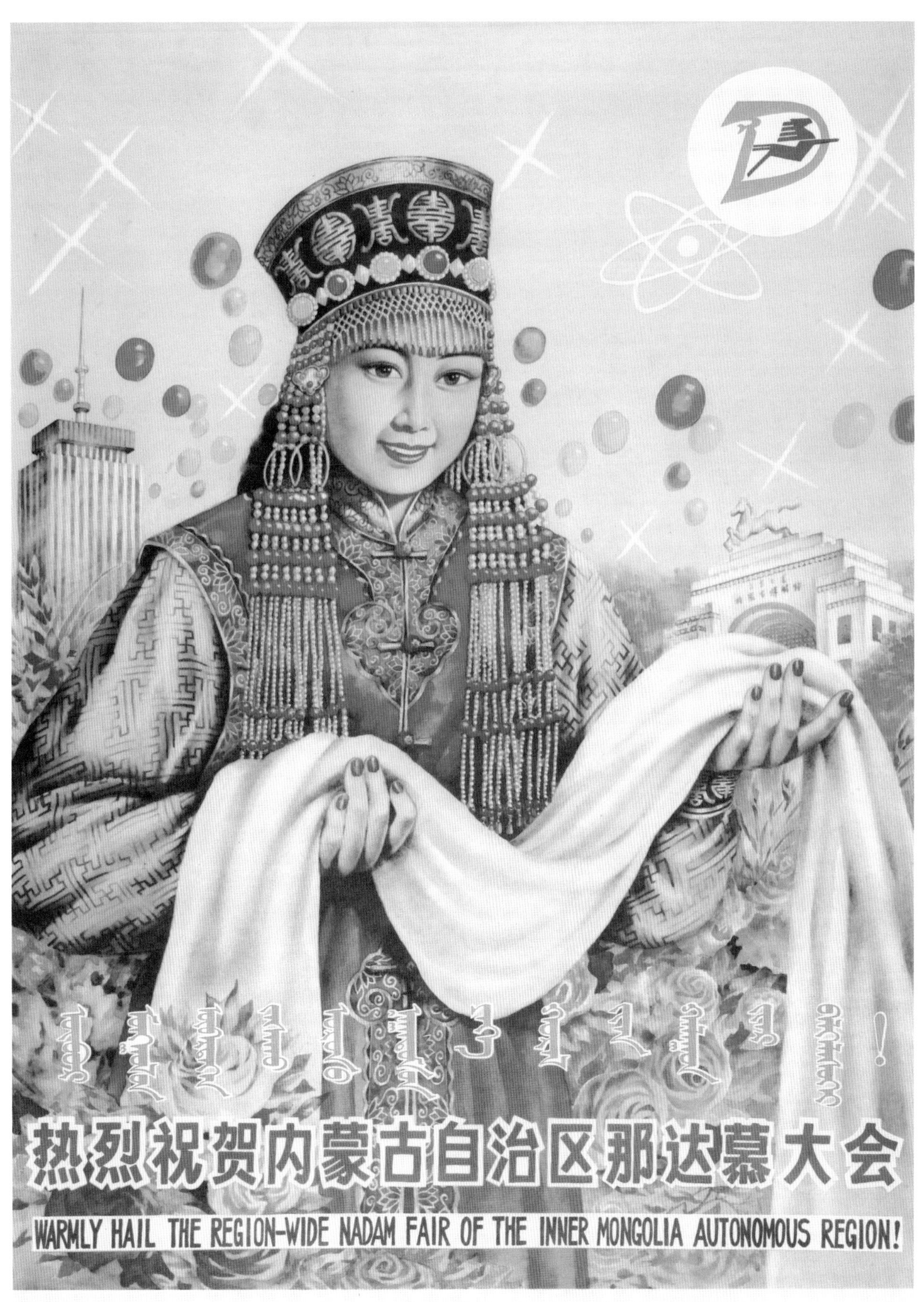

热烈祝贺内蒙古自治区那达慕大会　　20 世纪 80 年代　内蒙古人民出版社出版

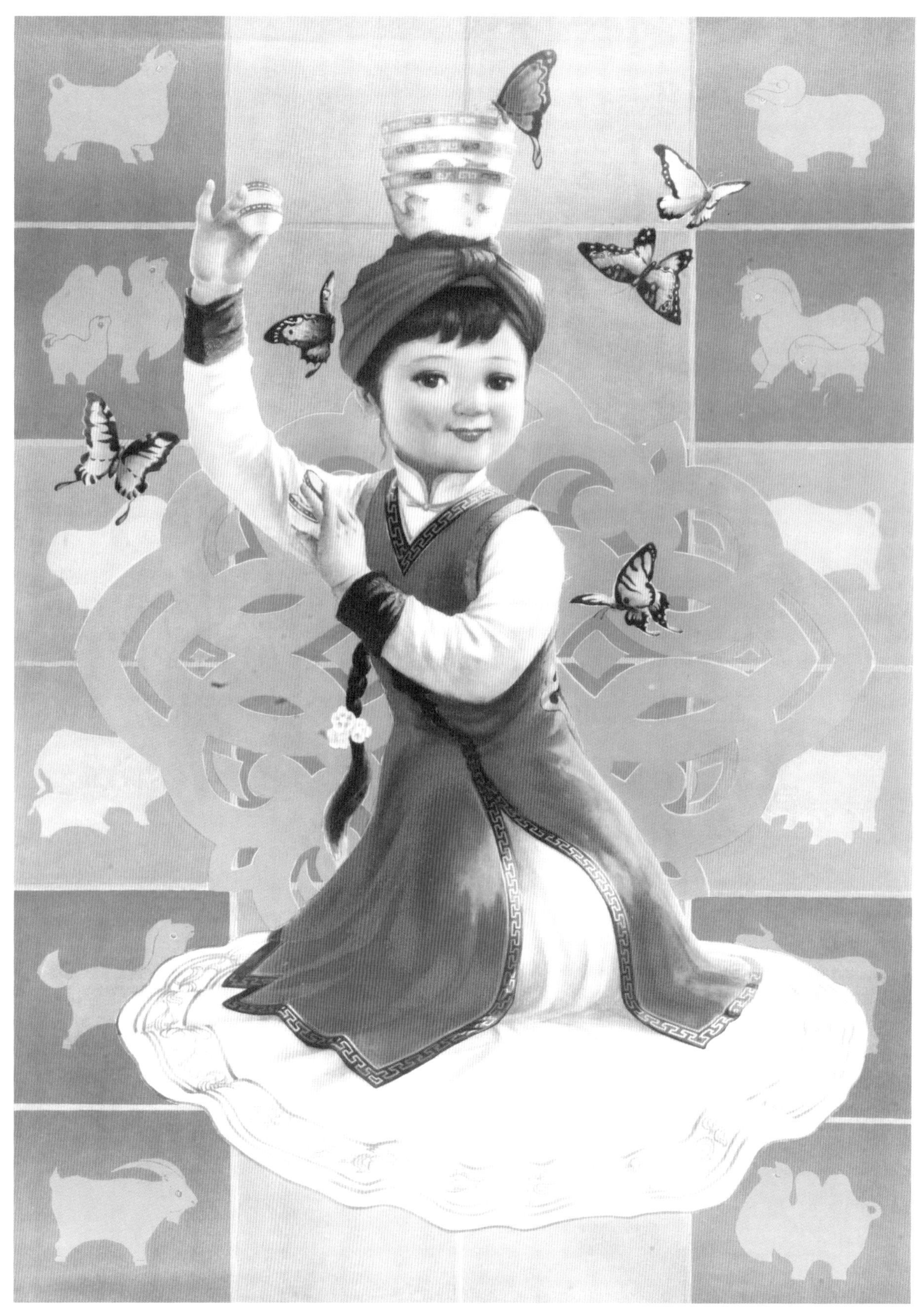

盅碗舞　20世纪80年代　内蒙古人民出版社出版　解力军 作

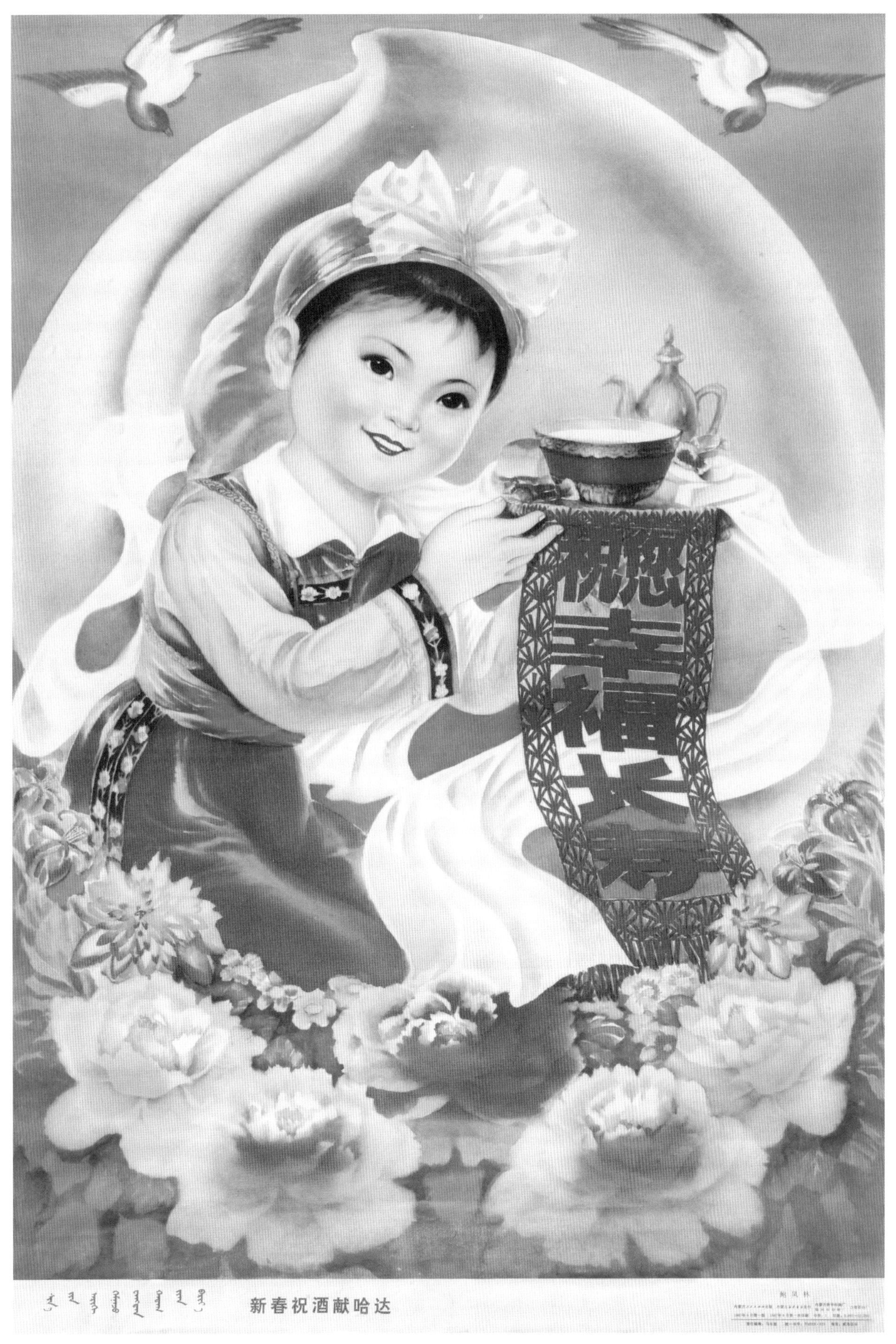

新春祝酒献哈达　　20 世纪 80 年代　内蒙古人民出版社出版　鲍凤林 作

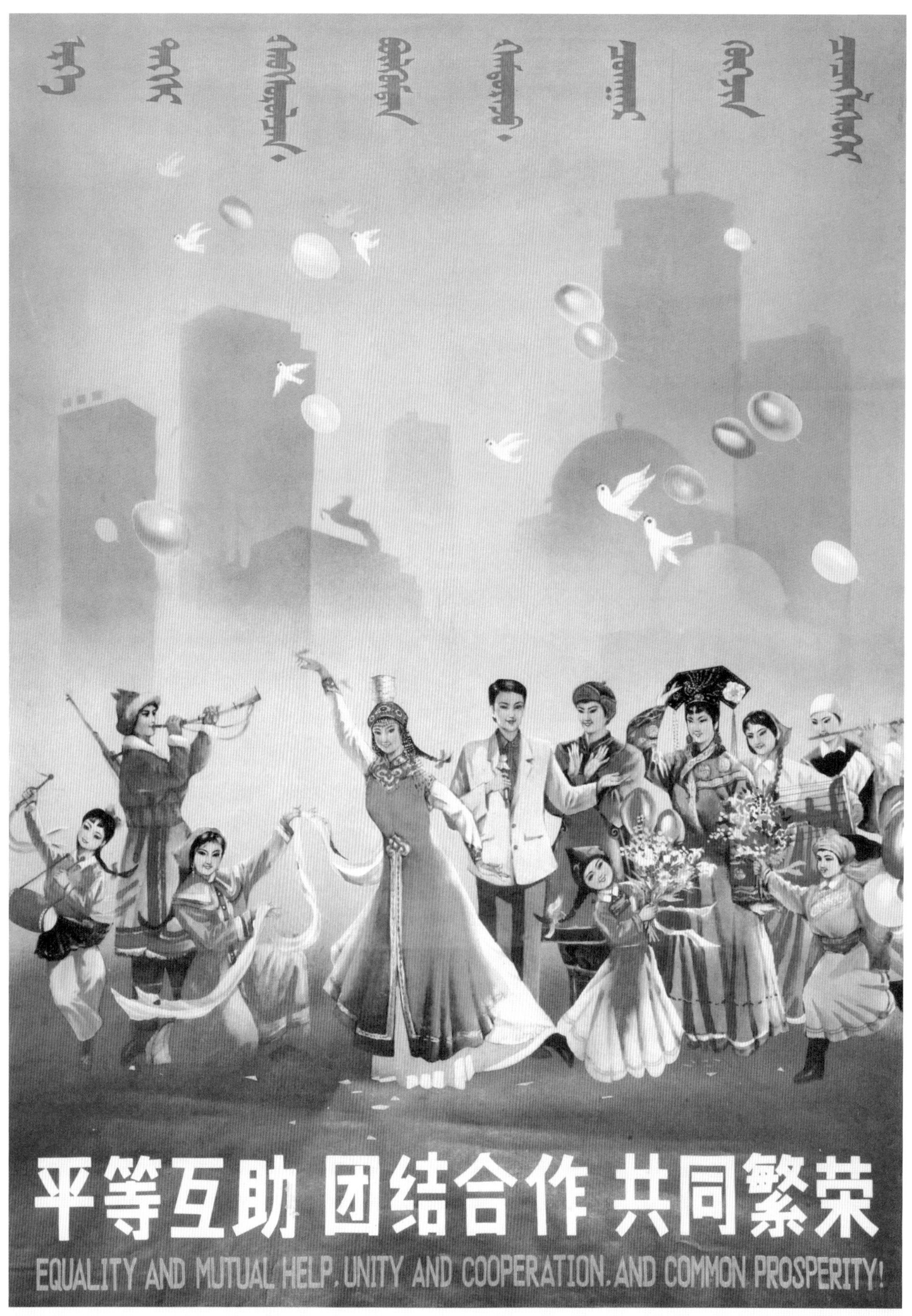

平等互助 团结合作 共同繁荣　20世纪80年代　内蒙古人民出版社出版　易晶 作

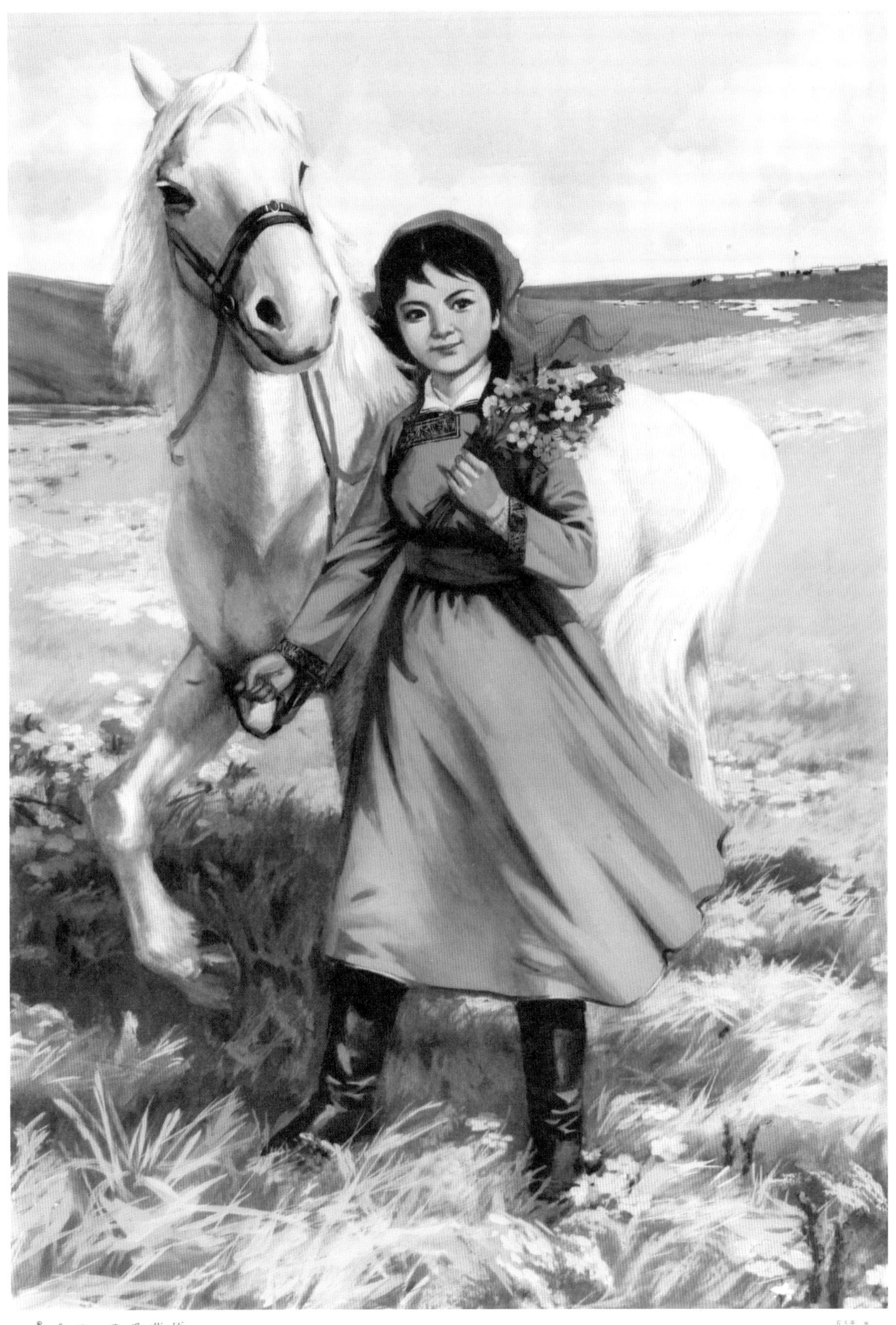

我爱草原　　20世纪80年代　内蒙古人民出版社出版　*石玉平　作*

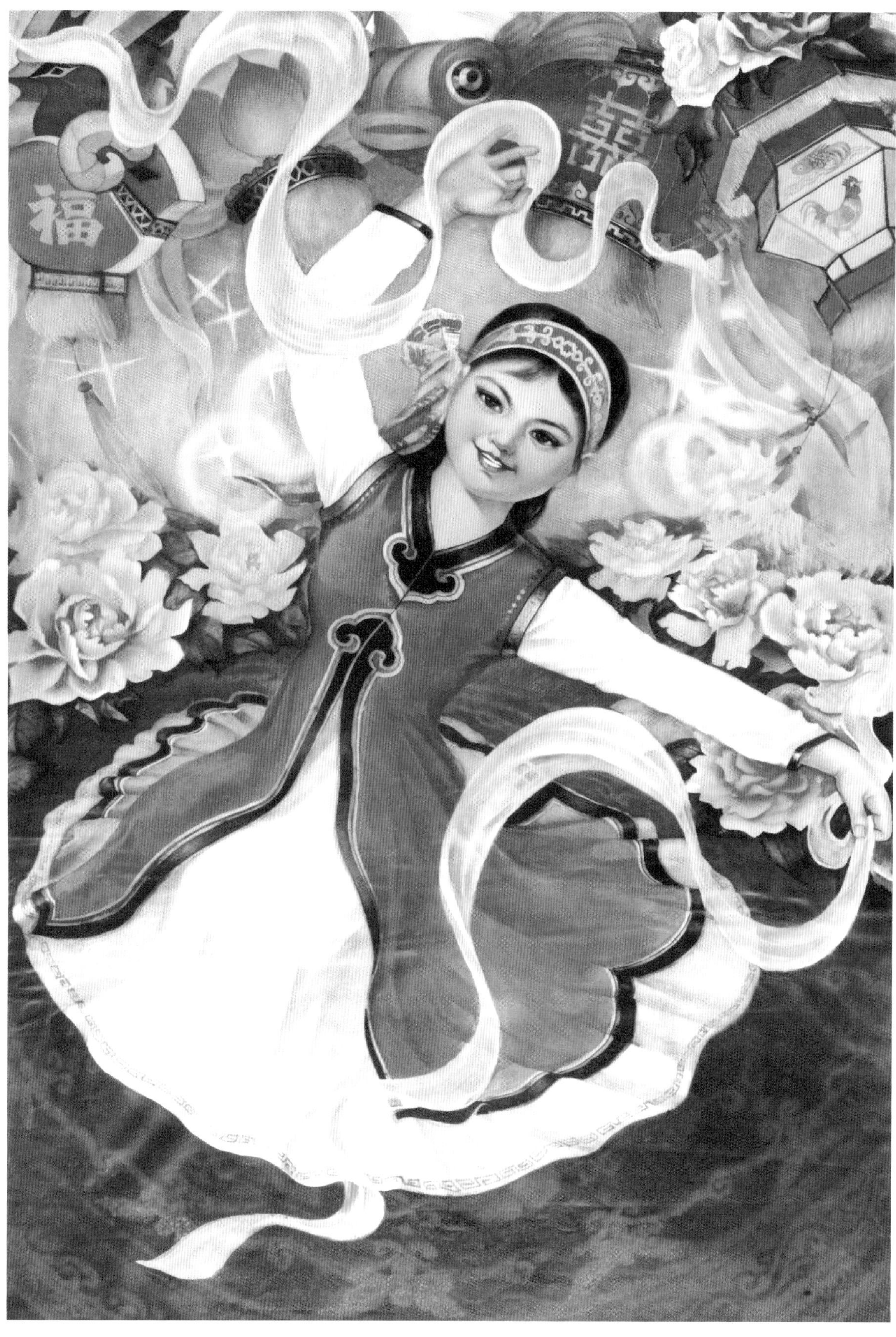

灯节　20世纪80年代　内蒙古人民出版社出版　易晶 作

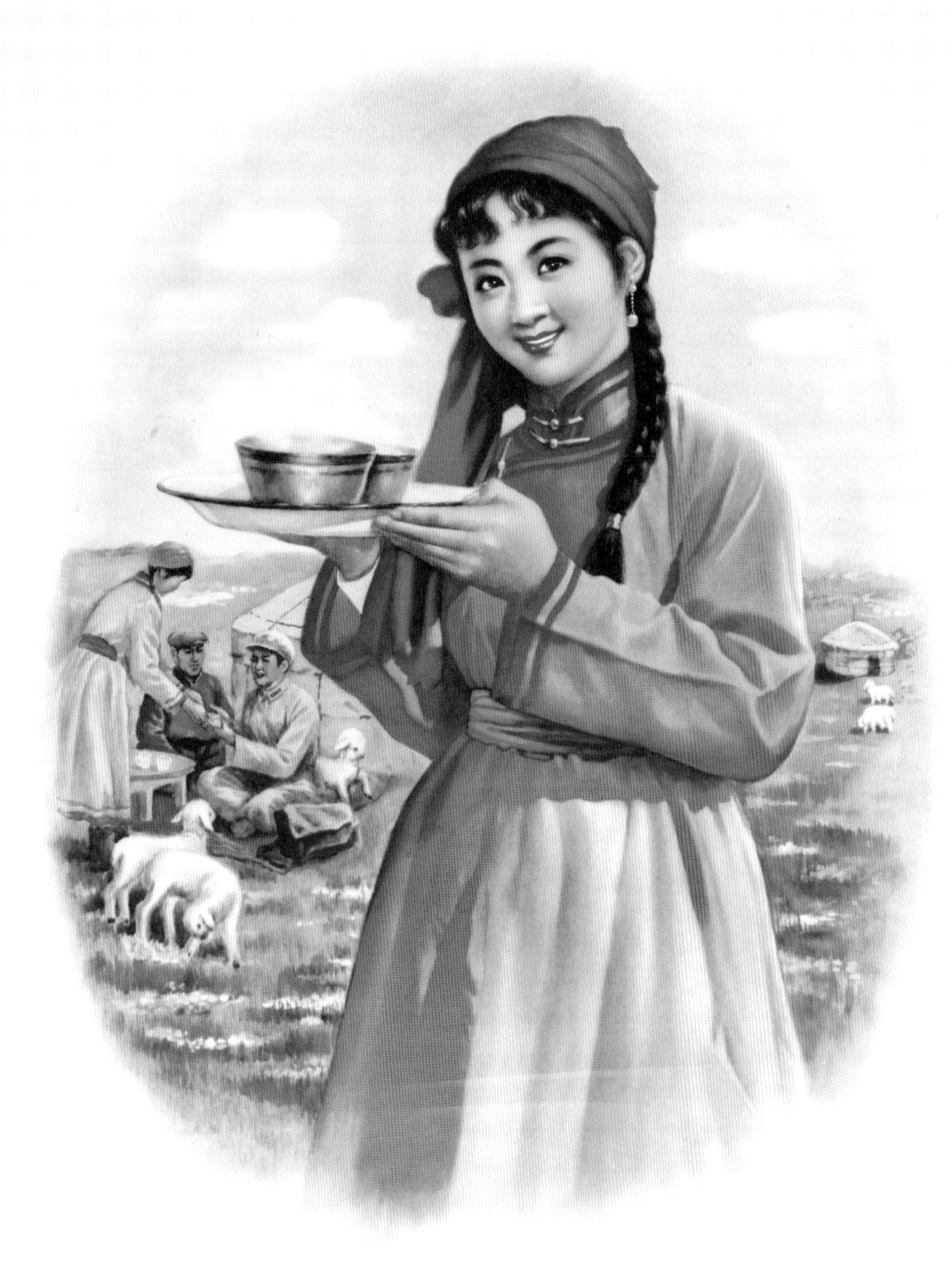

奶茶飘香

奶茶飘香　　20 世纪 80 年代　内蒙古人民出版社出版　于振波 作

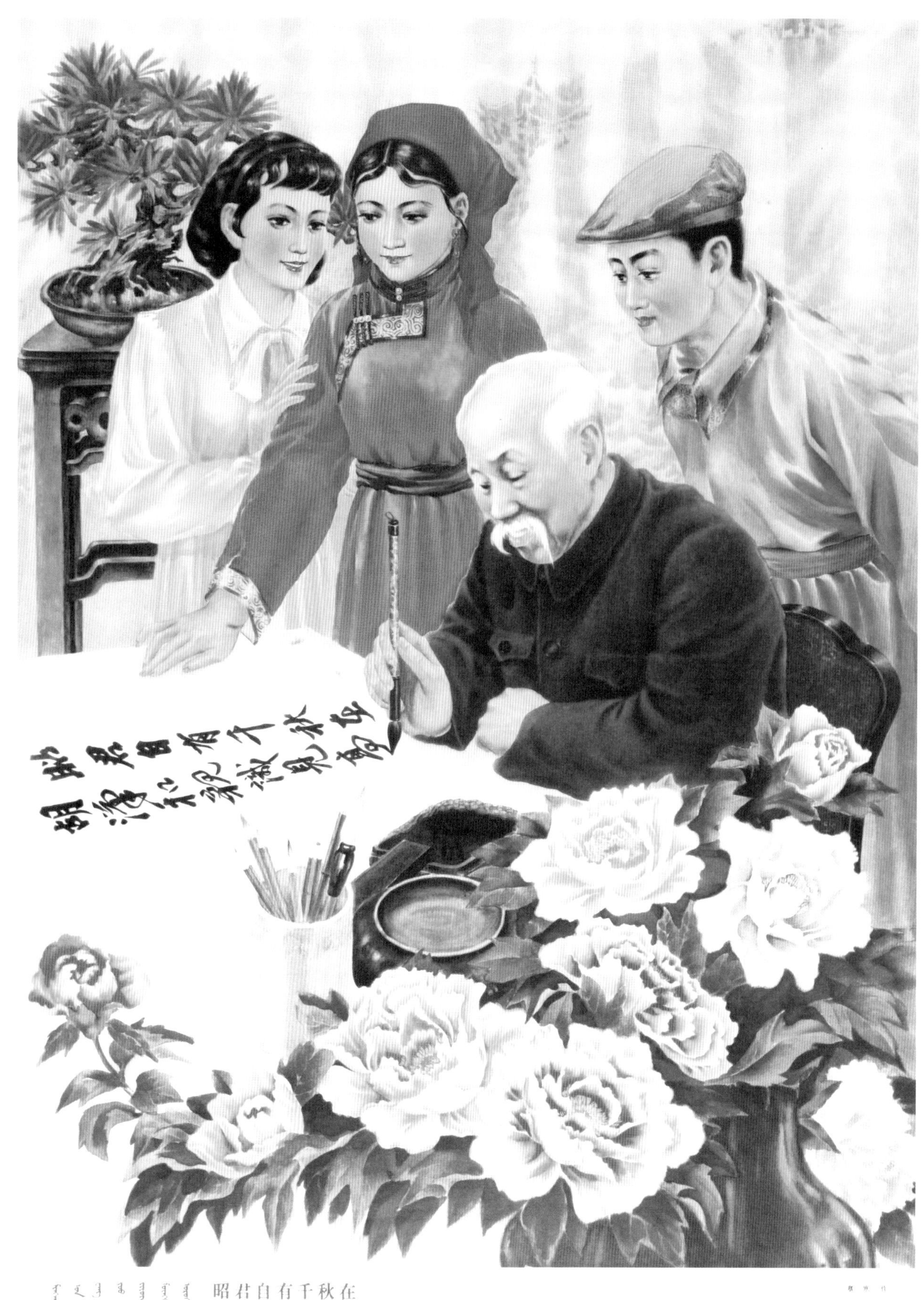

昭君自有千秋在　20世纪80年代　内蒙古人民出版社出版　塞寒 作

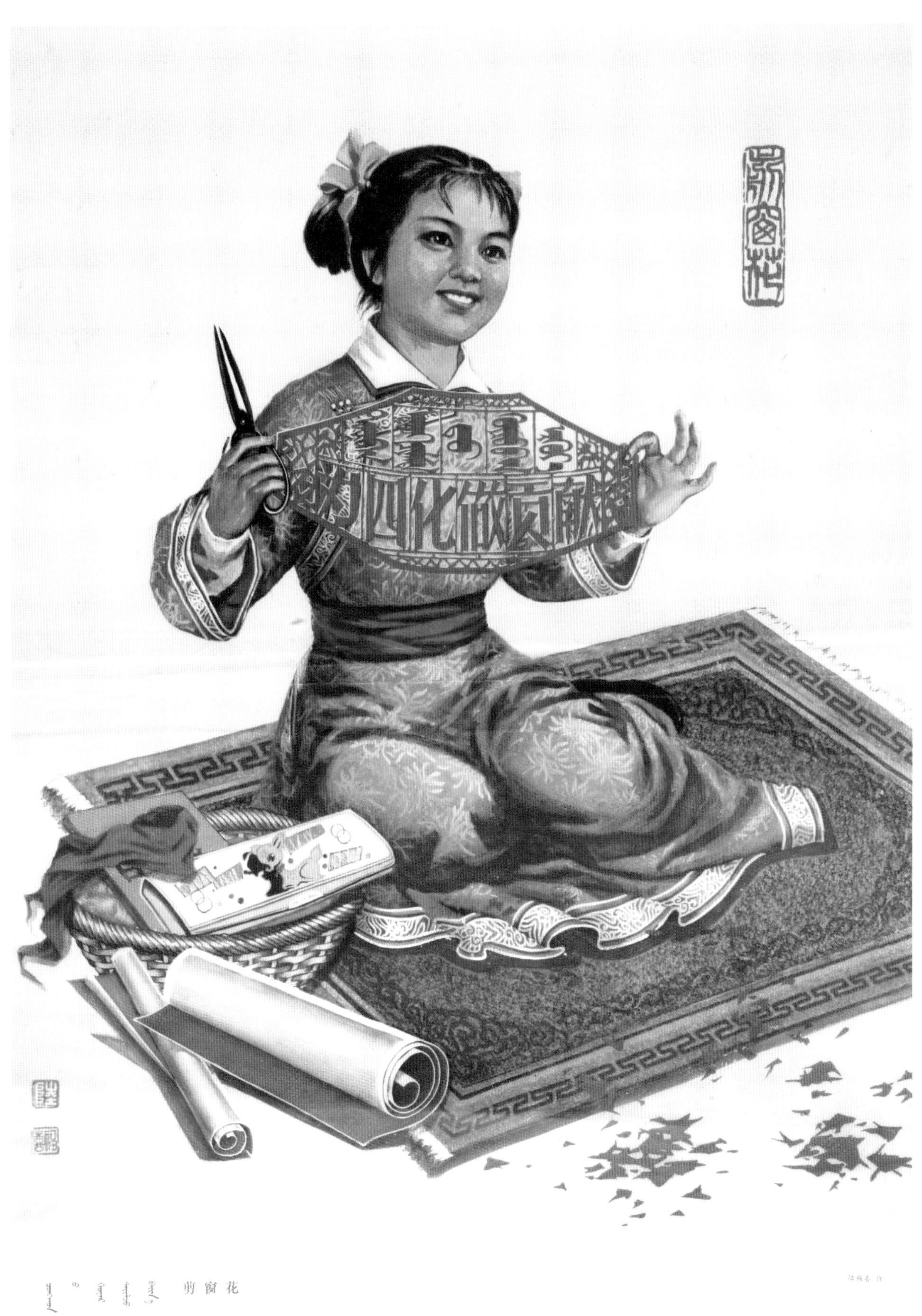

剪窗花　20世纪80年代　内蒙古人民出版社出版　陆福喜 作

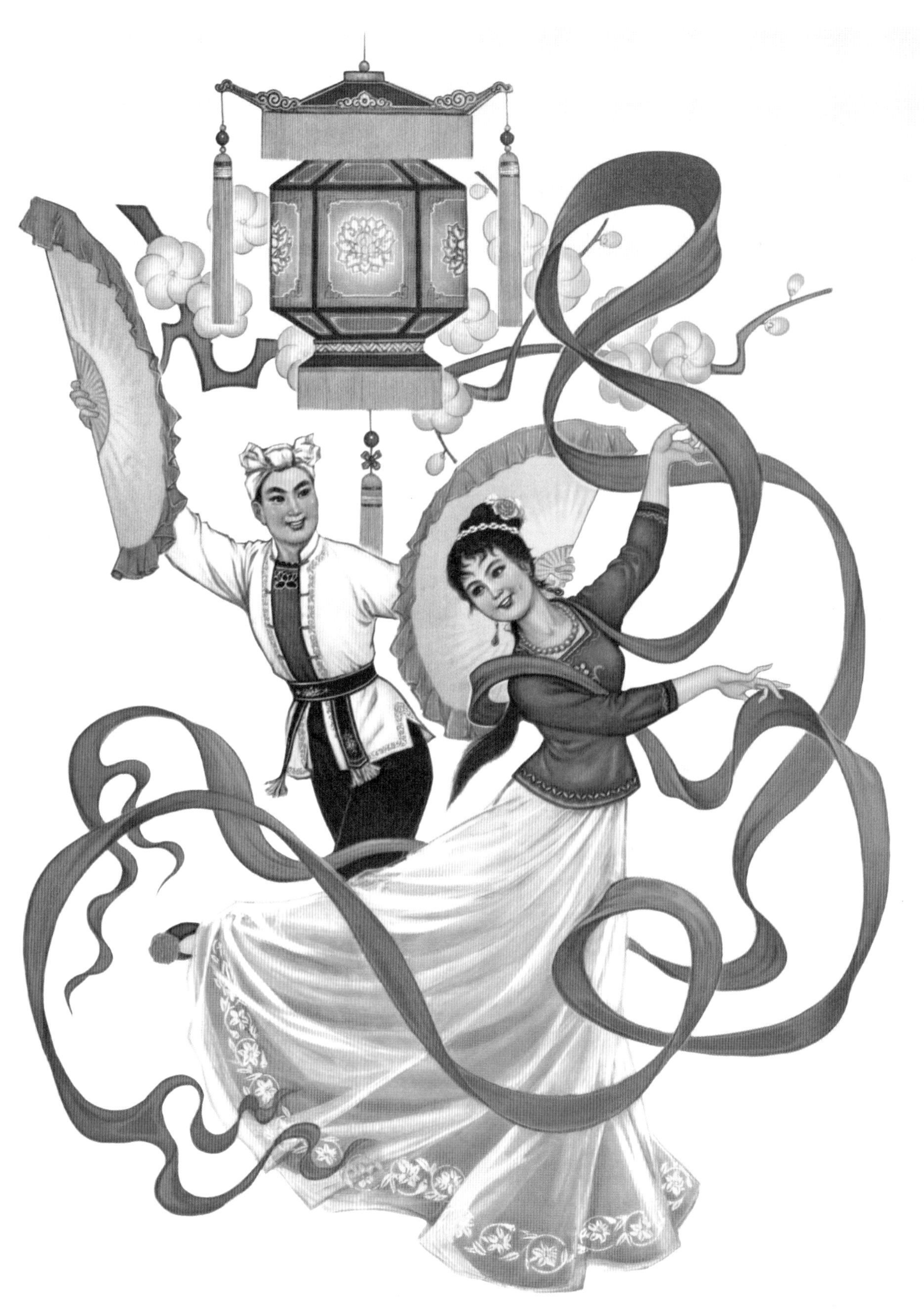

挂红灯

挂红灯　　20世纪80年代　内蒙古人民出版社出版　胡钧　陈启东 合作

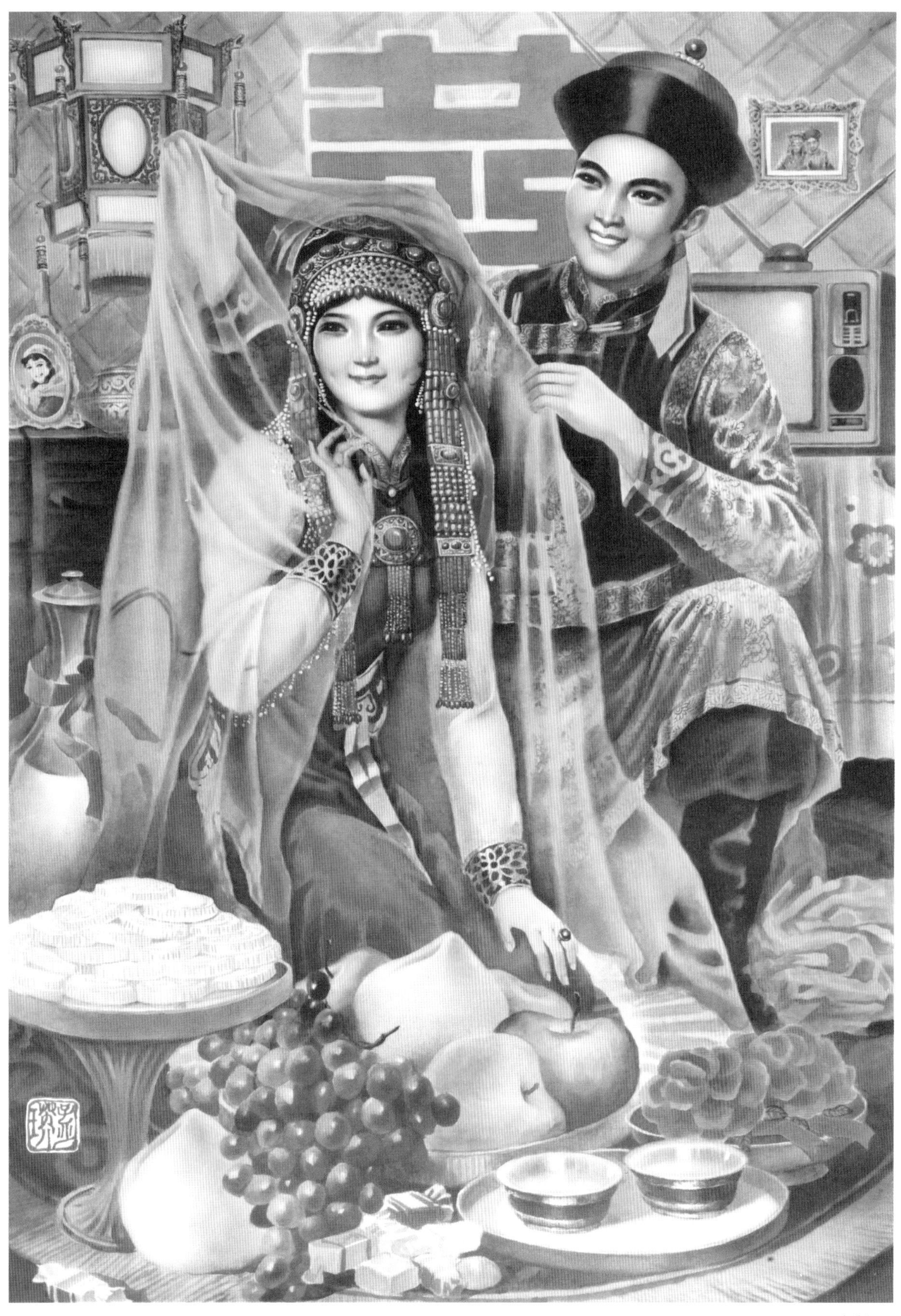

鄂尔多斯婚礼

鄂尔多斯婚礼　20世纪80年代　内蒙古人民出版社出版　孟瑛　作

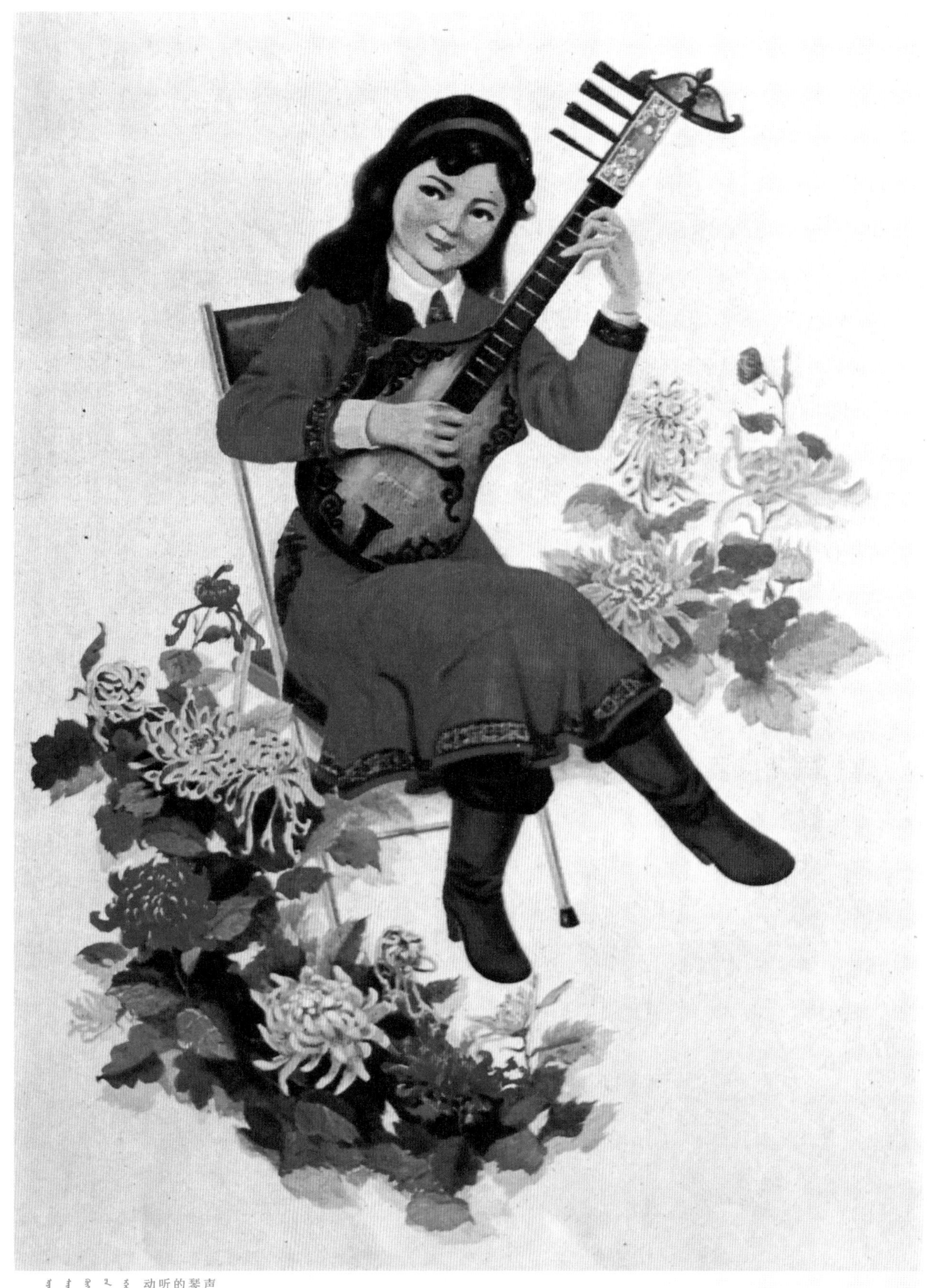

动听的琴声　20世纪80年代　内蒙古人民出版社出版　苏华 作

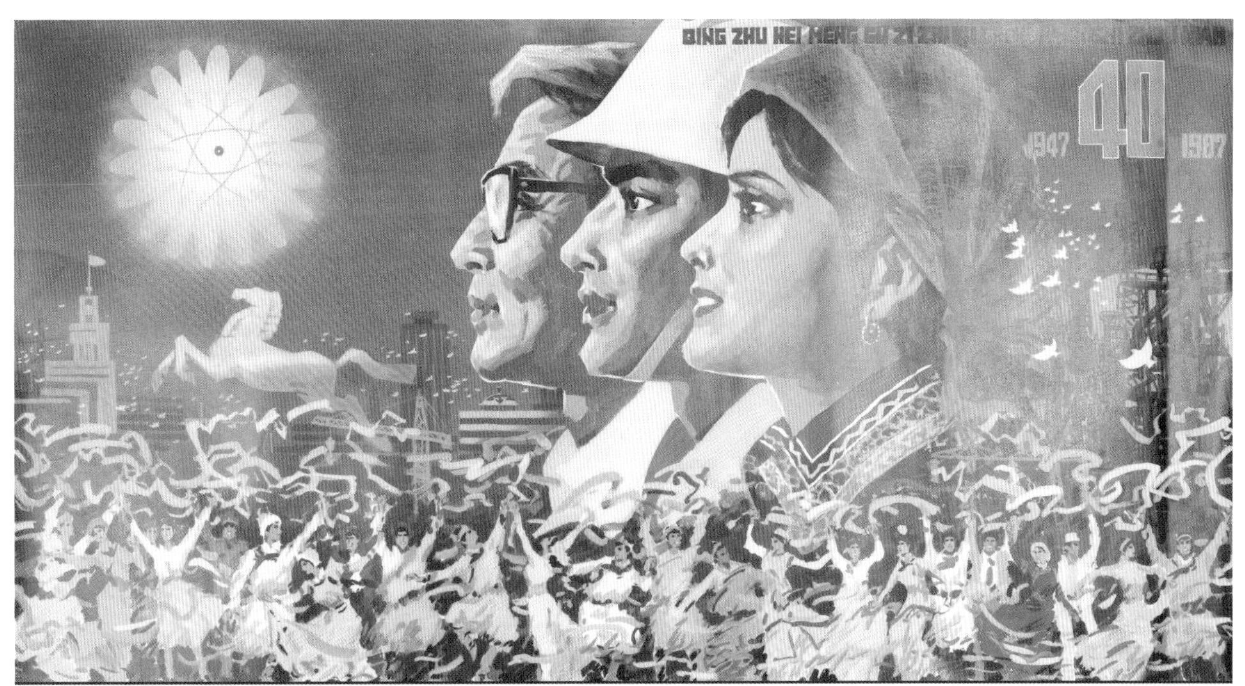

为建设团结富裕文明的内蒙古而奋斗！

为建设团结富裕文明的内蒙古而奋斗！　20 世纪 80 年代　内蒙古人民出版社出版　明锐 作

■作者介绍■

解力军 内蒙古美术家协会会员，20世纪80年代内蒙古人民出版社年画学习班学员，年画创作者，年画作品多次在内蒙古人民出版社出版。

关巍 蒙古族，自幼酷爱美术，毕业于天津美术学院。曾任内蒙古人民出版社美术编辑、北京科技职业学院艺术设计学院院长。现为中国美术家协会会员，美术编审。

史名岫 阿鲁科尔沁旗画家，中国美术家协会会员、内蒙古美术家协会会员、天山书画院院长。自20世纪70年代以来，先后有国画、连环画、年画等二十余件作品分别在《美术大观》《美术报》《鸿雁》等区内外报刊上发表或出版。他擅长国画山水和工笔人物画。有近三十幅作品参加区内外各类书画展。他的工笔人物画以内蒙古题材为主，作品《盛会在前》曾入选参加全国美展。

鲍凤林 蒙古族，1952年出生。2006-2007年为中国艺术研究院研究生院杜滋龄工作室访问学者。现任内蒙古赤峰学院教授、中国美术家协会会员、中国少数民族美术促进会理事、内蒙古美术家协会中国画艺委会委员、赤峰市政协委员、赤峰市文联副主席、赤峰市美术家协会主席。获曾宪梓教师奖、全国优秀教师称号。

易晶 1983年毕业于内蒙古师范大学美术系，1994年进修于中央美术学院。中国美术家协会会员，内蒙古美术家协会副主席，内蒙古油画学会主席，呼和浩特美术家协会主席，现任呼和浩特职业学院副院长。荣获呼和浩特市专业拔尖人才称号、内蒙古自治区“五四”青年奖章。2008年被评为内蒙古自治区有突出贡献的中青年专家；内蒙古自治区高校名师。妥木斯工作室首批创作研究员。

石玉平 汉族，1948年出生。毕业于内蒙古师范学院艺术系。酷爱摄影、绘画和诗词。历任内蒙古画报社社长、内蒙古新闻出版局局长，编审，国家一级美术师。内蒙古美术家协会会员、内蒙古政协书画院院士、中华诗词学会会员、内蒙古诗词学会副会长、中国摄影家协会会员、内蒙古摄影家协会名誉主席。

于振波 1964年出生，突泉县文化馆馆员。内蒙古美术家协会会员，突泉非物质文化遗产“擦笔年画”技艺传承人。擅长“擦笔年画”。他凭借“擦笔年画”技艺成为“突泉年画”的代表人物。作品有《奶茶飘香》

《队日》《新曲》《生活多美好》《桃李芬芳》《哺育》等。

塞寒 20世纪80年代内蒙古人民出版社年画创作者。

陆福喜 20世纪80年代内蒙古人民出版社年画创作者，年画作品多次在内蒙古人民出版社出版。

孟瑛 20世纪80年代内蒙古人民出版社年画创作者，年画作品多次在内蒙古人民出版社出版。

苏华 女，达斡尔族，1951年9月出生。内蒙古美术家协会会员，内蒙古书法家协会会员。1975年毕业于无锡轻工业学院造型艺术系，1975年到内蒙古人民出版社从事美术编辑和文字编辑工作，内蒙古人民出版社编审，内蒙古人民出版社美术编辑室主任。

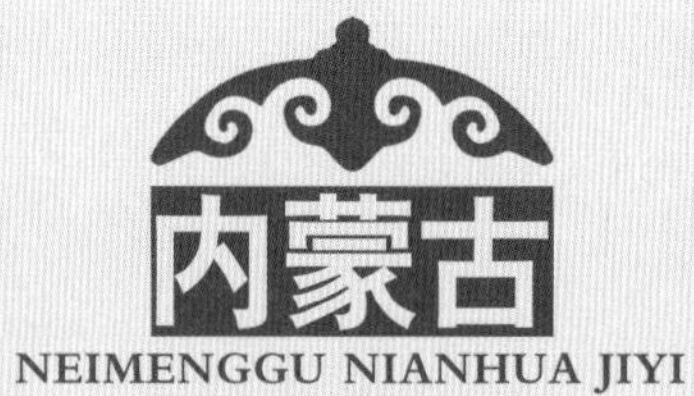
内蒙古
NEIMENGGU NIANHUA JIYI
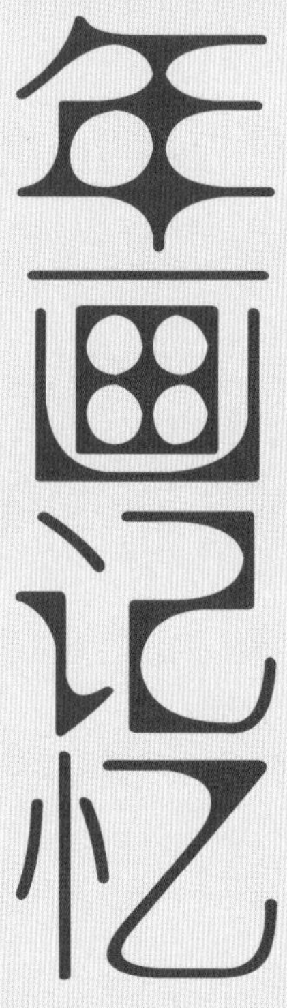
年画记忆

20世纪90年代精选

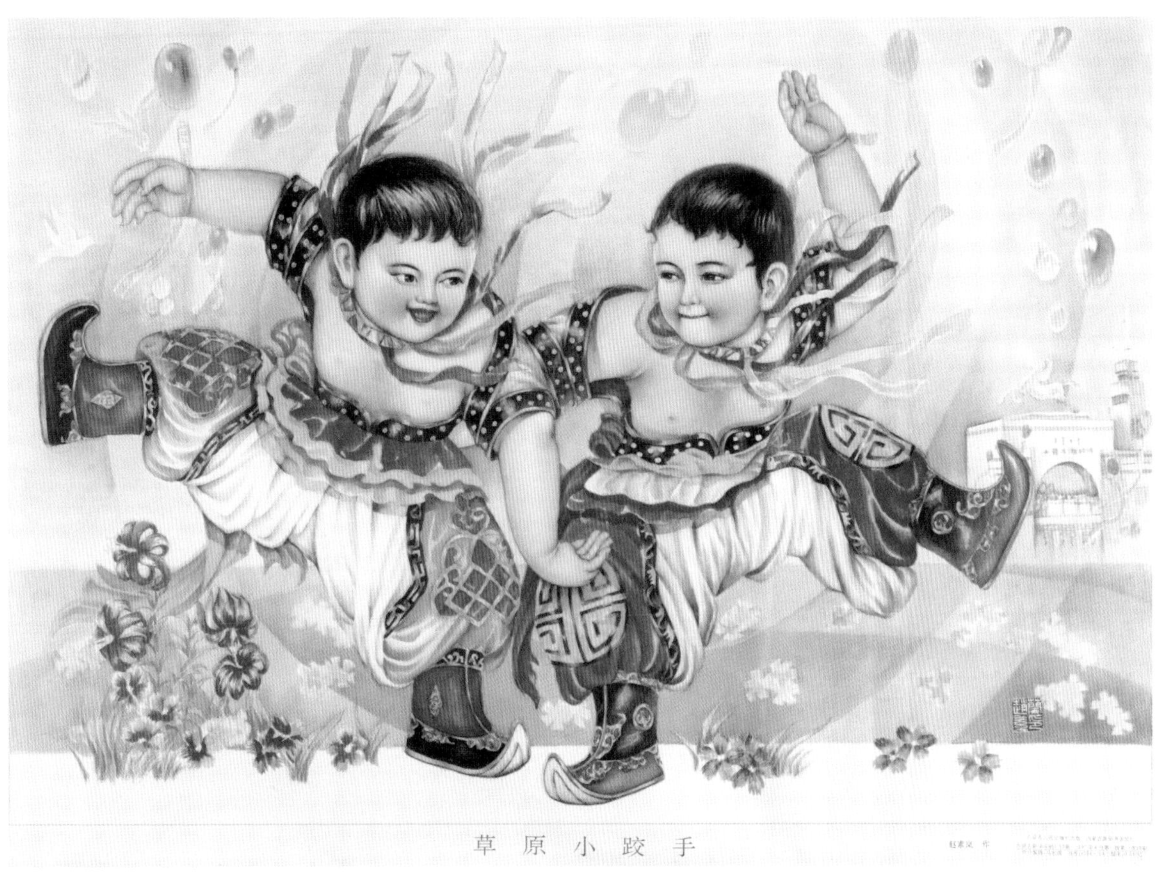

草原小跤手　20 世纪 90 年代　内蒙古人民出版社出版　赵素兰 作

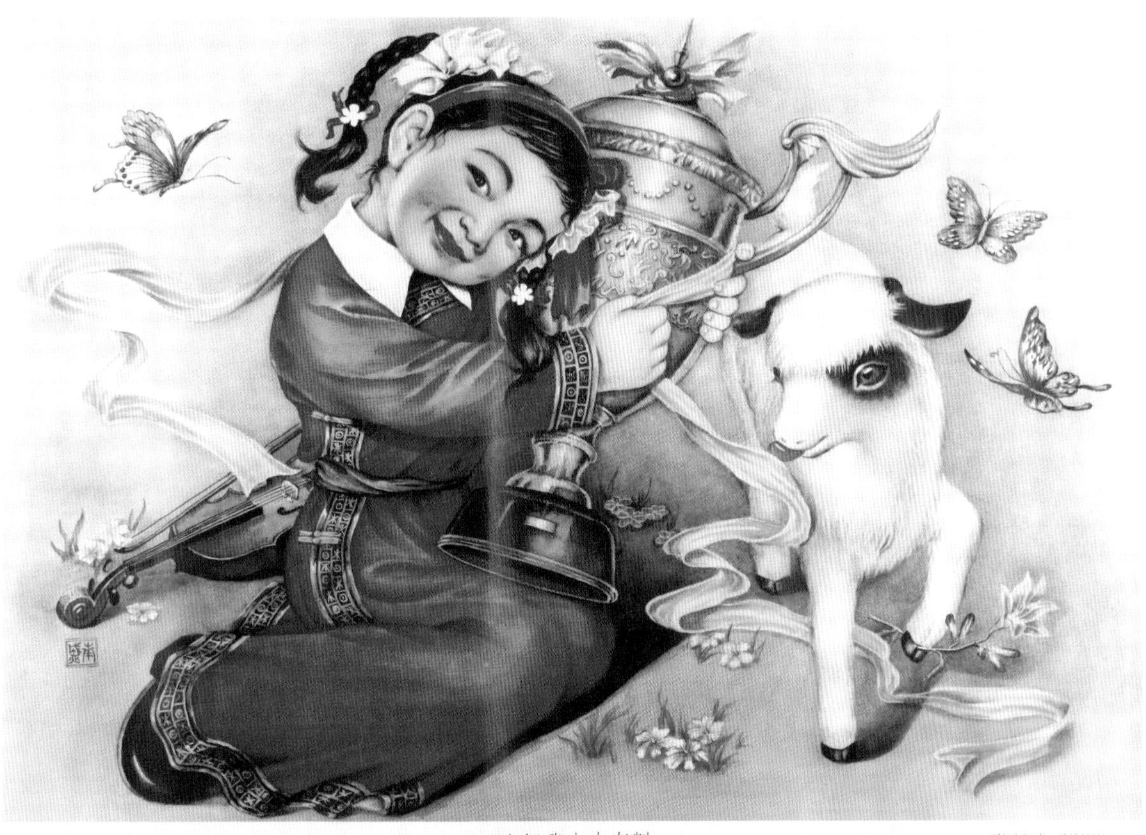

来年我也去夺魁　20 世纪 90 年代　内蒙古人民出版社出版　盛椅 作

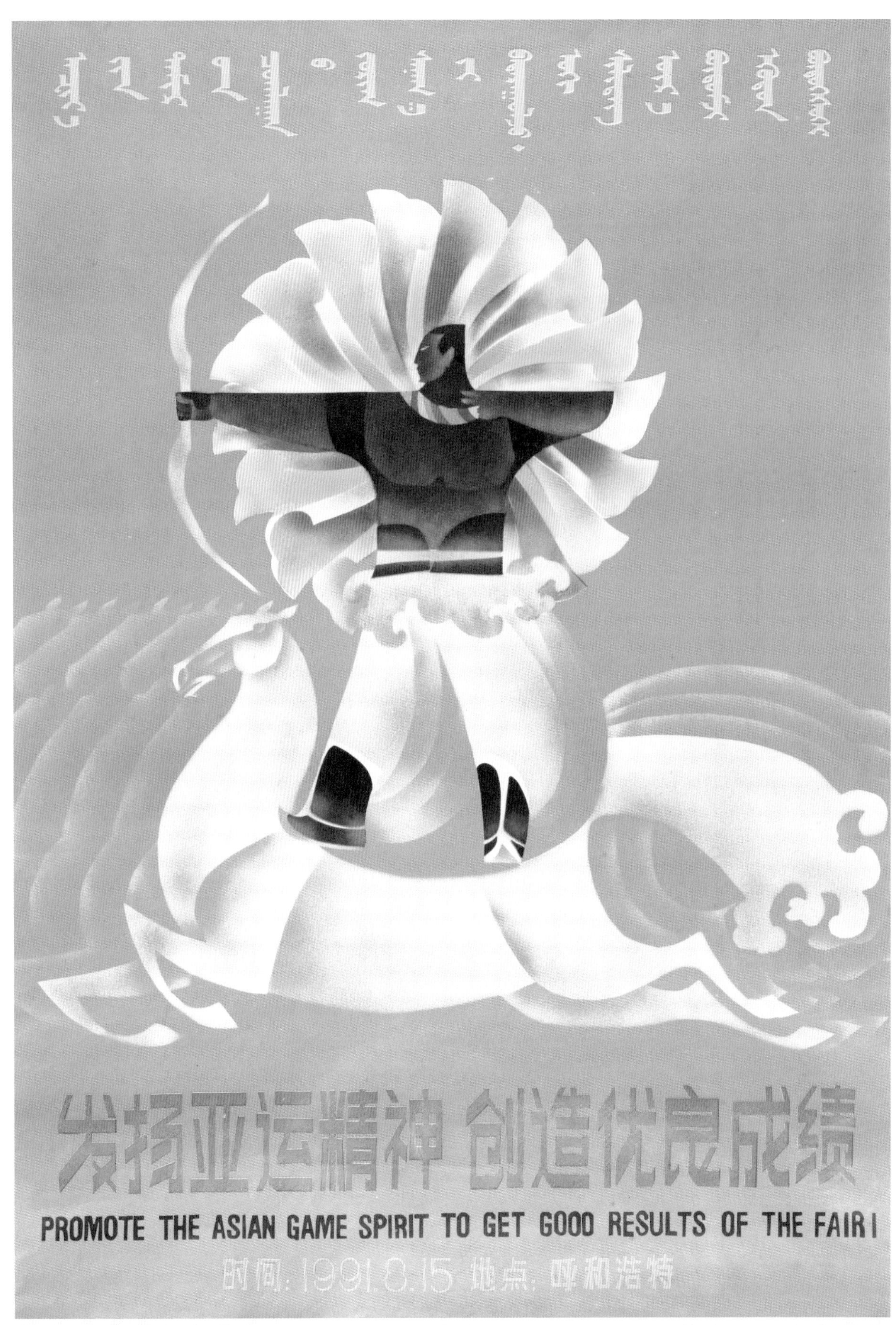

发扬亚运精神 创造优良成绩　　20世纪90年代　内蒙古人民出版社出版　丹森 作

■作者介绍■

赵素岚 20世纪80年代内蒙古人民出版社年画学习班学员，年画创作者，年画作品多次在内蒙古人民出版社出版。

盛楠 20世纪80年代内蒙古人民出版社年画学习班学员，年画创作者，年画作品多次在内蒙古人民出版社出版。

丹森 蒙古族，1962年10出生，书籍装帧设计师，内蒙古教育出版社教材研究中心编辑。1989年被评为十大内蒙古青年画家。作品《牛》获内蒙古第三届文学艺术“苏伦嘎”奖；1987年为自治区成立50周年设计邮票4枚；1989设计了锡林郭勒自然保护区特种邮票4枚；2002-2021年，为全区各盟市及首府呼和浩特市等地，设计制作大型文化雕塑10多座。

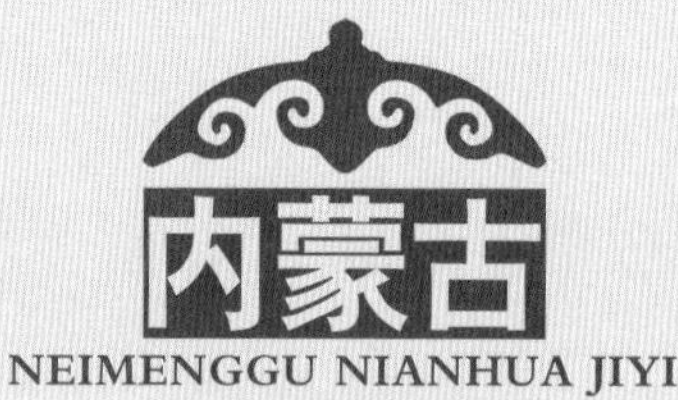

NEIMENGGU NIANHUA JIYI

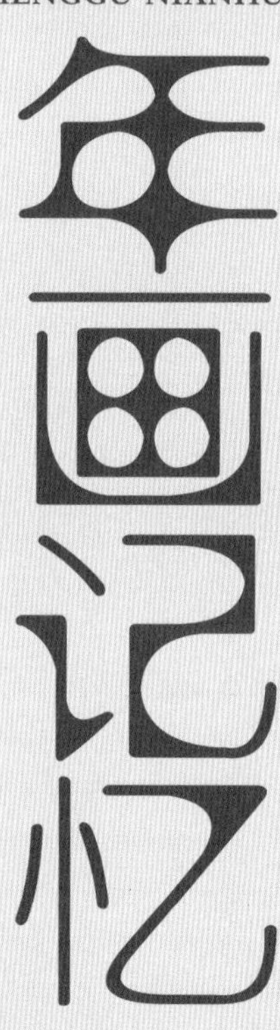

附：20 世纪 50—90 年代兄弟出版社出版的内蒙古题材年画

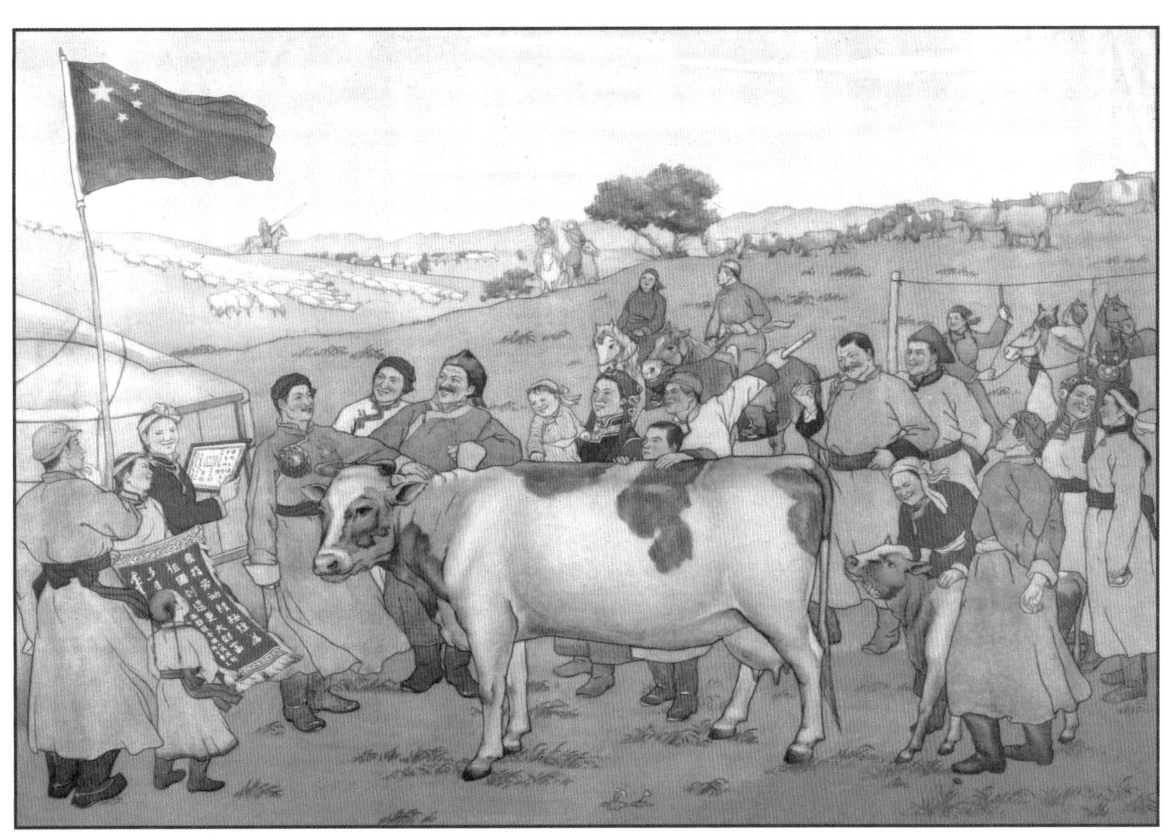

草原上的爱国增产运动　　20 世纪 50 年代　人民美术出版社出版　旺亲拉西 作

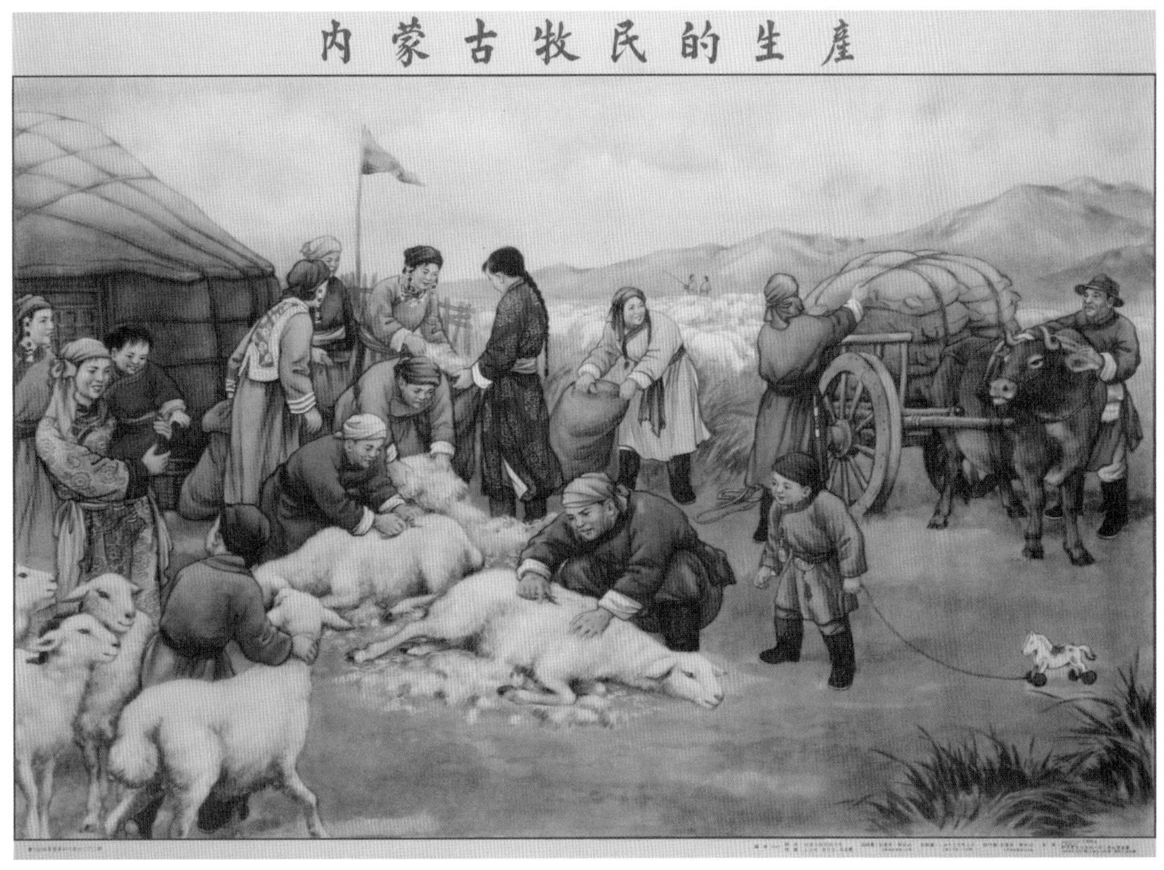

内蒙古牧民的生产　　20 世纪 50 年代初　彩画第一联营社出版　王念忱　刘旦宅　黄达聪 作

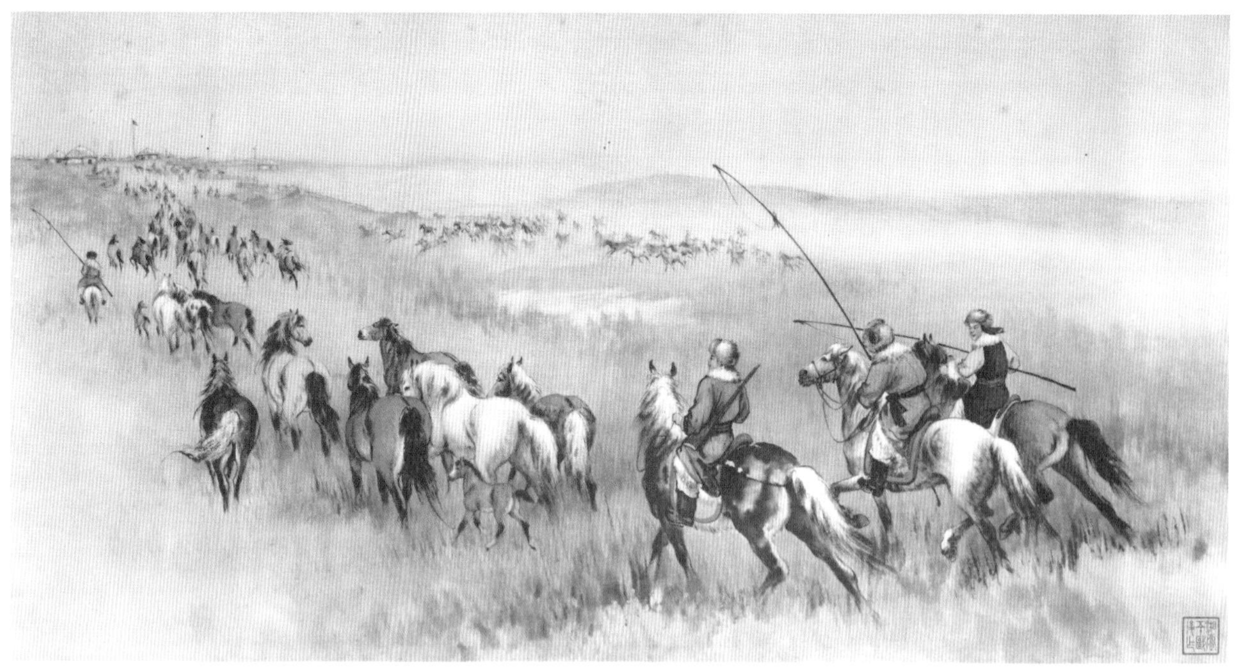

归牧　20世纪50年代　上海人民美术出版社出版　戈湘岚 作

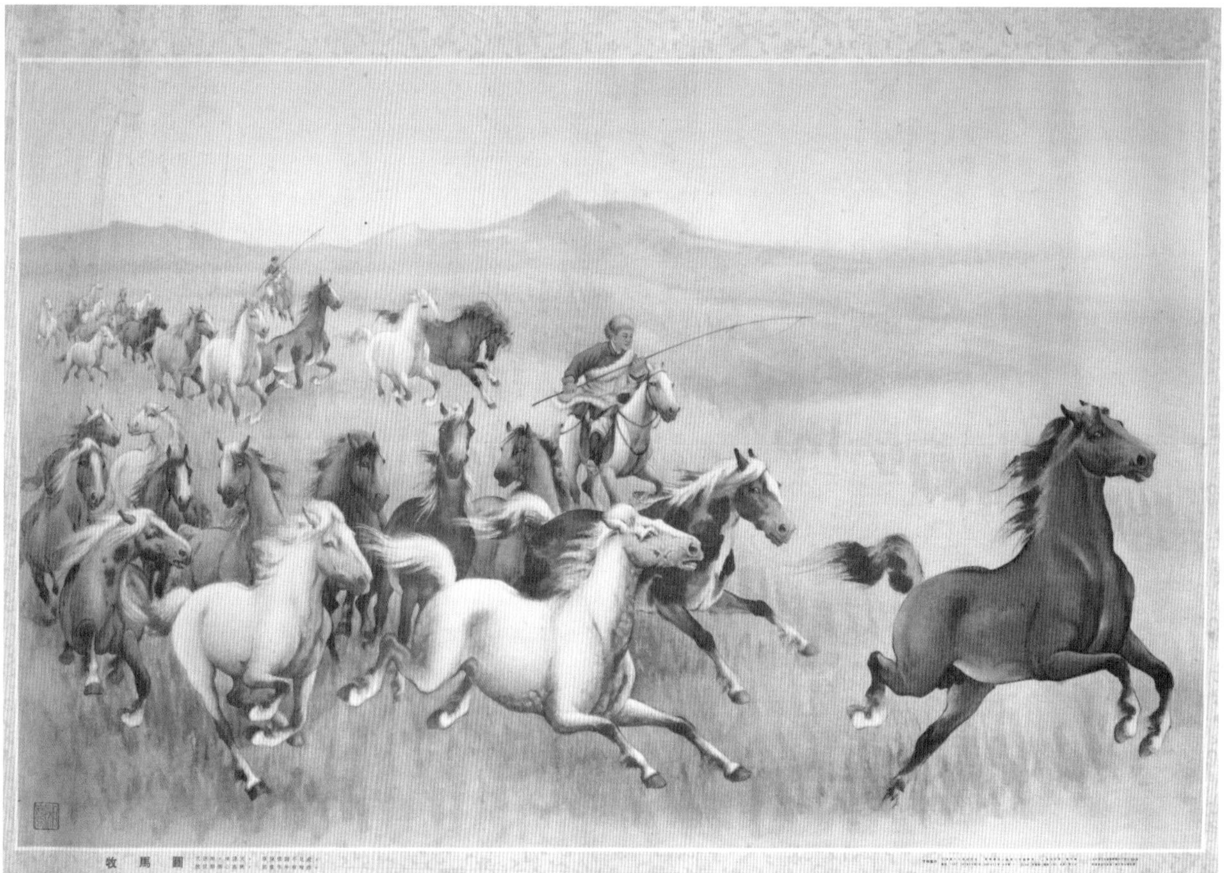

牧马图　20世纪50年代　上海画片出版社出版　戈湘岚 作

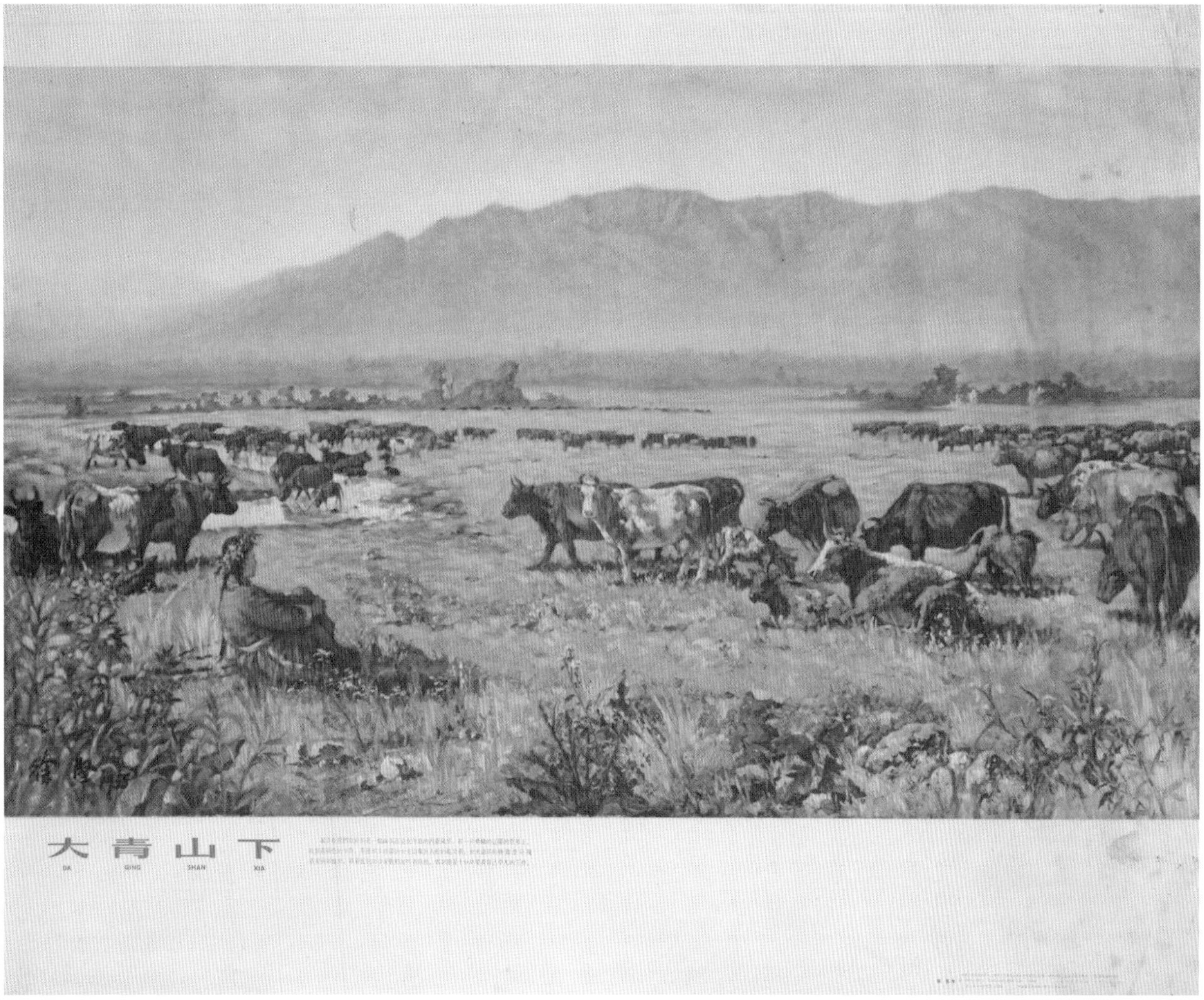

大青山下　20 世纪 50 年代　上海画片出版社出版　徐坚　作

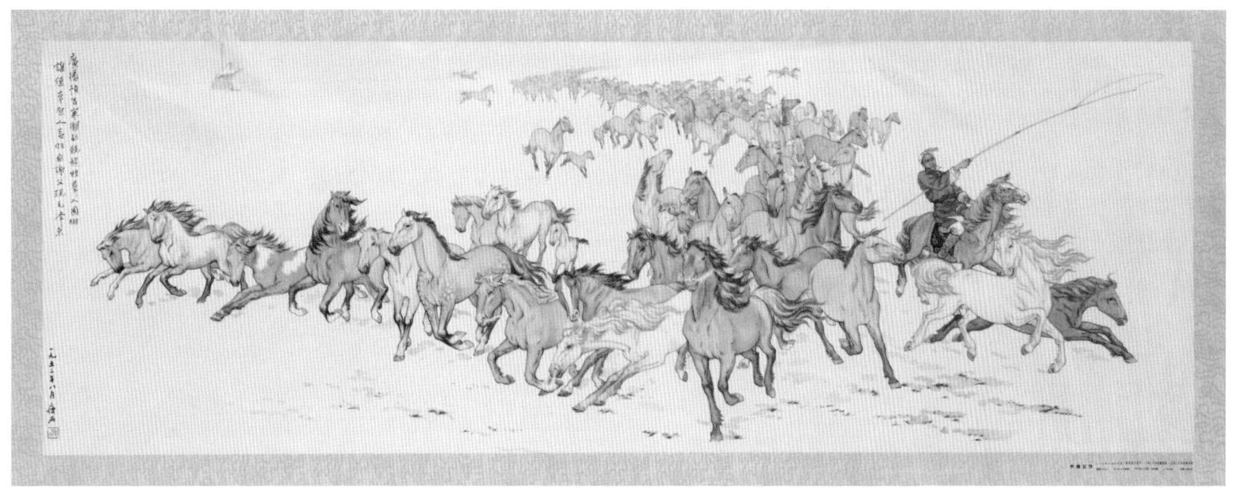

牧马图　20 世纪 50 年代　人民美术出版社出版　尹瘦石　作

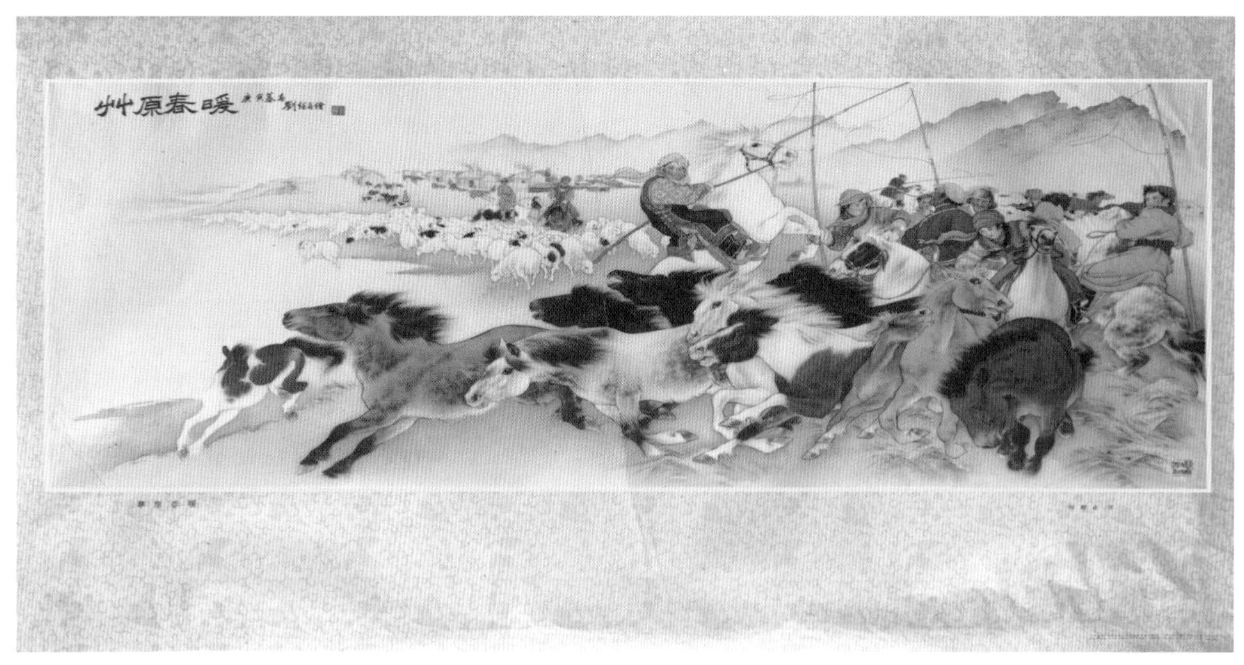

草原春暖　　20世纪50年代　天津人民出版社出版　刘继卣 作

軍放解迎歡民人族蒙

西北藝術學院黃乃元作

西北軍政委員會財政部印刷廠承印

新華書店西北總分店發行

蒙族人民欢迎解放军　　20世纪50年代　黄乃元 作

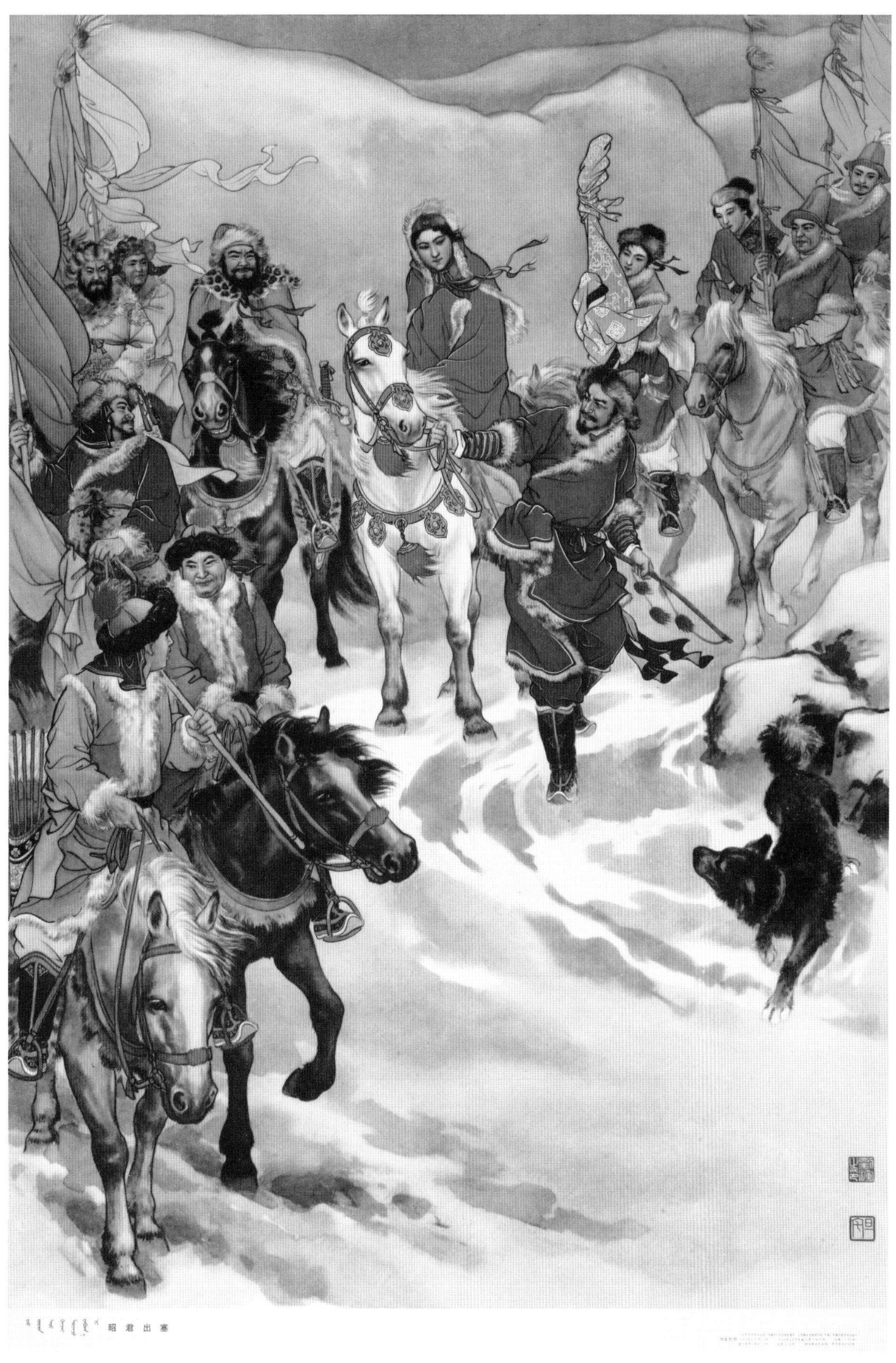

昭君出塞　　20世纪50年代　人民美术出版社出版　刘旦宅 作

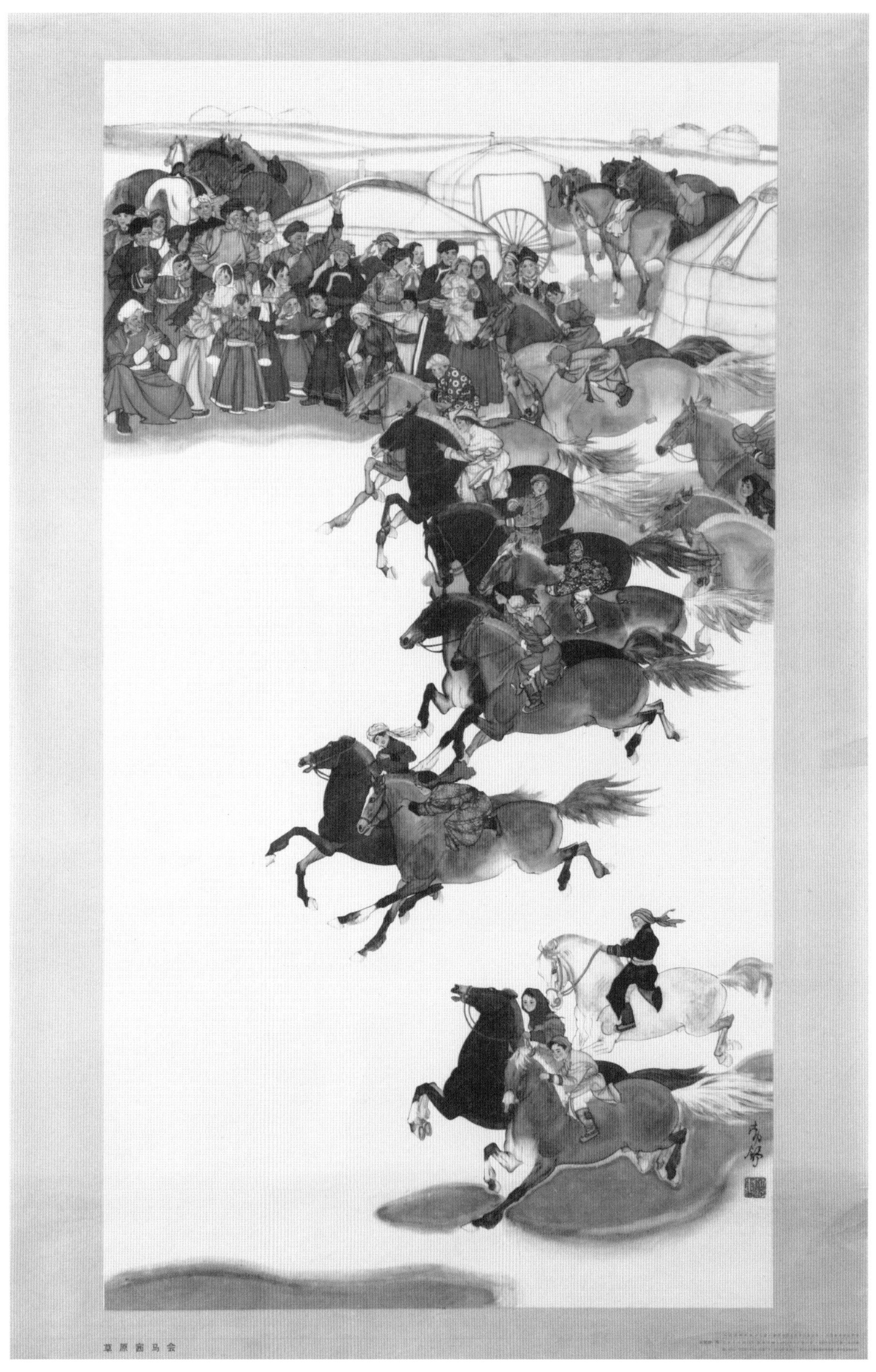

草原赛马会　　20世纪60年代　人民美术出版社出版　刘芸舒 作

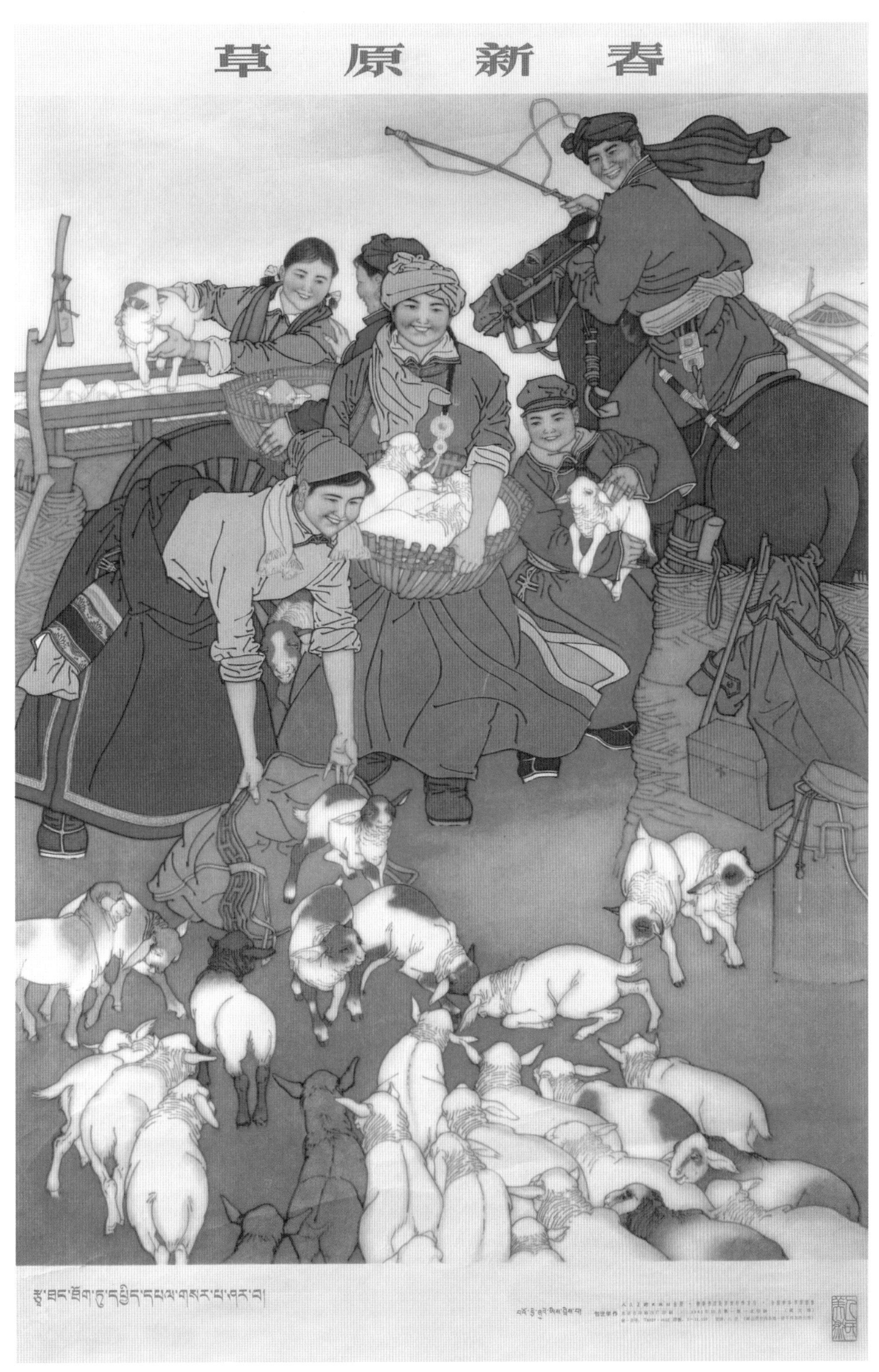

草原新春　　20世纪60年代　人民美术出版社出版　包世学 作

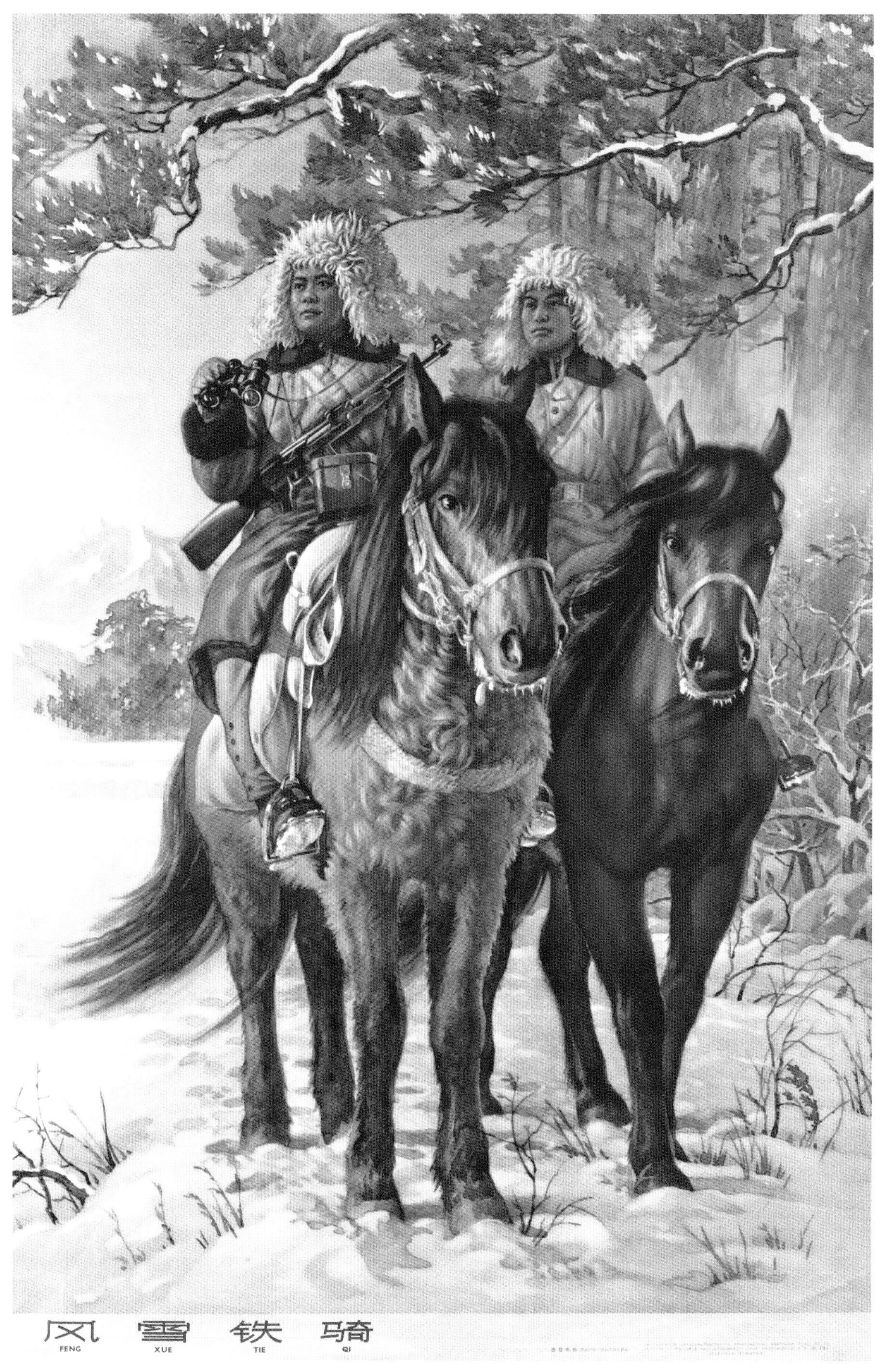

风雪铁骑　20世纪60年代　上海人民美术出版社　张碧梧 作

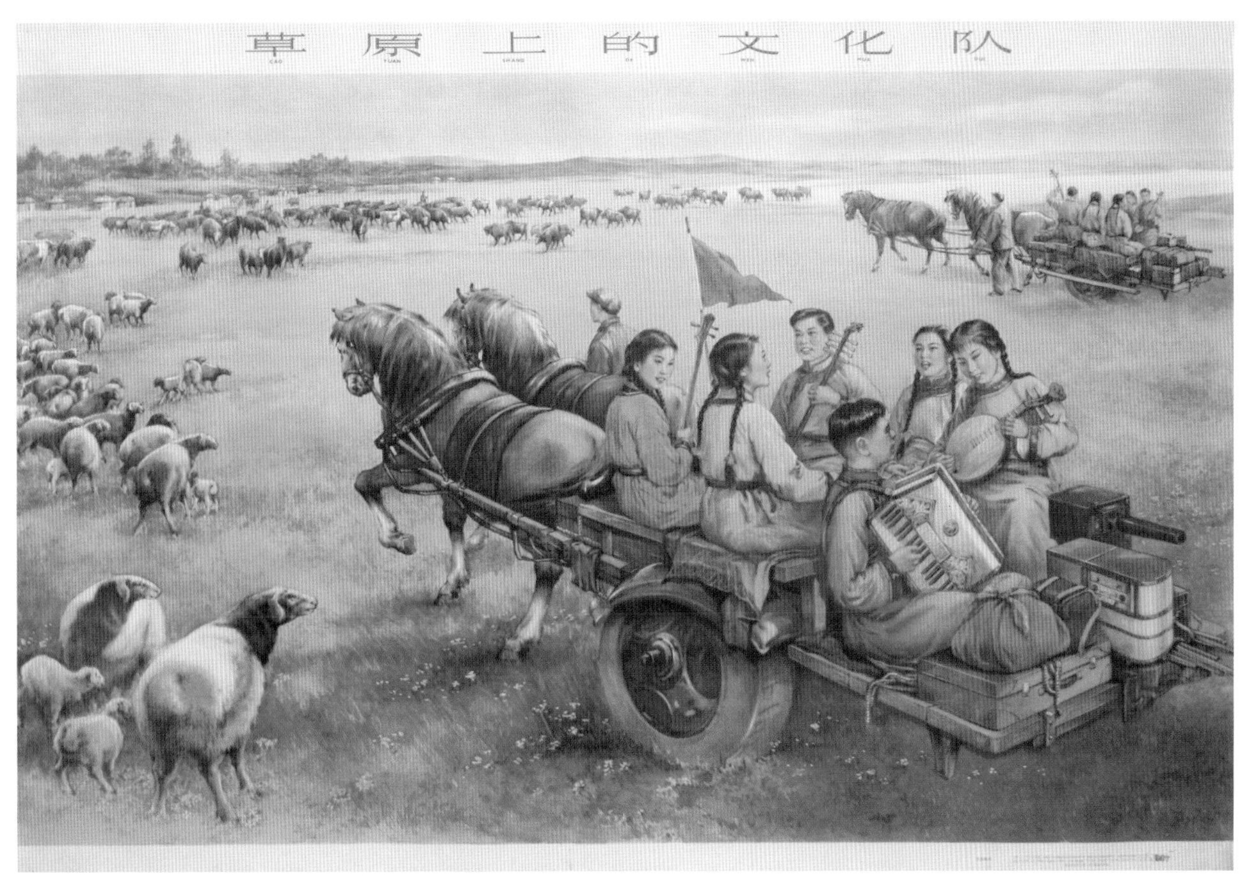

草原上的文化队　　20 世纪 60 年代　上海人民美术出版社出版　何逸梅 作

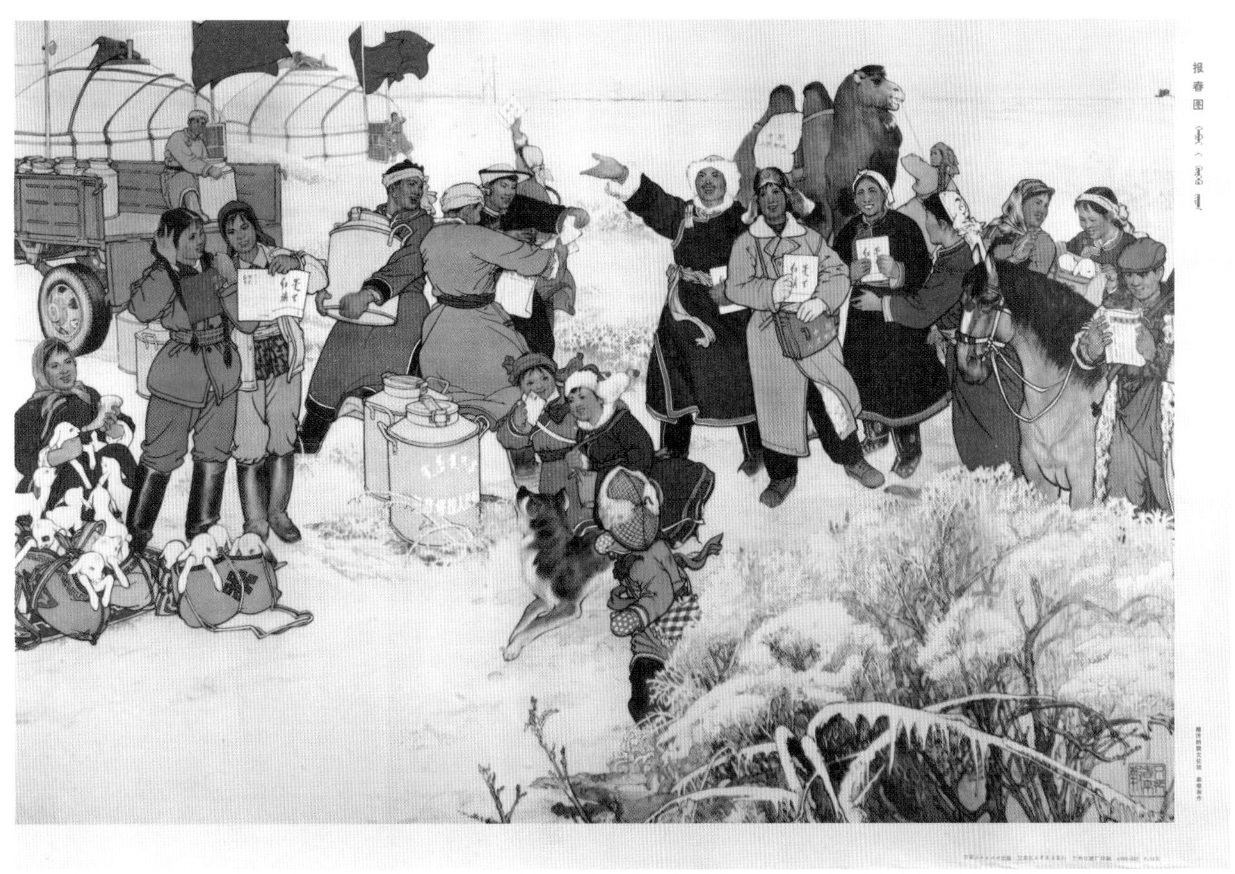

报春图　　20 世纪 70 年代　甘肃人民出版社出版　薛晓林 作

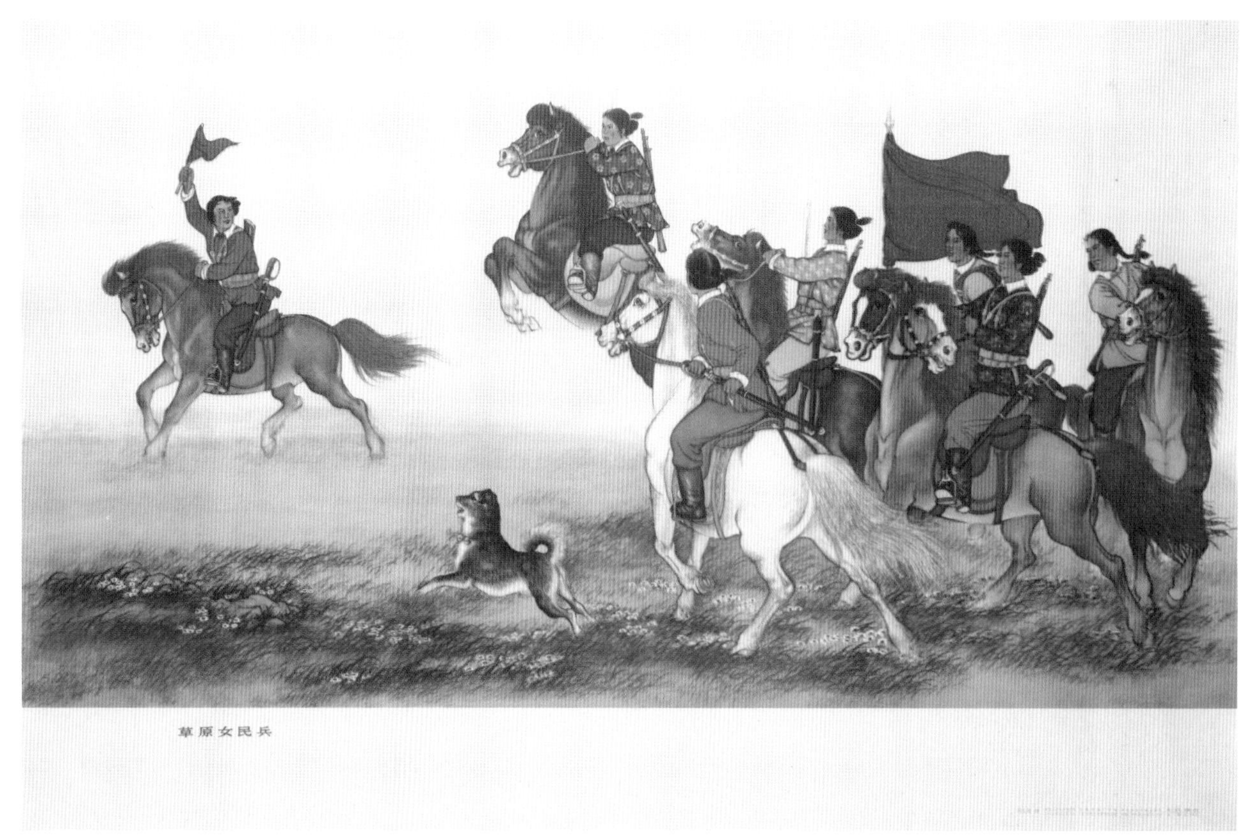

草原女民兵　　20世纪70年代　河北人民出版社出版　刘生展 作

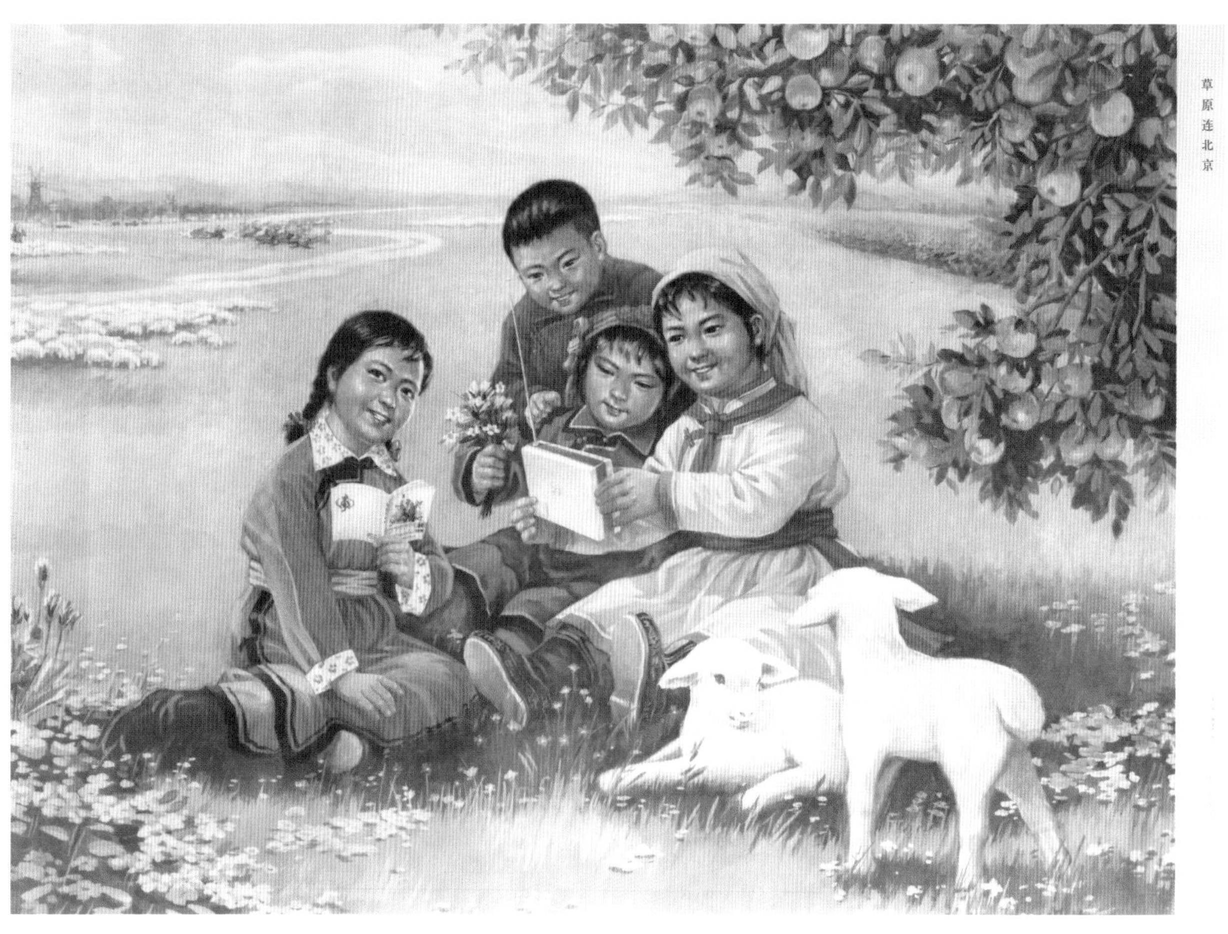

草原连北京　　20世纪70年代　河北人民出版社出版　王执平　郭重光 作

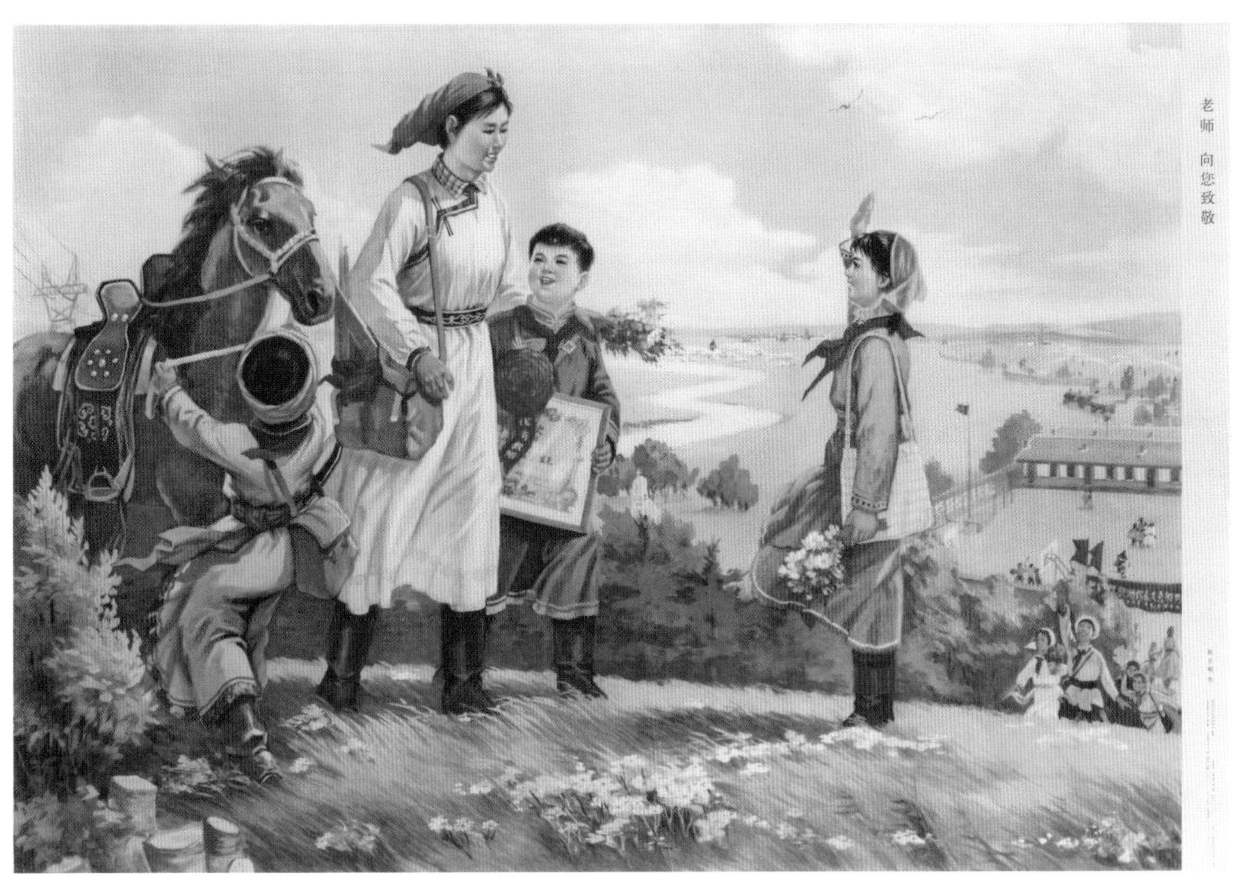

老师 向您致敬　　20 世纪 70 年代　天津人民美术出版社出版　陈正明 作

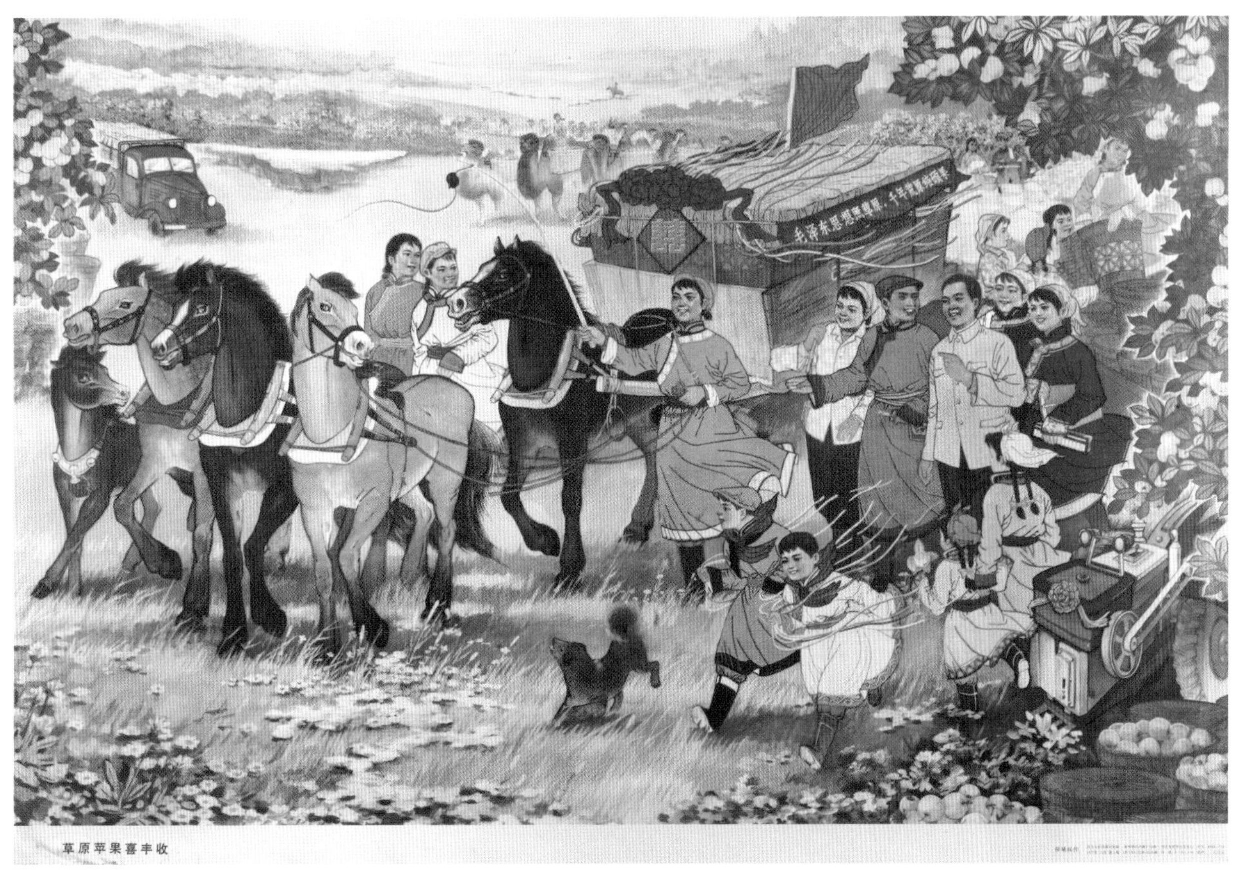

草原苹果喜丰收　　20 世纪 70 年代　河北人民出版社出版　张曦旺 作

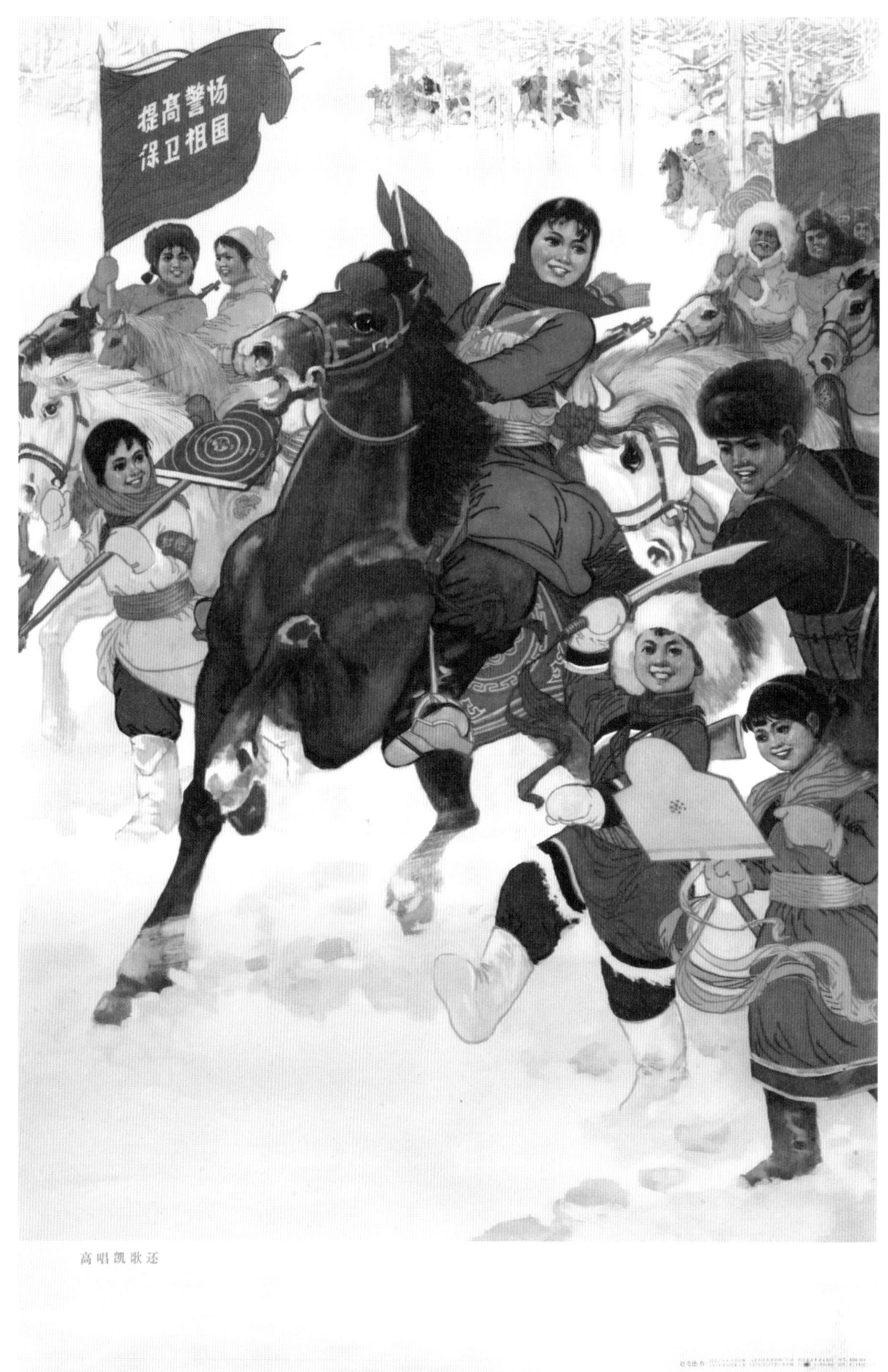

高唱凯歌还　20世纪70年代　河北人民出版社出版　赵贵德 作

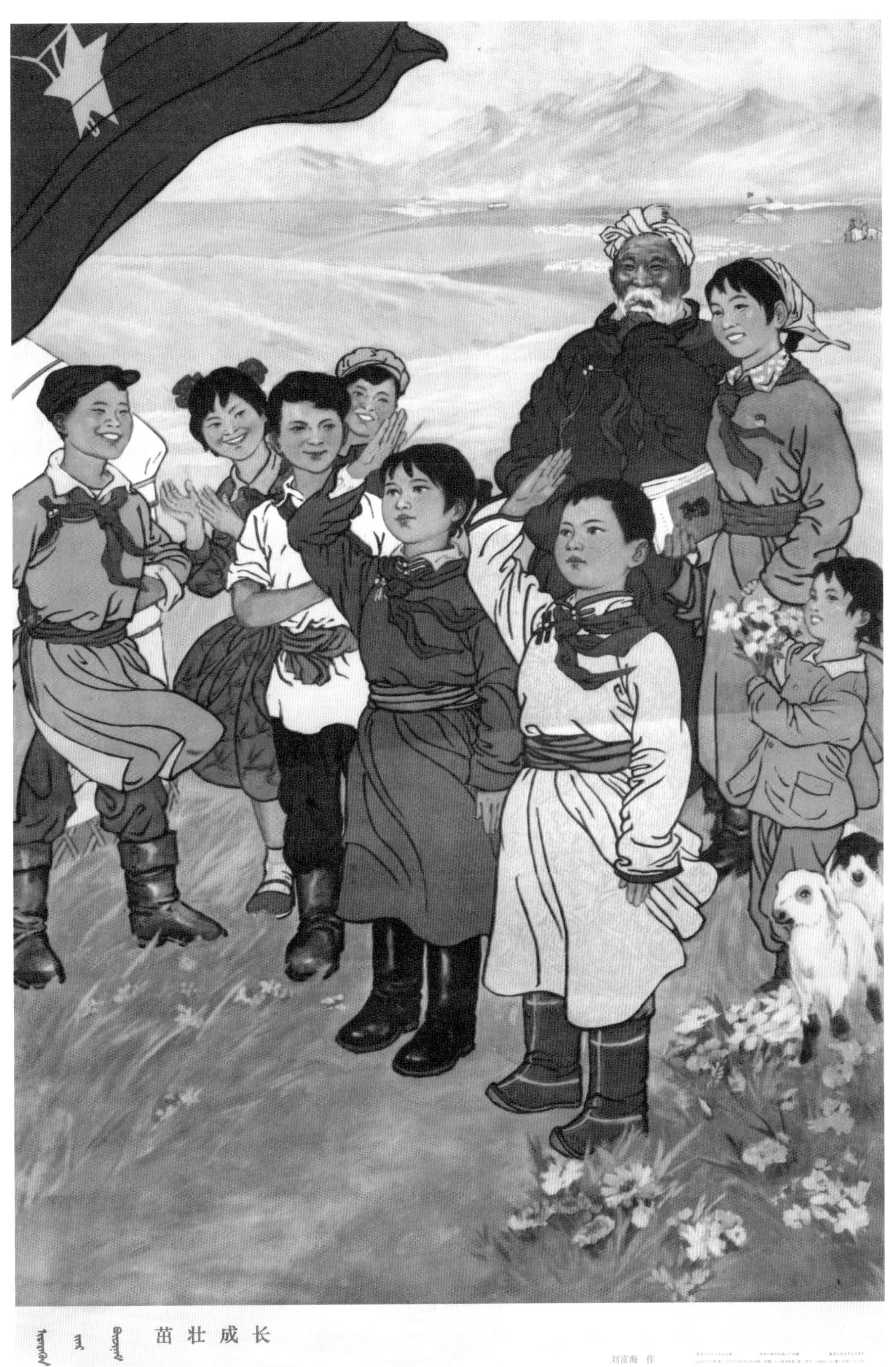

茁壮成长　20 世纪 70 年代　黑龙江人民出版社出版　刘富海 作

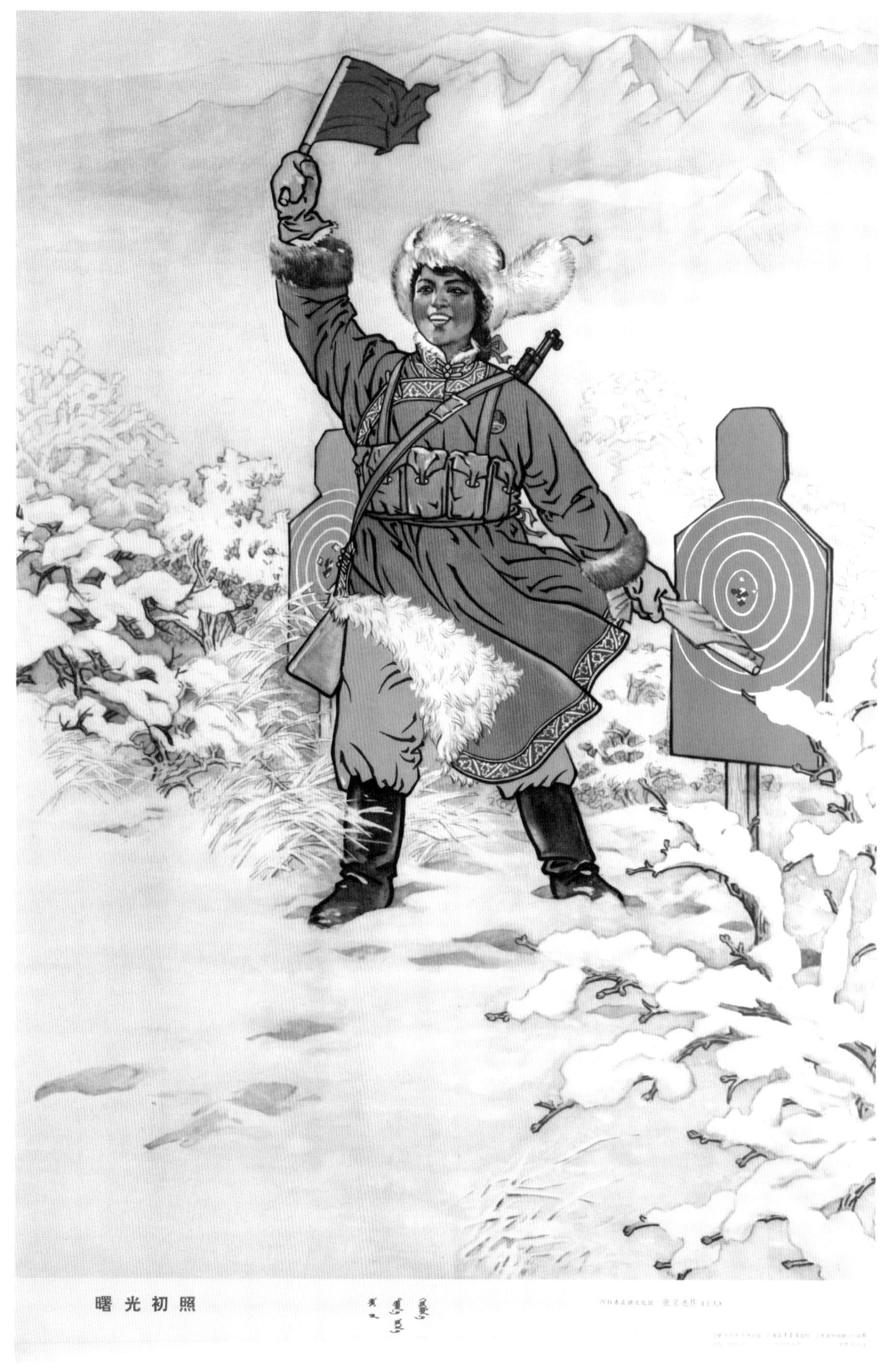

曙光初照　20世纪70年代　宁夏人民出版社出版　张义杰 作

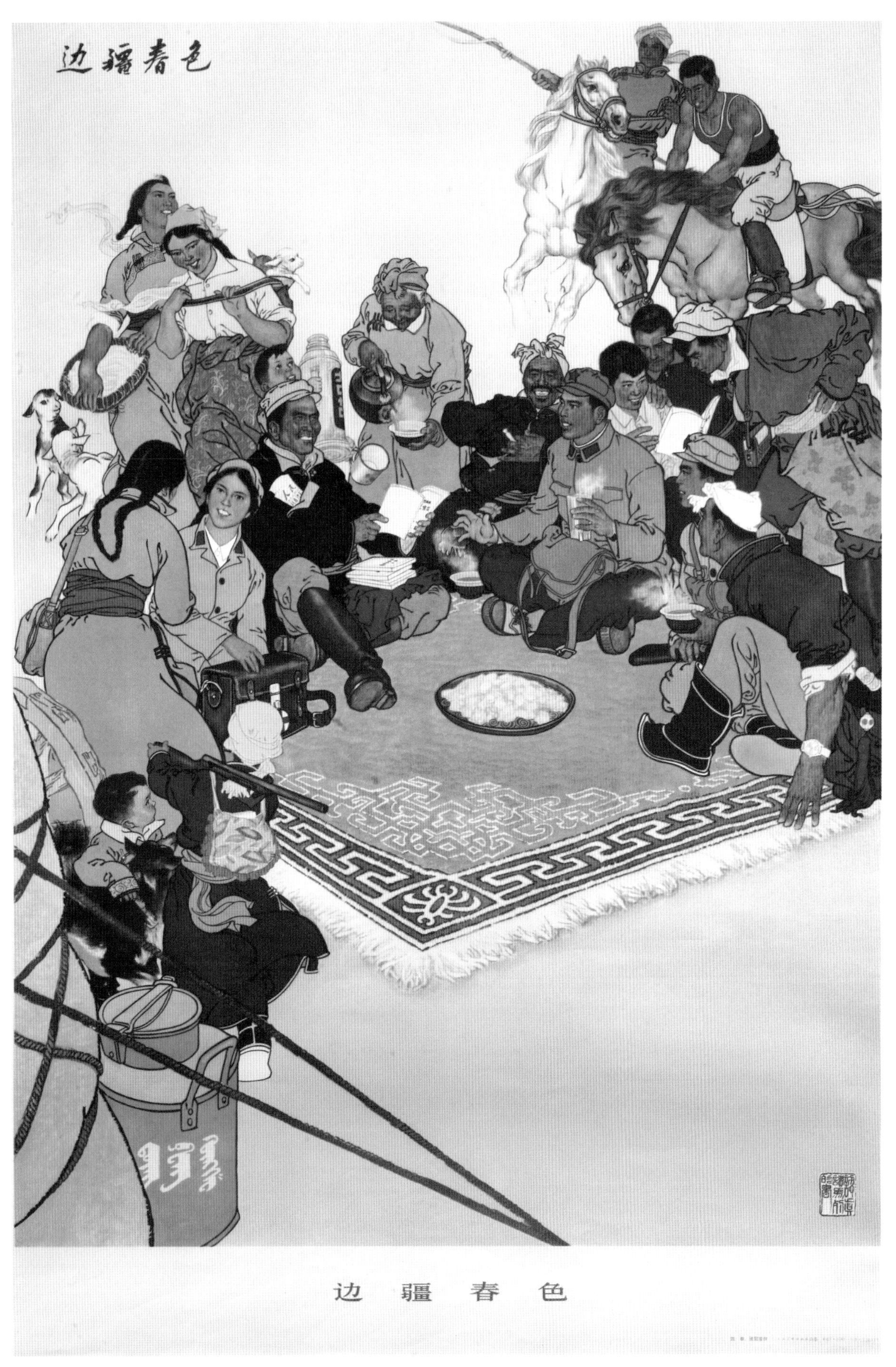

边疆春色　　20世纪70年代　人民美术出版社出版　刘棣　张冠哲　作

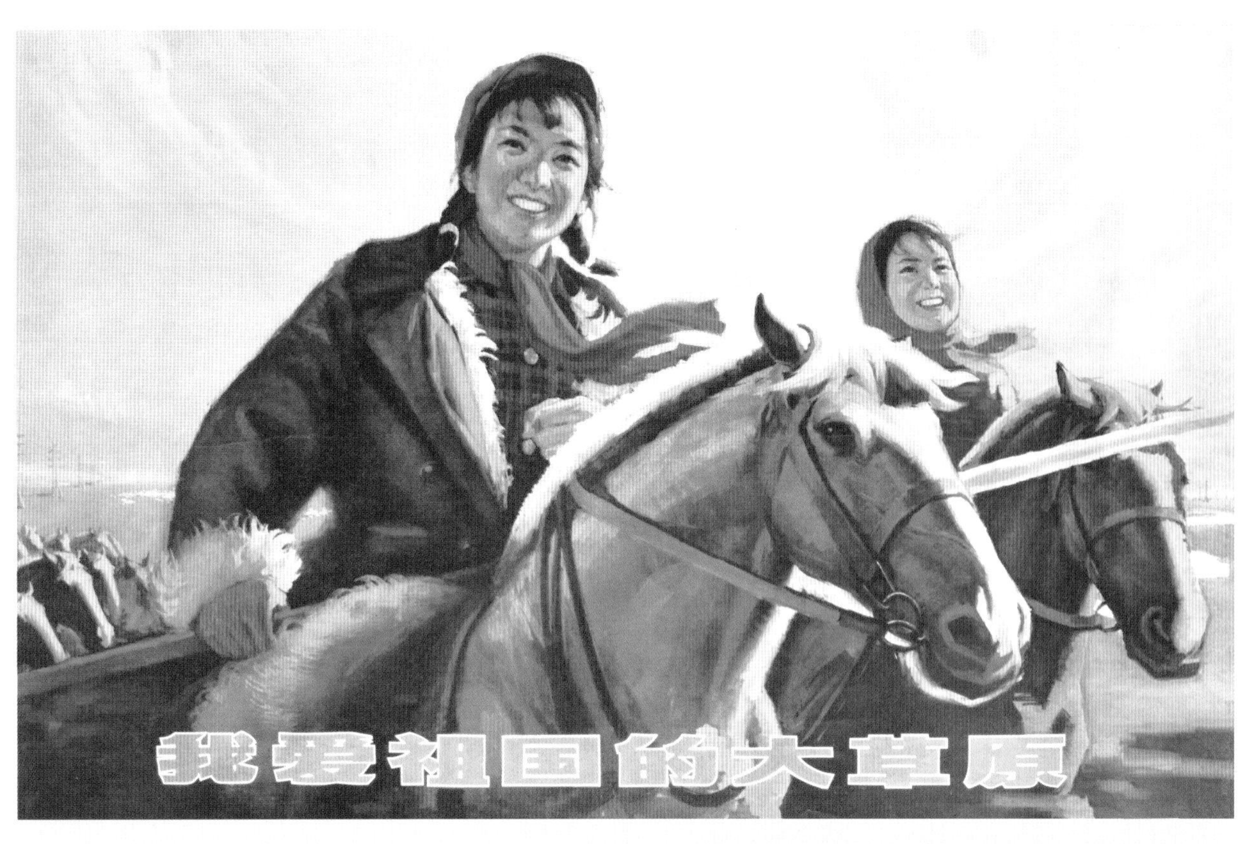

我爱祖国的大草原　　20世纪70年代　四川人民出版社出版　张子虎 作

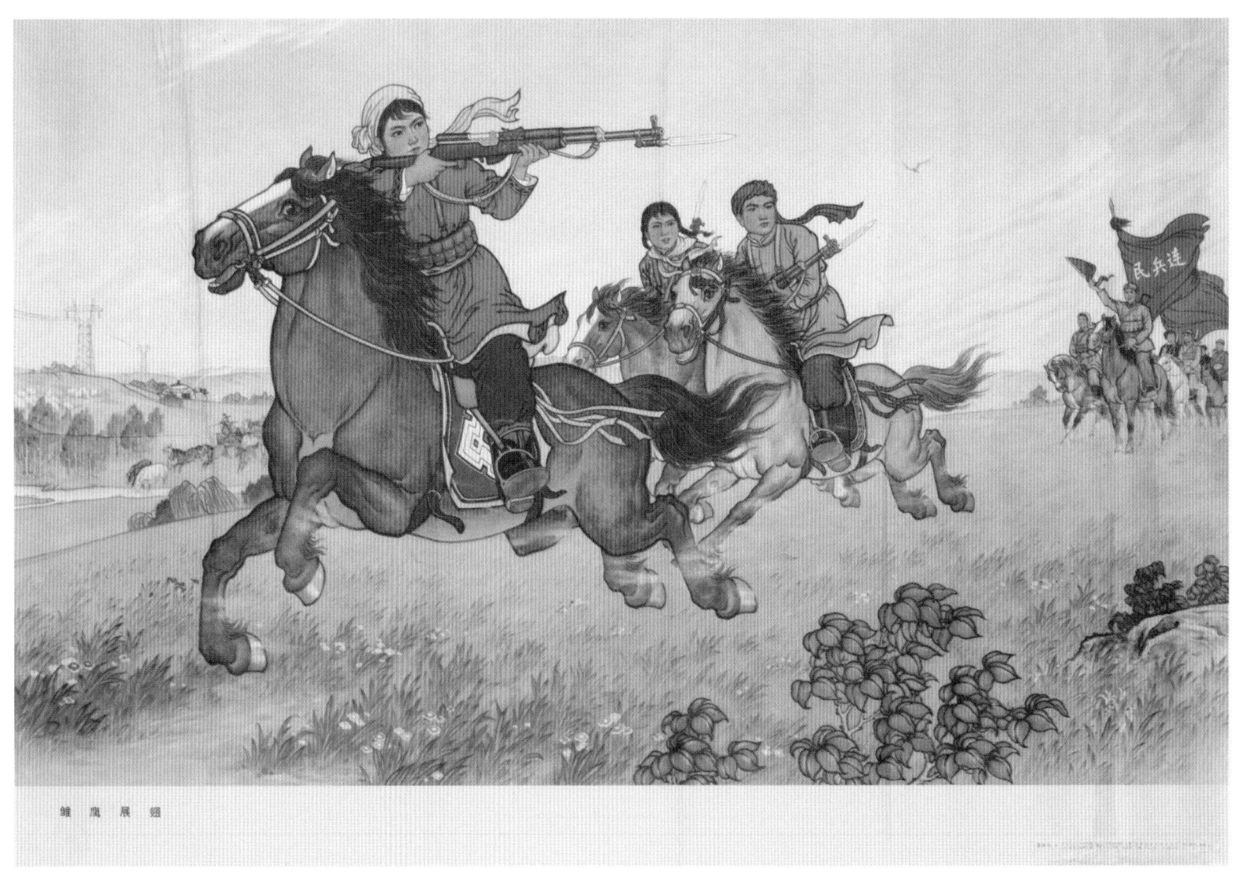

雏鹰展翅　　20世纪70年代　河北人民出版社出版　董善明 作

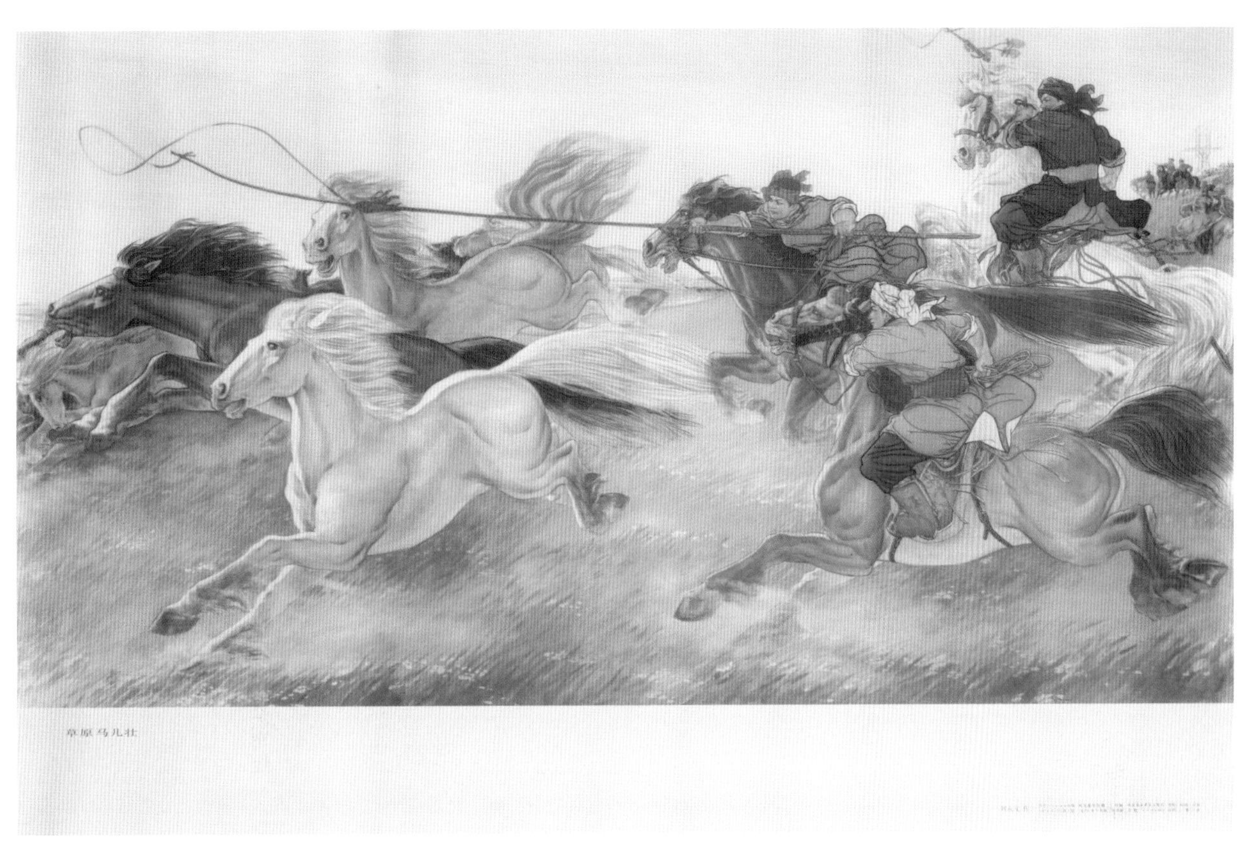

草原马儿壮　　20世纪70年代　河北人民出版社出版　刘永义 作

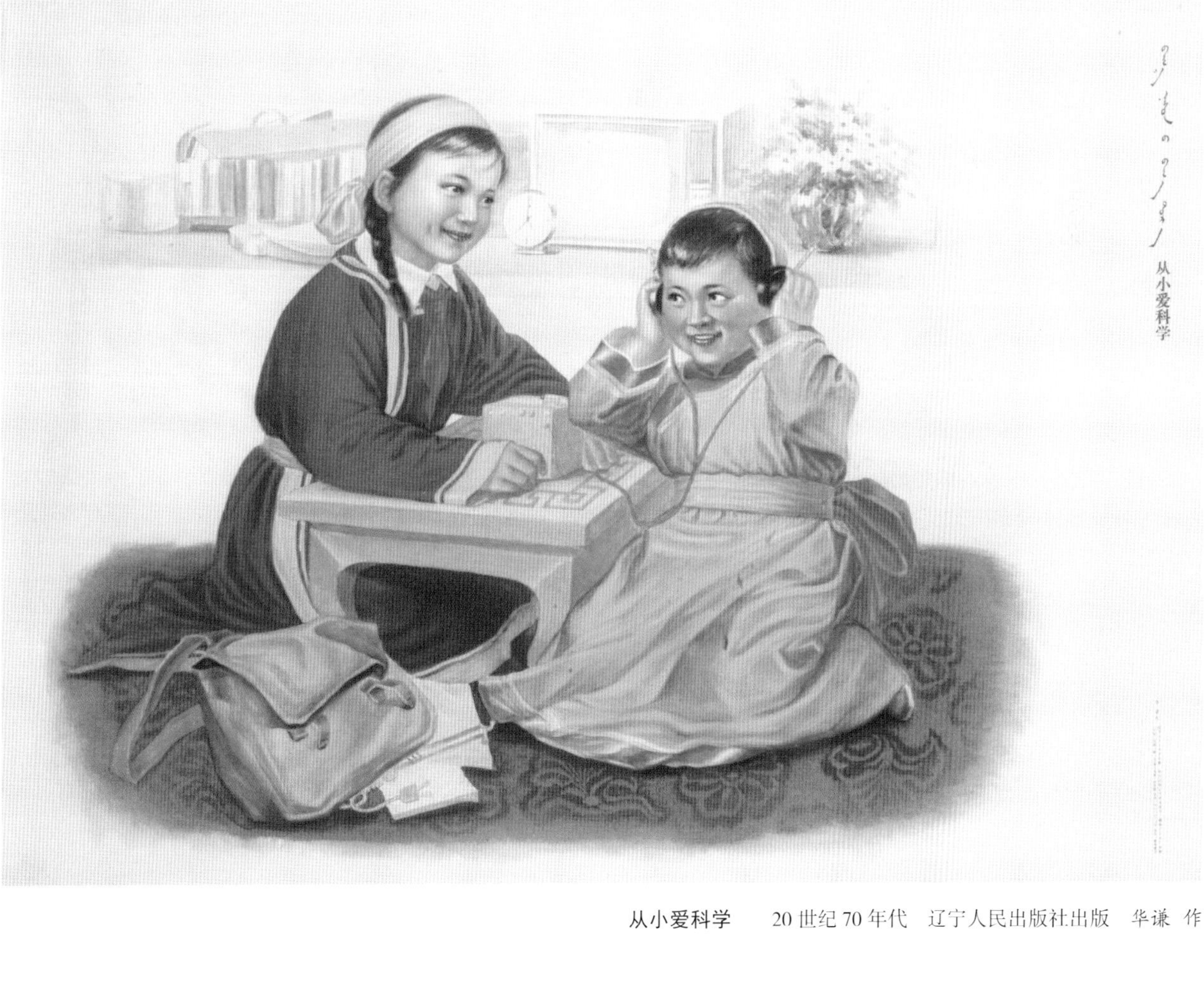

从小爱科学　　20世纪70年代　辽宁人民出版社出版　华谦 作

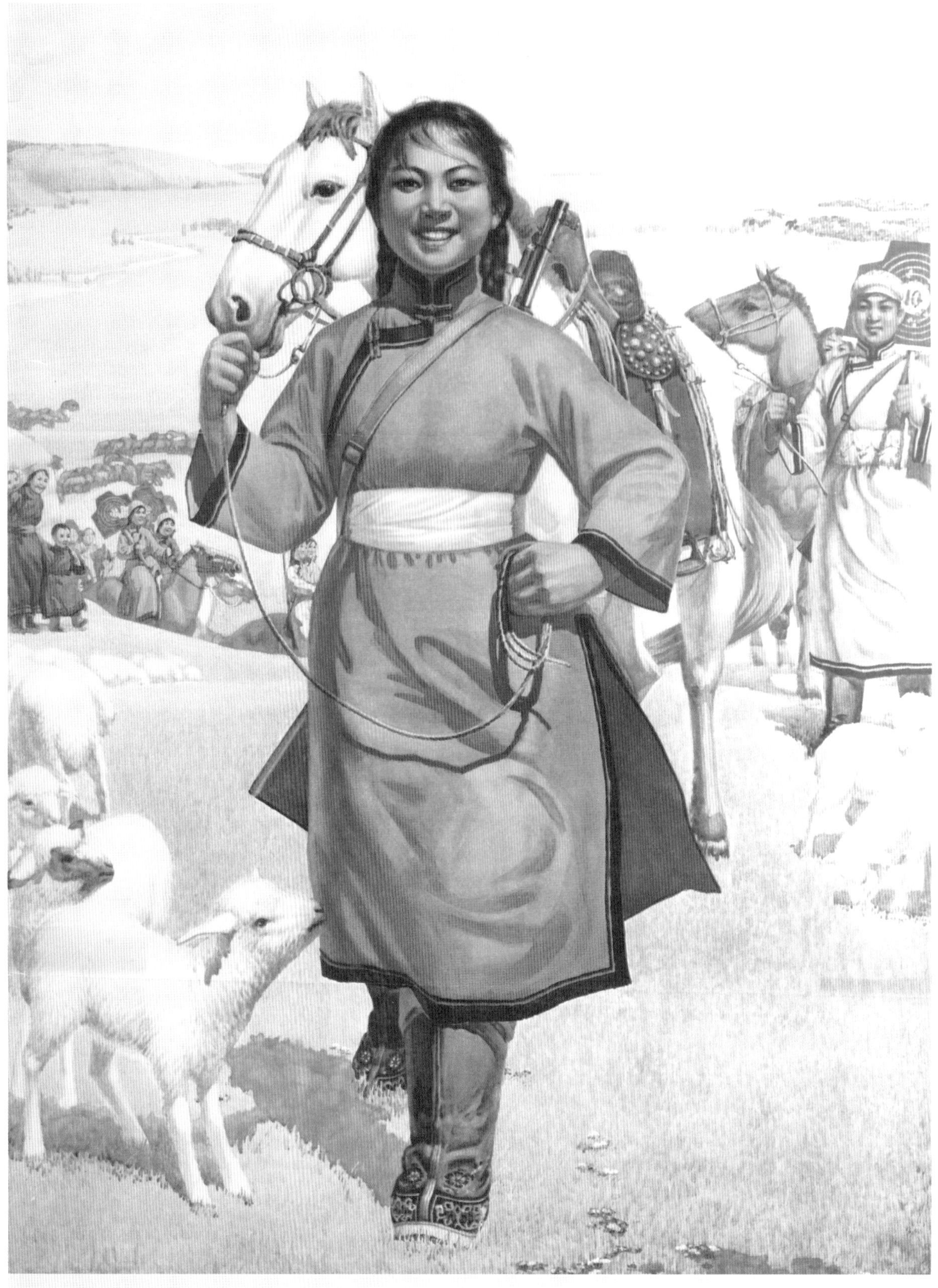

草原小民兵　　20世纪70年代　辽宁人民出版社出版　蒿文山 作

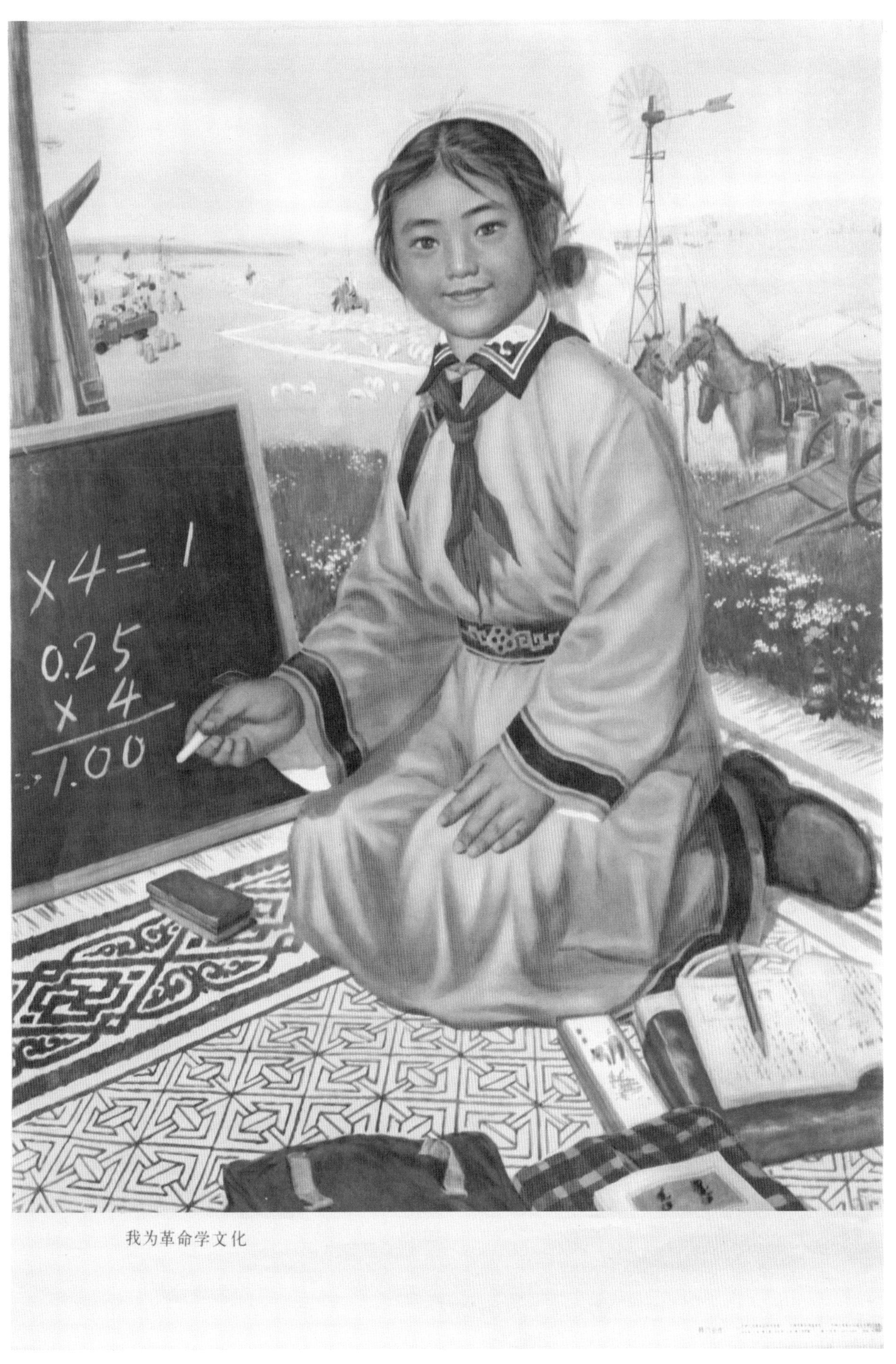

我为革命学文化　20世纪70年代　天津人民美术出版社出版　韩兴业 作

知识青年在草原

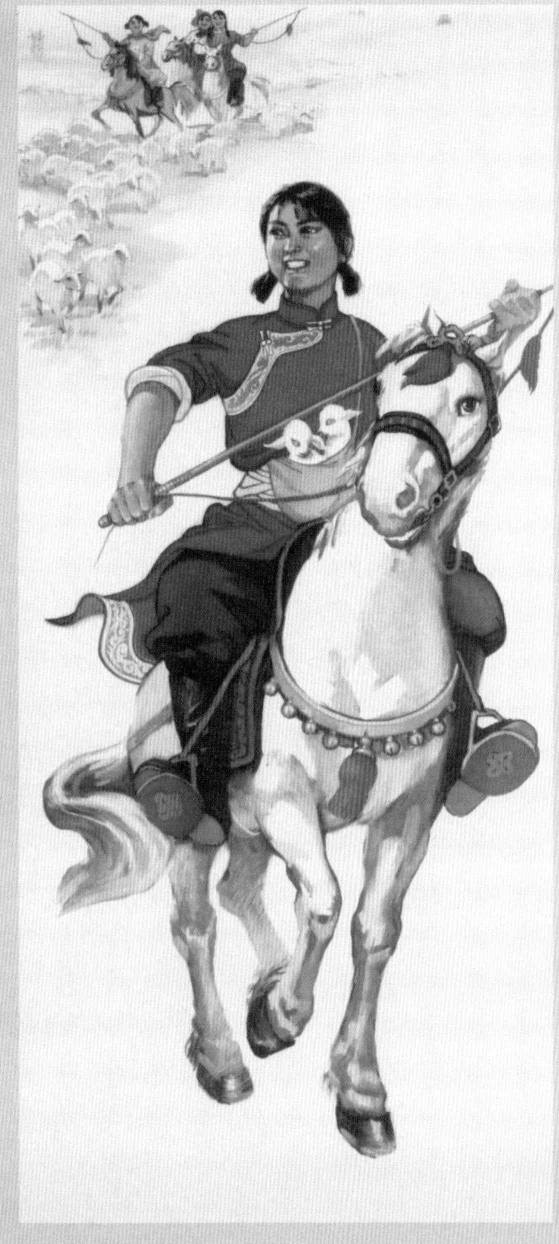

知识青年在草原

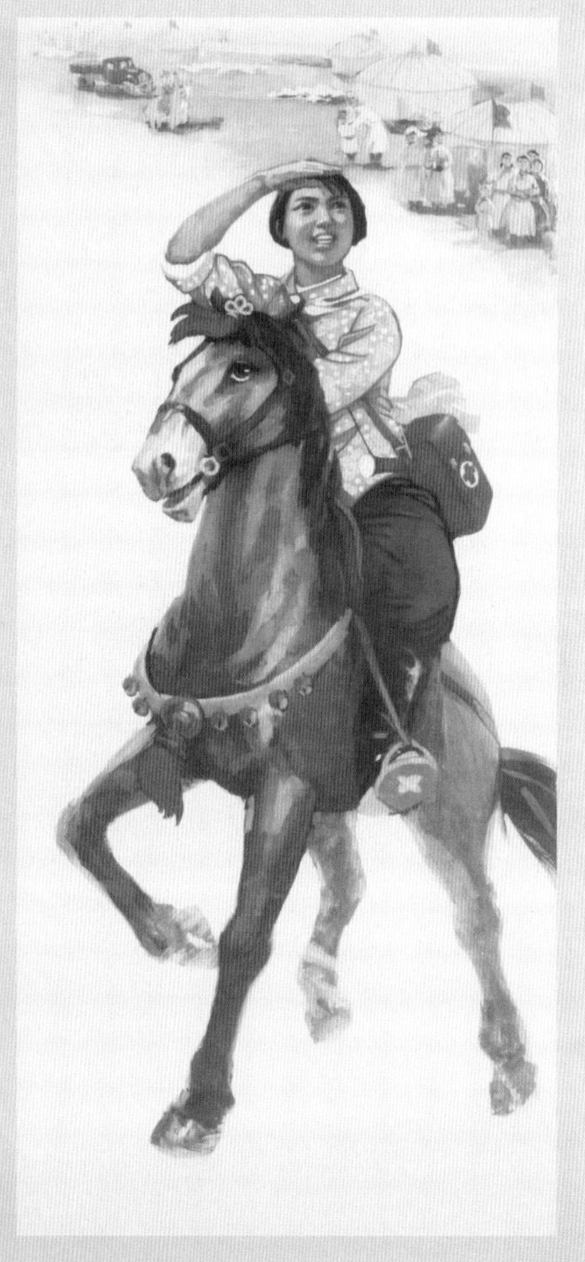

（一）

扎根草原喜迎春，
阳光普照绿茵茵。
紧握长鞭跨骏马，
身披彩霞牧羊群。

人民公社处处好，
贫下中牧个个亲——
教咱展翅飞千里，
广阔天地炼红心！

（二）

轻骑送诊背药包，
放眼千里喜眉梢，
四处新村人马壮，
大路花开红旗飘……

文化革命开新宇，
青春壮志冲云霄。
胸有朝阳眼最亮，
锦绣前程步步高！

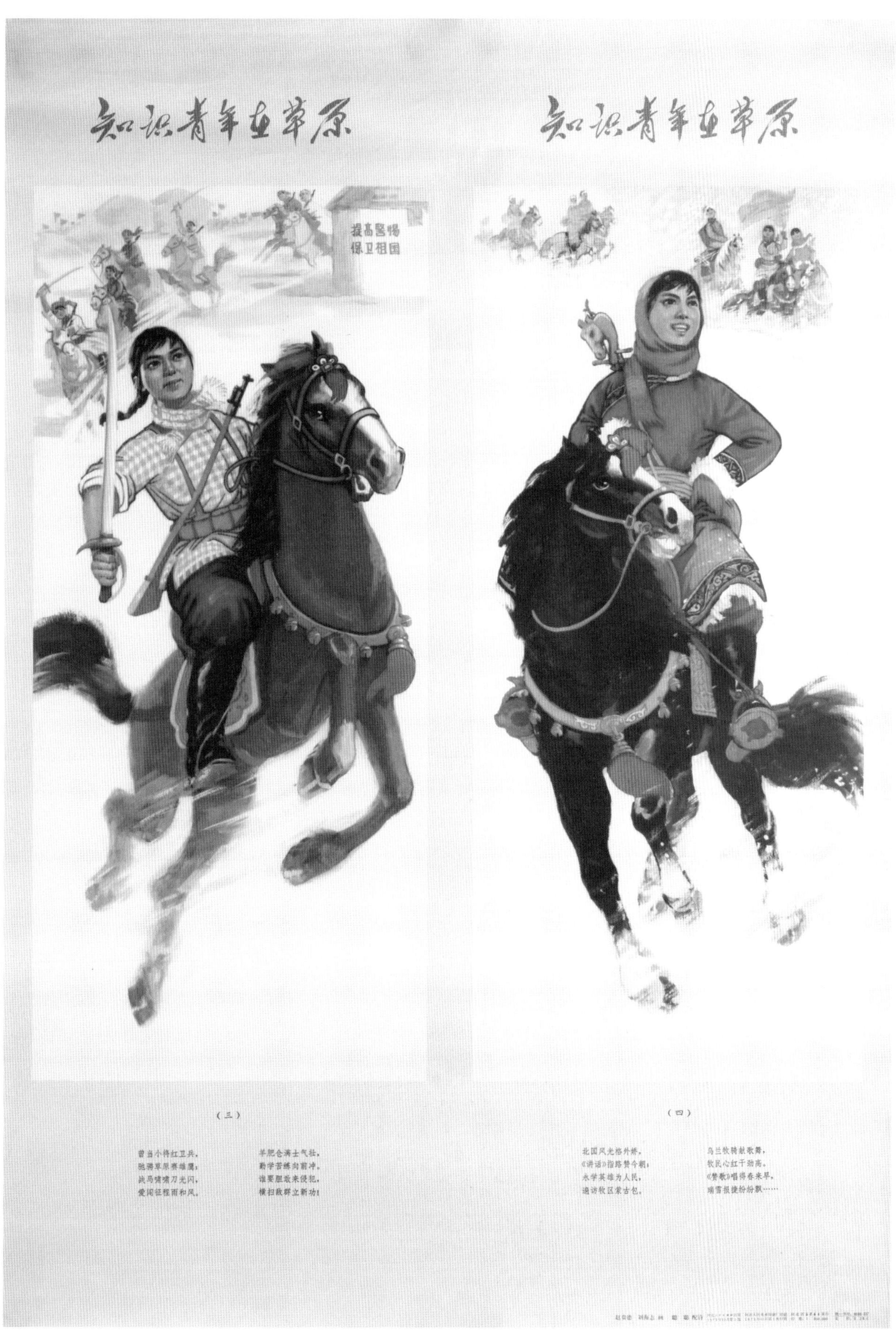

知识青年在草原　20世纪70年代　河北人民出版社出版　赵贵德　刘海志 画　聪聪 配诗

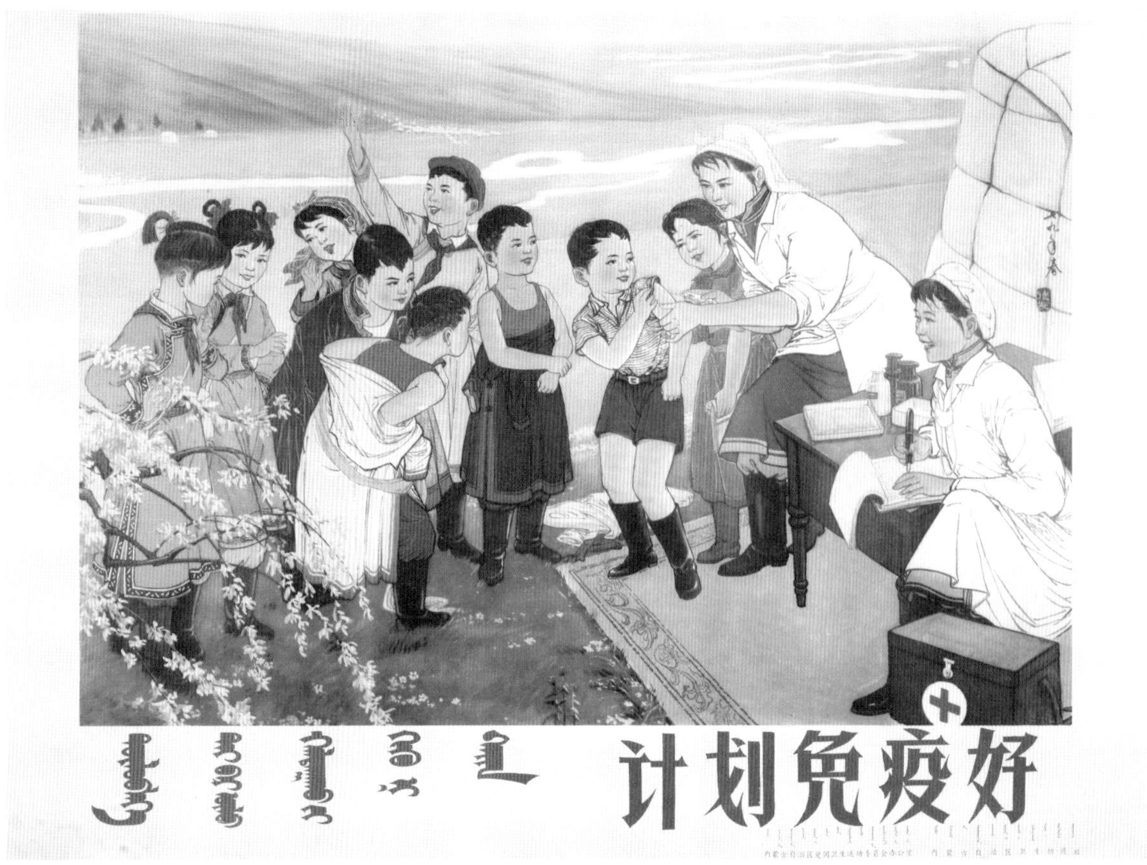

计划免疫好　20世纪70年代

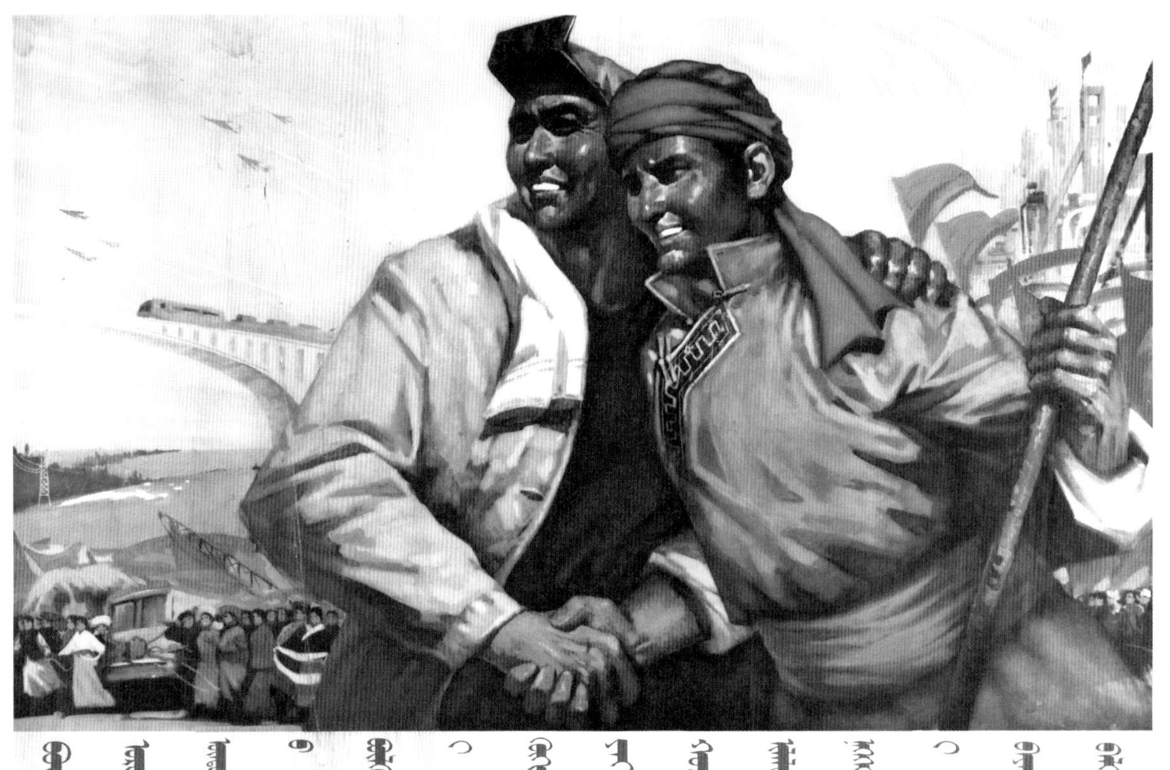

热烈庆祝全区民族团结表彰大会胜利召开　20世纪70年代　石玉平　敖恩 作

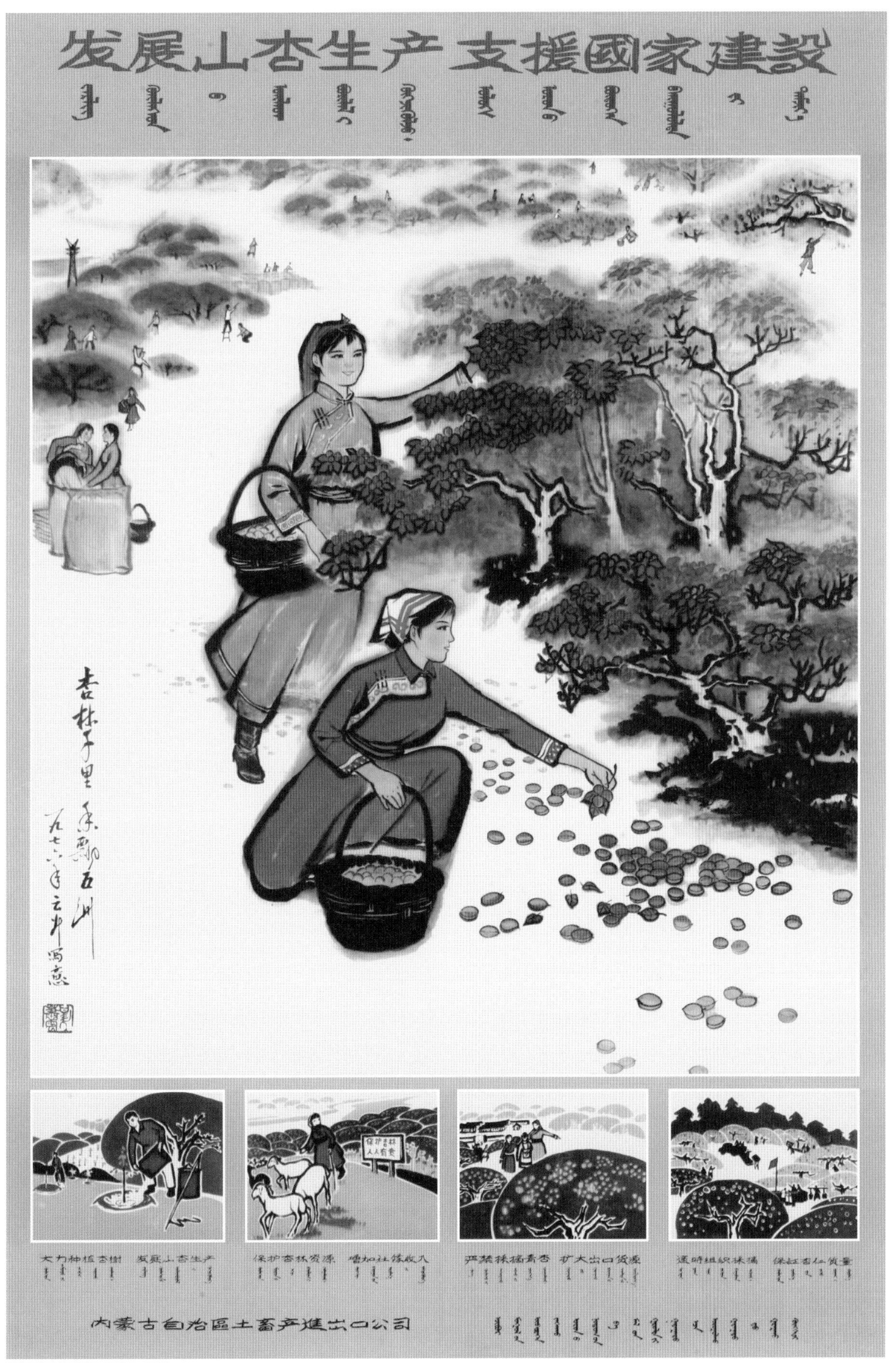

发展山杏生产 支援国家建设　　20 世纪 70 年代

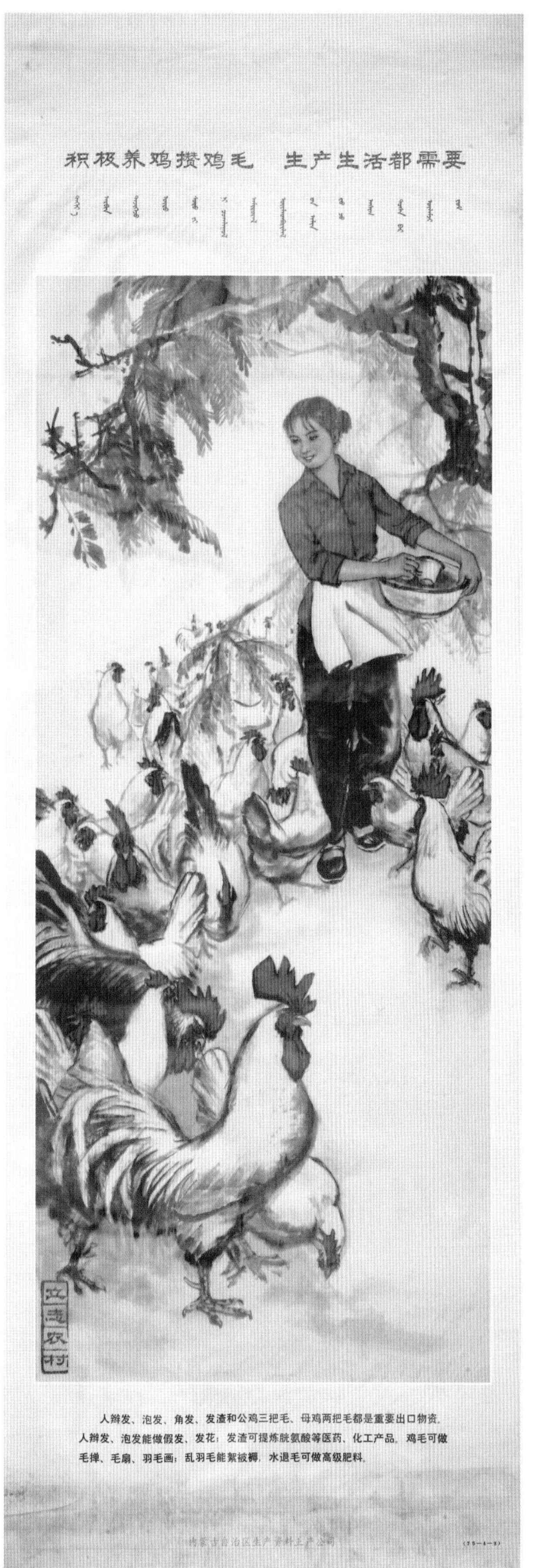

积极养鸡攒鸡毛 生产生活都需要　　20世纪70年代

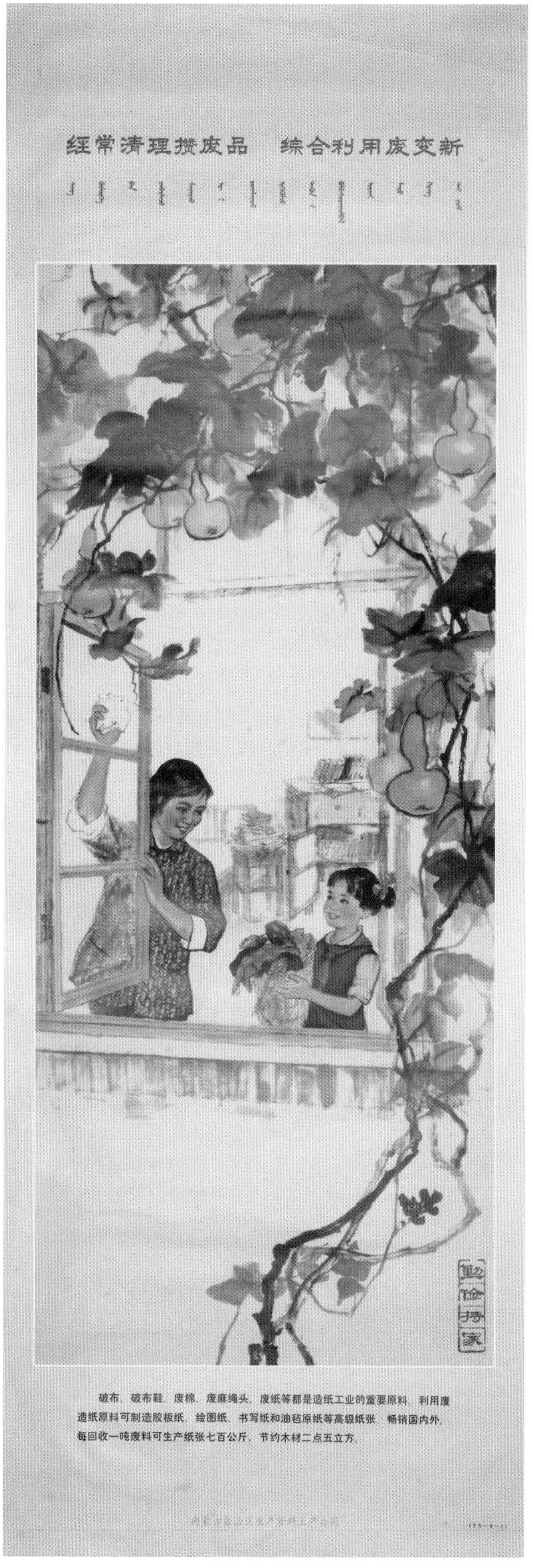

经常清理攒废品 综合利用废变新　　20世纪70年代

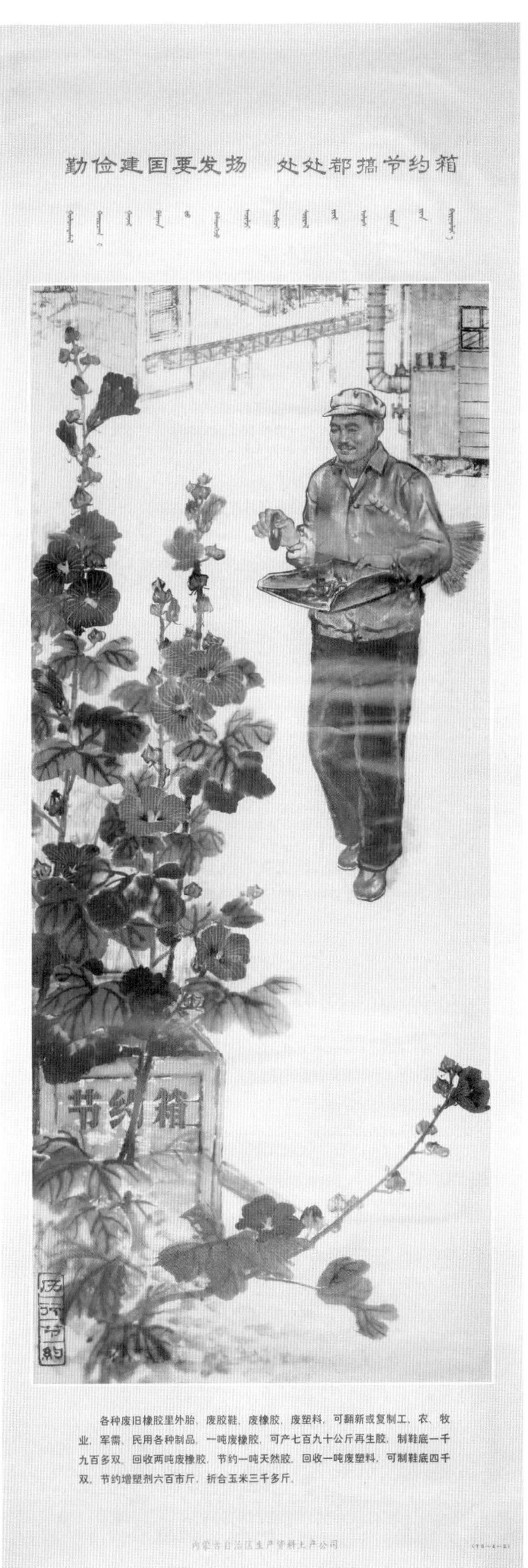

勤俭建国要发扬 处处都搞节约箱　　20 世纪 70 年代

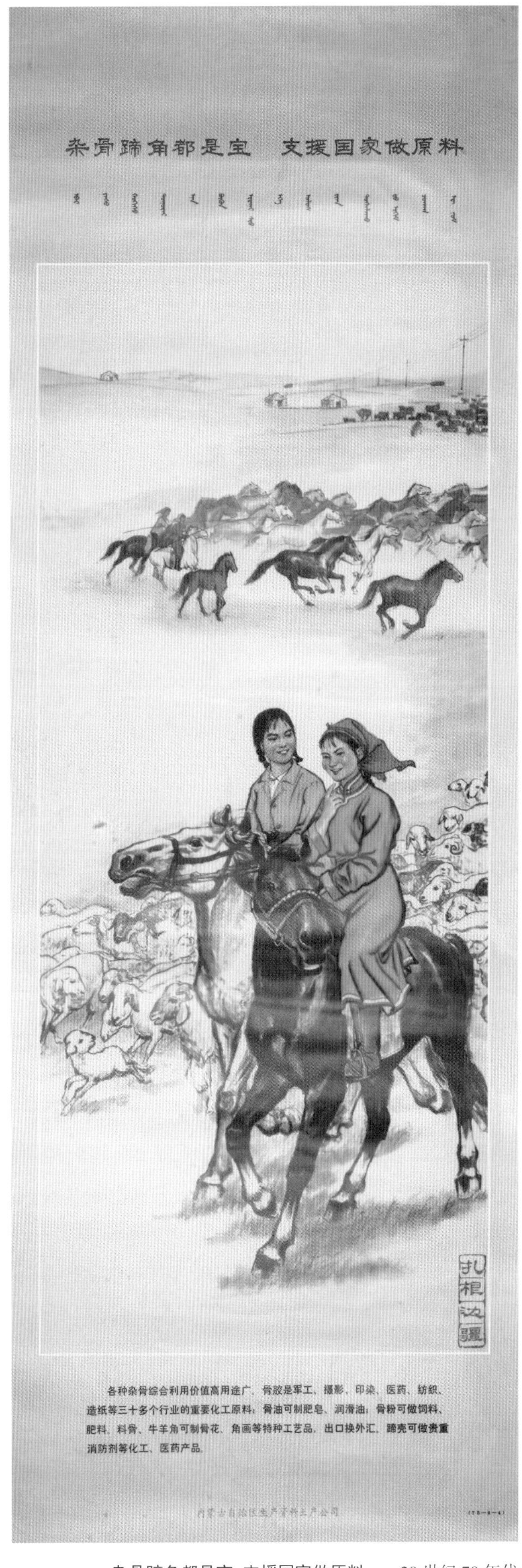

杂骨蹄角都是宝 支援国家做原料　　20 世纪 70 年代

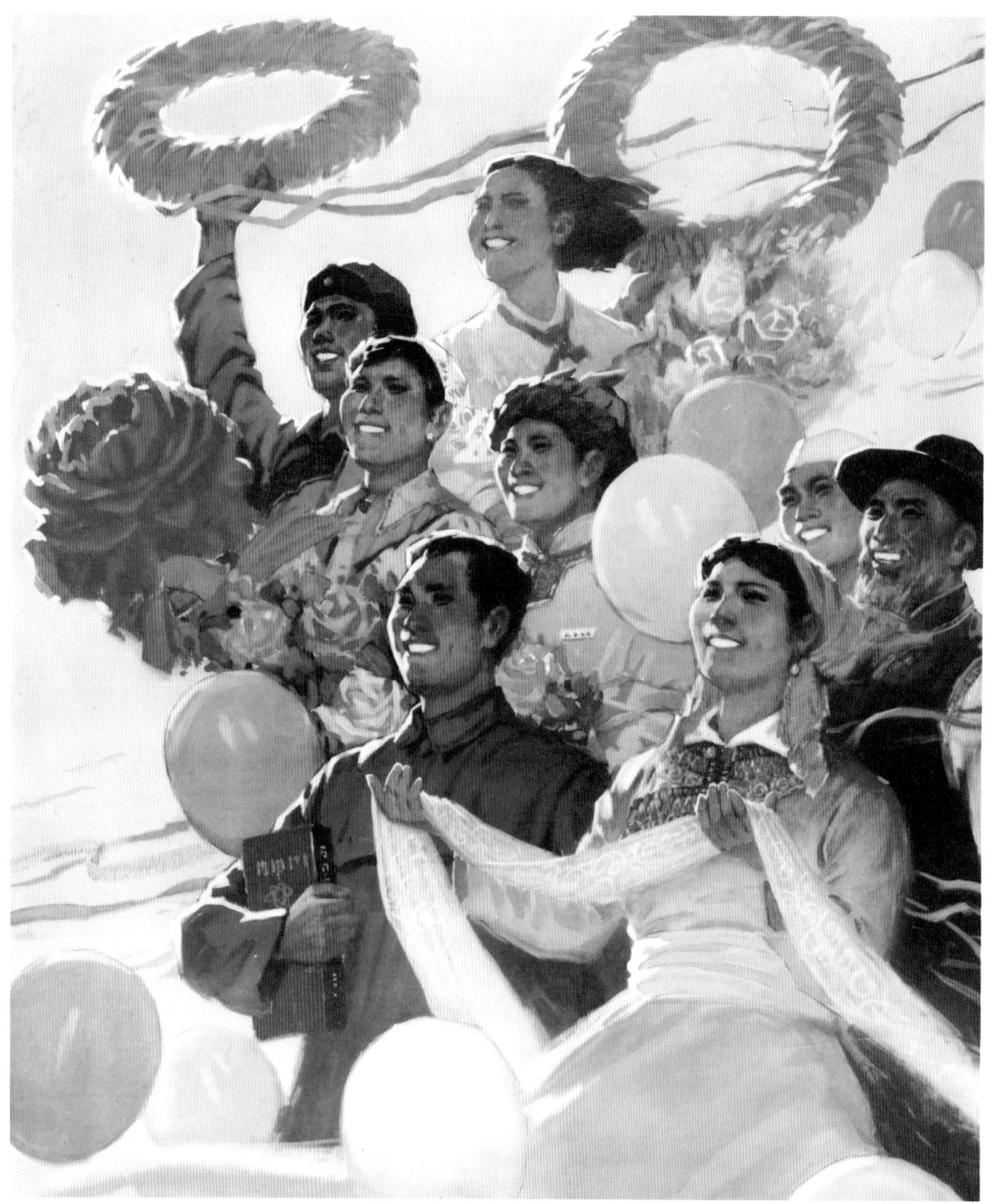

热烈庆祝全区民族团结表彰大会胜利召开　20世纪70年代　侯德 作

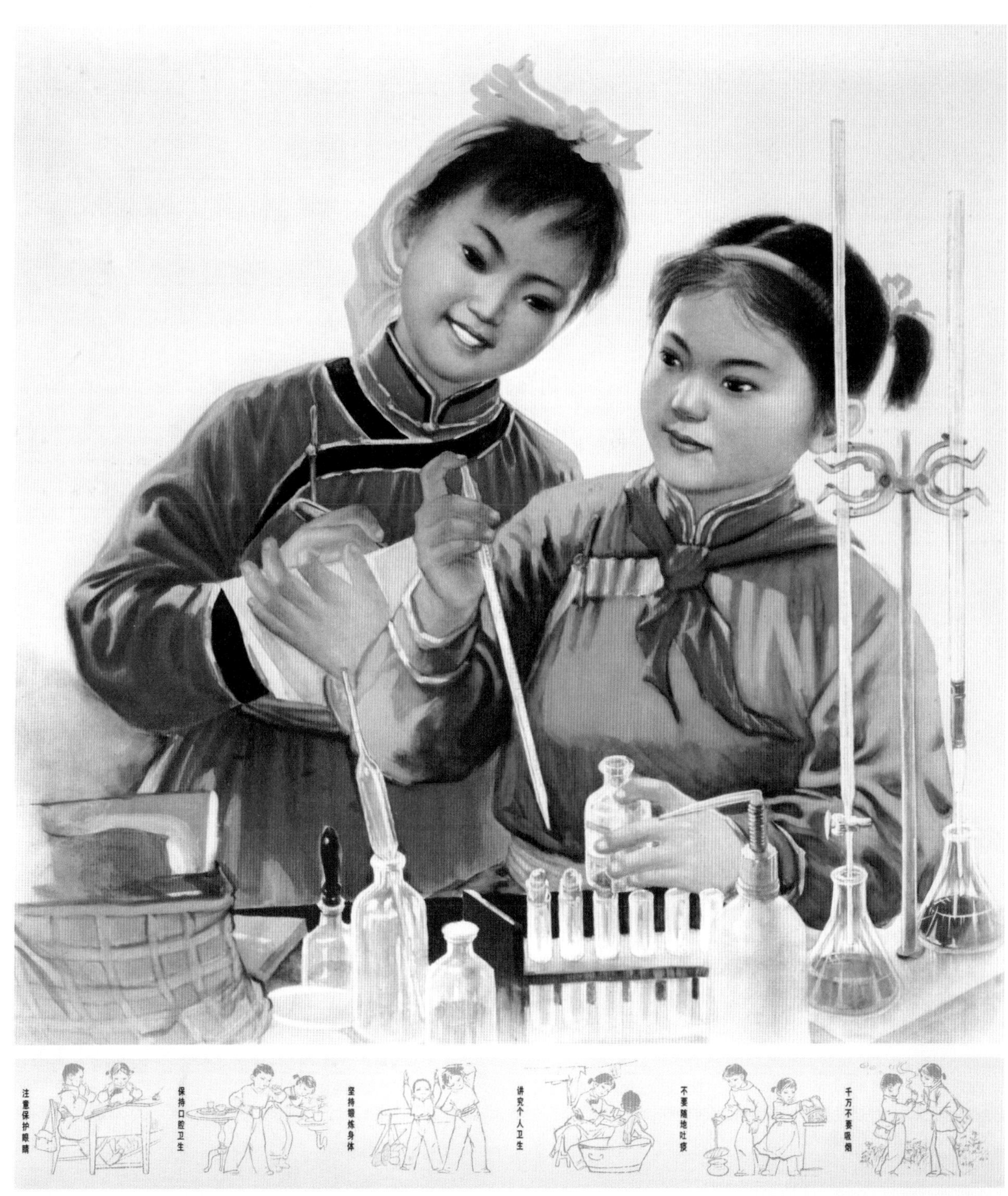

爱科学 讲卫生

内蒙古自治区爱国卫生运动委员会办公室　内蒙古自治区卫生防疫站

爱科学 讲卫生　　20世纪70年代

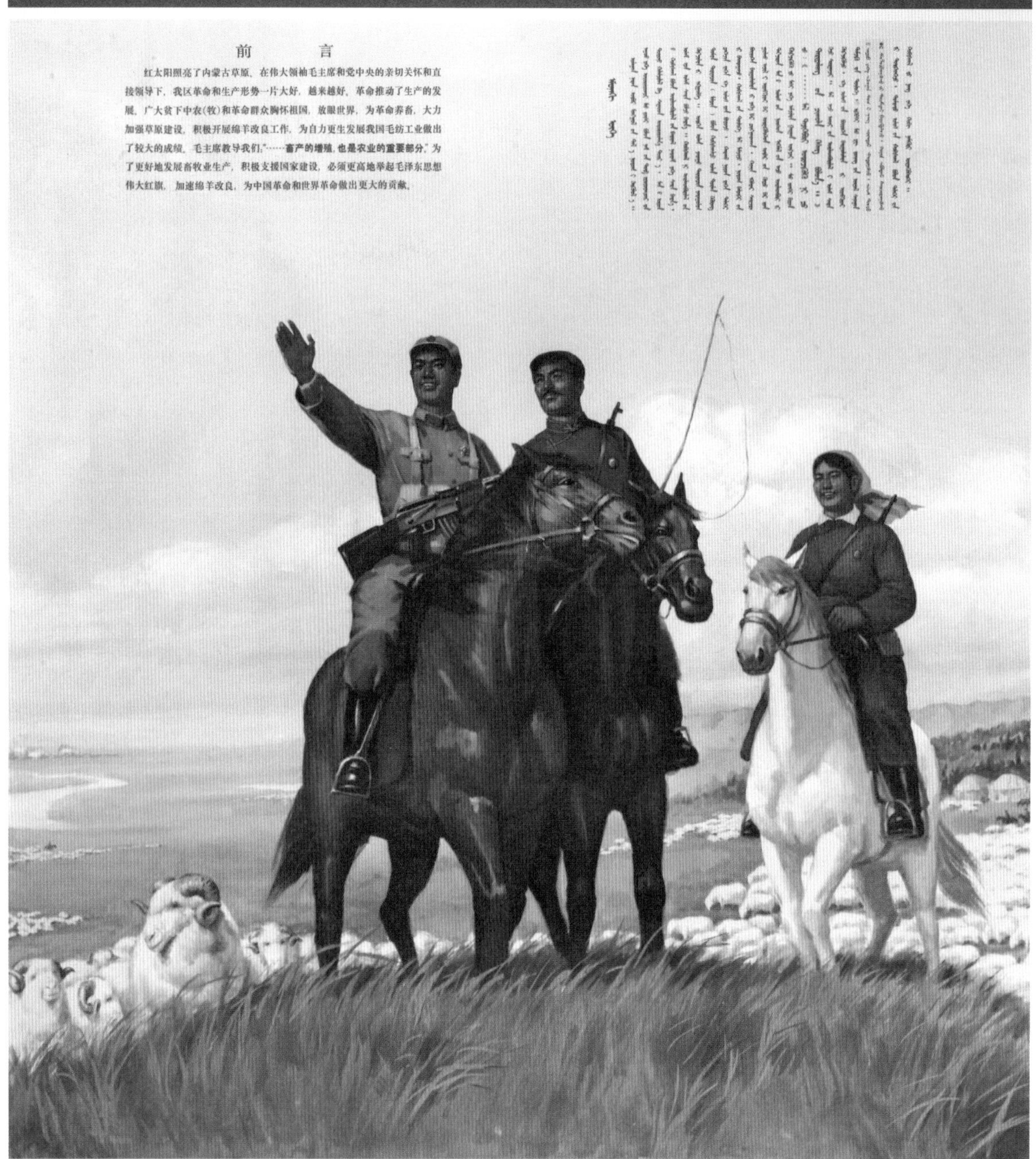

大力开展绵羊改良 积极支援国家建设　　20世纪70年代

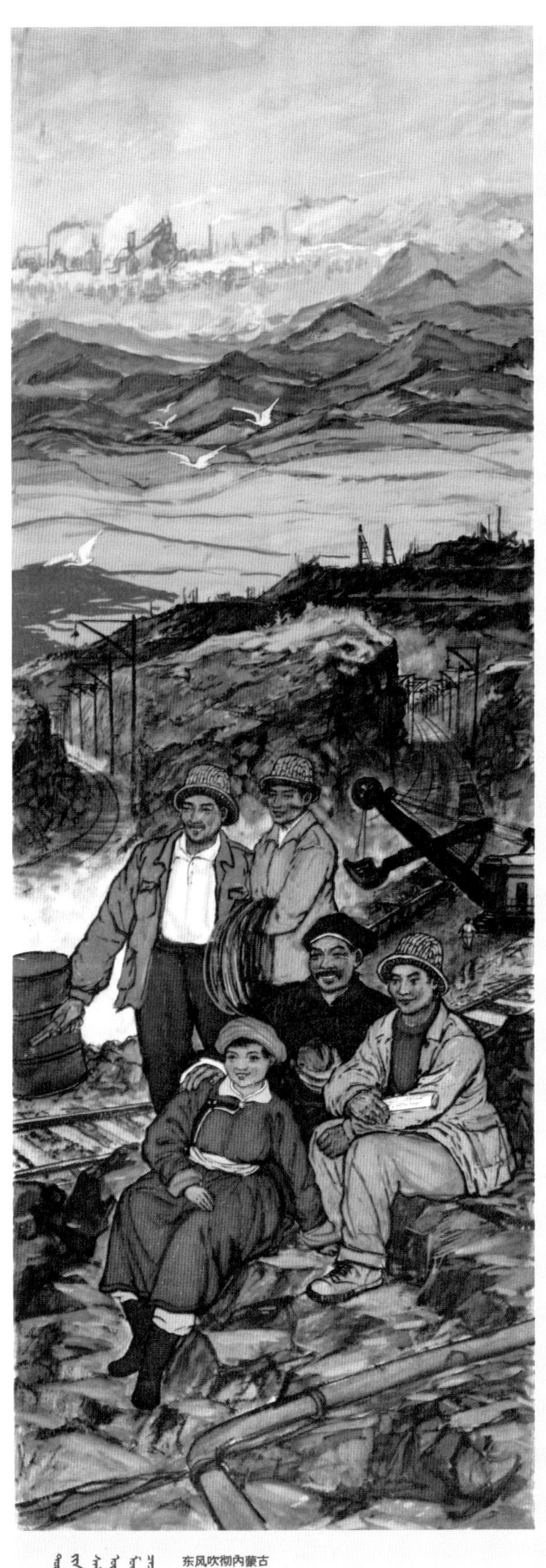

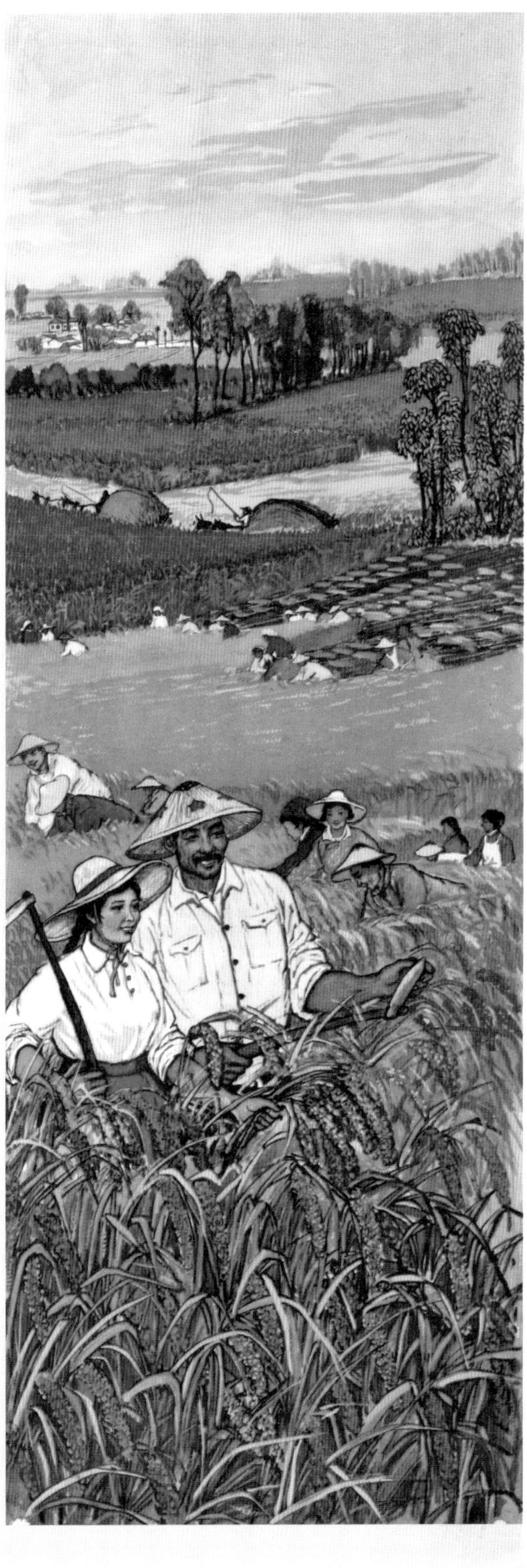

ᠵᠡᠭᠦᠨ ᠦ ᠰᠠᠯᠬᠢ ᠥᠪᠥᠷ ᠮᠣᠩᠭᠣᠯ ᠢ ᠨᠡᠪᠲᠡ ᠦᠯᠢᠶᠡᠪᠡ 东风吹彻内蒙古

东风吹彻内蒙古　　20 世纪 70 年代

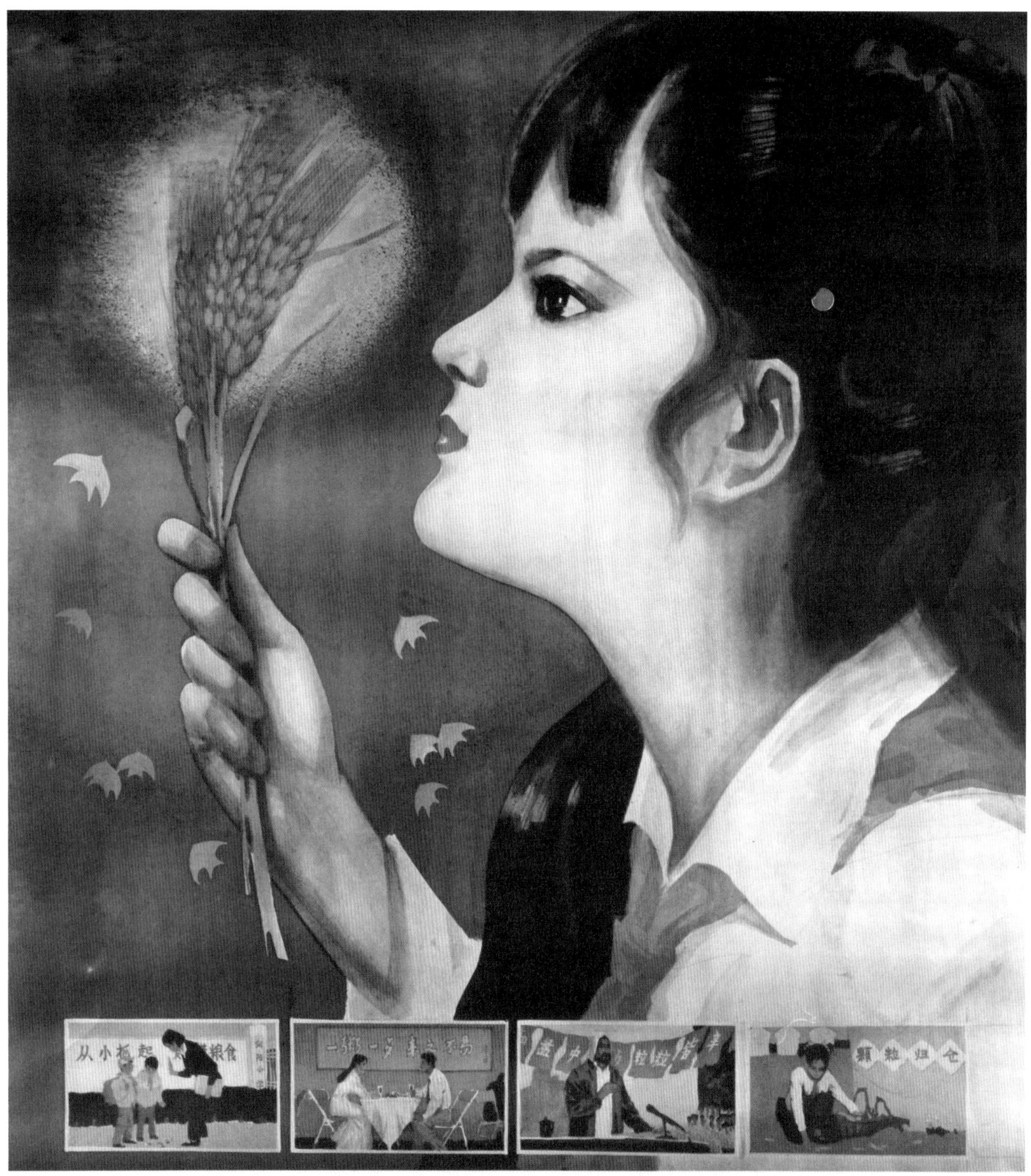

惜粮如金 节粮光荣 20世纪90年代 明锐 作

欣欣向荣

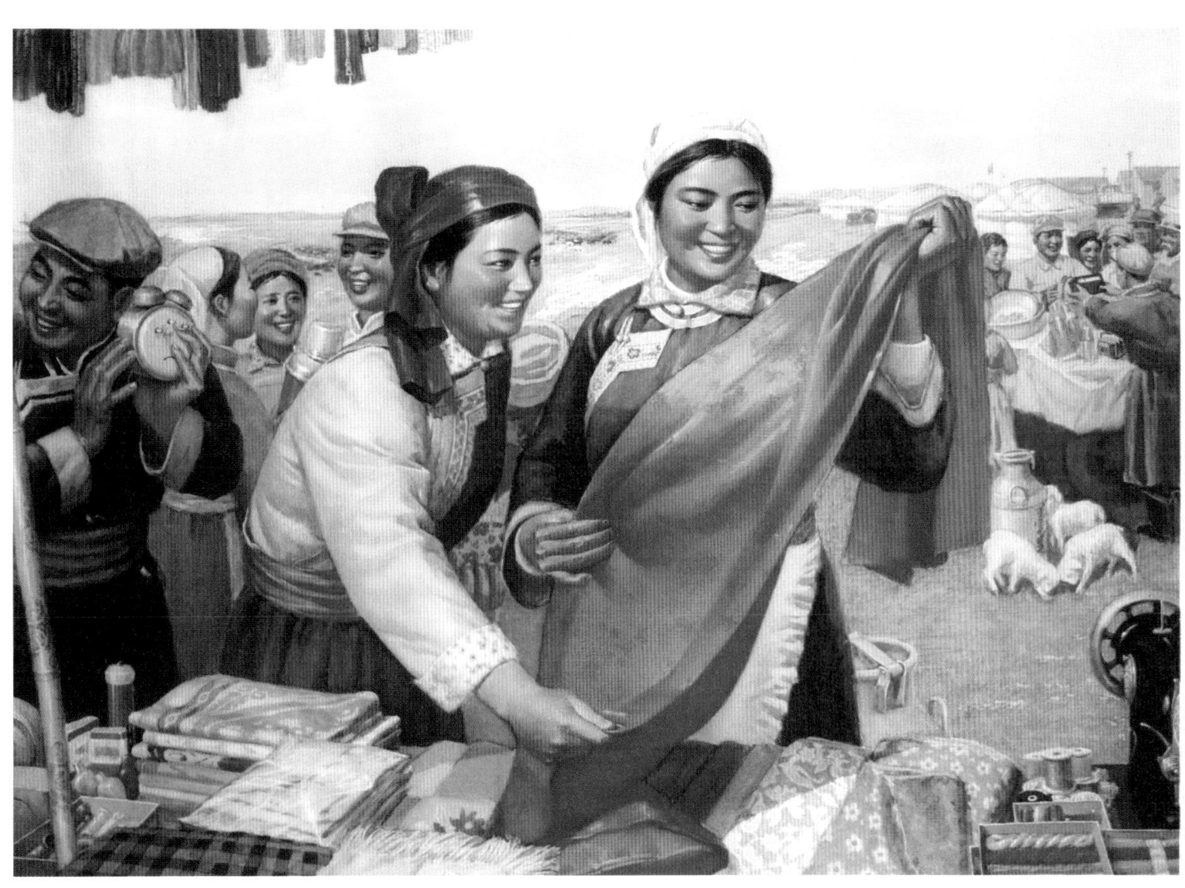

欣欣向荣　20世纪80年代　辽宁人民出版社出版　王明玉　作

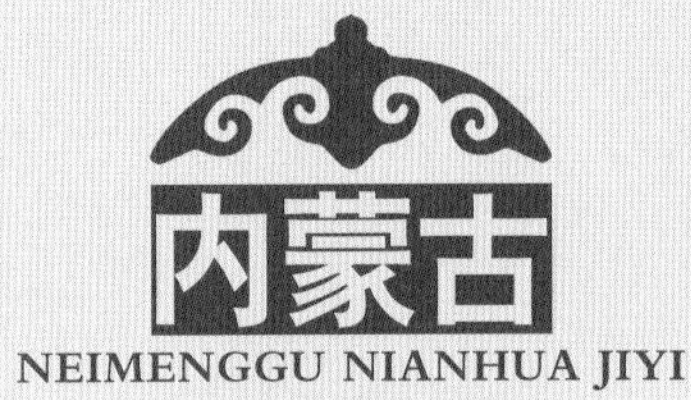

NEIMENGGU NIANHUA JIYI

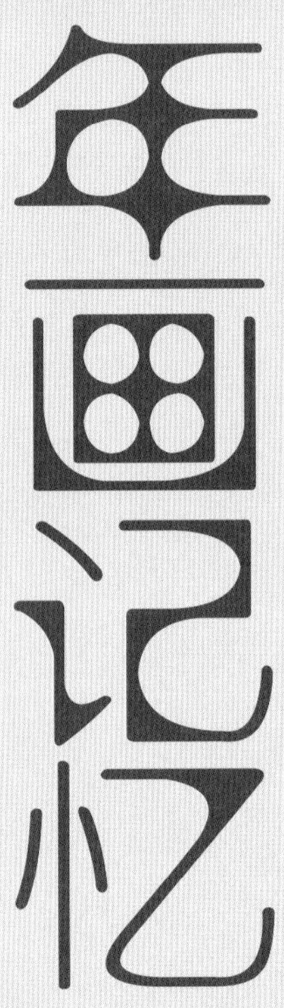

后记

在内蒙古人民出版社建社 70 周年之际，内蒙古人民出版社对中华人民共和国成立以来出版的反映内蒙古社会生活的精品年画进行了回顾，策划出版了《内蒙古年画记忆》一书。

这部厚重的图书里，饱含着我二十余年艰辛与付出。一幅幅精美的年画不仅系统地展现了时代的变迁，同时勾起了我收藏年画的痛苦与快乐，也唤醒了在那些难忘的岁月中留下的美好记忆。

20 世纪 60 年代，我出生于内蒙古河套地区，记忆中最深刻的美术作品就是年画。那时候，每当元旦过后，人们都争先恐后往供销社跑，一睹新来的年画，那些花花绿绿的年画，是人们对美好生活的向往。当时形容一个人长得漂亮时，就说长得像年画里一样，可见年画在人们心中的重要地位。

那时候的我一放学便跑到供销社，仔细挑选自己心爱的年画，并督促父母及早买回，唯恐卖完。每年腊月二十七八，打扫完房子、粉刷完墙壁后，便迫不及待地让父母贴年画。贴年画的仪式很庄重，先要选好每张年画的位置。墙壁正中是毛主席画像，墙壁两边是英雄人物、样板戏和故事、戏曲等。一个人站在屋子中间，看好哪幅画贴的位置、距离……贴好年画后，便缠着父母亲讲画上的故事。夜晚，看着崭新的年画，在焕然一新的屋子里，憧憬着美好明天甜甜地进入梦乡。

大年初一二，走亲访友回来，便兴高采烈地谈论每家年画的内容。记得有几年，家里经济拮据，没有买新年画，母亲便把墙上的年画小心翼翼地揭下来，用湿毛巾擦干净后重新贴在墙上，我便埋怨父母没有买新年画，让我在同学面前很没面子，父母低头不语，我为此而暗自落泪……

时光荏苒，岁月如梭，年画渐渐淡出了人们的视线，但它在我心中打下深深的烙印，刻骨铭心，挥之不去。这也是我二十余年里，走遍千山万水、大街小巷，孜孜不倦寻找和收藏年画的动力。年画，承载了几代人的记忆及父辈们的奋斗和艰辛，它伴随着我长大……

在《内蒙古年画记忆》的出版之际，感谢内蒙古人民出版社领导对于文化传承的高度重视和内蒙古人民出版社同仁的付出，感谢王延青先生的欣然作序，感谢西渠壹社（北京）广告有限公司杨志武、苏丽娜夫妇的精心设计，感谢好兄弟赵强，感谢帮助过我的朋友们！

向辛勤创作年画的画家老师们致敬！

曹志高

辛丑冬月于北京潘家园丰安斋

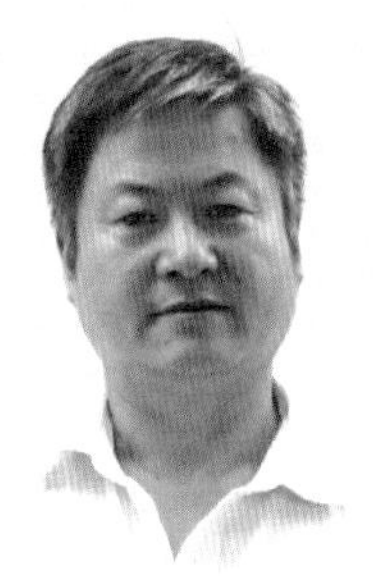

曹志高，号丰安斋主，祖籍山西省应县，1965年出生于内蒙古乌拉特前旗。

中国收藏家协会红色收藏委员会副秘书长，艺术品鉴定师，内蒙古自治区政协应用型智库专家，绥远、内蒙古历史文献史料收藏家及研究学者。

从20世纪80年代开始从事收藏。已编著出版《老包头印迹》《绥远抗战》《蒙商遗珍》《河套印迹》《草原起妙音——图说乌兰牧骑》等书。